高等医药院校试用教材

中医养生学

（供中医养生康复专业用）

主　编　王玉川
副主编　刘占文　袁立人
编　委　张湖德

上海科学技术出版社

图书在版编目(CIP)数据

中医养生学 / 王玉川主编. —上海:上海科学技术出版社,
1992.10(2025.3 重印)
 高等医药院校试用教材. 供中医养生康复专业用
 ISBN 978-7-5323-2706-5

Ⅰ.中⋯　Ⅱ.王⋯　Ⅲ.养生(中医)-医学院校-教材
Ⅳ.R212

中国版本图书馆 CIP 数据核字(2007)第 197466 号

中医养生学
　　主编　王玉川

上海世纪出版(集团)有限公司
上海科学技术出版社 出版、发行
(上海市闵行区号景路 159 弄 A 座 9F-10F)
邮政编码 201101　www.sstp.cn
常熟市兴达印刷有限公司印刷
开本 787×1092　1/16　印张 14.25
字数:341 千字
1992 年 10 月第 1 版　2025 年 3 月第 29 次印刷
ISBN 978-7-5323-2706-5/R·816
定价:25.00 元

——————————————————
本书如有缺页、错装或坏损等严重质量问题,
请向工厂联系调换

前　言

　　为了适应高等中医院校开设中医养生康复学专业的需要和为中医药其他专业学生开设中医养生康复学选修课程提供教材，国家中医药管理局组织编写了中医养生康复学专业系列教材。

　　这套教材计有《中医饮食营养学》、《中医养生学》、《中医康复学》、《中医老年病学》、《中医养生康复学概论》。其中《中医养生康复学概论》主要是供高等中医院校非中医养生康复学专业开设选修课使用，其余均为中医本科教育中医养生康复学专业的专业课教材。各门教材均在广泛搜集资料的基础上，按照科学性、实用性、先进性和系统性的要求进行编写，既注意充分反映中医养生康复学的传统理论和实践经验，突出中医养生康复学的特点，又注意吸收国内外成熟的最新研究成果，以保证教材的先进性和时代感。各门教材编写出初稿后，均经本系列教材编审委员会及有关专家们根据教材的要求，分别给予了审定。

　　中医本科教育中医养生康复学专业的设置，对培养中医养生康复专门人才，提高中医药适应社会需要和当今医学模式转变的能力，促进中医药事业的发展，具有重要意义。编写中医养生康复学专业系列教材，实属探索性和开创性的工作，可供借鉴的经验较少，因而殷切希望各高等中医院校从事中医养生康复学的教学人员和广大读者在使用中进行检验，并提出宝贵意见，以便进一步修改完善，使之成为科学性更强、更切合实际的高等中医院校教材，为培养中医养生康复专门人才，提高中医药学术水平作出贡献。

中医养生康复学专业教材编审委员会

编写说明

中医养生学，是研究和阐释人类生命发生发展规律，预防疾病，增强体质，益寿延年基础理论、方法的一门实用学科。它的内容包括上篇、中篇、下篇三部分。上篇为中医养生学的基本理论。主要有绪论，发展简史，养生学的基本理论和基本原则等；中篇为常用的养生方法。主要有精神养生，环境与养生，起居作息与养生，睡眠养生，饮食养生，房事与养生，运动养生，浴身保健，娱乐养生，保健针灸按摩，药物养生等；下篇为审因施养。主要有因人养生，体质养生，部位养生，因时养生和区域养生等。本学科是中医养生康复专业的一门必修课。

参加编写人员：王玉川、刘占文、袁立人、张湖德、崔洪博、王民生、林殷、辛松峰、曹蓓、李田。

编写分工：第一、五、十、十八章、第十五章附由刘占文编写；第六、十三章由刘占文、林殷编写；第七章由刘占文、辛松峰编写；第三章由刘占文、张湖德编写；第八章由刘占文、李田编写；第九、十一、十四、十五章由袁立人编写；第二、四章由袁立人、刘占文编写；第十二章由袁立人、曹蓓编写；第十六章由王民生、李田编写；第十七章由张湖德编写；第十九章由崔洪博、袁立人编写；第二十章由林殷编写。

主编王玉川教授，对本书各章逐一进行了全面细致的修改。

本书的编写，由于时间较紧及限于编者水平，如有错误、遗漏之处，欢迎提出宝贵意见，以利进一步修订提高。

编　者

一九九一年四月

目 录

上篇 基本理论知识

第一章 绪论 …………………………… 1
  第一节 中医养生学的概念 …………… 1
  第二节 中医养生学的性质和特点 …… 2
  第三节 中医养生学的地位和任务 …… 3
  第四节 学习的方法和要求 …………… 3
第二章 中医养生学发展简史 ………… 5
  第一节 上古时期 ……………………… 5
  第二节 先秦时期 ……………………… 6
  第三节 汉唐时期 ……………………… 11
  第四节 宋元时期 ……………………… 15
  第五节 明清时期 ……………………… 19
  第六节 近代与现代 …………………… 22

第三章 中医养生学的基本理论 ……… 24
  第一节 生命 …………………………… 24
  第二节 天年 …………………………… 25
  第三节 衰老 …………………………… 27
    附1：近代衰老学说 ………………… 29
    附2：延缓衰老的理论和实验研究概况 … 31
  第四节 天人相应 ……………………… 32
  第五节 形神合一 ……………………… 35
  第六节 动静互涵 ……………………… 37
  第七节 协调平衡 ……………………… 40
  第八节 正气为本 ……………………… 41
第四章 中医养生学的基本原则 ……… 44

中篇 常用的养生方法

第五章 精神养生 ……………………… 49
  第一节 情志变化 ……………………… 49
  第二节 调神养生法 …………………… 51
  第三节 调摄情绪法 …………………… 55
第六章 环境与养生 …………………… 59
  第一节 养生环境的基本概念和分类 … 59
  第二节 自然环境与健康 ……………… 60
  第三节 居住环境与健康 ……………… 63
  第四节 室内环境与健康 ……………… 66
第七章 起居作息与养生 ……………… 70
  第一节 起居有常 ……………………… 70
  第二节 劳逸适度 ……………………… 72
  第三节 服装顺时适体 ………………… 73
  第四节 排便保健法 …………………… 75
第八章 睡眠养生 ……………………… 78
  第一节 睡眠的生理 …………………… 78
  第二节 睡眠的时间和质量 …………… 79
  第三节 睡眠的方位与姿势 …………… 81
  第四节 睡眠与卧具 …………………… 82

  第五节 睡眠环境与宜忌 ……………… 85
  第六节 失眠的预防 …………………… 86
第九章 饮食养生 ……………………… 89
  第一节 饮食养生的作用 ……………… 89
  第二节 饮食调养的原则 ……………… 90
  第三节 进食保健 ……………………… 93
  第四节 食后养生 ……………………… 94
第十章 房事与养生 …………………… 95
  第一节 房事养生教育的重要性 ……… 95
  第二节 房事的生理作用 ……………… 96
  第三节 节制房事的意义 ……………… 97
  第四节 房事保健的原则和方法 ……… 98
  第五节 强肾保健功法 ………………… 100
  第六节 房事禁忌 ……………………… 101
第十一章 运动养生 …………………… 104
  第一节 运动养生机理、特点和原则 … 104
  第二节 运动养生的形式和流派 ……… 105
  第三节 气功保健 ……………………… 106
  第四节 五禽戏 ………………………… 108

第五节　太极拳 …………… 109
　　第六节　八段锦 …………… 111
　　第七节　易筋经 …………… 112
第十二章　娱乐养生　　114
　　第一节　娱乐养生的意义 …… 114
　　第二节　娱乐养生的方法 …… 114
第十三章　浴身保健　　121
　　第一节　浴身保健的分类 …… 121
　　第二节　冷水浴 …………… 121
　　第三节　热水浴（包括冷热交替浴）…123
　　第四节　蒸气浴 …………… 124
　　第五节　矿泉浴 …………… 126
　　第六节　药浴 ……………… 129
　　第七节　其他浴身方法介绍 … 130

第十四章　保健针、灸、按摩 ………… 133
　　第一节　保健针、灸、按摩的意义及
　　　　　　异同 ………………… 133
　　第二节　针刺保健 …………… 133
　　第三节　保健灸法 …………… 135
　　第四节　保健推拿按摩 ……… 137
第十五章　药物养生　　139
　　第一节　药物养生的机理 …… 139
　　第二节　药物养生的应用原则 … 140
　　第三节　益寿延年中药举例 … 141
　　第四节　益寿延年方的组方原则 … 144
　　第五节　益寿延年"名方"举例 … 146
　　附：延缓衰老药物的现代研究概况 …… 151

下篇　审因施养

第十六章　因人养生 ………… 155
　　第一节　胎孕保健 …………… 155
　　第二节　少儿保健 …………… 158
　　第三节　青少年的保健 ……… 162
　　第四节　中年保健 …………… 164
　　第五节　老年保健 …………… 166
　　第六节　妇女保健 …………… 168
　　第七节　体力劳动者的保健 … 171
　　第八节　脑力劳动者的保健 … 172
第十七章　体质养生　　175
　　第一节　体质学说与养生 …… 175
　　第二节　体质差异形成的原因和
　　　　　　分类 ………………… 176
　　第三节　不良体质的养生 …… 177
第十八章　部位养生　　182
　　第一节　口腔保健 …………… 182
　　第二节　颜面保健 …………… 184
　　第三节　头发保健 …………… 187
　　第四节　眼睛保健 …………… 189

　　第五节　耳的保健 …………… 191
　　第六节　鼻的保健 …………… 191
　　第七节　四肢、手足保健 …… 192
　　第八节　胸背腰腹保健 ……… 195
　　第九节　五脏保健法 ………… 197
第十九章　因时养生　　203
　　第一节　因时养生的原则 …… 203
　　第二节　春季养生 …………… 204
　　第三节　夏季养生 …………… 205
　　第四节　秋季养生 …………… 207
　　第五节　冬季养生 …………… 208
　　第六节　交节前后的自我调养 … 209
第二十章　区域养生　　211
　　第一节　区域划分及其与健康的
　　　　　　关系 ………………… 211
　　第二节　山区 ………………… 213
　　第三节　平原和盆地 ………… 216
　　第四节　海滨 ………………… 220

上篇 基本理论知识

第一章 绪论

中医养生学是中华民族优秀文化的一个重要组成部分,它历史悠久,源远流长。在漫长的历史过程中,中国人民非常重视养生益寿,并在生活实践中积累了丰富的经验,创立了既有系统理论、多种流派、多种方法,又有民族特色的中医养生学,为中国人民的保健事业和中华民族的繁衍昌盛作出了杰出的贡献。

第一节 中医养生学的概念

养生就是根据生命发展的规律,采取能够保养身体,减少疾病,增进健康,延年益寿的手段,所进行的保健活动。

养生(又称摄生、道生)一词最早见于《庄子》内篇。所谓生,就是生命、生存、生长之意;所谓养,即保养、调养、培养、补养、护养之意。养生是通过养精神、调饮食、练形体、慎房事、适寒温等各种方法去实现的,是一种综合性的强身益寿活动。

中医养生学是在中医理论的指导下,探索和研究中国传统的颐养身心,增强体质,预防疾病,延年益寿的理论和方法,并用这种理论和方法指导人们保健活动的实用科学。

自古以来,人们把养生的理论和方法叫做"养生之道"。例如《素问·上古天真论》说:"上古之人,其知道者,法于阴阳,和于术数,食饮有节,起居有常,不妄作劳,故能形与神俱,而尽终其天年,度百岁乃去"。此处的"道",就是养生之道。能否健康长寿,不仅在于能否懂得养生之道,而更为重要的是能否把养生之道贯彻应用到日常生活中去。历代养生家由于各自的实践和体会不同,他们的养生之道在静神、动形、固精、调气、食养及药饵等方面各有侧重,各有所长。从学术流派来看,又有道家养生、儒家养生、医家养生、释家养生和武术家养生之分,他们都从不同角度阐述了养生理论和方法,丰富了养生学的内容。

在中医理论指导下,养生学吸取各学派之精华,提出了一系列养生原则。如形神共养、协调阴阳、顺应自然、饮食调养、谨慎起居、和调脏腑、通畅经络、节欲保精、益气调息、动静适宜等等,使养生活动有章可循、有法可依。例如,饮食养生强调食养、食节、食忌、食禁等;药物保健则注意药养、药治、药忌、药禁等;传统的运动养生更是功种繁多,如动功有太极拳、八段锦、易筋经、五禽戏、保健功等,静功有放松功、内养功、强壮功、意气功、真气运行法等;动静结合功有空劲功、形神桩等,无论选学那种功法,只要练功得法,持之以恒,都可收到健身防病、益寿延年之效。针灸、按摩、推拿、拔火罐等,亦都方便易行,效果显著。诸如此类的方法,不仅深受中国人民喜爱,而且远传世界各地,为全人类的保健事业作出了应有的贡献。

第二节　中医养生学的性质和特点

中医养生学是从实践经验中总结出来的科学，是历代劳动人民智慧的结晶。它经历了数千年亿万次实践，由实践上升为理论，归纳出方法，又回到实践中去验证，如此循环往复不断丰富和发展，进而形成一门独立的学科。从内容上来看，中医养生学涉及到现代科学中预防医学、心理医学、行为科学、医学保健、天文气象学、地理医学、社会医学等多学科领域，实际上它是多学科领域的综合，是当代生命科学中的实用学科。

中医养生学以其博大精深的理论和丰富多彩的方法而闻名于世。它的形成和发展与数千年光辉灿烂的传统文化密切相关，因此具有独特的东方色彩和民族风格。自古以来，东方人、西方人对养生保健，都进行了长期的大量的实践和探讨。但由于各自的文化背景不同，其养生的观点也有差异。中医养生学是在中华民族文化为主体背景下发生发展起来的，故此有它自身特点，现略述其概要。

一、独特的理论体系

中医养生理论，都是以"天人相应"、"形神合一"的整体观念为出发点，去认识人体生命活动及其与自然、社会的关系。特别强调人与自然环境与社会环境的协调，讲究体内气化升降，以及心理与生理的协调一致。并用阴阳形气学说、脏腑经络理论来阐述人体生老病死的规律。尤其把精、气、神作为人体之三宝，作为养生保健的核心，进而确定了指导养生实践的种种原则，提出养生之道必须"法于阴阳，和于术数"、"起居有常"。即顺应自然，保护生机遵循自然变化的规律，使生命过程的节奏，随着时间、空间的移易和四时气候的改变而进行调整。

二、和谐适度的宗旨

养生保健必须整体协调，寓养生于日常生活之中，贯穿在衣、食、住、行、坐、卧之间，事事处处都有讲究。其中一个突出特点，就是和谐适度。使体内阴阳平衡，守其中正，保其冲和，则可健康长寿。例如，情绪保健要求不卑不亢，"不偏不倚"，中和适度。又如，节制饮食、节欲保精、睡眠适度、形劳而不倦等，都体现了这种思想。晋代养生家葛洪提出"养生以不伤为本"的观点，不伤的关键即在于遵循自然及生命过程的变化规律，掌握适度，注意调节。

三、综合、辨证的调摄

人类健康长寿并非靠一朝一夕、一功一法的摄养就能实现的，而是要针对人体的各个方面，采取多种调养方法，持之以恒地进行审因施养，才能达到目的。因此，中医养生学一方面强调从自然环境到衣食住行，从生活爱好到精神卫生，从药饵强身到运动保健等，进行较为全面的、综合的防病保健。另一方面又十分重视按照不同情况区别对待，反对千篇一律、一个模式，而是针对各自的不同特点有的放矢，体现中医养生的动态整体平衡和审因施养的思想。历代养生家都主张养生要因人、因时、因地制宜，全面配合。例如，因年龄而异，注意分阶段养生；顺乎自然变化，四时养生；重视环境与健康长寿的关系，注意环境养生等。又如传统健身术的运用原则，提倡根据各自的需要，可分别选用动功、静功或动静结合之功，又可配合导引、按摩等法。这样，不但可补偏救弊、导气归经，有益寿延年之效，又有开发潜能和智慧之功，从而收到最佳摄生保健效果。

四、适应范围广泛

养生保健实可与每个人的一生相始终。人生自妊娠于母体之始,直至耄耋老年,每个年龄阶段都存在着养生的内容。人在未病之时,患病之际,病愈之后,都有养生的必要。不仅如此,对不同体质、不同性别、不同地区的人也都有相应的养生措施。因此,养生学的适应范围是非常广泛的。它应引起人们的高度重视,进行全面普及,提高养生保健的自觉性,把养生保健活动看作是人生活动的一个重要组成部分。

第三节 中医养生学的地位和任务

中医养生学的基本思想是强身防病,强调正气作用,防微杜渐治未病;把握生命和健康的整体观念及辨证思想;重视心理因素,贯穿始终;把人类、社会和环境联系起来,去理解和对待人体的健康和疾病。当代医学模式已由生物医学模式演变为"生物、心理、社会医学模式",主要任务是控制和降低慢性病的发病率。其特征是从治疗扩大到预防,从生理扩大到心理,从个体扩大到群体,从医院扩大到社会。当前首先要处理好医疗和预防的关系,把整个卫生事业纳入预防的轨道,推行"三级预防"。在"三级预防"中,一级预防是最积极的预防,是社会预防的主干,是预防的前沿,其基本思想防患于未然,采取主要手段是增进健康和采取特殊的预防保健措施。中医养生学的思维方式与现代科学发展的思维方法是一致的,中医养生学将在今后人类防病保健事业中占有重要地位。

中医养生学是着重研究和指导常人的保健问题,它的基本任务概括起来有三个方面:一是以科学的观点和方法全面地、系统地发掘、整理、研究、总结、提高传统养生理论和方法;二是结合现代科学手段,对传统的行之有效的方法进行分析研究,探讨其实质;三是针对当前人们面临的新问题,结合现实情况,提出新理论,创立新方法,进行更大范围的推广,使之成为个体养生和群体保健的指导原则。

中医养生学是一门古老而又新兴的学科。由于历史条件的限制,它并非已完美无缺,如何运用现代科学技术成果,使其内容更加完整、更加科学化,尚须作深入的探讨。此外,还有很多散在民间的养生经验方法和措施,有待进一步收集、整理和提高。所以,我们不仅要把古人养生的宝贵遗产很好地继承下来,并且在养生实践中,运用现代科学知识与方法,进一步充实、丰富、发展中医养生学,把它提高到一个新的水平。

第四节 学习的方法和要求

学习中医养生学,要有明确的学习目的,即继承祖国医药学遗产,发展独具特色的预防保健科学,以便更好地为人类保健事业服务。学习养生学时,要以辨证唯物主义为指导思想,树立整体观念,全面掌握,不可偏废,本着理论联系实践的原则,按照循序渐进的规律,采用授课和自学自练相结合的方法。要深入理解、掌握本门课程的基本理论、基本知识。本学科的基本理论知识包括的各种养生流派,各有特点,内容范围很广,因此对各个流派要有一个基本了解,特别要掌握其养生理论要点,从而较全面了解中医养生学的理论体系和特点,加深对本学科的学习和理解。

对于传统养生方法的学习,不仅要全面掌握其养生机理、适用范围、注意事项,还要结合其他相关学科的学习，较熟练地掌握动作要领和技能。养生学的基本着眼点在于指导人们的生活实践，提高健康水平。因此，要学以致用，身体力行，指导自己的和他人的养生保健实践活动。

第二章 中医养生学发展简史

中医养生学的形成和发展经历了漫长的岁月,历代养生家、医家和广大劳动人民通过长期的防病保健的实践,不断丰富和发展了摄生保健的内容,逐步形成了一套较为完整的理论体系和系统的养生方法,对中华民族的繁衍生息做出了卓越贡献,并在世界范围内产生了深刻的影响。

为了使中医养生学能够得到更好地继承和发扬,有必要对其学术渊源、理论特点及形成发展历史有个大概的了解。兹简要介绍如下。

第一节 上 古 时 期

我们伟大的祖国,是个历史悠久的文明古国,如果从原始群居的猿人算起,已经历了近两百万年的漫长过程。到公元前二十一世纪的夏代,即第一个奴隶制王朝建立以前,大概可分为原始群、母系氏族公社、父系氏族公社等几个历史阶段。在这个时期内,为了生存和发展,我们的祖先在与大自然斗争的过程中,逐渐地认识了自然界,并通过自己的劳动,努力创造条件,以适应自然、改造自然,维持自己的生存与种族发展。他们懂得了创造简单工具去寻觅、猎取食物以充饥;择居处、筑巢穴以避风寒、防野兽;存火种以照明、御寒、熟食;以及用语言、舞蹈等方式传递信息,表达感情等。

火种的发现和应用改善了人类茹毛饮血的饮食条件,人们吃熟食,不仅缩短了对食物的消化过程,使人体获得更多的营养,也防止了一些肠道传染病的发生。对于人类的生存和发展具有非常重大的意义。

火的应用,可使人类战胜严寒,温暖人体的肢体关节、胸腹、腰背,除驱散寒冷之外,我们的祖先还懂得了一些用火治病的简单医疗方法,如灸、炳、熨等,用以治病除疾,养生防病。

我们的祖先原在河谷地区聚族而居,因为河谷地区水源充足,土壤肥沃,食物丰富,可以满足人类生存的基本需要。即使遇到自然灾害,被迫迁徙时,也总要进行一番选择,要"观其流泉","度其隰原"(《诗经·大雅·公刘》),以定其新的居处。这说明,上古时期,由于生存的需要,人类已经注意到居住地域的环境条件的选择。不仅如此,由于"古者禽兽多而人少,于是民皆巢居以避之,昼拾橡栗、暮栖木上"(《庄子·盗跖》),说明古人筑巢穴、栖木上是为了躲避野兽,以防猛兽的伤害。而为了适应自然界气候变化,所以,"冬则居营窟,夏则居橧(音"增"Zeng)巢"(《礼记·礼运》)。"古者民不知衣服,夏多积薪,冬则炀之"(《庄子·盗跖》),这说明当时的人们已经懂得改变居住环境以适应寒暑之变。在火种发现,并得到广泛应用之后,则又进一步懂得了筑房舍以安居,开窗户以透光、通气。如:"修火之利,范金合土,以为台、榭、宫室、牖户"(《礼记·礼运》)。足以看出,在长期的生活实践过程中,我们的祖先逐渐懂得了居处环境的好坏,对于人类生存和发展是至关重要的。

劳动是人类赖以生存的手段。在原始社会,人类靠劳动寻觅食物、索取火种、制造工具、修筑巢穴,以充饥、御寒、逃避野兽、维持生命。劳动是人类使用工具来改变自然,使之适合于自己需要的有目的的活动。同时,劳动也促进了人类对大自然的认识,开扩了眼界、增长了智慧、保护了生命、强壮了身体。劳动是与人类生存和发展息息相关的。如《易·系辞下》中有如下一段传说:"古者包牺氏之王天下也,……作结绳而为网罟,以佃以渔"。"包牺氏没,神农氏作,斲木为耜,揉木为耒,耒耨之利,以教天下","神农氏没,黄帝、尧、舜垂衣裳而天下治,……刳木为舟,剡木为楫,舟楫之利以济不通,……服牛乘马,引重致远,以利天下。……断木为杵,掘地为臼,臼杵之利,万民以济,……弦木为弧,剡木为矢,弧矢之利,以威天下。……上古穴居而野处,后世圣人易之以宫室,上栋下宇、以待风雨……"。概括地说明了上古时期劳动促进人类社会进步的情形。由此可以看出,在漫长的劳动实践中,人们逐步认识到人与自然的关系及生命规律,并学会运用自然规律去支配自然界,从而改善了人类生活环境,增长了智慧,强壮了身体,延长了寿命。这说明养生思想的原始萌芽在此时已经开始萌发。

第二节 先秦时期

一般认为,在公元前221年秦始皇统一中国以前的历史时期,统称为先秦时期。为与上古时期区别,以夏朝的建立作为其上限。

在公元前二十一世纪,建立了第一个奴隶制王朝——夏。经过殷、商到周,奴隶制得到较大发展。随着生产力的发展,科学文化事业也相应发展,其突出的标志是知识分子数量空前增加,出现了"诸子蜂起,百家争鸣"。在先秦的学术争鸣中,人们关于世界本源、生命学说及人生现象等方面,有了较为客观的认识。由于金属工具的运用及生产技术的提高,人们对生活的需求也在提高。在养生保健方面,则提出了主动改善个人、环境卫生,合理调配饮食等措施,并有相应制度,以加强防病保健。

一、先秦养生思想

先秦诸子也正是在探讨自然规律及生命奥秘的过程中,提出有关养生思想观点的。诸子论述甚众,难以求全,现仅就易经、道家、儒家、杂家等有代表性的学术思想,作简要介绍。

(一)周易

《周易》是我们祖先生活及生产斗争实践的产物,是对自然界发生、发展、变化规律的总结。它蕴藏着深邃的思想,以阴、阳来阐述宇宙间事物的变化规律,即所谓:"一阴一阳之谓道"。宇宙万物时刻在运动着、变化着,天体的运转,地壳的变迁,四时寒暑,昼夜晨昏的更替,无一例外,人亦如此,《周易》将这种变化称之为"变易"。然而,这种变化无论在宇宙,还是人体生命活动,都有一定的规律。这种规律是客观存在,不以任何人的主观意识而改变。因而,《周易》将这种规律称之为"不易"。了解了变易与不易的基本规律,就可以知道事物发展变化过程中渐变及突变的动向,因而可以遵循、掌握它。《周易》称此为"简易"。故《易·系辞上》云:"易与天地准,故能弥纶天地之道,仰以观于天文,俯以察于地理,是故知幽明之故。原始反终,故知死生之说"。《周易》着眼于宇宙天地,立足于人类自身,以求得在认识宇宙运动变化规律中,探讨生命的奥秘,从而懂得生与死的缘由和规律。

《周易》上通天文,下通地理,中通万物之情,穷天人之际,探讨宇宙、人生必变、所变、不变的机理,进而阐明人生知变、应变、适变的大法则。这种学术思想,也直接影响着祖国医学理论。诸如：阴阳学说，天人相应学说等等，即源于易理。养生学中，顺应自然、调和阴阳，未病先防等原则，亦源于易理。故自古以来，即有医易相通之说。《周易》立论的目的在于掌握自然变化规律，着眼于自身的安危，强调审时度势，顺应自然，力求主观与客观的协调统一，以防患于未然。恰如《易·系辞下》所说："君子安而不忘危，存而不忘亡，治而不忘乱，是以身安而国家可保也"，"惧以终始，其要无咎，此之谓易之道也"。这种居安思危，未变先防的思想，正是中医养生思想的理论渊源。

（二）道家养生思想

春秋战国时期的道家学说，是以老、庄为代表的。他们的学术思想在中医养生学的形成产生过一定的影响。

道家所主张的"道"，是指天地万物的本质及其自然循环的规律。自然界万物处于经常的运动变化之中，道即是其基本法则。《道德经》中说："人法地，地法天，天法道，道法自然"，就是关于"道"的具体阐述。所以，人的生命活动符合自然规律，即"是谓深根，固抵，长生久视之道"，才能够使人长寿。这是道家养生思想的根本观点。

道家思想中，"清静无为"、"返朴归真"、"顺应自然"、"贵柔"及动形达郁的主张，对中医养生保健有很大影响和促进。兹简述其大要。

1. 清静无为　清静，在这里主要指的是心神宁静；无为指的是不轻举妄动。具体地说，就是《道德经》所谓的"少私寡欲"，因为"祸莫大于不知足，咎莫大于欲得"，故宜"致虚极，守笃静，万物并作，吾以观其复。夫物芸芸，各复其根，归根曰静"。人之神静，有如浊水，静之徐清。《庄子·天道》云："水静犹明，而况精神"、"静则无为，……无为则俞俞，俞俞者忧患不能处，年寿长矣"。这种清静无为以养神长寿的思想，一直为历代养生家所重视，浸透到养生学中养精神、调情志、气功导引、健身功法等各方面。

2. 贵柔　归真返朴　老子在实际生活中观察到，新生的东西是柔弱的，但却富有生命力；事物强大了，就会引起衰老。"柔弱者，生之徒"（《道德经》）。如果经常处在柔弱的地位，就可以避免过早地衰老。所以，老子主张无欲、无知、无为，回复到人生最初的单纯状态，即所谓"归真返朴"。

3. 形神兼养　庄子养生倡导去物欲致虚静以养神，但也不否认有一定的养形作用。《庄子·在宥》中说："必静必清，无劳女形，无摇女精，乃可以长生"。《庄子·刻意》说："吐故纳新，熊经鸟申，为寿而已。此道引之士、养形之人，彭祖寿考者所好也"。从而可见，我国古代的导引术是道家所倡导的，从其产生开始就是用于健身、治病、防病的。

（三）管子的养生思想

《管子》的作者承袭了老子关于"道"是宇宙本原的思想，但明确提出"道"即"精气"的观点。在养生方面，《管子》认为"精"是生命的物质基础，故主张存精以养生，指出："精也者，气之精者也"，"精存自生，其外安荣，内脏以为泉源"（《管子·内业》）。此外，他又提出存精的具体方法，即"爱欲静之，遇乱正之，勿引勿摧，福将自归"（《管子·内业》），主张虚其欲以存精。

《管子》还提出了起居有时、节制饮食、适应四时等重要的养生原则。如《管子·形势篇》云："起居时，饮食节，寒暑适，则身利而寿命益；起居不时，饮食不节，寒暑不适，则形累而寿命损"，这些养生原则是很实际的。

《管子》还十分重视精神调养，《管子·内业》中指出："凡人之生也，必以平正，所以失之必以喜怒忧患。是故止怒莫若诗,去忧莫若乐,节乐莫若礼","凡人之生也,必以其欢"。保持乐观情绪,也是养生的重要内容,而调节情绪则可用雅情怡兴的方法。

先秦诸子提出的养生思想、原则和方法,渗透到医学领域,充实、丰富了中医养生学的内容,为养生学理论的形成和发展创造了有利条件。

(四) 儒家养生思想

在养生学方面,儒家具有代表性的学术思想和观点,大致有如下几个方面。

1. 强调精神调摄　《礼记·缁衣》说:"心以体全,亦以体伤"。养心与养形是养生的重要内容,然而精神与形体之间,具有统帅支配作用的是精神。养生首先要强调精神调摄,而最好的方法是减少物质欲望,即所谓:"养心莫善于寡欲"(《孟子·尽心下》)。人生存在着欲望是正常的,然而只能在社会许可的条件下实现欲望,不可有过分地要求,这就需要遵循"礼"的原则。正如《论语·颜渊》中所说:"非礼勿视,非礼勿听、非礼勿言、非礼勿动"。孔子还提出了君子三戒,即"少之时,血气未定,戒之在色;及其壮也,血气方刚,戒之在斗,及其老也,血气既衰,戒之在得"(《论语·季氏》)。行则从礼、君子三戒等内容,即为寡欲。儒家关于精神调摄的原则,在中医养生学思想中得到了阐发和应用。

2. 注意身体护养　这也是儒家养生思想的一个方面。合理的安排生活、注意起居有时、劳逸适度、饮食有节等,是护养身体的基本原则。反之,如果不注意这些原则,"寝处不适,饮食不节,逸劳过度者,疾共杀之"。这是需要予以注意的。

3. 倡导饮食卫生　孔子对于饮食卫生十分重视,为了保证身体健康,他提出了饮食保健的原则,即《论语·乡党》中所说的:"食不厌精,脍不厌细"。饮食精,则营养丰富,脍宜细,则味道美,可增进食欲,有利于消化吸收。并且,提醒人们一定要食新鲜、清洁的食物,以防止疾病的发生。他指出:"食饐而餲,鱼馁而肉败则不食;色恶不食;失饪不食;不时不食"。强调了食品要精细、烹调要得当,进餐要定时,经久变味、腐败发臭的食物不宜食用等饮食卫生要求。同时,也提出了调和饮食五味,要顺应四时的原则。

儒家的养生思想,是极宝贵的养生经验,因而为历代养生家所遵循。时至今时,仍有其实用价值。

(五) 先秦杂家养生思想

《吕氏春秋》是先秦杂家的代表作。就养生思想而论,它是先秦诸子著作中,内容最丰富的。其思想体系不仅承袭了道、儒两家的内容,也旁采了墨、法等家之说。全书计一百六十篇,涉及到养生内容者,约五十篇之多。现将其养生思想的主要学术观点简述如下。

1. 毕数之务,在乎去害　先秦杂家认为,人活百岁,是生命的自然寿限。而许多人未能活到这一寿限,究其原因,多由于在生命过程中受到种种危害和干扰。如果能找出原因,并采取措施排除这些危害和干扰,则有可能使人长寿,达到自然寿限。这即是"毕其数"。并指出,长寿之"长也者,非短而续之也,毕其数也。毕数之务,在乎去害"(《吕氏春秋·尽数》),这一学术观点阐明了人的自然寿限及达到自然寿限的可能性,并指出去害是使人长寿的重要保证。而"去害"的具体措施,就是养生。

2. 趋利避害,顺应自然　认识和掌握自然规律,发挥人的主观能动作用,趋利避害,这是杂家养生的原则。《吕氏春秋·尽数》说:"天生阴阳,寒暑燥湿,四时之化,万物之变,莫不为利,莫不为害。圣人察阴阳之宜,辨万物之利,以便生,故精神安乎形而年寿得长焉"。何为害? 五味太过,五者充形则生害,此其一,乃饮食为害;七情太胜,过胜则伤神,乃情志为害,此其二;六淫太过,太过则伤精,乃六淫为害,此其三。知其三害而避之,使之无过,自然神安而形壮,年寿得长。"故凡养生,莫若知本,知本则疾无由至矣"。知本求因、趋利避害、颐养神形,是杂家养生思想的重要观点。

3. 动形以达郁 《吕氏春秋》认为人之精气血脉以通利流畅为贵,若郁而不畅达,则百病由之而生,在《达郁》篇中指出:"凡人三百六十节、九窍、五脏、六腑、肌肤,欲其比也;血脉,欲其通也;筋骨,欲其固也;心志,欲其和也;精气,欲其行也。若此,则病无所居,而恶无所由生矣。病之留恶之生也,精气郁也"。同时指出,活动形体是使体内精气流通以保障生命活动正常进行的有效措施,"流水不腐,户枢不蝼,动也,形气亦然,形不动则精不流,精不流则气郁"(《吕氏春秋·尽数》)。经常运动形体,则精气流行,恶无由生。吕氏提出的这种动形达郁的主张是对养生学的一个重大贡献。

先秦杂家的养生思想,融合了道、儒、墨、法诸家之长,参以己见,故有其独特之处。"毕数之务,在乎去害"、"趋利避害,顺应自然"及动形达郁等主张,即是其代表,由此可窥及一斑。

二、先秦时期的养生实践

夏代以后,由于社会的进步,生产的发展,使人们的物质生活和文化生活得到改善。在长期的生活实践中,人们懂得了采取一些措施,讲究卫生,以增进健康,防止疾病。

(一) 提倡讲究个人卫生

夏商时期,人们已经有洗脸、洗手、洗脚等习惯。如甲骨文中既有表示洗脸的"沫"字和表示洗澡的"浴"字。而在《礼记·内则》中,则有:"五日则燂汤清浴,三日具沐,其间面垢,燂汤清浴,足垢,燂汤清洗"的记载,并认识到"头有创则沐,身有疡则浴"。说明在周代,定期沐浴已成了人们的生活习惯。

(二) 注意饮食调养

注意饮食调摄的养生实践,大概在夏商时代已经开始,到西周及春秋战国时代,对于食物的分类已经很细致。据《周礼》记载,当时已经有了专门管理饮食卫生的食医,"掌和王之六食、六饮、六膳、百羞、百酱、八珍之齐"。同时,对病人的营养和临床结合起来,创造了"食治学"。对于饮膳烹饪,也注意到五味调和。《吕氏春秋·本味篇》中云:"调和之事,必以甘、酸、苦、辛、咸,先多后少,其齐甚微,皆由自起。"

在殷墟出土的商代甲骨文中,有与现代汉字"酒"字相似的"酉"字。同时,还发现酿酒场地遗址,说明当时的酿酒业已相当发达。随着酿酒的发展,酿醋、制酱、淹制食品也相继出现。饮食的改善,不仅可增加营养、开胃进食,也可以健身防病。如酒可以通血脉,行药势;醋可以健胃,并有收敛作用;曲可防治肠胃病等。

(三) 导引健身

导引是我国传统的健身术,它将呼吸、动形和自我按摩等内容融成一体。如果说上古时期,人们作舞以宣导之以疗疾病是一种原始、无定型的动作的话。那么,到了春秋战国时期,导引已经发展成了保健功,现存最早的、且完整地描述呼吸锻炼的,是战国初的《行气玉佩铭》,说明这种行气保健功已形成一种专门学问。

(四) 敬老养老

敬老养老是我们中华民族的美德,这一传统大概自进入文明时代以来就开始了。对老人的敬养,不仅是礼仪上的待遇,也是具有养生内容的,涉及到情志、起居、饮食等生活诸方面。《礼记·内则》中说:"孝子之养老也,乐其心,不违其志;乐其耳目,安其寝处,以其饮食忠养之","凡养老,有虞氏以燕礼,夏侯氏以飨礼,殷人以食礼,周人修而兼用之"。可以看出,当时在老人养生方面积累了丰富经验。

(五) 优生优育与胎教

先秦时期,在婚姻制度上,也提出了一些合理主张,如同姓不结亲、必成年而婚配等。在《左传》中,即有"男女同姓,其生不蕃"之论,《周礼·地官司徒》中说:"男三十而取,女二十而嫁",这些主张对于中华民族的健康繁衍是十分有益的。

先秦时期,对于妊娠时期的养生保健也十分注意。如刘向《列女传》载:"太任(周文王之母)有身,目不视恶色,耳不听淫声,口不出傲言",说明当时对于胎教已有一定的认识。

(六) 环境卫生

先秦时期,对于环境卫生也十分重视。商代的甲骨文中,即有扫帚的"帚"字。《礼记·内则》中,即有"凡内外,鸡初鸣,咸盥漱衣服,敛枕簟,扫室堂及庭",说明清洁扫除在当时已经成为每个家庭及个人的日常卫生习惯。此外,在公元前四五世纪,我们的祖先就已经懂得了处理污水,当时即有所谓"陶窦",据说就是当时的下水沟。对于粪便管理,史载更早即有"厕所",《周礼》说:"宫人为其井匽,除其不蠲,去其恶臭",匽,即路厕。这都说明当时人们已经注意到环境卫生与人体健康的关系,注意环境卫生是保证健康的有效措施。

(七) 药物养生

在先秦的有关文献中,对于延年益寿的药物已有不少记载,如在《山海经》中收集了药物百余种。其中,有一类为补药,如櫰(huai音怀)木、枥木、狌狌(按:同猩猩)等,具有强壮身体、增强记忆力、延年益寿的功效。这些药物为后世养生家、医家探讨抗老防衰、益寿延年的药物,开阔了思路,提供了可贵的经验。

三、《内经》奠定了养生学理论基础

《内经》总结了先秦时期医药学的丰富的实践经验,先秦道家、儒家、杂家的养生思想为《内经》养生理论的形成做出了重要贡献。而《内经》则是集先秦诸子理论及医药学实践之大成,为中医养生学的形成奠定了理论基础。现将其要点归纳如下:

(一) 对生命起源的认识

《内经》认为生命与自然界息息相关,《素问·宝命全形论》指出:"天地合气,命之曰人",认为自然界的阴阳精气是生命之源,这种认识是符合实际的。

(二) 天人相应,顺应自然

《内经》把人与自然界看成一个整体,自然界的种种变化,都会影响人体的生命活动,即天有所变,人有所应。因而,强调要适应自然变化,避免外邪侵袭。如《灵枢·本神篇》指出,要"顺四时而适寒暑",《素问·四气调神大论》则提出了"春夏养阳,秋冬养阴"的四时顺养原则。《素问·上古天真论》又明确指出"虚邪贼风,避之有时",从而开辟了中医防病养生的先河。

(三) 对生命规律的阐述

《内经》对人体生、长、壮、老、已的生命规律有精妙的观察和科学的概括,不仅注意到年龄阶段的变化,也注意到了性别上的生理差异。如《素问·上古天真论》中,男子八岁为一生理阶段,女子七岁为一生理阶段的生理阶段递变规律;《灵枢·天年》以十岁为一阶段的递变规律,分别详细阐述了人的生理变化特点。

(四) 对衰老的认识

《内经》详细论述了衰老的变化过程及衰老表现，并指出情志、起居、饮食、纵欲、过劳等诸方面调节失当，是导致早衰的重要原因，并提出要"法于阴阳，和于术数，饮食有节，起居有常，不妄作劳，故能形与神俱，而尽终其天年，度百岁乃去"（《素问·上古天真论》），初步建立了抗老防衰及老年病防治的理论基础。

(五) 明确提出养生原则和方法

《内经》不仅提出了许多重要的养生原则和行之有效的养生方法，如调和阴阳、濡养脏腑、疏通气血、形神兼养、顺应自然等原则，以及调情志、慎起居、适寒温、和五味、节房事、导引按跷、针灸等多种养生方法。而且特别强调"治未病"这一预防为主的原则，将养生和预防疾病密切结合在一起，这一点具有极其重要的意义。

综上所述，《内经》集先秦诸子之说，参以大量医疗实践，形成了中医理论体系，为中医养生学奠定了坚实的理论基础，做出了极其重要的贡献。

总之，先秦时期是我国从原始时代进入文明时代的重要转折时期。在这一时期里，生产的发展、社会的进步，使人类更好地认识自然，认识生命。长期的医疗实践，为医学的发展积累了丰富而宝贵的经验。先秦诸子的"百家争鸣"为中医理论体系的建立打下了初步的基础，而《内经》则是这一时期内医学发展的系统总结和结晶，它为中医养生学理论体系的建立奠定了基础。

第三节 汉唐时期

公元前221年，秦统一中国，标志着封建制终于代替了奴隶制。汉、唐两代都曾出现过封建经济高度繁荣的景象，开辟了丝绸之路，促进了中外文化交流，对医学及养生的发展也产生了积极的影响。这一时期内，出现了不少著名医家和养生家，以及养生专论、专著。对养生学的发展做出了重要贡献。

秦汉之际，特别是秦代"焚书坑儒"的高压政策被解除以后，道家、儒家思想有了新的发展。佛教的传入，也逐渐影响了我国意识形态及医学的发展。自隋代王通提出儒、佛、道"三教归一"的纲领后，三家之说便成为官方的正统思想推行于世，并且互相渗透、融合。其中，有关养生方面的内容，便被当时的医家、方士所继承，从而进一步充实和发展了中医养生学的内容。

一、养生理论和实践的发展

汉唐时期的养生学思想发展，大致有如下几个特点：①对养生理论的阐述往往是融医、儒、道、佛诸家养生思想于一体，各取其长。②汉唐时期的养生家，往往也是著名的医学家。其具有丰富的医学理论及临床实践经验。因而，对养生方法的论述，多具体、实际而有效。③这一时期的养生专论、专著，在理论上有了较为系统的论述，既承袭了先秦的学术思想，又有所创新和发展。并作为中医学的一个重要组成部分，予以专门阐述。对后世产生了重大影响。

兹将汉唐时期有关养生理论和实践发展的主要内容概括介绍如下。

(一) 张仲景的养生思想

东汉医家张仲景，继承了先秦时期的医学理论，博采众长，著成《伤寒杂病论》，奠定了中医辨证论治的理论基础。其中,也从病因学角度提出了自己的养生观点。

1. 养慎 养慎即调护机体以顺应四时之变,仲景认为:"若人能养慎,不令邪风干忤经络,……病则无由入其腠理"(《金匮要略·脏腑经络先后病脉证并治》)。明确指出,注意四时变化,外避虚邪贼风,是防病保健的一个重要方面。

2. 调和五味 仲景特别强调饮食与养生的关系,"凡饮食滋味以养于身,食之有妨,反能为害,……若得宜则益体,害则成疾,以此致危",因而"服食节其冷热、苦酸辛甘"(《金匮要略·脏腑经络先后病脉证并治》)。明确指出,饮食之冷热、五味之调和,以适宜为度,方可起到养生作用。反之,于身体有害。

3. 提倡导引 仲景对导引吐纳也十分重视,他主张用动形方法防病治病,如《金匮要略》中云:"四肢才觉重滞,即导引吐纳……勿令九窍闭塞"。

仲景的上述养生思想,具体体现了中医防治结合、预防为主的原则。

(二) 华佗的养生思想

华佗是与张仲景同时的医家,他继承了先秦《吕氏春秋》中的动则不衰之说,从理论上进一步阐述了动形养生的道理,如《三国志·华佗传》中载其论云:"人体欲得劳动,但不当使极尔,动摇则谷气得消,血脉流通,病不得生,譬犹户枢不朽是也"。

华佗对导引健身术十分重视,在继承前人的基础上,总结归纳为模仿虎、鹿、熊、猿、鸟五种动物动作的导引法,称之为"五禽戏"。方法简便,行之有效,大大促进了导引健身的发展。

(三) 王充的先天禀赋说

东汉时期的王充,在养生方面,提出了禀气的厚薄决定寿命长短的观点,在他所著的《论衡》中强调指出:"若夫强弱夭寿,以百为数,不至百者,气自不足也。夫禀气渥则其体强,体强则其寿命长;气薄则其体弱,体弱则命短,命短则多病寿短"。

王充还认为,生育过多,往往影响下一代健康,他指出:"妇人疏字者子活,数乳者死。……字乳亟数,气薄不能成也"。所谓"疏字"是指生育较少,少生少育则禀受父母之精气强,故子女健壮而寿命亦长;反之,"数乳"者,则禀受父母之精气薄弱,故子女体衰而寿命短,因而提倡少生少育。王充的这一思想,将优生与长寿联系起来探讨,是很有见地的,大大丰富了养生学的内容。

(四) 《神农本草经》重药补

成书于东汉时代的《神农本草经》,共载中药365种,分为上、中、下三品。其中,上品药物为补养之品,计120种,多具有补益强身、抗老防衰之功效,提倡以药物增强身体健康,如人参、黄芪、茯苓、地黄、杜仲、枸杞等,均为强身益寿之品。后世医家据此而创制了不少抗老防衰的方药。

(五) 方士之术的利弊

秦汉时期的统治者,如秦始皇、汉武帝等都追求长生不老,想方设法寻求长生不老方药。因而,社会上方士盛行,炼丹术、服石法、神仙术以至房中术等,曾风行于世。鼓吹和信奉炼丹、服石可使人不老不死者,此不但无益,反而有害,误服者多中毒暴死。故自汉以后,许多医家都指出乱服丹石之害。但也应看到,当时统治者的谋求长生,客观上促进了方士对炼丹、服石、导引等养生方法的探索。

东汉时期的魏伯阳,即总结了前人经验,著成《周易参同契》三卷,阐述了炼丹的理论和气功的理论和方法。同时,亦如实地指出了金石对人的危害。书中有关气功的论述,至今仍有研究和参考价值。而其所述炼丹之术,在化学史上亦有重要贡献。

二、道家学说与道教养生术

西汉初期,统治阶级很重视清静无为的黄老哲学,即指托名黄帝,渊源于老子的新道家学派,这时的道家思想,已经将阴阳、儒、墨、法等各家思想批判地吸收进来。如司马迁在《史记·太史公自序》中"论六家要旨"云:"凡人所生者,神也,所托者形也。神大用则竭,形大劳则敝,形神离则死。……神者生之本也,形者生之具也","形神骚动,欲与天地长久,非所闻也"。可以看出,这是承袭了先秦道家贵生、养神的思想。同时,也是对汉武帝追求长生不死、得道成仙思想的有力批判。

汉武帝既崇尚儒术,又崇信神仙,然当时黄老之学声望甚高。于是,方士们逐渐将黄老之学与神仙术结合,形成为具有宗教色彩的黄老道。宣称他们的那套"养神保真"之法,可以长生不死,得道成仙。然而人不能永远活下去,死亡是不可避免的。因此,养生学应摒弃其荒谬的成仙思想,而取其养生之术。事实上历代道家养生名家几乎都是以其养生术而传世的。

道教所行养生之术很多,如外丹、内丹、服气、胎息、吐纳、服饵、辟谷、存思、导引、行蹻、动功等等,这是将古代所流行的养生之术,皆吸取进来,加以发挥。

由于道教注重养生,崇信神仙,故而将诸子之说,兵、农诸家之书及占星、阴阳、五行医经医方等数术方技诸家之书广为收集而为道教经籍。因而,道教经书之中,内容广泛而丰富,有关养生的书籍多收其内。

东晋医家葛洪,精研道教理论,在养生方面做出很大贡献。他从预防为主的思想出发,首先提出"养生以不伤为本",认为良好的生活习惯有利于长寿。

葛洪对于导引、吐纳等养生术也十分重视。在他所著的《抱朴子·释滞》中指出:"行气可以治百病,……或可以延年命,其大要者,胎息而已"。首次提出了"胎息"功法,并详述其要领。

葛洪对炼丹之术也进行了研究,他在《仙药》中论及的植物药如灵芝、茯苓、地黄、麦冬、巨胜子、楮实子、黄精、槐实、菊花等,经现代研究分析证实,确有抗衰防老、益寿延年的作用。当然,他的金丹长生之论在养生方面并不足取,但在化学上却是一大贡献。

南朝的著名养生家陶弘景,精于医学,通晓佛、道,"十岁得葛洪神仙传,昼夜精研,便有养生之志"(《梁书·处士传》)。他辑录了"上自农黄以来,下及魏晋之际"的许多养生文献,而成《养性延命录》一书,为现存最早的一部养生学专著。全书共二卷分为:教诫、食诫、杂诫、服气疗病、导引按摩、御女损益等六篇。

书中论述的养生法则和方术甚多,概括起来,大致有:顺四时、调情志、节饮食、宜小劳、慎房事、行气吐纳等几个方面。

《养性延命录》收集了先秦及两汉时期的养生文献,也反映了陶弘景的养生学思想,这本养生专集对于推动养生学发展,有着重要的研究价值。

三、佛家养生思想的传入

佛教传入中国的具体时间很难考定,但一般都以汉明帝永平七年(公元64年),印度僧人迦叶摩腾和竺法兰入中国,明帝始建白马寺为据。

随着佛教的传入,大量经论被翻译过来,当时传译的僧侣学者大都利用老、庄之学的概念来译解佛经,由文字"格义"到思想会通,经过长时间的消化和吸收,佛学理论在我国得到了很大发展。公元六世纪末至九世纪中叶的隋唐时期,是中国佛教的极盛时期。

佛学的传入,对我国医药学的发展也有一定促进作用,仅据隋唐史书记载,传来的医书和方药书就有十余种。佛学本身所追求的最终目标是"彻悟成佛",然而没有健康的身体就不能进行修炼,所以佛学中也含有与佛教教义结合在一起的有关养生健身的思想、观点和方法,汉唐时期的养生家们就取其养生作用之长,纳入中医养生思想之中。例如:

参禅　禅是禅那(dhyana)的简称,汉译为静虑,是静中思虑的意思,一般叫做禅定。此法是将心专注在一法境上,一心参究,故称参禅。在修习禅定的过程中,有调身、调气、息心静坐的方法,静坐气功,只是修禅的形式或基础,并非修禅目的,但初学静坐的人必须懂得这些调身调气的方法,使身心保持健康状态,以保证修禅的顺利进行。这种方法是有强健身体,却病延年作用的。养生家则将此融入吐纳导引健身功之内,成为以静坐为特点的健身功法。

又如达摩《易筋经》原为佛门养生健身功法。达摩又称菩提达摩,是中国佛教禅宗的创始者,相传《易筋经》是他译写的,故称《达摩易筋经》后传于世。成为中医养生学中的健身术之一。唐代《千金要方》中记载的天竺国按摩法,也是由当时印度传入的佛教徒常作的一种体操式的按摩法。

佛学认为人体也是由自然界构成物质的四大元素——地、水、火、风和合而成。地为骨肉,水为血液,火为人之体温、热量,风为呼吸。一般说来,"四大调和",人方可健康,一大不调,生一百一病,四大不调,生四百四病。所以,佛家也强调身体的和谐统一,这一思想与中医理论近似。孙思邈将其收入《千金要方》之中。

佛学讲求调理人与自然、社会的"互存关系",因而十分重视环境调养,植树造林,行医施药等公益事业。特别是植树造林,犹为突出。而寺院地址的选择,也是十分讲究的,多为环山傍水,山清水秀之处,环境清幽,景色宜人,既是佛教修行之处,又是养性怡人之环境,以宁静、空气清新、环境幽美为特点,为养生调摄增添了不少内容。

佛家有很多戒律,如五戒、十戒、普萨戒等。这些戒律多是对佛教信徒修行时的纪律约束,具体地说是对酒、色、食、财等诸方面欲念的节制和约束,以使人专心修禅,提高道德品质的修养。这种思想被吸收而融入养生学中,充实了养生学中"养神"、"固精"、"节欲"等方面内容。

佛家的经典著作十分浩瀚,一部大藏经即有1076部5048卷之多,后世又续有增加。其中,有关养生的论述十分丰富。此外,隋代智顗法师著的《六妙门》(即《小止观》)、《摩诃止观》(即《大止观》),以及阐述心理修养的《百法明门论》、《妙云集》等等,均是论述养生的佛教典籍。不仅对佛学发展产生很大影响,而且对于养生学的发展也产生了很大影响。值得进一步发掘、整理,以使其为社会、为人类做出更大贡献。

四、道、儒、佛、医思想的汇通

汉唐时期,道、儒、佛思想盛行,三家之说影响着当时整个社会。并且互相渗透、融合。当时的道家思想——黄老哲学,已经融进了儒、墨、法、阴阳等诸家之说。而佛教的传入,也并非全部照搬,而多利用老、庄学说来译解佛经。实际上,被翻译过来的佛学理论,在一定程度上已经融合了中国的哲理。这种融合、渗透,自然也影响到中国医学。这一时期的著名医家之所以在学术上有所创新、发展,也往往是受其影响。不少医家于道、儒、佛之说有精深的研究,他们据自己的理解和认识,从不同角度、不同方面吸收、融合、汇通了道、儒、佛的理论观点,使之成为医学理论的组成部分之一,充实、丰富和发展了养生学内容。在这一方面,具有代表性的医家,即是唐代的孙思邈。

孙思邈精通道、佛之学,广集医、道、儒、佛诸家养生之说,结合自己多年丰富的实践经验,著成养生专论。不仅在《千金要方》中有大量养生论述,还著有《摄养枕中方》,内容丰富,功法众多,在我国养生发展史上,具有承前启后的作用。其在养生学方面的贡献,大要有五:

第一,继承和发展了《黄帝内经》"治未病"的思想,以此为养生原则,提出了"养性"之说。在《千金要方·养性序》中反复强调"善养性者,则治未病之病,是其义也","是以圣人消未起之患,治未病之疾,医之于无事之前,不追于既逝之后"。

第二,奠定了我国食养学的基础。他说:"安身之本,必资于食","不知食宜者,不足以存生也"。孙氏认为饮食是养生防病的重要手段,他在《千金要方》中,列食养、食疗食物154种,分谷米、蔬菜、果实、鸟兽四类,多为日常食品,并论述其性味、功效,以供人们酌情选用。此外,他还提出了老人饮食的具体要求。孙思邈的食养、食疗学术思想,对后世产生了重大影响。

第三,强调房中补益。在《千金要方·房中补益》中指出:"凡觉阳事辄盛,必谨而抑之,不可纵心竭意,以自贼也",强调不可纵欲。为防止性生活不当而诱发某些疾病,在《千金要方·养性禁忌》中指出:"男女热病未差,女子月血,新产者,皆不可合阴阳"。这些观点,都是很科学的性保健内容。

第四,重视妇幼保健。在《千金要方》一书中,他破历代医书之惯例,首例妇科三卷,次列儿科二卷,除疾病治疗外,对妇幼保健的论述甚详。算得上是世界上从社会角度强调妇幼保健的第一人。

第五,融道、佛、儒、医于一体,收集、整理、推广养生功法。由于孙思邈精于道、佛之学,对其养生之理论及养生之术皆有精研,故在他的《千金要方》中,既有"道林养性"、"房中补益"、"食养"等道家养生之说,也有"天竺国按摩法"等佛家养生功法。不但丰富了养生内容,也使得诸家传统养生法得以流传于世,是我国养生发展史上有价值的医学文献。

第四节 宋元时期

两宋、金元时期,是中国封建社会的中期。在思想上倡导融道、儒、佛三教于一炉的所谓"理学",又出现"新学"哲学流派,他们既有争论,又互有渗透,互有吸收和发扬,这对医疗保健有一定影响。在医药卫生保健方面,改进医事管理,发展医药教育,促进医药保健的发展。此外,科学技术的蓬勃发展,为医疗保健取得成就提供了有利条件。活字印刷术的使用和发展,对医学的著述和传播也起了一定的促进作用。因此,古代的养生学说,得到了较好的继承,并且有了进一步发展。金元时期,许多著名的养生家和医家,总结新经验,提出新见解,无论在理论上,还是在养生方法上,都有了新的进展,充实和完善了中医养生学的内容。

一、养生保健方法的日臻完备

宋元时期,养生理论和养生方法也日益丰富发展。

北宋末年,官方出版的《圣济总录》,共二百卷,二百多万字,包括内、外、妇、儿、五官、针灸及养生、杂治等分66门,内容十分丰富。该书前数卷大量论述了当时流行的"运气"学说,而且对养生保健的一些方法做了相当详尽的介绍。可见,当时十分肯定这些方法的效果,并倡导这些保健方法的运用。宋代宫廷编著的方剂专书《太平圣惠方》，不仅是一部具有理、法、方、药完整体系的医书，而且载有许多摄生保健的内容，尤其注意药物与食物相结合的方法，如记述了各种药粥、药酒等。这些方法符合医疗保健的需要，对后世有一定影响。

宋元时期，全面整理了前代本草文献，取得了卓越的成就。在同时期世界药物学领域占领先地位，对后世产生了深远的影响，金元医家和养生家根据阴阳五行等理论对于药物的性味功用等多有发明，使其既适用于疾病辨治，又有利于防病保健。例如寇宗奭编撰的《本草衍义》中，根据体质和疾病，选择相应性味的药物。指出只有明了药性，有的放矢，方可收到治病保健的目的。此外，张元素的《珍珠囊》，李杲的《用药法象》、朱震亨的《本草衍义补遗》等，对此多有发挥，更切适用。

针灸学在宋元时期有了很大的发展，出现了闻名国内外的"针灸铜人"以及新的针灸专著，如《新铸铜人腧穴针灸图经》、《针灸资生经》、《十四经发挥》等，同时，又出现了子午流注针法，主张依据不同时间，选择不同穴位，达到治疗保健的目的。

宋代整理的《正统道藏》及其辑要本《云笈七签》，虽属道家书籍，但书中记述很多导引、气功、按摩等有关方法，对于防病保健具有重大的价值。

二、老年医学的充实和发展

在唐代孙思邈重视老年保健的基础上，宋元医家、养生家寻求新的老年保健方法，全面认识老年人的生理病理特点，丰富老年人的治疗保健原则和方法，促进了老年医学的发展。宋代陈直撰《养老奉亲书》，元代邹铉在此书的基础上继增三卷，更名为《寿亲养老新书》，内容颇为详尽，是老年医学专书。金元时期学术争鸣，对老年保健的理论和方法的认识更趋完善。

（一）强调精神摄养

根据老年人的精神情志特点，陈直指出："凡丧藏凶祸不可令吊，疾病危困不可令惊，悲哀忧愁不可令人预报……暗昧之室不可令孤，凶祸远报不可令知，轻薄婢使不可令亲"。说明保持老年人情绪稳定，维持心理健康是非常必要的。邹铉还指出了心病心医的情志保健的原则。《寿亲养老新书》中载有一首诗："自身有病自身知，身病还将心自医，心境静时身亦静，心生还是病生时"。说明了只有进行自身心理保健，才可杜绝情志疾病。

（二）主张饮食调养

对于老年人，合理调节饮食是非常重要的。因为"高年之人，真气耗竭，五脏衰弱，全仰饮食，以资气血；若生冷不节，饥饱失宜，调停无度，动则疾患"。因此，提出"老人之食，大抵宜温热、熟软、忌其粗硬生冷"，及"善治病者，不如善慎疾；善治药者，不如善治食"（《寿亲养老新书》）的主张，这是符合老年人的生理病理特点的。朱丹溪对于老年人的饮食提出"尤当谨节"、"茹淡"，强调节制饮食，又要避免摄入燥热厚腻之物，以保养精气。忽思慧的《饮膳正要》、贾铭著《饮食须知》等，又都丰富了饮食调养的内容。

（三）提倡顺时奉养

《内经》提出四时养生法则，到宋元时期不仅尊崇其说，而且增广其法，从而丰富了顺时养老的内容。对于老年人，顺应四时的阴阳消长来保养身体，更为重要。故陈直指出，老年人要"依四时摄养之方，顺五行休王之气，恭怡奉亲，慎无懈怠"（《寿亲养老新书》）。朱丹溪亦指出："善摄养者……各自珍摄，以保天和"（《格致余论》）。故养老大法，必然要依据天和的性质，顺四时变化而摄养，才能老当益壮。此外，邱处机著《摄生消息论》亦从不同角度对四时的精神调养,起居调摄、饮食保健等,都有所阐发和发挥。

(四) 重视起居护养

老年之人,体力衰弱,动作多有不便,故对其起居作息,行动坐卧,都须合理安排,"竭力将护,以免非横之虞"(《寿亲养老新书》)。护养方法是:"凡行住坐卧,宴处起居,皆须巧立制度"。例如,老年之居室宜洁雅,夏则虚敞,冬则温密。床榻不宜太高,应坐可垂足履地,起卧方便。被褥务在松软,枕头宜低长,可用药枕保健。衣服不可宽长,宜合体贴身,以利气血流畅。药物调治,汗、吐、下等攻伐之剂,切宜详审,防止不良后果。总之,处处为老人提供便利条件,细心护养。

(五) 注意药物扶持

老年人气色已衰,精神减耗,所以不能象对待年青人那样,施用峻猛方药,欲速则不达,反而危及生命。《寿亲养老新书》提出:老年人医药调治应采取"扶持"之法,即用温平、顺气、补虚和中、促进食欲之方来调治,切不可峻补猛泻,这些原则是符合老年人的生理特点的。

三、食养方法的丰富

历代医家和养生家都非常重视饮食保健,因为这是防病治病、健体延年的基础。在宋元时期,由于实践经验的不断积累,食养食疗不仅在理论上还是方法上都有了新的进展,取得显著的成就。

(一) 四时五味养脏法

在宋元时期,对食养理论的认识更加深化。蒲虔贯根据五味入五脏,五脏分别旺于四时以及五行生克理论,提出了四时的饮食五味要求:"四时无多食所旺并所制之味,皆能伤所旺之脏也。宜食相生之味助其旺气"。认为"旺盛不伤,旺气增益,饮食合度,寒温得益,则诸疾不生,遐龄自永矣"(《保生要录·饮食门》),这在食膳发展史上有着一定的意义。陈直对先秦时期"春多酸,夏多苦,秋多辛,冬多咸"的原则进行了一定的修正。在具体运用上明确提出了:"当春之时,其饮食之味宜减酸增甘,以养脾气";"当夏之时,宜减苦增辛以养肺气";"当秋之时,其饮食之味宜减辛增酸,以养肝气";"当冬之时,其饮食之味宜减咸而增苦,以养心气"(《寿亲养老新书·卷一》)的观点,这种饮食原则的好处在于既不使当旺之脏气过于亢盛,又不使所克之脏气有所伤伐。刘完素提出以臊焦香腥腐五气助所克之气。他说:"是以圣人春木旺以膏香助脾;夏火旺以膏腥助肺;金用事,膳膏臊以助肝;水用事,膳膏膻以助心;所谓因其不胜而助之也"(《素问病机气宜保命集·摄生论》)。这可与陈直以五味平调五脏之气的见解互为发明、相得益彰。

(二) 食养食疗的新进展

随着对营养保健理论认识的深化,食养和食疗方法更加丰富多彩。元代饮膳太医忽思慧撰《饮膳正要》一书,是一部古代营养学专著。它从健康人的实际饮食需要出发,以正常人膳食标准立论,制定了一套饮食卫生法则。书中还具体阐发了饮食卫生,营养疗法,乃至食物中毒的防治等。附录版画二十余幅,文图并茂,为我国现存第一部完整的饮食卫生和食疗专书,也是一部颇有价值的古代食谱。另外,李东垣、朱丹溪等对饮食保健的有关原则和诸般宜忌也有很多精辟论述,也是他们身体力行的经验总结,更加丰富了食养的内容。

四、"金元四家"对养生学的主要贡献

(一) 刘完素主张养生重在养气

刘完素在王充提出人之寿夭在于"先于禀赋"说的基础上,进一步强调"主性命者在乎

人","修短寿夭,皆人自为"的思想。这种"人主性命"说,说明只要发挥摄养的主观能动性,就能达到延年益寿的境界。他重视气、神、精、形的调养,但尤其强调气的保养。对于养气方法,他认为当从调气、守气、交气三方面着手。他说:"吹嘘呼吸,吐故纳新,熊经鸟伸,导引按跷,所以调气也;平气定息,握固凝神,神宫内视,五脏昭彻,所以守其气也;法则天地,顺理阴阳,交媾坎离,济用水火,所以交其气也"(《素问病机气宜保命集·原道论》)。这种调养之法可起到舒畅阴阳,灌溉五脏,调畅气血的作用。

（二）张子和提倡祛邪扶正

张氏主张用攻法防病治病,认为祛邪即所以扶正,邪去则正气自安,反对唯人参、黄芪"为补"的狭隘观点,他还提出"养生当用食补,治病当用药攻"(《儒门事亲》)的主张。他的养生保健的思想核心是"君子贵流不贵滞"的观点,并指出调饮食、施药物、戒房劳、练气功等方法。在防病保健中,还特别重视人与社会环境的整体观和机体与情志的整体观,从而丰富了中医学中有关心身医学、医学社会学的内容。

（三）李东垣注重调理脾胃

李氏认为促成人之早夭的根本原因在于元气耗损,他说:"人寿应百岁,……其元气消耗不得终其天年"(《兰室秘藏·脾胃虚损论》),而"元气之充足,皆由脾胃之气无所伤,而后能滋养元气"(《脾胃论·脾胃虚实传变论》)。这说明调养脾胃之气,维护后天之本,是防病抗衰,延年益寿的一条重要原则。调养脾胃的方法主要概括为三个方面:一是调节饮食护养脾胃。他认为"饮食不节"是酿成内伤的一个重要原因,"饮食自倍,则脾胃之气即伤,而元气亦不能充,则诸病之所由生也"。故合理饮食是防病保健的一个重要环节;二是调摄情志保护脾胃。李氏指出:"凡愤怒、悲思、恐惧,皆伤元气"。说明精神情志密切关系着生理变化,尤其易伤脾胃功能,因此,须从积极方面调摄,静心寡欲、不妄作劳,以养元气;三是防病治病顾护脾胃。东垣防治疾病之立法遣药,处处考虑到脾胃之升降生化机能,用升发阳气之法,注重调补脾胃。东垣以顾护脾胃而益寿延年的精辟理论为养生别树一帜,另辟一途,为后世实践所肯定。

（四）朱丹溪强调阴气保养

丹溪力倡"相火论"基础上的"阳常有余,阴常不足"的学说,并一再强调阴气"难成易亏",因而在治疗与养生上,都主张以滋阴为主。围绕保阴精,强调顺四时以调养神气,饮食清淡冲和以免升火助湿,节欲保精以息相火妄动,并为此而著《色欲箴》以戒众人。在老年病方面,认为老年阴气暗耗,相火易亢炎为害,故养老大法,总要在于承制相火的亢极。此外,朱氏对防病于未然的养生理论和方法也有所论述。

综上所述,金元四家的学术观点虽异,然崇尚养生则一。尽管他们所研究的专题各有侧重,所得成果也不尽相同,但等到合流之后,终于汇集成比较完整的养生理论和方法的体系。

此外,宋元时期还有不少养生专著,如周守忠的《养生类纂》及《养生月览》、姚称《摄生月令》、刘词《混俗颐生录》、愚谷老人《延寿第一伸言》、姜悦《养生月录》、韦行规《保生月录》、李鹏飞《三元参赞延寿书》、王珪《泰定养生主论》、瞿祐《居家宜忌》和《四时宜忌》等,均为养生学的发展作出了不同程度的贡献。

总之,在这一个时期,涌现出了不少养生学家及养生专著,尤其是金元的学术争鸣,更促进了养生学的发展。宋元时期不仅充实和发展了前人的养生理论、原则和方法,而且对老年病学的防治和摄生保健有了突出了发展,形成了比较完备的体系。中医养生学发展至此,其理论渐趋完备,其方法更加丰富。

第五节　明清时期

明清时期是中国封建社会的后期。统治阶级提倡孔孟正统的程朱理学,同时利用佛、道两教的思想,在一部分士大夫和知识分子中有的弃士为医,有的转儒从医,又有很多医家非常重视实践,勇于创新,先后出现了很多著名养生学家,进一步丰富和完善了中医养生学的内容,并使养生学得到更大范围的发展。在这一时期,中医养生保健专著的撰辑和出版是养生学史的鼎盛时期。从明代到新中国建立前夕的580多年中所出版和刊行的养生类著作比明清以前2200多年间所发行的总量还要多,其发展之迅速和传播之广泛,在历史上是空前的。另外,从十四世纪末至十九世纪上半叶期间,由于中外交通的发展,中外医学交流活动亦日益频繁,有养生专著被译成外文出版发行,西方医药学传到中国的也空前增多,这对世界医学和我国的医学和养生学的发展,都有一定促进作用。

一、养生重"命门"和治形宝精说

至明代,随着命门学说的发展,产生了以赵献可、张景岳为代表的温补派,他们反对滥用寒凉药物主张用温补药物峻补命门。如赵献可认为命门真火乃人身之宝,并说:"吾有一譬焉,譬之元宵鳌山之走马灯,拜者、舞者、飞者、走者,无一不具,其中间惟是一火耳。火旺则动速,火微则动缓,火熄则寂然不动,而拜者、舞者、飞者、走者、躯壳未尝不存也"(《医贯·内经十二官论》)。此主张养生及治病,均以保养真火为要。

张景岳提出"阳强则寿,阳衰则夭"(《景岳全书·传忠录》)的论点,指出:"欲知所以生死者,须察乎阳,察阳者,察其衰与不衰;欲知所以存亡者,须察乎阴,察阴者,察其坏与不坏,此保生之本法也"。其重视命门,在理论上较赵献可全面。张氏认为阳气阴精之根本皆在命门,"命门主乎两肾,而两肾皆属于命门。故命门者为水火之府,为阴阳之宅,为精气之海,为死生之窦,若命门亏损,则五脏六府皆失所恃,而阴阳病变无所不至","即如阴胜于下者,原非阴盛,以命门之火衰也;阳胜于标者,原非阳盛,以命门水亏也。水亏其源,则阴虚之病叠出;火衰其本,则阳虚之证迭生"(《类经附翼·求证录》),故他特别注重用甘温固本法预防疾病。这对当时那种滥用寒凉,败胃伤阳,致成时弊的情况下,是有重要意义的。与此同时,张景岳还辨证地阐述了形与神,形与生命的关系,明确提出养生之要在于治形宝精的主张。张氏所论之形,实指精血而言。他认为形赖精血为养,养精血即所以养形。明确提出:"善养生者,必宝其精"(《类经·摄生类》),指出了节欲保精的重要性。另外,张氏又鲜明地提出了"中年修理"以求振兴的卓越见解。中年时期是人体由盛而衰的转折时期,这种强调中年调养,求复振兴的思想,对于防止早衰,预防老年病,具有积极的意义。

二、综合调养发展了养生方法

明清时期的养生家对于养生理论的认识,都有了进一步的深化。尽管在精气神的保养上各有侧重,但都强调全面综合调理,尤其重视调理方法的研究和阐述。

(一)调养五脏法

李中梓在总结前人经验的基础上编著《寿世青编》一书,在调神、饮食、保精等方面提出了养心说、养肝说、养脾说、养肺说、养肾说,为五脏调养的完善做出了一定贡献。高濂的《遵生八笺》从气功角度提出了养心坐功法、养肝坐功法、养脾坐功法、养肺坐功法、养肾坐功法,又对心神调养、四时调摄、起居安乐、饮馔服食及药物保健等方面做了详细论述,极大丰富了调养五脏学说。明末医家汪绮石著《理虚元鉴》,对虚劳病机的阐发、论治的大法、预防的措施都自成体系,主张肺脾肾三脏俱重。他说:"治虚有三本、肺、脾、肾是也。肺为五脏之天,脾为百骸之母,肾为性命之根,治肺治脾治肾,治虚之道毕矣"。尤其是对虚劳的预防,提出了六节、七防、四护、三候、二守、三禁的原则,对抗老保健有很大意义。

(二)药饵、饮食保健法

明代开始,药饵学说的发展进入了鼎盛时期,万密斋、龚廷贤、李时珍、李梴等医家,继承了前人的成就,在理论上和方药的运用原则和方法上,都有阐发和提高,对医饵养生形成比较完整的体系做出了贡献。万密斋的《养生四要》指出:"无阳则阴无以长,无阴则阳无以化,阴阳互用,如五色成文而不乱,五味相济而得和也。凡养生却邪之剂,必热无偏热,寒无偏寒;温无聚温,温多成热,凉无聚凉,凉多成寒。阴则奇之,阳则偶之,得其中和,此制方之大旨也"。这个中和平衡既济的制方原则,对老年的药饵养生有直接指导意义。万氏认为这种保健方法,要从中年开始,未老先防,保健重点在于调补脾肾。同时,还提出了老年用药禁忌。

龚廷贤在《寿世保元》中主张老年保健用药应"温而不热,清而不寒,久服则坎离既济,阴阳协合,火不炎而神自清,水不滋而精自固,平补之圣药也"。又对老年的药饵摄生强调了两个原则:一是调补脾胃;二是提倡与血肉有情之品,补益气血,填精补髓,以健身抗老,延年益寿。他首推鹿茸、鹿角,配合人参、地黄、枸杞、二冬、黄精等制方。

《本草纲目》对于药饵和食养的论述也极为丰富。提供了有关饮食药物养生的丰富资料,书中还收集了很多食疗方法。李时珍推崇东垣脾胃之说,主张老年人应培补元气,调理脾胃,升发清阳,多用温补之剂,以延年益寿。

李梴认为药饵保健,用药宜平和、中和、温和,补虚在于扶培、缓补、调补,反对温热峻补和滥施汗、吐、下等法。李氏又在《医学入门》中指出了药饵养生中贪补、峻补、唯补的偏弊,强调了"量体选药"的重要原则。

曹庭栋针对老人脾胃虚弱的特点,重视以粥养胃益寿,在《老老恒言》中编制药粥配方百余首,以"备老年之颐养",可谓集食养保健粥之大成。

(三)综合调理法

明清时期的养生保健专书很多,多是强调综合调理,且要简要易行。冷谦撰著的《修龄要旨》是一部内容丰富的气功与养生保健专书,详细论述了四时起居调摄、四季却病、延年长生、八段锦导引法、导引却病法等,书中多以歌诀形式介绍养生要点及具体方法,易于领会实行。万密斋的《养生四要》,提出了"寡欲、慎动、法时、却病"诸养生原则,对于违反这些原则而产生的疾病,皆列有药物救治方法。清代吴师机撰《理瀹骈文》,这是一部物理治疗专书。吴氏提倡膏、药外贴等理疗法,如引嚏、坐药、药浴等。他认为外治之理同内治之理,可以收到与内服汤丸相同的效果。还认为养生保健不能单纯依赖药饵,如果注意调节生活起居,陶冶性情,对健康则更有益处。吴氏在外治保健方面为养生开辟了一条新的门径。

三、防病保健强调动静结合

虽然在先秦时期就已初步提出了动静结合的养生方法,但动静结合的养生理论和方法,则在明清时期才进一步明确提出来。李梴在《医学入门》中指出:"精神极欲静,气血极欲动"。提出静养精神,动养形体的辨证关系。方开《摩腹运气图考》(又名《延年九转法》)指出:"天地本乎阴阳,阴阳主乎动静,人身一阴阳也,阴阳一动静也。动静合宜,气血和畅,百病不生,乃得尽其天年"。人身之阴需要静,人身之阳需要动,从而提出了静以养阴,动以养阳的主张。人体要保持"阴平阳秘"的健康状态,就必须动静适宜,切忌过动过静,否则就会造成阴阳偏颇,导致疾病。

清代养生家曹庭栋虽认为"养静为摄生首务",但他却很重视动以养生的重要作用。如在《老老恒言·导引》指出:"导引之法甚多,如八段锦、华佗五禽戏、婆罗门十二法、天竺按摩诀之类,不过宣畅气血,展舒筋骸,有益无损",并创"卧功、坐功、立功三项",以供老年锻炼之用。又如《老老恒言》载有散步专论,对散步的作用和要求等作了较为全面的论述。例如,闲暇"散步所以养神"、睡前"绕室行千步,始就枕","是以动求静",有助于睡眠,强调了动静结合的重要性。

四、动形养生提倡导引武术健身

历代养生家都十分重视运动养生,导引、气功、按摩共同成为动形养生的三大支柱。对于导引之术,历史悠久,源远流长。马王堆西汉墓出土的《导引图》,就绘有40余种导引姿态的图象,内容十分丰富。以后历代都有不同的发展,到了宋代,在动作和方法上有了很大改进,如太极拳、八段锦等。明代以后,由于武术的发展和《道藏》的成书,又推动了导引术的进步和发展,在《遵生八笺》载有八种导引,除在国内广为流传外,并于1895年译成英文发行于国外。如明代正德年间罗洪先所撰《仙传四十九方》,载录华佗"五禽图"最为详尽,并指出:"凡人身体不安,作此禽兽之戏,汗出,疾即愈矣",说明了导引保健的重要作用。清·乾隆时代,沈金鳌《杂病源流犀烛》一书中,卷首列有"运动规法",包括导引、气功和按摩等,这些方法多摘自明代曹士珩所撰《保生秘要》一书。可见,导引保健具有很高的实用价值。

在明清时期,经过很多养生家、医家及众人的辛勤工作,提炼更新,使导引养生更加系统、科学,导引的形式更加丰富。例如,静功和动功与武术的结合,又促进了太极拳的发展,使其以独特的风格流传于国内外,深受人们喜爱,在养生保健中发挥了积极的作用。清·鸦片战争之后,卫国保家和练功健身的思想兴起,专论气功、导引、武术之著作也随之增多,其中比较突出的如敬慎山房主彩绘二十四幅《导引图》,将气功、导引、按摩熔为一炉,用于养心炼精、补虚、防治疾病和强身益寿,有较高的实用价值。由于导引、气功、拳术熔为一体,使其有理、有法、有方,自成体系,便于练习,的确起到了"内炼精气神,外练筋骨皮"的保健延年之效。在此时期,由于武术流派的空前发展,不论道、佛寺院,还是山寨水乡,都有练功习武的时尚,使武术健身得到了很大范围的普及,发挥了良好的健身御敌的作用。这种独特的健身防身术至今仍受广大群众的喜爱。

五、重视颐养老年人

自从唐代孙思邈提出"养老大例"之后,研究养生保健的对象都非常重视老年人,尤其是在明清时期更为普及。

颐养对象重视老人还表现在:明清的养生专著大都联系到老年人的养生和长寿问题。而且还有不少养老专著,如《安老怀幼书》、《老老恒言》等,曹庭栋根据自己的长寿经验,参阅了三百多家的养生著作,针对老人的特点,进行了全面的论述,具体而实用,继承和发扬了中医养生学,为中医老年医学做出了重要贡献。龚廷贤《寿世保元》和龚居中的《万寿丹书》,亦有发挥之处。

此外,明清时期的养生专著还有袁黄的《摄生三要》、胡文焕的《寿养丛书》、河滨丈人《摄生要义》、息斋居士《摄生要语》、陈继儒《食色绅言》及《男女绅言》、冯曦《颐养诠要》、汪昂《寿人经》、汪潘霁《内功图说》、尤乘《寿世青编》、黄克楣《寿身小补》等。均对养生保健做出了一定贡献。

明、清初期，中医养生专著大量发行出版，促进了养生学的深入和普及，在养生理论上丰富了明以前的养生学内容，提出了温补肾阳、治形宝精、调养五脏、动静结合等养生法则。同时，全面的发展了养生方法，使其具体实用。提倡导引保健、武术健身，使老年养生保健又得到深入发展。总之，在这一时期，使中医养生学发展成为既有理论，又有实践的较为系统的、科学的、完整的专门学说。

第六节 近代与现代

1840年鸦片战争以后，中国逐步地变成了一个半殖民地，半封建的社会。与此同时，逐渐兴起全盘否定中华民族文化遗产的思潮，对中医采取民族虚无主义态度，使祖国医学横遭摧残。中国养生学也因之而濒于夭折，养生著作很少，理论和方法亦无任何进展，其主要著作仅有蒋维侨的《因是子静坐法》、席裕康的《内外功图说辑要》、任廷芳的《延寿新书》、胡宣明编的《摄生论》、沈宗元的《中国养生说集览》等。总之，由于排斥、限制和消灭中医学的政策，使传统养生学的发展遇到了严重的阻力，处于自发地、缓慢地发展阶段。

1949年，建立了中华人民共和国之后，祖国医学获得了新生，中医养生学也因之而得到较大发展。特别是近年来，随着医学模式的转变，医学科学研究的重点已开始从临床医学逐渐转向预防医学和康复医学，传统的养生保健得到更加迅速的发展，出现了蓬勃向上的局面。其主要表现有以下几个方面：

一、预防保健取得显著成就

解放后，在毛主席关于"中国医药学是一个伟大的宝库，应当努力挖掘，加以提高"的指示下，全国人民坚决贯彻了"面向工农兵，预防为主，团结中医药，卫生工作与群众运动相结合"的卫生工作方针。开展了以除害灭病为中心的广泛的群众性爱国卫生运动，并进行了大规模的防治传染病工作，在卫生、药物预防、除害消毒、隔离、人工免疫等方面提出了许多有效方法。在多种预防方法中把传统的中医预防方法和现代医学的有效预防措施相结合，收到了切实可靠的防病保健效果。在短期内，消灭了鼠疫、霍乱、天花、黑热病等急性传染病，其他如疟疾、麻疹、猩红热、白喉、脊髓灰质炎、流脑、痢疾、血丝虫病、血吸虫病等多种严重危害人民健康的传染病，也得较好的控制和防治，发病率显著下降，大大提高了人民的健康水平，这是我国预防保健工作取得的重大成绩。

二、建立养生保健的科研机构

我国五十年代末六十年代初，就系统地开展现代老年病学研究，之后成立了老年研究室，近年来全国各地又相继成立老年病防治研究所（室）及很多老年保健委员会等组织机构，广泛开展老年病防治的科研活动。为了适应形势的需要，有的科研单位成立了中医养生研究室，全面研究养生保健的理论和方法，有效地指导人们的健康保健活动。与之相适应的疗养事业，随着国民经济建设的发展，也迅速发展。目前在我国范围内已形成几十个风景优美、环境宜人，具有不同特点的疗养地和疗养区。根据不同环境气候特点，建立各种疗养院，既利用丰富的天然疗养因子，又采用传统的摄生保健方法为人们的健康服务。此外，近年来，各种类型的康复构相续在全国各地纷纷建立。普遍采用中西结合方式进行康复疗养。中国传统养生保健的理论和方法得到了广泛的应用,起到了良好的作用。

三、理论研究不断取得进展

解放以来,党和政府非常关心理论方面的研究,尤其是近几十年,我国各地探索衰老与长寿的奥秘,进行流行病学调查及老年病学基础研究和临床研究,各方面的工作都不断取得新进展。对于抗衰老的理论研究,从中医延年学说和现代科学的角度进行多方面的探索,提出了各种各样的衰老学说和延年益寿的方法。虽说这些学说尚未全面说清衰老这一复杂的生命现象的本质,但可能从不同角度和深度反映了衰老本质的部分真理。同样,对养生保健是有重要指导意义的。不仅如此,有关科学研究单位对很多中国传统的养生保健方法,使用现代科学方法进行研究。例如对气功、太极拳的作用机制进行多方面的研究,对抗衰老药物和饮食等方面的研究也正在积极进行中,而且不少方面取得了满意的结果。实践证明,对养生理论和方法的研究,进一步促进了养生保健实践活动的深入广泛开展。

四、开展社会性保健教育

随着科学的进步,社会经济的发展和人民生活水平的提高,现代医学正由传统的"生物医学模式"向"生物、心理、社会医学模式"演进,中医养生学在这个医学模式转变的过程中越来越受到重视。近几十年来,大量重印或校勘注释出版了历代一些养生名著,包括一些道、儒、佛、武等家的有关摄生著作。在整理古代文献,总结临床经验,结合现代研究的基础上,对养生理论和方法进行了系统的整理,从而先后编著出版了多种专著和科普著作,又翻译了不少国外有关养生保健的书刊,特别是普及养生保健的科普期刊杂志。同时,报纸、电台、电视台等,广泛宣传保健知识。通过医学、养生科普方面的社会教育,可使更多的人利用较少的时间学到较多的保健知识,使不同年龄阶段的人都能够自我养生保健,提高民族素质和全社会的健康水平。

五、培养传统养生专业人才

培养人才是整个事业兴旺发达的关键。各地中医高等院校相续建立针灸推拿专业,为传统养生保健开设有关课程。特别是从 1987 年开始,国家教委决定开建中医养生康复专业,逐步在中医院校筹办开设,并且把中医养生康复概论学科列为中医学院的课程之一,用以普及教育。除此而外,又开办多种培训班。社会养生康复班、老年养生保健班等,传授传统养生保健的理论和方法。中国传统的体育如太极拳、导引保健功等与医疗相结合,一直很受重视并已在全国范围内推广。1988 年中医药管理总局与世界银行合作,把中医养生康复专业列为贷款项目进行扶持。总之,采取多层次、多渠道、多形式的措施和方法培养人才,建立起中医养生康复体系,担负起全国人民的健康保健任务。

六、积极开展学术交流活动

自六十年代开始,我国就进行全国老年医学座谈会,促进了老年保健研究。近年来又进行了多种形式和各个系统的防病保健学术交流会及全国养生学术研讨会,对养生保健起到了一定的推动作用。目前,世界各国越来越多的人正努力寻求更好的保健方法,故此在世界范围内天然医学、身心医学及社会医学等相继兴起,并收到了良好的效果。中国传统的养生保健在世界范围内产生了广泛的影响。中国传统的养生学,既有系统的理论,又有独特的方法和宝贵的临床经验,如养神、动形、食养、药饵、气功、针灸、推拿按摩等。随着中医药学宝库中的宝藏进一步挖掘,它将为我国及全人类的保健事业进一步作出贡献。

第三章 中医养生学的基本理论

中医养生学继承了传统中医学的理论和古代哲学思想的精华，以"天人相应"和"形神合一"的整体观为出发点，主张从综合分析的角度去看待生命和生命活动。养生方法以保持生命活动的动静互涵，平衡协调为基本准则。主张"正气为本"，提倡"预防为主"，强调辨证思想。要求人们用持之以恒的精神，自觉地、正确地运用养生保健的知识和方法，通过自养自疗，提高身体素质和抗衰防病的能力，达到延年益寿的目的。

第一节 生　命

生命是具有生长、发育活力，并按自然规律发展变化的过程。"生、长、壮、老、已"，是人类生命的自然规律。探索生命的规律，对于中医养生学来说，有着极为深远的意义。

一、生命的起源

《内经》认为，生命物质是宇宙中的"太虚元气"，在天、地、日、月、水、火相互作用下，由无生命的物质演变化生出来的。天地之间所以有品类无限多样的物种，都是物质自己的运动和变化，在时间进行中形成的。《素问·天元纪大论》所说："太虚廖廊，肇基化元……生生化化，品物咸章"，就是这个意思。人是最高等的动物，但也不过是"物之一种"，是从万物群生中分化出来的。所以《素问·宝命全形论》说："人以天地之气生，四时之法成"。

"人以天地之气生"，是说人类生命的起源，源于天地日月，其中主要源于太阳的火和地球的水。太阳是生命能量的源泉，地球的水（及其所溶解的各种营养物质）是生命形质的原料。有生命的万物必须依靠天上的太阳和地上的水才能生存，人类当然也不例外。

"四时之法成"，是说人类还要适应四时阴阳变化的规律才能发育成长。因为人生天地之间，自然界中的一切运动变化，必然会直接或间接地对人体的内环境产生影响，而人体的内环境的平衡协调和人体外界环境的整体统一，是人体得以生存的基础。在正常情况下，通过人体内部的调节可使内环境与外界自然环境的变化相适应，保持正常的生理功能。如果人的活动违反自然变化的规律，或外界自然环境发生反常的剧变，而人体的调节功能又不能适应时，人体内、外环境的相对平衡都会遭到破坏而产生疾病。这说明"适者生存"，仍是生物界不可逾越的客观规律。人类只有认识自然，才能更好地适应自然，改造自然，成为自然的主人。

二、生命的运动形式

《庄子·知北游》说："人之生，气之聚也，聚则为生，散则为死"。这就是说，生命活动是自然界最根本的物质——气的聚、散、离、合运动的结果，生命是物质运动的形式。活着的人体，是一个运动变化着的人体。《素问·六微旨大论》进一步指出物质运动的基本形式是"升降出入"，"出入废则神机化灭，升降息则气立孤危，故非出入，则无以生长壮老已；非升降，则无以生长化收藏，是以升降出入，无器不有"。这就说明，只有运动，才能化生万物，宇宙间的一切物质,尽管有大小和生存的时间长短不同,但运动是一致的。

升降出入运动,是人体气化功能的基本形式,也是脏腑经络、阴阳气血矛盾的基本过程。因此,在生理上人体脏腑经络的功能活动无不依赖于气机的升降出入,如肺的宣发与肃降,脾的升清与胃的降浊,心肾的水火相济,都是气机升降出入运动的具体体现。在预防疾病方面,同样要保持人体气机升降正常,才能抗御邪气侵犯,免生疾病。

三、生命的维持和死亡

《素问·生气通天论》里说:"生之本,本于阴阳",这就是说,生命的根本,就是阴阳。究其原因,是由于"阳化气,阴成形",而生命过程就是不断的化气与成形的过程,即有机体同外界进行不断的物质交换和能量交换的过程。化气与成形,是生命本质自身中的矛盾,两个对立面是不断斗争的,又是统一的。化气与成形,互为消长;任何一方的太过或不及,均可导致另一方受损。但二者又结合于生命的统一体内,互相依存,互相转化。阳气化为阴精,阴精又化为阳气,否则"孤阳不生,独阴不长"。

人之所以有生命,在于构成人体的"气"具有生命力。人体生命力的强弱,生命的寿夭,就在于元气的盛衰存在;新陈代谢的生化过程,称之谓气化生理;生命的现象,本源于气机的升降出入等等,这都反映出气既是构成人体的基本物质,又是人体的生命动力。正因为气是生命活动的根本和动力。宋《圣济总录》提出:"万物壮老,由气盛衰"的观点,并认为"人之有是形也,因气而荣,因气而病"。张景岳则反复强调气在防病延年中的重大意义,指出气是人体盛衰寿夭的根本。他说:"盖以天地万物皆由气化;气存数亦存,气尽数亦尽,所以生者由乎此,所以死者亦由乎此,此气不可不宝,能宝其气,则延年之道也"。同样,精、血、津液亦是构成人体及促进人体生长发育的基本物质,如《灵枢·经脉》篇说:"人始生,先成精,精成而脑髓生,骨为干、脉为营、筋为刚、肉为墙、皮肤坚而毛发长",这就说明人体的产生必先从精始,由精而后生成身形五脏,皮肉筋骨脉等。不仅如此,人出生之后,犹赖阴精的充盈,从而维持人体的正常的生命活动,故《素问、金匮真言论》说:"精者,身之本也"。若阴精充盈,则生命活动旺盛,身健少病;若阴精衰虚,则生命活动减退,早衰多病。

还有,生命的维持还依赖于神的健全,《灵枢·天年》说:"失神者死,得神者生"。可见,神的得失关系到生命的存亡。从人体来说,神是机体生命活动的总称,整个人体生命活动的外在表现,无不属于神的范围。它包括精神意识、运动、知觉在内,以精血为物质基础,是气血阴阳对立的两个方面共同作用的产物。

综上所述,人体的生命活动,是以体内脏腑阴阳气血为依据的。脏腑阴阳气血平衡,人体才会健康无病,不易衰老,寿命才能得以延长。这就是《素问·生气通天论》中"阴平阳秘,精神乃治;阴阳离决,精气乃绝"的理论。

但有生必有死,这是不以人们的意志为转移的客观规律。恩格斯说:"生命首先就在于:生命在每一瞬间是它自身,但却又是别的什么。所以生命也是存在于物体和过程本身中的不断自行产生和自行解决的矛盾;这一矛盾一停止,生命亦即停止,于是死就来到"。

第二节 天 年

一、天年的概念

"天年",是我国古代对人的寿命提出的一个有意义的命题。天年,就是天赋的年寿,即目然寿命。人的生命是有一定期限的,古代养生家、医家认为在百岁到百二十岁之间。如《素问·上古天真论》:"尽终其天年,度百岁乃去";如《尚书·洪范篇》:"寿、百二十岁也",《养身论》亦说:"上寿百二十,古今所同"。此外,老子、王冰也都认为天年为120岁。西德著名学者H．Franke在1971年提出:"如果一个人既未患过疾病,又未遭到外源性因素的不良作用,则单纯性高龄老衰要到120岁才出现生理性死亡"。事实上,120岁的天年期限与一般的长寿调查资料相符,自古至今超过这一生理极限的例子,也是不少的。

二、寿命

寿命是指从出生经过发育、成长、成熟、老化以至死亡前机体生存的时间,通常以年龄作为衡量寿命长短的尺度。

一般计算年龄的方法又可分为两种,一种是时间年龄,又称历法年龄,是指人出生以后经历多少时期的个体年龄,我国常配以生肖属性,以出生年份来计算其岁数,一般由虚岁或足岁计算年龄。另一种是生物学年龄,是表示随着时间的推移,其脏器的结构和功能发生演变和衰老情况。在生物学上又可分为生理年龄与解剖年龄。国外在确定退休准则时,设想应用生理年龄作为指标,可能比时间年龄更胜一筹。因为时间年龄和生物年龄是不完全相同的,前者取决于生长时期的长短,而后者取决于脏器功能及结构的变化过程。由于每个人的先天性遗传因素与后天性环境等因素不同,因此时间年龄和生物学年龄有时不完全相同。此外,还有"心理年龄",所谓"心理年龄"是指由社会因素和心理因素所造成的人的主观感受的老化程度。即主观感受年龄,也称"社会心理年龄",用以表示随着时间的推移,机体结构和功能的衰老程度。

由于人与人之间的寿命有一定的差别,因此在比较某个时期、某个地区或某个社会的人类寿命时,通常采用平均寿命。平均寿命常用来反映一个国家或一个社会的医学发展水平。

随着时代的发展,社会的进步,人类的寿命不断增长,但人类的寿命值究竟是多少?还是一个尚未彻底解决的问题。因为它与先天禀赋的强弱,后天的给养、居住条件、社会制度、经济状况、医疗卫生条件、环境、气候、体力劳动、个人卫生等多种因素的影响有关。

三、健康人的生理特征

迄今为止,人们发现,影响人类尽终其天年的因素虽然很多,但有两个是非常重要的,其一是衰老;其二是疾病。那么,推迟衰老的到来,防止疾病的产生是延年益寿的重要途径。因此,研究健康人的生理特征,就显得很有必要。一般地说,一个健康无病,没有衰老的人,应该具备下列生理特征:

(一)生理健康特征

1. **眼睛有神** 眼睛是脏腑精气汇集之地,眼神的有无反映了脏腑的盛衰。因此,双目炯炯有神,是一个人健康的最明显表现。

2. **呼吸微徐** 微徐,是指呼吸从容不迫,不疾不徐。《难经》认为:"呼出心与肺,吸入肝与肾",说明呼吸与人体脏腑功能密切相关。

3. **二便正常** 《素问·五脏别论》说:"魄门亦为五脏使,水谷不得久藏",是说经过肠胃消化后的糟粕不能藏的太久,久藏则大便秘结。而大便通畅则是健康的反映。小便是排除水液代谢后糟粕的主要途径,与肺、肾、膀胱等脏腑的关系极为密切。小便通利与否,直接关系着人体的功能活动。

4. **脉象缓匀** 此指人的脉象要从容和缓,不疾不徐。"脉者,血之腑也",气血在脉道内运行，所以脉象的正常与否，能够反映气血的运行。

5. 形体状实　指皮肤润泽，肌腠致密，体格壮实，不肥胖，亦不过瘦。因为体胖与体瘦皆为病态，常常是某些疾病带来的后果。

6. 面色红润　面色是五脏气血的外荣，而面色红润是五脏气血旺盛的表现。

7. 牙齿坚固　因齿为骨之余，骨为肾所主，而肾为先天之本，所以牙齿坚固是先天之气旺盛的表现。

8. 双耳聪敏　《灵枢·邪气脏腑病形篇》说："十二经脉，三百六十五络……其别气走于耳而为听。"说明耳与全身组织器官有密切关系，若听力减退、迟钝、失听，是脏器功能衰退的表现。

9. 腰腿灵便　肝主筋、肾主骨、腰为肾之腑、四肢关节之筋皆赖肝血以养，所以腰腿灵便、步履从容，则证明肝肾功能良好。

10. 声音宏亮　声由气发，《素问·五脏生成篇》说："诸气者，皆属于肺"，声音宏亮，反映肺的功能良好。

11. 须发润泽　发的生长与血有密切关系，故称"发为血之余"。同时，又依赖肾脏精气的充养，《素问·六节脏象论》说："肾者……其华在发"。因此，头发的脱落、过早颁白，是一种早衰之象，反映肝血不足，肾精亏损。

12. 食欲正常　中医学认为，"有胃气则生，无胃气则死"，饮食的多少直接关系到脾胃的盛衰。食欲正常，则是健康的反映。

（二）心理健康特征

1. 精神愉快　《素问·举痛论》说："喜则气和志达，营卫通利"，可见良好的精神状态，是健康的重要标志。七情和调、精神愉快，反映了脏腑功能良好。现代医学亦认为，人若精神恬静，大脑皮层的兴奋与抑制作用就能保持正常状态，从而发挥对整体的主导作用，自能内外协调，疾病就不易发生。

2. 记忆良好　肾藏精、精生髓，而"脑为髓之海"。髓海充盈，则精力充沛，记忆力良好；反之，肾气虚弱，不能化精生髓，则记忆力减退。

第三节　衰　老

衰老是人类正常生命活动的自然规律，人类的机体在生长发育完成之后，便逐渐进入衰老（或称衰退）的过程。探讨衰老的概念、原因和衰老时的生理、病理改变，以至防止衰老的措施，是十分重要的。

衰老可分为两类，即生理性衰老及病理性衰老。生理性衰老系指随年龄的增长到成熟期以后所出现的生理性退化，也就是人体在体质方面的年龄变化，这是一切生物的普遍规律。另一类为病理性衰老，即由于内在的或外在的原因使人体发生病理性变化，使衰老现象提前发生，这种衰老又称为早衰。

一、衰老的原因

中医学在对衰老原因的认识上，非常重视脏腑功能和精气神的作用，又很强调阴阳协调对人体健康的重要意义。兹简述如下。

1. 肾脏亏虚　肾为先天之本，人的生长发育衰老与肾脏的关系极为密切。《素问·上古天真论》中"女子七七"、"丈夫八八"的一段论述，即是以肾气的自然盛衰规律，来说明人体生长、发育、衰老的过程与先天禀赋的关系，从而提示衰老的关键在于肾气的盛衰。

肾属水，主藏精，为元气之本，一身阴阳生化之根。肾的盛衰影响着元气的盛衰和生化功能的强弱，肾虚则元气衰，元气衰则生化功能弱，人的衰老就会加速到来。

2. 脾胃虚衰　脾胃为后天之本，水谷皆入于胃，五脏六腑皆禀气于胃。若脾胃虚衰，饮食水谷不能被消化吸收，人体所需要的营养得不到及时补充，便会影响机体健康，从而加速衰老，甚至导致死亡。《内经》明确指出阳明为多气多血之经，而"阳明脉衰，面始焦、发始堕"是衰老的开始表现。

脾胃属土，为一身气机升降之中枢，脾胃健运，能使心肺之阳降，肝肾之阴升，而成天地交泰。若脾胃虚损，五脏之间升降失常，就会产生一系列的病变，从而影响健康长寿。

3. 心脏虚衰　心藏神，主血脉，《素问·灵兰秘典论》称其为"君主之官"。心为生命活动的主宰，协调脏腑、运行血脉。心气虚弱，会影响血脉的运行及神志功能，从而加速衰老，故中医养生学尤其重视保护心脏。认为"主明则下安，以此养生则寿，……主不明则十二官危"。

4. 肝脏衰惫　肝藏血，主疏泄，在体为筋，关系到人体气机的调畅，具有贮存和调节血量的作用。如《素问·上古天真论》说："七八，肝气衰，筋不能动"，即说明人体衰老的标志之一——活动障碍，是由肝虚而引起的。

5. 肺脏衰弱　肺主一身之气，《素问·六节藏象论》说："肺者，气之本"。肺气衰，全身机能都会受到影响，出现不耐劳作，呼吸及血液循环功能逐渐减退等衰老表现。

6. 精气衰竭　精气是人体生命活动的基础，人的四肢、九窍和内脏的活动以及人的精神思维意识，都是以精气为源泉和动力的。因此，尽管人体衰老的因素繁多，表现复杂，但都必然伴随着精气的病变，精气虚则邪凑之，邪势猖獗则精损之，如此恶性循环则病留之。《素问·阴阳应象大论》曰："年四十，而阴气自半也，起居衰矣；年五十，体重，耳目不聪明矣；年六十，阴痿、气大衰、九窍不利、下虚上实、涕泣俱出矣"。具体阐述了由于阴精阳气的亏损，人体会发生一系列衰老的变化。

7. 阴阳失调　阴阳的盛衰是决定寿命长短的关键，保持阴阳运动平衡状态是延年益寿的根本。《素问·阴阳应象大论》中就明确指出人的衰老同阴阳失调有关，即"能知七损八益，则二者可调，不知用此，则早衰之节也"。可见，阴阳失调能导致衰老，而调节阴阳就有抗衰老的作用，人到中年以后，由于阴阳平衡失调，机体即可受到各种致病因素的侵袭，从而疾病丛生，出现衰老。

二、早衰的原因

（一）社会因素

《素问·疏五过论》指出："故贵脱势，虽不中邪，精神内伤，身必败亡"。由于社会地位的急剧变化，会给人带来精神和形体的衰老。

现代医学研究表明，很多精神疾病和躯体疾病，都与激烈的竞争，过度紧张的社会生活有直接关系，如美国综合医院门诊部对病人进行随机研究，发现65%的病人，与社会逆境、失业、工作不顺利、家庭不和等因素有关。不合理的社会制度、恶劣的社会习俗、落后的意识形态，以及人与人之间种种斗争矛盾等，都可使人体代谢功能紊乱，导致早衰。

（二）自然环境

《素问·五常政大论》中指出："高者其气寿，下者其气夭"。高，是指空气清新，气候寒冷的高山地区；下，是指平原地区。因为"高者气寒"，生物生长缓慢，生长期长，寿命也就长。而"下者气热"，生物生长较快，寿命就相应短促。

现代研究认为，自然环境对人体健康影响很大。当有害的环境因素长期作用于人体，或者超过一定限度，就要危害健康，促进早衰。如空气污染造成空气中过氧化物增加，衰老是和体内过氧化脂质的生成同时发展的。此外，污染的空气中可含有许多的致癌物质，如苯肼䓬、联苯胺、α-萘胺等。有些工业废水上百万吨倾入江湖，以致出现鱼类大量死亡；严重水污染造成人慢性铅、砷、镉中毒等。

(三) 遗传因素

大量事实证明，人类的衰老和遗传有密切关系，因遗传特点不同，衰老速度也不一样。正如王充在《论衡·气寿篇》中所说："强寿弱夭，谓禀气渥薄也……夫禀气渥则其体强，体强则寿命长；气薄则其体弱，体弱则命短，命短则多病寿短"，"先天责在父母"，先天禀赋强则身体壮盛，精力充沛，不易变老。反之，先天禀赋弱则身体憔悴，精神萎靡，变老就提前或加速。

(四) 七情太过

此指长期的精神刺激或突然受到剧烈的精神创伤，超过人体生理活动所能调节的范围，就会引起体内阴阳气血失调，脏腑经络的功能紊乱，从而导致疾病的发生，促进衰老的来临。我国民间有"笑一笑，十年少"，"愁一愁，白了头"的谚语，就是这个道理。正如《吕氏春秋》中所说的："年寿得长者，非短而缓之也，毕其数也。毕数在乎去害。何谓去害？……大喜、大恐、大忧、大怒、大哀，五者损神则生害矣"。

(五) 劳逸失度

《素问·上古天真论》曰："以妄为常……故半百而衰也"，这里明确指出，把妄作妄为当作正常的生活规律，只活到五十岁就已显得很衰老了。所谓妄作妄为，是指错误的生活方式，它包括范围很广，如劳伤过度，房劳过度，过于安逸等等。

附1：近代衰老学说

早在古希腊，希波克拉底对衰老问题就作过研究。自十九世纪以来，至今已有数以百计的学说，但衰老之谜至今仍未完全解开。近年来，随着科学技术的发展，尤其是免疫学、分子生物学、蛋白质化学的飞速发展及其测试手段的现代化，使抗衰老有关学说探讨进入一个新的阶段，提出很多理论学说，下面仅例举其中主要11种。

1. 中枢神经系统功能减退学说　人的大脑大约有140亿个神经元，从出生直到18岁左右，脑细胞的数量变化不大，但从成年起，脑细胞由于退化而逐渐死亡。到60岁左右将失去一半。同时，运动神经的传导速度和感觉神经的传导速度也都随年龄增加而降低，开始影响智力和体内环境的平衡。所有生理系统都显示与年龄有关的改变，但中枢神经系统的改变在衰老的行为方面和其他几种功能改变方面起主要作用。现已知其中许多功能受下丘脑——垂体系统调节。

2. 自身免疫学说　自身免疫学说从细胞间、脏器和个体水平解释衰老原因。大量资料证实以下两点：①老年期正常免疫潜能减少；②自身免疫活动增加。沃尔弗德等人1962年根据衰老过程中发生变异细胞能激发免疫反应，又能使机体的实质细胞发生损伤，提出了自身免疫学说，并以此解释衰老。在正常情况下，机体的免疫系统不会与自身的组织成分发生免疫反应，但机体在许多有害因素(如病毒感染、药物、辐射等)影响下，免疫系统把某些自身组织当作抗原而发生免疫反应。这种现象对正常机体内的细胞、组织和器官产生许多有害的影响，使机体产生自身免疫性疾病，从而加速机体的衰老。

3. 自身中毒学说　这个学说认为，衰老是由于各种代谢产物在体内不断积聚，导致细胞中毒死亡造成的。人体肠道中寄居着大量的细菌，尤其是大肠菌类更多，这些细菌在肠道中通过分解发酵作用，可以产生大量毒素,这些毒素对于分化最明显,结构较复杂的细胞和器官危害最大,最后因自身中毒而死亡。

4. 自由基学说　这个学说认为,生命活动过程中必然会产生一些自由基,并与体内某些成分发生反应,对机体造成损害,引起人体衰老。自由基是在外层轨道上具有不成对电子的分子,它们一般都非常活泼、存在时间短暂,它参与正常生化过程,只有当自由基反应异常或失控才会引起组织的损害或机体的衰老。其危害主要如下:①氧化人体内大量的不饱和脂肪酸,使脂肪变性,形成过氧化脂质,并进一步分解产生醛,而醛能交联蛋白质、脂类及核酸;②引起核酸变性,影响它们传递信息的功能以及转录、复制的特性,导致蛋白质合成能力下降,并产生合成差错;③引起蛋白质的变性,导致某些异性蛋白的出现,从而引起自身免疫反应;④引起细胞外可溶成分的降解,如可使关节滑液中的粘多糖发生氧化降解,结果滑液失去滑润作用,对关节发生明显的损害。

5. 生物钟学说　在下丘脑中存在着"生物钟样调控机构",控制细胞分裂的速度和次数不同。如美国学者海弗利克发现,一个中年人大约由50～60万亿个细胞组成,这些细胞从胚胎开始分裂46～50次后,就不再分裂,然后死亡,根据这个细胞分裂次数推算,人类的寿命应是120年,这就说明,衰老在机体内类似一种"定时钟",即衰老过程是按一种既定程序逐渐推进。凡是生物都要经历这种类似的生命过程,只是不同物种又各有其特定的生物钟而已。

6. 内分泌功能减退学说　这种学说认为,人体内分泌系统的调节在动物的生长、发育、成熟、衰老与死亡的一系列过程中,具有重要作用,这些作用主要是通过内分泌腺分泌的活性物质——激素来完成。有人提出,垂体定期放出"衰老激素",该激素使细胞利用甲状腺素的能力降低,从而影响细胞的代谢力,是衰老死亡的原因。内分泌功能减退尤以性激素分泌水平降低最为明显。

7. 体细胞突变学说　这种学说认为,当生物在某些化学因素、物理因素、生物因素的作用下,生物细胞中的遗传物质发生了突然的改变,引起细胞的形态与功能失调,从而导致机体的衰老。例如,物理学家西拉德曾提出:"放射线可使遗传物质发生突变"。他指出,在高剂量放射线环境中的机体所发生的加速变性,同衰老过程十分类似。其基本假设是,就象生殖细胞会发生自发突变那样,体细胞也可能发生突变。一定的突变会使体细胞功能发生变化,并进而造成组织或器官的功能衰退——这就是机体的衰老。

8. 差错灾变学说　这一学说首先由梅德维德夫提出。此学说认为在蛋白质合成过程中很可能发生差错,例如会发生氨基酸的错插现象。蛋白质中的氨基酸原来都按严格的顺序排列(这取决于DNA与RNA的遗传信息),如果合成过程的某一环节发生了随机的差错,使一种氨基酸的位置被另一种氨基酸所占据,这就是错插。如果错插的部位恰好是蛋白质发挥功能最关键的区域——酶类的催化活性中心——就会发生严重后果,酶的活性会减弱,专一性降低,甚至完全丧失原有功能,带有差错的酶可以合成大量有差错、有缺陷的蛋白质,这些有缺陷的蛋白质积累在细胞中,积累到一定程度细胞就会衰老和死亡。

9. 衰老色素学说　这个学说形成于本世纪初。1892年汉诺佛在动物神经细胞内发现一种褐色自发荧光的不溶性颗粒,1911年博斯特将它命名为脂褐素。这种脂褐素在动及人体组织内分布广泛,且随年令而逐渐增加,因而有人称之为"衰老色素",并认为是衰老的原因。如老年人体表的色素斑、神经和心肌、骨骼肌细胞中出现多量脂褐素,会使胞质RNA持续减少,终至RNA不能维持代谢需要,使细胞萎缩或死亡。

10. 交联学说　这个学说由鲁齐卡于1924年最早提出。此学说认为,胶体异常的交联随年龄而增多,促使细胞丧失整体性。细胞与组织中存在着大量发生交联反应的成份,因而容易发生多种交联反应。交联反应是所有化学反应中的一种,在体内的生物化学反应过程中,只要发生了极小量的交联干扰,就可以对机体产生严重的损伤作用。生物体内大分子中发生异常的或过多的交联,影响细胞功能导致衰老。

11. 遗传学说　衰老的遗传学说,就是指寿命的长短有代代相传的现象。统计资料也表明,人的寿天有遗传因素的作用。科学家推测,一个人的寿限,有一种预先计划好的信号,从亲代的生殖细胞精子与卵子,带给子代。这种信号称"寿命基因"或"衰老基因",它存在于细胞核染色体DNA小段中。如果这种基因充足,细胞就不易衰老。人体细胞一般分裂50次左右即不再分裂,似乎这种基因在起作用。

附2：延缓衰老的理论和实验研究概况

抗衰老研究，是目前医学生物领域中和保健科研机构中的一个综合性的尖端课题。多少年来，世界上许多科学家正在从事多种研究。研究的目的在于弄清衰老的生理机制，取得预防衰老的方法和措施。下面简单概述一下这方面的研究情况。

一、延缓衰老的理论研究

衰老的学说总的可分为两大类，一类是中医学的延年学说，如先天禀赋论，后天失调论以及"肾气亏损说"、"脾胃虚衰说"、"心神亏耗说"、"脏腑虚衰说"、"阴阳失调说"等；另一类是近代的各种衰老学说，可归纳为三个方面。

第一，遗传论。认为衰老过程是由遗传所决定的，生物的生长、发育、成熟、衰老和死亡，都是由自身的遗传程序展开的必然结果。如生物钟学说（又叫程序学说），细胞分裂学说等。第二，环境论。其主要观点认为，遗传虽有一定作用，但主要是强调环境因素的影响，认为环境中的不良因素，如污染、药物、疾病、辐射等，会造成细胞的损伤，而损伤的积累导致衰老，如"中毒学说"、"交联学说"、"自由基学说"、"免疫学说"、"体细胞突变学说"等等。第三，综合论。它综合了各种衰老学说的有关内容，从代谢失调或细胞信息受损等角度出发而形成的衰老学说，如"内分泌功能减退学说"、"中枢神经系统衰退学说"、"差错灾难学说"、"衰老色素学说"等等。这些学说虽然都无定论，但从不同角度和深度反映了衰老这一复杂的生命现象的某一侧面或层次的部分真理。衰老和健康长寿是密切相关的。衰老得早，就会短寿；衰老得晚，就有长寿的可能。故有的科学家从预防衰老的角度出发，提出防衰方法分为"初次预防"和"二次预防"两种。所谓初次预防就是中医的"未病先防"，防患于未然；所谓二次预防，即中医的"既病防变"，如果机体发生了某些生理和病理变化，或者出现了一些衰老退化的现象后，要及时采取防护措施，防其进一步发展，尽快恢复到正常的健康水平，达到防衰健体的目的。

二、延缓衰老实验研究

当前，科学家们正从不同角度，采用不同方法，进行多方面的实验研究、探索，以揭开人类寿命之奥密。

（一）从生物学途径的研究

根据美国学者海尔弗利克所提出的细胞分裂次数决定寿命之长短的学说理论，科学家们实验研究设法采取某些措施。如用抗衰老药物或其他药物，增加细胞分裂次数或延长细胞分裂周期，从而达到长寿。经实验初步证实，在实验培养的人肺细胞的培养基中添加维生素E，就可使这细胞的分裂次数增加到120次以上。又如用氢化考的松等药物可使细胞的分裂次数由50次增加到70次。

有的科学家认为，延长胸腺功能，人的寿命也会延长。实验证实，将新生小鼠的胸腺切除，其生存期便从原来的三年缩短为六个月，而垂体退化的侏儒鼠在注射一次淋色细胞后，则可使它们的寿命延长三倍，故目前有的学者实验，将年轻人的胸腺T细胞取出冰冻储存起来，过40~50年以后，当这个年轻人衰老之后，再将解冻的胸腺T细胞注射进去，这样会恢复其青春的活力，提高免疫力，抵抗老年病，寿命就会延长。

科学家还对限食延寿进行了研究。40年代马凯伊曾用雄大鼠作过一系列实验，证明限食可以延长哺乳动物的寿命，并在不同种类及品系的动物实验中得以证实，限食延寿的机理尚在研究中。虽然限食延寿已属公认，但还未较普遍地应用于人类。对于限食研究可以使人们清楚地认识和理解与延寿有关的生物学变化，并可为完善人类饮食提供有价值的线索。

（二）从物理学途径的研究

许多物理因素，如温度、射线、不同频率的光、声以及电磁场等，都会在一定程度上影响人体的健康长寿，尤其是温度对人体的影响更为密切。人们发现比较变温的动物（冷血动物），在低温条件下寿命较长，因此认为这类动物在低温条件下改变体温，使代谢变慢，从而延长了寿命，对于体温恒定的哺乳动物，环境温度与寿命的关系正进行着有关研究，如何找出适当的办法来降低体温，使新陈代谢变缓慢而延长寿命。另外，有的学者研究发现老年鼠接受小剂量的辐射有延寿的倾向。据分析可能是由于小剂量的辐射对某些疾病有防治作用，抑制了恶性肿瘤，感染和寄生虫的生殖所致。也有人认为小剂量照射的延寿倾向似乎是一种称作"毒物兴奋效应"（Hormesis）的表现。

（三）从化学途径的研究

有的学者在自由基学说的实验中试用一些抗氧化剂，例如巯基乙胺、乙氧喹、丁化羟基甲苯（BHT）、维生素E等，实验表明后二种都有一定的延寿作用，但对其机理尚有不同的解释。有人认为抗氧化剂抵消了自由基的损伤，这样有利于保证健康长寿；有人认为抗氧化剂影响了饮食或同化作用，达到与限食延寿同样的结果，还有人认为抗氧化剂诱导某些酶的活性从而刺激了一些导致长寿的反应等等。

国内外不少学者对溶酶体膜稳定剂作用进行了研究。膜学说认为溶酶体膜稳定性下降会使溶酶体膜内的水解酶超常释放，给细胞带来严重后果，故需要探求膜的稳定剂。有人试验了40种合成的及生物来源的膜稳定剂对果蝇及小鼠寿命的影响，有一定保护作用。根据衰老渣滓学说的观点，人体细胞的萎缩和死亡主要是由于代谢产物有害物质积累的结果。据南堆等人的研究报告，豚鼠与小鼠神经细胞中的脂褐素的蓄积量，随着年龄的增加而增多，如对这些动物中的老年动物使用氯酯醒，可使其神经细胞中的脂褐素明显减少。霍奇斯查尔等人的研究报告说，给小鼠使用氯酯醒，可使雄性小鼠的平均寿命增长27%，使雌性小鼠的平均寿命增加了5.9%。另外，遗传学家们指出，人体极有可能存在着衰老与死亡基因，若证实了这种设想，就能使用遗传工程的技术关闭这些基因，或者导入年轻人的基因来置换，不断修复那些已经衰退的关键性基因，则可延长人的寿命。

除此而外，不少学者倡导抑制肠道毒素延寿。20世纪初叶，俄国科学家梅奇尼科夫认为衰老的根源在于大肠内细菌产生的毒素吸收后对人体的危害，因自体中毒而致衰老。近年来，很多专家提出以服用酸牛奶（含乳酸杆菌）来抑制肠道毒素的方法延寿，实践证明长期服用酸牛奶确有祛病健体延年之效。

总之，很多专家和学者从不同角度和层次探索和研究人类衰老的理论和抗衰老的方法。随着细胞生物学、免疫学、生物化学、遗传学、分子生物学、老年医学等学科的不断发展，新的抗衰老的理论和方法还将不断涌现。中医的延年学说将会更加科学化和现代化，各种各样的衰老学说会殊途同归，提出更有针对性的抗衰老的方法和措施。

第四节 天 人 相 应

人生天地之间，宇宙之中，一切生命活动与大自然息息相关，这就是"天人相应"的思想。

一、生气通天

人与自然具有相通、相应的关系，不论四时气候，昼夜晨昏，还是日月运行，地理环境，各种变化都会对人体产生影响。

（一）四时变化与人体的关系

自然界四时气候变化对生物和人体的影响是最大的，而且是多方面的。

1．四时与情志　人的情志变化是与四时变化密切相关的。所以《素问》有"四气调神"之论。《黄帝内经直解》指出："四气调神者，随着春夏秋冬四时之气，调肝心脾肺肾五脏之神志也"。这就明确告诉人们，调摄精神，要遵照自然界生长收藏的变化规律，才能达到阴阳的相对平衡。

2．四时与气血　《素问·八正神明论》说："天温日明，则人血淖液而卫气浮，故血易泻，气易行；天寒日阴，则人血凝泣而卫气沉"。《灵枢·五癃津液别篇》说："天暑腠理开故汗出……天寒则腠理闭，气湿不行，水下留于膀胱，则为溺与气"。这说明，春夏阳气发泄，气血易趋向于表，故皮肤松弛，疏泄多汗等；秋冬阳气收藏，气血易趋向于里，表现为皮肤致密少汗多溺等。

3．四时与脏腑经络　自然界四时阴阳与人体五脏在生理和病理上有密切关系。故《内经》有"肝旺于春"，"心旺于夏"，"脾旺于长夏"，"肺旺于秋"，"肾旺于冬"之论。《素问·四时刺逆从论》又指出："春气在经脉，夏气在孙络，长夏在肌肉，秋气在皮肤，冬气在骨髓中"。说明经气运行随季节而发生变化。所以,要根据四时变化,五行生克制化之规律,保养五脏,进行针灸保健治疗。

4. 四时与发病 四时气候有异,每一季节各有不同特点,因此除了一般疾病外,还有些季节性多发病。例如,春季多温病,秋季多疟疾等。《素问·金匮真言论》说:"故春善病鼽衄,仲夏善病胸胁,长夏善病洞泄寒中,秋善病风疟,冬善病痹厥"。此外,某些慢性宿疾,往往与季节变化和节气交换发作或增剧。例如,心肌梗塞、冠心病、气管炎、肺气肿等常在秋末冬初和气候突变时发作,精神分裂症易在春秋季发作,青光眼好发于冬季等。掌握和了解四季与疾病的关系以及疾病的流行情况,对防病保健是有一定价值的。

(二) 昼夜晨昏与人体的关系

一天之内随昼夜阴阳消长进退,人的新陈代谢也发生相应的改变。《灵枢·顺气一日分为四时》说:"以一日分为四时,朝则为春、日中为夏、日入为秋、夜半为冬"。虽然昼夜寒温变化的幅度并没有象四季那样明显,但对人体仍有一定的影响。所以《素问·生气通天论》说:"故阳气者,一日而主外,平旦人气生,日中而阳气隆,日西而阳气已虚,气门乃闭"。说明人体阳气白天多趋向于表,夜晚多趋向于里。由于人体阳气有昼夜的周期变化,所以对人体病理变化亦有直接影响。正如《灵枢·顺气一日分为四时》说:"夫百病者,多以旦慧、昼安、夕加、夜甚……朝则人气始生,病气衰,故旦慧;日中人气长,长则胜邪,故安;夕则人气始衰,邪气始生,故加;夜半人气入脏,邪气独居于身,故甚也"。现代科学实践证明,正常小鼠血清溶菌酶含量和白细胞的总数,表现为白天逐渐升高,夜晚降低的昼夜节律性变化,这正是中医的生气通天说的内容之一。根据此理论,人们可以利用阳气的日节律,安排工作、学习,发挥人类的智慧和潜能,以求达到最佳的效果。同时,还可以指导人类的日常生活安排,提高人体适应自然环境的能力,使之为人类养生服务。

(三) 日月星辰和人体的关系

人体的生物节律不仅受太阳的影响,而且还受月亮盈亏的影响。《素问·八正神明论》说:"月始生,则血气始精,卫气始行;月郭满,则血气实,肌肉坚;月郭空,则肌肉减,经络虚,卫气去,形独居",这说明人体生理的气血盛衰与月亮盈亏直接相关,故《素问·八正神明论》又指出:"月生无泻,月满无补,月郭空无治"的原则。这是因为人体的大部分是由液体组成,月球吸引力就象引起海洋潮夕那样对人体中的体液发生作用,这就叫做生物潮。它随着月相的盈亏,对人体产生不同影响。满月时,人头部气血最充实,内分泌最旺盛,容易激动。现代医学研究证实,妇女的月经周期变化、体温、激素、性器官状态、免疫功能和心理状态等都以一月为周期。正如《妇人良方》中指出的:"经血盈亏,应时而下,常以三旬一见,以象月则盈亏也"。婴儿的出生也受月相影响,月圆出生率最高,新月前后最低。月相变化为何对人体产生影响呢? 美国精神病学家利伯解释为:人体的每个细胞就象微型的太阳系,具有微弱的电磁场,月亮产生的强大的电磁力能影响人的荷尔蒙、体液和兴奋神经的电解质的复杂平衡,这就引起了人的情绪和生理相应变化。

(四) 地理环境与人体的关系

地理环境的不同和地区气候的差异,在一定程度上,也影响着人体的生理活动。例如,南方多湿热,人体腠理多疏松;北方多燥寒,人体腠理多致密。若一旦易地而居,需要一个适应过程。《素问·异法方宜论》说:"东方之域,……其民皆黑色疏理。其病皆为痈疡,其治宜砭石。……西方者,……其民华食而脂肥,故邪不能伤其形体,其病生于内,其治宜毒药。……北方者,……其民乐野处而乳食,脏寒生满病,其治宜灸焫。……南方者。……其民嗜酸而食胕,故其民皆致理而赤色,其病挛痹,其治宜微针。……中央者,……其民食杂而不劳,其病多痿厥寒热,其治宜导引按蹻"。这些论述的基本精神是,由于地域环境的不同,人们的体质和疾病情况也不一样。因此,要根据具体情况,做出不同的处理。

综上所述,中医养生学在"生气通天"的观念指导下,把人体看成是与天相应相通的,精气神三位一体的、以五脏为核心的有机整体。人的生命活动与天地大自然是密切联系在一起的。

二、顺应自然和主观能动作用

天地、四时、万物对人的生命活动都要产生影响,使人体产生生理或病理的反应。在这个自然界的大系统中要想求得自身平衡,首先是顺应自然规律,利用各种条件为自身服务。顺应自然包括两方面的内容:一是遵循自然界正常的变化规律,二是慎防异常自然变化的影响。

顺应四时气候变化规律,是养生保健的重要环节。故《灵枢·本神》指出:"智者之养生也,必顺四时而适寒暑,和喜怒而安居处,节阴阳而调刚柔,如是僻邪不至,长生久视",《吕氏春秋·尽数》亦指出:"天生阴阳寒暑燥湿,四时之化,万物之变,莫不为利,莫不为害。圣人察阴阳之宜,辨万物之利,以便生,故精神安乎形,而寿长焉"。这就是说,顺应自然规律并非被动的适应,而是采取积极主动的态度,首先要掌握自然变化的规律,以期防御外邪的侵袭。因此,中医养生学的"天人相应"观体现了以人为中心的环境观念和生态观念的思想。它一方面强调适应自然,另一方面则强调天人相分,突出人的主观能动作用。

古代哲学家最早揭示人的卓越位置的是老子。他在《道德经》中说:"故道大,天大,地大,人亦大。域中有四大,而人居其一焉"。荀子更进一步指出:"水火有气而无生,草木有生而无知,禽兽有知而无义,人有生有知亦且有义,故最为天下贵也"(《荀子·王制》)。"有义",指思想行为符合一定的标准。这是人类所特有的,所以人"最为天下贵"。《素问·宝命全形论》亦说:"天复地载,万物悉备,莫贵于人",《灵枢·玉版》则指出:"人者,天地之镇也"。万物之中,只有人类最为宝贵,只有人类能够征服自然。它把《白虎通》所说的"天之为言镇也,居之理下,为人镇也"的观点做了明确的修正,突出了人的主观能动作用。正是这种思想文化环境,为养生实践提供了认识方法和思想基础。例如道教经典《太平经》反复论及重命养身、乐生恶死的主张。指出:"人居天地之间,人人得壹生,不得重生也",所以要珍惜生命。"人最善者,莫若常欲乐生",为此又提出了"自爱自好"的养生说,"人欲去凶而远害,得长寿者,本当保知自爱自好自亲,以此自养,乃可无凶害也"。只有通过自我养护和锻炼,才能得到长寿。应该承认,这是一种积极的养生观念。它与那种将生死寿夭归结为"天命"的观点比较起来,充满了可贵的奋斗精神,为中国养生学的发生、发展提供了良好的基础。

道家很多经典著作中,都提出修身养性、延年益寿为第一要旨的思想。正是在这一思想基础上,提出了中国古代养生史上一个响亮的口号——"我命在我不在天"(《抱朴子内篇·黄白》)。强调生命之存亡、年寿之长短,不是决定于天命,而是取决于自身。这一口号包含着一种积极主动的人生态度,在养生史上产生过巨大的影响和深远的意义。后世的养生家在这种充分发挥人的主观能动性,以主动进取的精神去探索和追求人类的健康长寿,争取把握自身生命自由的思想影响下,促使他们多方采撷、创造了许多养生方术,如食养、服气、外丹、内丹、房中术等。尽管有时走入歧途,但为探索延年益寿积累了一定经验。以人为核心的生态观念,有一个鲜明的思想特征。即,事实上,人不仅可以认识自然,更可以利用、改造、保护自然,建立起更加有利于健康长寿的自然环境,造福于人类。

三、人与社会的统一观

《内经》主张:"上知天文,下知地理,中知人事,可以长久",这里明确把天文、地理、人事作为一个整体看待。人不仅是自然的一部分,而且是社会的一部分,不仅有自然属性,更重要的还有社会属性。人体和自然环境是辨证的统一,人体和社会环境也是辨证的统一。所谓社会环境,包括社会政治、社会生产力、生产关系、经济条件、劳动条件、卫生条件、生活方式以及文化教育、家庭结交等各种社会联系。社会环境一方面供给人们所需要的物质生活资料,满足人们的生理需要,另一方面又形成和制约着人的心理活动,影响着人们生理和心理上的动态平衡。一旦人体——社会稳态失调,就可以导致疾病。因此,医学和疾病与社会状况有密切关系。

社会的各种因素都可以通过情绪的中介和机体功能的失调引起疾病。随着医学模式的演变,社会医学、心身医学都取得了长足的进步,越来越显示出重视社会因素和心理保健对人类健康的重要性。当代社会的人口结构正在发生着重大变化,健康的标准有了新的改变,疾病谱也发生了变化。目前危害人类生命的是心血管病、脑血管病、癌症和意外死亡(车祸、自杀等),这四项的死亡人数占全年死亡人数的80%以上。据国内外大量的资料分析说明,这些病的致病与死亡原因多与社会因素、心理因素密切相关,这充分说明人类的疾病和健康是随着社会的发展变化而出现相应的变化。因为人是生活在社会中,社会的道德观念、经济状况、生活水平、生活方式、饮食起居、政治地位、人际关系等,都会对人的精神状态和身体素质产生直接影响。就人类寿命而言,历史发展的总趋势是随着科学的发展和社会的进步而增长。可见,防病保健并非单纯医学本身的问题,而是需要用社会学的基本理论和研究方法结合医学全面认识疾病,防治疾病,才能从根本上提高人类的健康水平。

第五节 形神合一

形神合一主要在于说明心理与生理的对立统一、精神与物质的对立统一、本质与现象的对立统一等。所谓形,指形体,即肌肉、血脉、筋骨、脏腑等组织器官,是物质基础;所谓神,是指情志、意识、思维为特点的心理活动现象,以及生命活动的全部外在表现,是功能作用。二者的辨证关系是,相互依存、相互影响,密不可分的一个整体。神本于形而生,依附于形而存,形为神之基,神为形之主。

一、形神合一的生命观念

(一) 神为生命之主

"形神合一"构成了人的生命,神是生命的主宰。人的生命活动概括起来可分为两大类:即以物质、能量代谢为主的生理性活动;另一类是精神性活动。在人体统一整体中,起统帅和协调作用的是心神。只有在心神的统帅调节下,生命活动才表现出各脏器组织的整体特性、整体功能、整体行为、整体规律,故《素问·灵兰秘典论》说:"凡此十二官者,不得相失也。故主明则下安,……主不明则十二官危,使道闭塞而不通,形乃大伤",也正如张景岳说:"神虽由精气化生,但统驭精气而为运用者,又在吾心之神"。人体不但自身各部分之间保持着密切的相互协调关系,而且与外界环境(自然环境、社会环境)也有着密切的联系。保持机体内外环境的相对平衡协调,也是靠"神"来实现的,故《素问·至真要大论》说:"天地之大纪,人神之通应也"。神动则气行,神注则气往,以意领气,驱邪防病,又是气功健身的道理所在。如《灵枢·本脏》所说:"志意者,所以御精神,收魂魄,适寒温,和喜怒者也。志意和则精神专直,魂魄不散,悔怒不起,五脏不受邪矣。寒温和则六腑化谷,风痹不作,经脉通利,肢节得安矣",神在机体卫外抗邪中起着主导作用。

人类的精神活动是相当复杂的,中医用"五神"(神魂魄意志)、"五志"(怒喜思忧恐)等概念加以概括,并在长期的生活实践和医疗实践的基础上,用"五行学说"与五脏联系起来,认为这些精神活动是脏腑的功能表现,而且都是在"心神"的主宰下进行的,所以故张景岳在《类经》中说:"人身之神,唯心所主,……此即吾身之元神也。外如魂魄志意五神五志之类,孰匪元神所化而统乎一心"。

(二) 形为生命之基

神以形为物质基础,"形具"才能"神生"。战国思想家荀况在《荀子·天论》中说:"天职既立,天功既成,形具而神生"。这里的"天",是指自然界;"形"指人之形体;"神"指精神。其意为,人的形体及精神活动都是自然界的规律在起作用,自然界物质变化的必然结果,只要具备了人的形体结构,才能产生精神活动。《内经》对形体与精神关系的论述,如《灵枢·本神》说:"肝藏血,血舍魂","脾藏营,营舍意","心藏脉,脉舍神","肺藏气,气舍魄","肾藏精,精舍志"。这不仅阐明了精、气、营、血、脉是"五神"的物质基础,而且说明了五脏的生理功能与"五神"活动的关系。五脏藏精化气生神,神接受外界刺激而生情,神活动于内,情表现于外,这就是五脏与神、情的密切关系。

中医养生学把精气神视为人生"三宝",强调精、气、营、卫、血、津液等精微,是"神"活动的物质基础。《素问·上古天真论》指出:"积精"可以"全神",陶弘景《养性延命录》说:"神者精也,保精则神明,神明则长生",精的盈亏关系到神的盛衰,李东垣《脾胃论》说:"气乃神之祖,精乃气之子。气者,精神之根蒂也,大矣哉!积气以成精,积精以全神",说明精气足才能使神的活动健全。《素问·八正神明论》说:"血气者,人之神,不可不谨养",《灵枢·平人绝谷》说:"血脉和利,精神乃居"。以上这些论述,都是强调血气精微是神活动的基础。人体的物质基础充盛,人之精神旺盛,故《素问·上古天真论》说:"形体不敝,精神不散"。因为精神思维活动需要大量的气血精微精供应,所以临床上认为劳神太过,则心血暗耗;心血亏虚,则神志不宁。神志不宁,外表出现各种心理活动异常。

(三) 生命存在的基本特征

从本原上说,神生于形,但从作用上说,神又主宰形,形与神的对立统一,便形成了人体生命这一有机统一的整体。《灵枢·天年》篇说:"血气已和,营卫已通,五脏已成,神气舍心,魂魄毕具,乃成为人"。只有血气、五脏、精神、魂魄毕具,才会表现出生命力,才会是一个活体的人。同篇又说:"五脏皆虚,神气皆去,形骸独居而终矣",明确指出了死亡的概念就是形神分离。张景岳在《类经》中,进一步阐发了"形神合一"的生命观,他说:"人禀天地阴阳之气以生,借血肉以成其形,一气周流于其中以成其神,形神俱备,乃为全体"。可见,人体生命运动的特征,即是精神活动和生理活动的总体概括。

人生的生命活动是十分复杂的,以物质、能量代谢为特征的脏腑功能活动,和以脏腑的生理活动相应的高级精神活动(意识、思维、情感等)的协调统一,是在"心神"主导作用下完成的。现代研究表明,社会—心理因素并不是人类情绪变化的唯一刺激因素,自然现象的变化同样可以引起情绪发生相应变化。如四时更迭、月廓圆缺、颜色、声音、气味、食物等，都可作用于人体，使之发生情绪改变，进而影响人体生理活动。这说明人体的生理、心理活动是随时随地互相转化，相互影响，有机地统一在一起的。"形神合一"的生命观的具体内容，为中医养生学奠定了坚实的理论基础。并长期有效地指导着中医的临床实践，且为现代科学进一步弄清生命的本质，提供了可贵的线索。

二、形神共养

形神共养，即不仅要注意形体的保养，而且还要注意精神的摄养，使得形体健壮，精神充沛，二者相辅相成，相得益彰，从而身体和精神都得到均衡统一的发展。中医养生学的养生方法很多，但从本质上看，归纳起来，不外"养神"与"养形"两大部分，即所谓"守神全形"和"保形全神"。

（一）守神全形

在形神关系中，"神"起着主导作用，"神明则形安"。故中医养生观是以"调神"为第一要义，养生必须充分重视"神"的调养。调神摄生的内容很丰富，可以从多方面入手。①清静养神：精神情志保持淡泊宁静状态，减少名利和物质欲望，和情畅志，协调七情活动，使之平和无过极。②四气调神：顺应一年四季阴阳之变调节精神，使精神活动与五脏四时阴阳关系相协调。③气功练神：通过调身、调心、调息三个主要环节，对神志、脏腑进行自我锻炼。④节欲养神：虽说性欲乃阴阳自然之道，但过度则伤精耗神。节欲可保精全神。⑤修性怡神：通过多种有意义的活动，如绘画、书法、音乐、下棋、雕刻、种花、集邮、垂钓、旅游等，培养自己的情趣爱好，使精神有所寄托，并能陶冶情感，从而起到移情养性、调神健身的作用。总之，守神而全形，就是从"调神"入手，保护和增强心理健康以及形体健康，达到调神和强身的统一。

（二）保形全神

形体是人体生命存在的基础，有了形体，才有生命，有了生命才能产生精神活动和具有生理功能。因此，保养形体是非常重要的。张景岳说："形伤则神气为之消"，"善养生者，可不先养此形以为神明之宅；善治病者，可不先治此形以为兴复之基乎"？这里着重强调神依附形而存在，形盛则神旺，形衰则神衰，形体衰亡，生命便可告终。如何做好保形全神呢？人体形体要不断地从自然界获取生存的物质，进行新陈代谢，维持人体生命活动。"保形"重在保养精血，《景岳全书》说："精血即形也，形即精血"，《素问·阴阳应象大论》指出："形不足者，温之以气，精不足者，补之以味"。阳气虚损，要温补阳气，阴气不足者，要滋养精血。可用药物调补及饮食调养，以保养形体。此外，人体本身就是自然界一个组成部分。因此，保养身体必须遵循自然规律，做到生活规律、饮食有节、劳逸适度、避其外邪、坚持锻炼等，才能有效地增强体质，促进健康。

养神和养形有着密切的关系，二者不可偏废，要同时进行。"守神全形"和"保形全神"，是在"形神合一"论指导下，对立统一规律在养生学中的运用，其目的是为了达到"形与神俱，而尽终其天年"。

第六节　动静互涵

一、动静互涵的概念

动和静，是物质运动的两个方面或两种不同表现形式。人体生命运动始终保持着动静和谐的状态,维持着动静对立统一的整体性,从而保证了人体正常的生理活动功能。《周易》说:"一阴一阳之谓道","刚柔者,立本者也"。宇宙间的一切事物的变化,无不是阴阳相互对应的作用,在阴阳交错的往来中,阴退阳进,阳隐阴显,相互作用,相反相成,生化不息。王夫之《周易外传》说:"动静互涵,以为万变之宗"。辨证法认为,孤阳不生,独阴不长。故阴阳互涵互根是宇宙万物的根本法则,也是生命活动的要谛。《思问录》谓:"太极动而生阳,动之动也;静而生阴,动之静也","方动即静,方静旋动,静即含动,动不舍静","静者静动,非不动也"。又《张子正蒙注》说:"动而不离乎静之存,静而皆备其动之理,敦诚不息,则化不可测。"这就是说"动"不离"静","静"不离"动","动静"相对立,而又相互依存。因此,无论只承认运动或者只承认静止的观点都是不对的。所以王夫之又说:"流俗滞于物以为实,遂于动而不返,异端虚气丧实,静则废动,皆违性而失其神也"(《张子正蒙注》)。只承认一方面而否认另一方面,把运动和静止割裂开来,都是违反事物运动变化的本质的。朱熹亦明确指出:"静者,养动之根,动者所以行其静"。动与静互为其根,无静不能动,无动不能静,阴静之中已有阳动之根,阳动之中自有阴静之理,说明动静是一个不可分割的整体。古代哲学认为,既无绝对之静,亦无绝对之动。"动静"即言运动,但动不等于动而无静,静亦不等于静止,而是动中包含着静,静中又蕴伏着动,动静相互为用,才促进了生命体的发生发展,运动变化。

二、生命体的动静统一观

生命体的发展变化,始终处在一个动静相对平衡的自身更新状态中。事物在平衡、安静状态下,其内部运动变化并未停止。当达到一定程度时,平衡就要破坏而呈现出新的生灭变化。正如《素问·六微旨大论》所言:"岐伯曰:成败倚伏生乎动,动而不已,则变作矣。帝曰:有期乎?岐伯曰:不生不化,静之期也。帝曰:不生不化乎?岐伯曰:出入废则神机化灭,升降息则气立孤危。故非出入,则无以生长壮老已;非升降,则无以生长化收藏"。这里清楚论述了动和静的辨证关系,并指出了升降出入是宇宙万物自身变化的普遍规律。人体生命活动也正是合理地顺应万物的自然之性。周述官说:"人身,阴阳也;阴阳,动静也。动静合一,气血和畅,百病不生,乃得尽其天年"(《增演易筋洗髓·内功图说》)。由此可见,人体的生理活动、病理变化、诊断治疗、预防保健等,都可以用生命体的动静对立统一观点去认识问题、分析问题、指导实践。

从生理而言,阴成形主静,是人体的营养物质的根源;阳化气主动,是人体的运动原动力。形属阴主静,代表物质结构,是生命的基础;气属阳主动,代表生理功能,是生命力的反映。就具体的脏腑功能亦是如此,例如心属火,主动;肾属水,主静。只有"水火既济"、"心肾相交",才能保持正常生理状态。实际上,人体有关饮食的吸收、运化、水液的环流代谢、气血的循环贯注、化物的传导排泄,其物质和功能的相互转化等,都是在机体内脏功能动静协调之下完成的。因此,保持适当的动静协调状态,才能促进和提高机体内部的"吐故纳新"的活动,使各器官充满活力,从而推迟各器官的衰老改变。

从病理而讲,不论是"六淫"所伤,还是"七情"所致的病理变化,都是因为人体升降出入的运动形式发生障碍,导致体内阴阳动静失去了相对平衡协调,出现了阴阳的偏盛偏衰的结果。

三、动静结合的摄生保健

运动和静养是中国传统养生防病的重要原则。"生命在于运动"是人所共知的保健格言,它说明运动能锻炼人体各组织器官的功能,促进新陈代谢可以增强体质,防止早衰。但并不表明运动越多越好,运动量越大越好。也有人提出"生命在于静止"。认为躯体和思想的高度静止,是养生的根本大法,突出说明了以静养生的思想更符合人体生命的内在规律。以动静来划分我国古代养生学派,老庄学派强调静以养生,重在养神;以《吕氏春秋》为代表的一派,主张动以养生,重在养形。他们从各自不同的侧面,对古代养生学做出了巨大的贡献。他们在养生方法上虽然各有侧重,但本质上都提倡动静结合,形神共养。只有做到动静兼修,动静适宜,才能"形与神俱"达到养生的目的。

(一) 静以养神

我国历代养生家十分重视神与人体健康的关系,认为神气清静,可致健康长寿。由于"神"有易动难静的特点,"神"有任万物而理万机的作用,常处于易动难静的状态,故清静养神就显得特别重要。老子认为"静为躁君",主张"致虚极,守静笃"。即要尽量排除杂念,以达到心境宁静状态。《内经》从医学角度提出了"恬淡虚无"的摄生防病的思想。后世的很多养生家对"去欲"以养心神的认识,无论在理论和方法上都有深化和发展。三国的嵇康,唐代的孙思邈,明代万全等都有精辟的论述。清代的曹庭栋在总结前人静养思想的基础上,赋于"静神"新的内容。他说:"心不可无所用,非必如槁木,如死灰,方为养生之道","静时固戒动,动而不妄动,亦静也"。曹氏对"静神"的解释使清静养神思想前进了一大步。"静神"实指精神专一,屏除杂念及神用不过。正常用心,能"思索生知",对强神健脑会大有益处;但心动太过,精血俱耗,神气失养而不内守,则可引起脏腑和机体病变。静神养生的方法也是多方面的,如少私寡欲、调摄情志、顺应四时、常练静功等。就以练静功而言,其健身机制却体现出"由动入静"、"静中有动"、"以静制动"、"动静结合"的整体思想。常练静功有益于精神内守,而静神又是气功锻炼的前提和基础。

(二) 动以养形

形体的动静状态与精气神的生理功能状态有着密切关系,静而乏动则易导致精气郁滞、气血凝结,久即损寿。所以,《吕氏春秋·达郁》说:"形不动则精不流,精不流则气郁",《寿世保元》说:"养生之道,不欲食后便卧及终日稳坐,皆能凝结气血,久则损寿"。运动可促进精气流通,气血畅达,增强抗御病邪能力,提高生命力,故张子和强调"惟以血气流通为贵"(《儒门事亲》)。适当运动不仅能锻炼肌肉、四肢等形体组织,还可增强脾胃的健运功能,促进食物消化输布。华佗指出:"动摇则谷气得消,血脉流通,病不得生"。脾胃健旺,气血生化之源充足,故健康长寿。动形的方法,多种多样,如劳动、舞蹈、散步、导引、按蹻等,以动形调和气血,疏通经络、通利九窍、防病健身。

(三) 动静适宜

《类经附翼·医易》说:"天下之万理,出于一动一静"。我国古代养生家们一直很重视动静适宜,主张动静结合、刚柔相济。动为健,静为康,动以养形,静以养气,柔动生精,精中生气,气中生精,是相辅相成的。实践证明,能将动和静,劳和逸,紧张和松弛,这些既矛盾又统一的关系处理得当,协调有方,则有利于养生。

从《内经》的"不妄作劳",到孙思邈的"养性之道,常欲小劳",都强调动静适度。从湖南马王堆出土竹简的导引图中的导引术,华佗的五禽戏,到后世的各种动功的特点,概括言之就是动中求静。动静适宜的原则,还突出了一个审时度势的辨证思想特点。从体力来说,体力强的人可以适当多动,体力较差的人可以少动,皆不得疲劳过度。从病情来说,病情较重,体质较弱的,可以静功为主,配合动功,随着体质的增强,可逐步增加动功。从时间上来看,早晨先静后动，以便有益于一天的工作；晚上宜先动后静，有利于入睡。总之，心神欲静，形体欲动，只有把形与神、动和静有机结合起来，才能符合生命运动的客观规律，有益于强身防病。

第七节 协调平衡

所谓"协调"，是指调节人体自身的生理功能状态，及其与外在环境之间的相互关系，所谓"平衡"有两层意思：一是指机体自身各部分间的正常生理功能的动态平衡；二是指机体功能与自然界物质交换过程中的相对平衡。协调平衡是中医养生学的重要理论之一。

一、协调平衡与生命活动

中医养生学从阴阳对立统一、相互依存的观点出发，认为脏腑、经络、气血津液等等，必须保持相对稳定和协调，才能维持"阴平阳秘"的正常生理状态，从而保证机体的生存。正如恩格斯所说："物体相对静止的可能性，暂时平衡的可能性，是物质分化的根本条件，因而也是生命的根本条件"。为了求得这种"暂时平衡状态"的"生命的根本条件"，保持人体阴阳的协调平衡就成为一条重要的养生法则。无论精神、饮食、起居的调摄，还是自我保健或药物的使用，都离不开阴阳协调平衡，以平为期的宗旨。

人体生命运动的过程也就是新陈代谢的过程。在这个过程中，人体内的多种多样的新陈代谢，都是通过阴阳协调完成的。体内的各种矛盾，诸如吸收与排泄、同化与异化、酶的生成与灭活、酸碱的产生和排泄等等，都在对立统一的运动中保持相对协调平衡，而且贯穿生命运动过程的始终，从而使体温、血糖、血脂、血中 pH 值等内环境因素都相对稳定在一定的生理范围内，保持人体本身阴阳动态平衡。与此同时，人体通过阴阳消长运动和自然界进行物质交换，摄取周围环境的物质，水、空气、食物等供应机体需要；又把机体所产生的废物排出体外，维持人与自然界的协调平衡。所以，人体就是一个阴阳运动协调平衡的统一整体，人生历程就是一个阴阳运动平衡的过程。

阴阳平衡是人体健康的必要条件。养生保健的根本任务，就是运用阴阳平衡规律，协调机体功能，达到内外协调平衡。人体复杂的生命活动是以五脏为主体，脏腑功能的综合反映。因此，首先要协调脏腑的生理功能，使其成为一个有机整体。在协调机体功能时，要特别注意情志平衡，喜、怒、忧、思、悲、恐、惊等情志过激，都可影响脏腑，造成脏腑功能失衡而孳生百病，而疾病又可反馈人的情志，造成恶性循环。因此，必须随时调整机体生理与外界环境的关系，才能维护其协调平衡的状态。

人体生命活动是有规律的，符合规律的运动就有利于生命的存在，违背了规律，则有害于生命。正常的运动在于机体"内在运动"与"外在运动"的和谐，运动的恰当及其相互间的协调一致。"内在运动"，是指脏腑、气血精气的生理运动；"外在运动"，是指脑力、体力活动和体育运动的总和。前者是维护生命的"供给性"运动，后者是保持生命活力的"消耗性"运动。如果这种"供销"关系不协调，就会产生"生命危机"，过度疲劳、疾病、甚至死亡。大量的生活实践已证明，不适当的运动会破坏人体内外环境的平衡，加速人体某些器官的损害和一些生理功能失调，进而引起疾病，最终缩短人的生命过程。可见，任何运动都有各自的限度。这个限度即是《内经》所说的："以平为期"。

二、协调平衡与保健功法

掌握生命活动的规律，围绕燮理阴阳进行养生保健，使其达到阴阳平衡，乃是中医养生理论的关键所在。正如《素问·至真要大论》所云："谨察阴阳所在而调之，以平为期"。"以平为期"，就是以保持阴阳的动态平衡为准则。中国的传统健身术和功法，都体现了这一思想，传统功法概括为：虚实、刚柔、吸斥、动静、开合、起落、放收、进退，称为八法。它完全符合阴阳变化之理 及"对立统一"、"协调平衡"的自然规律。太极拳运动更是把人体看成一个太极阴阳整体，主张虚中有实、实中有虚、刚柔相济、动静相兼，每个姿势和每个动作都体现相反相成、阴阳平衡的特点。可见，协调平衡是生命整体运动之核心。根据这一理论原则，很多学者进行了平衡保健研究，提出了新的养生保健方法，例如：

（一）元素平衡保健法

我国古代的五行学说认为，世界上的一切事物都是由木、火、土、金、水五种基本物质之间的运动变化而生成的，而且在五行之间存在着相生和相克的"生克制化"的联系，从而维持着自然界的生态平衡和人体生理的协调平衡。

现代研究认为，元素的形成、地球的形成和人类进化都是物质演化到某个阶段达到动态平衡的结果。根据物质演化规律认为，人类要健康长寿，就必须遵循物质交换的平衡协调的规律。现代医学研究证明：人的生命活动过程中，由于新陈代谢的不协调，可使体内某些元素积累过多，或某些元素不足，出现元素平衡失调，导致疾病和早衰。当前很多非感染性疾病，大多与元素平衡失调有关。例如，危害人类健康最大的心血管病和癌症的产生与体内物质交换平衡失调密切相关。有些地方病，如甲状腺肿由于缺碘所致，克山病因缺硒所造成。医疗实践证明，科学地进行饮食保健，可有效地防治很多非感染性疾病。强化某些微量元素亦可预防或改善很多地方病的情况。平衡保健理论研究认为，在人生不同年龄阶段，要根据不同的生理特点，及时研究体内元素的平衡保健，开发、制作出相应的保健饮食，纠正体内元素的失调，维持体内各种元素的协调平衡，将会有益于人类的健康。

（二）交替运动平衡法

系统论和控制论研究认为，生命经常处于对称、协调、动态、稳定、平衡状态。人体的对称失调、失衡、失稳是导致人体生理功能低下和早衰、疾病的重要原因。因此，健康活力获得的关键，在于调节和调动自身生产的积极因素，克服对称失调，达到协调平衡，就能增进健康和长寿。根据相对医学的研究，有的学者提出交替运动锻炼保健法。此法是一种使人体各系统生理功能内部或生理功能之间交替进行锻炼以克服偏用偏废，达到自身协调平衡的健身运动方式。例如，"体脑交替"，它既可使体力增进不衰，又可使脑力健旺；"动静交替"，它可有效地调节人的全身脏器活动恢复正常平衡；"上下交替"，可以增强机体的机敏性、灵活性、反应性，减少脑血管疾病的发生；"左右交替"，可以调节失衡的机体的生理功能；"前后交替"，可以预防和治疗某些腰腿病，避免老年人下肢活动不灵，行走不稳。上述这些 仅是举例，在日常生活中还有很多交替运动的内容。每个人可根据"寓交替运动于日常生活"中和自己的实际情况，随时随地运用实施。对于增进身体协调平衡能力和发挥人体生理潜力，将会大有裨益。

第八节 正气为本

中医养生学特别重视保养人体正气，增强生命活力和适应自然界的变化的能力，以达到健康长寿的目的。

一、正气是生命之根

人体疾病的发生和早衰的根本原因,就在于机体正气的虚衰。正气旺盛,是人体阴阳协调、气血充盈、脏腑经络功能正常、卫外固密的象征,是机体健壮的根本所在。因此,历代医家和养生家都非常重视护养人体正气。《寿亲养老新书》对保养人体正气做了概括:"一者少言语,养内气;二者戒色欲,养精气;三者薄滋味,养血气;四者咽津液,养脏气;五者莫嗔怒,养肝气;六者美饮食,养胃气;七者少思虑,养心气……"。人体诸气得养,脏腑功能协调,使机体按一定规律生生化化,则正气旺盛,人之精力充沛,健康长寿;正气虚弱,则精神不振,多病早衰。一旦人体生理活动的动力源泉断绝,生命运动也就停止了。因此,保养正气乃是延年益寿之根本大法。

人体正气又是抵御外邪、防病健身和促进机体康复的最根本的要素,疾病的过程就是"正气"和"邪气"相互作用的结果。正气不足是机体功能失调,产生疾病的根本原因。《素问·遗篇刺法论》说:"正气存内,邪不可干",《素问·评热病论》说:"邪之所凑,其气必虚"。《灵枢·百病始生篇》又进一步指出:"风雨寒热,不得虚邪,不能独伤人。卒然逢疾风暴雨而不病者,盖无虚,故邪不能独伤人。此必因虚邪之风,与其身形,两虚相得乃客其形",这些论述从正反两个方面阐明了中医的正虚发病观。就是说,正气充沛,虽有外邪侵犯,也能抵抗,而使机体免于生病,患病后亦能较快地康复。由此可知,中医养生学所指的"正气",实际上是维护人体健康的脏腑生理功能的动力和抵抗病邪的抗病能力,它包括了人体卫外功能、免疫功能、调节功能以及各种代偿功能等。正气充盛,可保持体内阴阳平衡,更好地适应外在变化,故保养正气是养生的根本任务。

二、保养正气重在脾肾

保养正气,就是保养精、气、神。从人体生理功能特点来看,保养精、气、神的根本,在于护养脾肾。《医宗必读·脾为后天之本论》说:"故善为医者,必责其本,而本有先天后天之辨。先天之本在肾,肾应北方之水,水为天一之源。后天之本在脾,脾应中宫之土,土为万物之母"。在生理上,脾肾二脏关系极为密切,先天生后天,后天充先天。脾气健运,必借肾阳之温煦;肾精充盈,有赖脾所化生的水谷精微的补养。要想维护人体生理功能的协调统一,保养脾肾至关重要。

(一)保精护肾

肾之精气主宰人体生命活动的全部过程。《图书编·肾脏说》云:"人之有肾,如树木有根",即明确指出肾精对健康长寿的重要性。扶正固本,多从肾入手,为此古人反复强调肾之精气的盛衰直接关系到人体衰老的速度。所以,历代养生家都把保精护肾做为抗衰老的基本措施。现代医学研究认为,肾与下视丘、垂体、肾上腺皮质、甲状腺、性腺,以及植物神经系统、免疫系统等,都有密切关系。肾虚者可导致这些方面功能紊乱,并能引起遗传装置的改变,从而广泛地影响机体多方面的功能,出现病理变化和早衰之象。临床大量资料报道都表明,性欲无节制,精血亏损太多,会造成身体虚弱,引起多种疾病,过早的衰老或夭亡。这说明重视"肾"的护养,对于防病、延寿、抗衰老是有积极意义的。至于调养肾精的方法,要从多方面入手,节欲保精、运动保健、导引补肾、按摩益肾、食疗补肾、药物调养等。通过调补肾气、肾精,可以协调其它脏腑的阴阳平衡。肾的精气充沛,有利于元气运行,增强身体的适应调节能力,更好地适应于自然。

(二)调养脾胃

脾胃为"后天之本"，"气血生化之源"，故脾胃强弱是决定人之寿夭的重要因素。正如《景岳全书》说："土气为万物之源，胃气为养生之主。胃强则强，胃弱则弱，有胃则生，无胃则死，是以养生家必当以脾胃为先"。《图书编·脏气脏德》说："养脾者，养气也，养气者，养生之要也"。可见，脾胃健旺是人体健康长寿的基础。

脾胃为水谷之海，益气化生营血。人体机能活动的物质基础，营卫、气血、津液、精髓等，都是化生于脾胃，脾胃健旺，化源充足，脏腑功能强盛。脾胃是气机升降运动的枢纽，脾胃协调，可促进和调节机体新陈代谢，保证生命活动的协调平衡。人身元气是健康之本，脾胃则是元气之本。李东垣阐述："人以脾胃中元气为本"的思想，提出了脾胃伤则元气衰，元气衰则人折寿的观点。所以，《脾胃论》说："真气又名元气，乃先身生之精气，非胃气不能滋"。元气不充，则正气衰弱。东垣指出"内伤脾胃，百病丛生"。正说明脾胃虚衰正是生百病的主要原因。故调理脾胃，扶正益气也是预防保健的重要法则。

现代科学实验证明，调理脾胃，能有效地提高机体免疫功能，对整个机体状态加以调整，防衰抗老。从治疗学上来看，调理脾胃的应用范围十分广泛。它除了调治消化系统的疾病外，血液循环系统、神经系统、泌尿生殖系统、妇科、五官科等方面的多种疾患，都可以收到良好的效果。由此可知，脾胃是生命之本，健康之本，历代医家和养生家都一致重视脾胃的护养。调养脾胃的具体方法是极其丰富多采的，如饮食调节、药物调养、精神调摄、针灸按摩、气功调养、起居劳逸调摄等等，皆可达到健运脾胃，调养后天，延年益寿的目的。

调理肾元，在于培补精气，协调阴阳；顾护脾胃，在于增强运化，弥补元气，二者相互促进，相得益彰。这是全身形、防早衰的重要途径。诚如《本草衍义总论》所言："夫善养生者养内，不善养生者养外。养外者实外，以充快、悦泽、贪欲、姿情为务，殊不知外实则内虚也。善养者养内，使脏腑安和，三焦各守其位，饮食常适其宜。故庄周曰："人之可畏者，衽席饮食之间，而不知为之戒也。若能常如是畏谨，疾病何缘而起，寿考焉得不长？贤者造形而悟，愚者临病不知，诚可畏也"。这里"养内"，即突出强调精血之养，重在脾肾，此为培补正气的大旨所在。

第四章 中医养生学的基本原则

为了便于掌握,中医养生学的理论,有必要予以总结和归纳,提出若干基本原则,用以指导养生实践。事实上,千百年来所产生的诸多形式的养生方法,正是遵循了这些基本原则。

一、协调脏腑

五脏间的协调,即是通过相互依赖,相互制约,生克制化的关系来实现的。有生有制,则可保持一种动态平衡,以保证生理活动的顺利进行。

脏腑的生理,以"藏"、"泻"有序为其特点。五脏是以化生和贮藏精、神、气、血、津液为主要生理功能;六腑是以受盛和传化水谷、排泄糟粕为其生理功能。藏、泻得宜,机体才有充足的营养来源,以保证生命活动的正常进行。任何一个环节发生了故障,都会影响整体生命活动而发生疾病。

脏腑协调在生理上的重要意义决定了其在养生中的作用。从养生角度而言,协调脏腑是通过一系列养生手段和措施来实现的。协调的含义大致有二:一是强化脏腑的协同作用,增强机体新陈代谢的活力。二是纠偏,当脏腑间偶有失和,及时予以调整,以纠正其偏差。这两方面内容,作为养生的指导原则之一,贯彻在各种养生方法之中,如:四时养生中强调春养肝、夏养心、长夏养脾、秋养肺、冬养肾;精神养生中强调情志舒畅,避免五志过极伤害五脏;饮食养生中强调五味调和,不可过偏等等,都是遵循协调脏腑这一指导原则而具体实施的。又如:运动养生中的"六字诀"、"八段锦"、"五禽戏"等功法,也都是以增强脏腑功能为目的而组编的。所以说,协调脏腑是养生学的指导原则之一,应予以足够重视。

二、畅通经络

经络是气血运行的通道。只有经络通畅,气血才能川流不息地营运于全身。只有经络通畅,才能使脏腑相通、阴阳交贯,内外相通,从而养脏腑、生气血、布津液、传糟粕、御精神,以确保生命活动顺利进行,新陈代谢旺盛。所以说,经络以通为用,经络通畅与生命活动息息相关。一旦经络阻滞,则影响脏腑协调,气血运行也受到阻碍。因此,《素问·调经论》说:"五脏之道,皆出于经隧,以行血气,血气不和,百病乃变化而生"。所以,畅通经络往往作为一条养生的指导原则,贯穿于各种养生方法之中。

畅通经络在养生方法中主要作用形式有二:一是活动筋骨,以求气血通畅。如:太极拳、五禽戏、八段锦、易筋经等,都是用动作达到所谓"动形以达郁"的锻炼目的。活动筋骨,则促使气血周流,经络畅通。气血脏腑调和,则身健而无病;二是开通任督二脉,营运大小周天。在气功导引法中,有开通任督二脉,营运大、小周天之说,任脉起于胞中,循行于胸、腹部正中线,总任一身之阴脉,可调节阴经气血;督脉亦起于胞中,下出会阴,沿脊柱里面上行,循行于背部正中,总督一身之阳脉,可调节阳经气血。任、督二脉的相互沟通,可使阴经、阳经的气血周流,互相交贯,《奇经八脉考》中指出:"任督二脉,此元气之所由生,真气之所由起"。因而,任督二脉相通,可促进真气的运行,协调阴阳经脉,增强新陈代谢的活力。由于任督二脉循行于胸腹、背、二脉相通,则气血运行如环周流,故在气功导引中称为"周天",因其仅限于任督二脉,并非全身经脉,故称为"小周天"。在小周天开通的基础上,周身诸经脉皆开通,则称为"大周天"。所以谓之开通,是因为在气功、导引诸法中,要通过意守、调息,以促使气血周流,打通经脉。一旦大、小周天能够通畅营运,则阴阳协调、气血平和、脏腑得养,精充、气足、神旺,故身体健壮而不病。开通任督二脉,营运大小周天其养生健身作用都是以畅通经络为基础的,由此也可以看出,畅通经络这一养生原则的重要意义。

三、清静养神

在机体新陈代谢过程中,各种生理功能都需要神的调节。故神极易耗伤而受损。因而,养神就显得尤为重要。《素问·病机气宜保命集》中指出:"神太用则劳,其藏在心,静以养之"。所谓"静以养之",主要是指静神不思、养而不用,既便用神,也要防止用神太过而言。《素问·痹论》中说:"静则神藏,躁则消亡",也是这个意思。静则百虑不思,神不过用,身心的清静有助于神气的潜藏内守。反之,神气的过用、躁动往往容易耗伤,会使身体健康受到影响。所以,《素问·上古天真论》中说:"精神内守,病安从来",强调了清静养神的养生保健意义。

清静养神是以养神为目的,以清静为大法。只有清静,神气方可内守。清静养神原则的运用归纳起来,大要不外有三。一是以清静为本,无忧无虑,静神而不用,即所谓"恬淡虚无"之态,真气即可绵绵而生;二是少思少虑,用神而有度,不过分劳耗心神,使神不过用,即《类修要诀》所谓:"少思虑以养其神";三是常乐观,和喜怒,无邪念妄想,用神而不躁动,专一而不杂,可安神定气,即《内经》所谓:"以恬愉为务"。这些养生原则,在传统养生法中均有所体现。如:调摄精神诸法中的少私寡欲,情志调节,休逸养生中的养性恬情,气功、导引中的意守、调息、入静;四时养生中的顺四时而养五脏;起居养生中的慎起居、调睡眠等等,均有清静养神的内容。

四、节欲葆精

由于精在生命活动中起着十分重要的作用,所以,要想使身体健康而无病,保持旺盛的生命力,养精则是十分重要的内容。《类经》明确指出:"善养生者,必宝其精,精盈则气盛,气盛则神全,神全则身健,身健则病少,神气坚强,老而益壮,皆本乎精也"。葆精的意义,于此可见。

葆精的另一方面含义,还在于保养肾精,也即狭义的"精"。男女生殖之精,是人体先天生命之源泉,不宜过分泄漏,如果纵情泄欲,会使精液枯竭,真气耗散而致未老先衰。《千金要方·养性》中指出:"精竭则身惫。故欲不节则精耗,精耗则气衰,气衰则病至,病至则身危"。告诫人们宜保养肾精,这是关系到机体健康和生命安危的大事。足以说明,精不可耗伤,养精方可强身益寿,作为养生的指导原则,其意义也正在于此。

欲达到养精的目的,必须抓住两个关键环节。其一为节欲。所谓节欲,是指对于男女间性欲要有节制,自然,男女之欲是正常生理要求,欲不可绝,亦不能禁,但要注意适度,不使太过,做到既不绝对禁欲,也不纵欲过度,即是节欲的真正含义。节欲可防止阴精的过分泄漏,保持精盈充盛,有利于身心健康。在中医养生法中,如房事保健、气功、导引等,均有节欲葆精的具体措施,也即是这一养生原则的具体体现。其二是保精,此指广义的精而言,精禀于先天,养于水谷而藏于五脏,若后天充盛,五脏安和,则精自然得养,故保精即是通过养五脏以不使其过伤,调情志以不使其过极,忌劳伤以不使其过耗,来达到养精保精的目的。也就是《素问·上古天真论》所说:"志闲而少欲,心安而不惧,形劳而不倦"。避免精气伤耗,即可保精。在传统养生法中,调摄情志,四时养生,起居养生等诸法中,均贯彻了这一养生原则。

五、调息养气

养气主要从两方面入手,一是保养元气,一是调畅气机。元气充足,则生命有活力,气机**通畅**,则机体健康。

保养正气,首先是顺四时、慎起居,如果人体能顺应四时变化,则可使阳气得到保护,不**致耗伤**。即《素问·生气通天论》所说:"苍天之气清静,则志意治,顺之则阳气固,虽有贼邪,**弗能害也。此因时之序**"。故四时养生、起居保健诸法,均以保养元气为主。

保养正气,多以培补后天,固护先天为基点,饮食营养以培补后天脾胃,使水谷精微充**盛**,以供养气。而节欲固精,避免劳伤,则是固护先天元气的方法措施。先天、后天充足,则正气得养,这是保养正气的又一方面。

此外,调情志可以避免正气耗伤,省言语可使气不过散,都是保养正气的措施。

至于调畅气机,则多以调息为主。《类经·摄生类》指出:"善养生者导息,此言养气当从呼吸也"。呼吸吐纳,可调理气息,畅通气机,宗气宣发,营卫周流,可促使气血流通,经脉通**畅**。故古有吐纳、胎息、气功诸法,重调息以养气。在调息的基础上,还有导引、按蹻、健身术、以及针灸诸法。都是通过不同的方法,活动筋骨、激发经气、畅通经络,以促进气血周流,达到增强真气运行的作用,以旺盛新陈代谢活力。足以看出,在诸多养生方法中,都将养气作为一条基本原则之一,而具体予以实施,足见养气的重要。

六、综合调养

人是一个统一的有机体,无论哪一个环节发生了障碍,都会影响整体生命活动的正常进行。所以,养生必须从整体全局着眼,注意到生命活动的各个环节,全面考虑,综合调养。

综合调养的内容,不外着眼于人与自然的关系、以及脏腑、经络、精神情志、气血等方面,具体说来,大致有:顺四时、慎起居、调饮食、戒色欲、调情志、动形体,以及针灸、推拿按摩、药物养生等诸方面内容。恰如李梴在《医学入门。保养说》中指出的:"避风寒以保其皮肤、六**腑**","节劳逸以保其筋骨五脏","戒色欲以养精,正思虑以养神","薄滋味以养血,寡言语以养气"。避风寒就是顺四时以养生,使机体内外功能协调;节劳逸就是指慎起居、防劳伤以养生,使脏腑协调;戒色欲、正思虑、薄滋味等,是指精、气、神的保养;动形体、针灸、推拿按摩,是调节经络、脏腑、气血,以使经络通畅、气血周流,脏腑协调;药物保健则是以药物为辅助作用,强壮身体、益寿延年。从上述各个不同方面,对机体进行全面调理保养,使机体内外协调,适应自然变化,增强抗病能力,避免出现失调、偏颇,达到人与自然、体内脏腑气血阴阳的平衡统一,便是综合调养。

综合调养作为养生的指导原则之一,主要是告诫人们养生要有整体观念,其要点大致如下,在具体运用时要注意以下几点:

1. **养宜适度** 养生能使人增进健康,益寿延年。但在实际调养过程中,也要适度。无论哪种养生方法,适度是一个十分重要的问题。所谓适度,就是要恰到好处。简言之,就是养不可太过,也不可不及。过分注意保养,则会瞻前顾后,不知所措,稍劳则怕耗气伤神;稍有寒暑之变,便闭门不出;以为**食养**可益寿,便强食肥鲜;恐惧肥甘厚腻,而节食少餐,如此等等,虽然意求养生,但自己却因养之太过而受到约束,这也不敢,那也不行。不仅于健康无益,反而有害。所以,养生应该适度,按照生命活动的规律,做到合其常度,才能真正达到"尽终其**天年**"的目的。

2. **养勿过偏** 综合调养亦应注意不要过偏。过偏大致有两种情况,一种情况是认为

"补"即是养。于是，饮食则强调营养，食必进补；起居则强调安逸，以静养为第一；为求得益寿延年，还以补益药物为辅助。当然，食补、药补、静养都是养生的有效措施，但用之太偏而忽略了其他方面，则也会影响健康。食补太过则营养过剩，药补太过则会发生阴阳偏盛，过分静养，只逸不劳则动静失调，都会使机体新陈代谢产生失调。一种情况是认为"生命在于运动"，只强调"动则不衰"，而使机体超负荷运动，消耗大于供给，忽略了动静结合，劳逸适度，同样会使新陈代谢失调，虽然主观愿望是想养生益寿，但结果往往是事与愿违。所以，综合调养主张动静结合、劳逸结合、补泻结合、形神共养，要从机体全身着眼，进行调养，不可失之过偏，过偏则失去了养生的意义，虽有益寿延年的愿望，也很难达到预期的目的，不仅无益，反而有害。

3. 审因施养　综合调养在强调全面、协调、适度的同时，也强调养宜有针对性。所谓审因施养，就是指要根据实际情况，具体问题，具体分析，不可一概而论。一般说来，可因人、因时、因地不同而分别施养。不能千人一面，统而论之。详见第十六章。

七、持之以恒

恒，就是持久，经常之意。养生保健不仅要方法合适，而且要经常坚持不懈地努力，才能不断改善体质。只有持之以恒地进行调摄，才能达到目的。其大要有以下三点：

1. 养生贯穿一生　在人的一生中，各种因素都会影响最终寿限，因此，养生必须贯穿人生的自始至终。中国古代养生家非常重视整体养生法。金元时期著名医家刘完素提出人一生"养、治、保、延"的摄生思想。明代张景岳特别强调胎孕养生保健和中年调理的重要性。张氏在《类经》中指出："凡寡欲而得之男女，贵而寿，多欲而得之男女，浊而夭"。告诫为人父母者生出生之前常为一生寿夭强弱的决定性时期，应当高度重视节欲节饮，以保全精血，造福后代。刘完素在《素问·病机气宜保命集》指出："人欲挠御早衰，尽终天年，应从小入手，苟能注重摄养，可收防微杜渐之功"。根据少年的生理特点，刘氏提出"其治之之道，节饮食，适寒暑，宜防微杜渐，用养性之药，以全其真"。张景岳主张小儿多要补肾，通过后天作用补先天不足。保全真元对中年健壮，有重要意义。人的成年时期是一生中的兴旺阶段，据此特点，刘完素认为："其治之之道，辨八邪，分劳佚，宜治病之药，当减其毒，以全其真"。这种"减毒"预防伤正思想，对于抗御早衰具有重要作用。张景岳更强调指出："人于中年左右，当大为修理一番，则再振根基，尚余强半"。通过中年的调理修整，为进入老年期做好准备。人到老年，生理功能开始衰退。故刘完素指出："其治之之道顺神养精，调腑和脏，行内恤外护"，旨在内养精、气、神，外避六淫之邪，保其正气，济其衰弱。对于高龄之人，可视其阴阳气血之虚实，有针对性地采取保健措施。刘完素指出："其治之之道，餐精华，处奥庭，燮理阴阳，周流和气，宜延年之药，以全其真"(《素问·病机气宜保命集》)。根据高年之生理特点，适当锻炼，辅以药养和食养，有益于延年益寿。古人的这种整体养生思想比较符合现代对人体生命和养生的认识。

2. 练功贵在精专　中医养生保健的方法很多。要根据自己各方面的情况，合理选择。选定之后，就要专一、精练，切忌见异思迁，朝秦暮楚。因为每一种功法都有自身的规律，专一精练能强化生命运动的节律，提高生命运动的有序化程度。如果同时练几种功法，对每一种功法都学不深透，则起不到健身作用，而且各种功法的规律不完全相同，互有干扰，会影响生命活动的有序化，身体健康水平不可能提高。

古人云，药无贵贱，中病者良；法无优劣，契机者妙。练功要想有益健康，就得遵循各种功法的自身规律,循序渐进,坚持不懈,专心致志去练,不可急于求成,练得过多过猛。只要树立正确态度,做到"三心",即信心、专心、恒心、掌握正确的方法,勤学苦练,细心体会,一定能取得强身健身的效果。

3. 养生重在生活化　提倡养生生活化,就是要积极主动地把养生方法溶化在日常生活的各个方面。因为作、息、坐、卧、衣、食、住、行等等,必须符合人体生理特点、自然和社会的规律,才能给我们的工作、学习和健康带来更多的益处。总之,养生是人类之需,社会之需,日常生活中处处都可以养生,只要把养生保健的思想深深扎根生活之中,掌握健身方法,就可做到防病健身,祛病延年,提高健康水平。

中篇 常用的养生方法

第五章 精神养生

精神养生,就是在"天人相应"整体观念的指导下,通过恰养心神、调摄情志、调济生活等方法,保护和增强人的心理健康达到形神高度统一,提高健康水平。所谓"健康",不仅仅是没有疾病和虚弱现象,而且还要有良好的精神状态和社会的适应能力。由精神因素引起的心身疾患已是当代社会中人类普遍存在的多发病和流行病。长期以来,对精神心理卫生重视不够。因此,要想从根本上提高人口素质,必须重视精神心理卫生的研究和运用。

第一节 情志变化

情志又称情感,它是人在接触和认识客观事物时,精神心理活动的综合反映。

一、情志变化的保健

七情六欲,人皆有之,在一般情况下,属于正常的精神生理现象。因为感情的表露乃人之常情,是本能的表现,而且各种情志活动都有抒发自己感情起着协调生理活动的作用。因为愤怒、悲伤、忧思、焦虑、恐惧等不良情绪压抑在心中而不能充分疏泄,便对健康有害,甚至会引起疾病。若能恰当而有目的、合理地使用感情,则有益于健康。但是,如果情志波动过于持久,过于剧烈,超越了常度,则将引起机体多种功能紊乱而导致疾病。此时,七情便成了致病因子。因此情感对人体的损益效果,不单取决于情志本身,而同时取决于人们对感情的态度和使用感情的方式。

精神心理保健是人体健康的一个重要环节,现代医学研究发现,一切对人体不利因素的影响中,最能使人短命夭亡的就是不良的情绪。人的精神状态正常,机体适应环境的能力以及抵抗疾病的能力会增强,从而起到防病作用,患病之后,精神状态良好可加速康复,还可以利用心理活动规律治病。总之,精神、心理保健不仅直接涉及到健康、寿命,还影响到人们的生活。因此,在人的一生中重视精神养生是非常重要的。

二、影响情志变化的因素

人的情志变化是由内外刺激引起的,即外源性因素、内源性因素。社会因素、环境因素、病理因素,都是导致情志变动的内外因素。

(一) 社会因素

社会因素可以影响人的心理,而人的心理变化又能影响健康。人们的社会地位和生活条件的变迁,可引起情志变化而生病。男女之间的婚恋纠葛、家庭生活不协调,或家庭成员的生离死别等精神创伤,均可引起强烈的情志变化。正如《素问·疏五过论》说:"切脉问名,当合男女,离绝菀结,忧恐喜怒,五脏空虚,血气离守"。《类经·论治类》注:"离者失其亲爱,绝者断其所怀,菀谓思虑抑郁,结谓深情难解……"。此外,社会动乱、流亡生活、饥馑灾荒等,都会造成人们精神的异常变化。社会因素十分复杂,其对人精神上的影响也是很复杂的。

（二）环境因素

在自然环境中,有些非特异性刺激因素作用于人体,就可使情绪发生相应变化,引起情绪变化的机理在于他们影响了人体的生理功能活动,通过"心神"的主导作用而反馈在精神方面的表现。例如,四时更迭、月廓圆缺、声音、气味、颜色、食物等,都可影响情绪的变化。异常气候的剧烈变化更易对人的情绪产生明显影响。月相与人体生理密切相关,人的情绪也随月相的盈亏,而有相应变化。安静、幽雅、协调的生活环境,令人喜悦的气味,优美动听的乐曲,可使人清爽舒畅、精神振奋、提高工作效率。在喧嚣吵闹、杂乱无章、气味腥臭的环境中,人会感到心情不舒畅,压抑、沉闷,或厌倦、烦躁,工作和学习的效率会明显下降。不仅如此,不同的色彩会使人产生不同的感觉,从而直接影响人的精神状态。由于环境和人类是一个不可分割的有机整体。因此,环境因素是影响人情绪变化的重要方面。

（三）病理因素

机体脏腑气血病变,也会引起情志的异常变化。《素问·调经论》指出:"血有余则怒,不足则恐",《灵枢·本神》说:"肝气虚则恐,实则怒。……心气虚则悲,实则笑不止",《素问·宣明五气论》指出:"精气并于心则喜,并于肺则悲,并于肝则忧,并于脾则畏,并于肾则恐,是谓五并,虚而相并者也",这是五脏精气乘一脏之虚而相并后引起的情志变化。凡此种种,都说明内脏病变可导致情志的改变,五脏虚实不同,亦可引起不同的情志变化。

三、情志对健康的影响

在正常情况下,七情活动对机体生理功能起着协调作用,但若七情太过,超过人体自身调节的范围,使脏腑气血功能紊乱,而导致疾病。七情内伤,各有所主,情志对健康的影响也有一定的规律。

（一）情志刺激的性质与程度差异

七情之中,有六情属恶性刺激,唯有喜属于良性刺激。喜为心志,笑为心声,笑是喜形于外的体现。经常保持喜悦、乐观的情绪,对健康是有好处的。故《儒门事亲》说:"喜者少病,百脉舒和故也",愤怒致病较重。《东医宝鉴·内景篇》说:"七情伤人,惟怒为甚,盖怒则肝木克脾土,脾伤则四脏俱伤矣"。怒多伤肝,肝失疏泄,气机升降逆乱,进而导致其他脏腑功能失调,故表现证情较重。惊恐致病较为难治。惊恐多自外来,在思想无准备的情况下,突然大惊卒恐,如视怪物、闻奇声、遇险境等,使人惊骇不已。多伤心肾,其治颇为棘手。

情志致病还与其刺激的程度强弱有关。根据情志刺激的程度,可分为暴发性和渐进性刺激两大类。暴发性刺激,多指突如其来的情志刺激,如意料之外的巨大打击、重大收获、巨大的事变或灾难、难以忍受的伤痛等,这些突发性的、强烈的刺激,使人气血逆乱,导致暴病、急病的发生。《淮南子·精神训》说:"人大怒破阴,大喜坠阳,大忧内崩,大怖生狂"。因暴发性刺激致病,多发病急、病情重、甚或夭亡。七情之中,喜、怒、惊、恐以刺激量过大、过猛为致病条件。临床所见因情志剧变导致的心阳暴脱而卒死,肝阳化风而卒中,以及暴聋、暴盲、发狂等情况,大多与喜怒惊恐有关。渐进性刺激,多是指某些问题在很长一段时间内未获得解决或实现,而在这一段时间内保持着持续性的异常精神状态。如精神紧张、思虑忧愁、悲伤不已等,这类精神刺激伤人精气,引起气机失调,致人疾病。《素问·汤液醪醴论》说:"嗜欲无穷,而忧患不止,精神驰坏,荣泣卫除,故神去之而病不愈也"。忧、思、悲的情志刺激以刺激时间长为致病条件,持续不良的心境 积久而成疾。因此,要根据不同情志的致病特点,自觉地采取相应的方法进行调节。

(二) 情志变化的个体差异

人的体质有强弱之异,性格有刚柔之别,年龄有长幼之殊,性别有男女之分。因此,对同样的情志刺激,则会有不同的情绪反应。

1. **体质差异** 体质强弱不同,对情志刺激的耐受力也有一定的差异。如《医宗必读》说:"外有危险,触之而惊,心胆强者不能为害,心胆怯者触而易惊。"《灵枢·通天》认为人们的体质有阴阳之气禀赋不同,对情志刺激反应也不同,"太阴之人,多阴无阳",精神易抑郁;"少阴之人,多阴少阳",心胸狭窄,多忧愁悲伤,郁郁不欢,"太阳之人,多阳无阴",感情易暴发;"少阳之人,多阳而少阴",爱慕虚荣,自尊心强。《灵枢·行针》指出:"多阳者多喜,多阴者多怒"。说明不同体质特点的人对情态刺激产生的好发性各别。

2. **性格差异** 性格是人们个性心理特征的重要方面。一般而言,性格开朗乐观之人,心胸宽广,遇事心气平静而自安,故不易为病;性格抑郁之人,心胸狭隘,感情脆弱,情绪常激烈波动,易酿成疾患,这种耐受性的差异,与人的意志的勇怯密切相关。意志坚定者,善于控制、调节自己的感情,使之免于过激;意志怯弱者,经不起七情六欲的刺激,易做感情的俘虏, 必然发生病变。《素问·经脉别论》云:"当是之时,勇者气行则已,怯者则著而为病也",说的就是这个道理。

3. **年龄差异** 如儿童脏腑娇嫩、气血未充,中枢神经系统发育尚不完备,多为惊、恐情志致病;成年人,气血方刚,奋勇向上,又处在各种错综复杂的环境中,易怒、思为病;老年人,常有孤独情感,易为忧郁、悲伤、思虑所致病。

4. **性别差异** 男性属阳,以气为主,性多刚悍,对外界刺激有两种倾向:一是不易引起强烈变化;一是表现为亢奋形式,多为狂喜、大怒,因气郁致病者相对少些。女性属阴,以血为先,其性多柔弱,一般比男性更易因情志为患。故《外台秘要方》有"女属阴,得气多郁"之说。女性对于情志的刺激,以忧悲、哀思致病为多见。正如《千金要方》说:"女人嗜欲多于丈夫,感病倍于男子,加以慈恋、爱憎、嫉妒、忧患、染者坚牢、情不自抑,所以为病根深,疗之难瘥"。诚然,妇女的禀性未必尽如以上所说,但女性多情志为患却已被临床所证实。

第二节 调神养生法

历代养生家把调养精神作为养生寿老之本法,防病治病之良药,《淮南子》说:"神清志平,百节皆宁,养性之本也;肥肌肤,充肠腹,供嗜欲,养性之末也"。《素问·上古天真论》言:"精神内守,病安从来?"说明"养生贵乎养神",不懂得养神之重要,单靠饮食营养、药物滋补,是难以达到健康长寿目的的。由于人的精神活动是在"心神"的主导作用下,脏腑功能活动与外界环境相适应的综合反应,所以精神调摄必然涉及到多方面的问题。调神之法概括起来可有:清静养神、立志养德、开朗乐观、调畅情志、心理平衡等方面。

一、清静养神

清静,是指精神情志保持淡泊宁静的状态。因神气清净而无杂念,可达真气内存,心神平安的目的。此处之"清静"是指思想清静,即心神之静。心神不用不动固然属静,但动而不妄动,用之不过,专而不乱,同样属于"静"。我们提倡的思想清静主要是思想专一,排除杂念,不见异思迁,想入非非,而是要思想安定,专心致志地从事各项工作、学习。

(一) 调养心神是养生之本

调神摄生,首在静养。这种思想源于老庄道家学说,后世在内容和方法上不断有所补充和发展。

养生家认为静养之要在于养心,道、儒、佛、医都有此主张。"儒曰正心,佛曰明心,道曰炼心,要皆参修心学一事","万法唯心,万道唯心。心为人之主宰,亦为精气神之主宰。炼精炼气炼神,均须先自炼心始"。心静则神清,心定则神凝,"故养生莫要于养心。天玄子曰:'养心之大法有六:曰心广、心正、心平、心安、心静、心定,心广所以容万类也,心正所以诚意念也,心平所以得中和也,心安所以寡怨尤也,心静所以绝攀缘也,心定所以除外累、同大化也'"(《道家养生学概要》)。凡事皆有根本,养心养神乃养生之根本,心神清明,则血气和平,有益健康。

《内经》从医学角度提出了"恬淡虚无"的养生防病思想。《素问·上古天真论》云:"虚邪贼风,避之有时;恬淡虚无,真气从之,精神内守,病安从来?"《素问·生气通天论》说:"清静则肉腠闭拒,虽有大风苛毒,弗之能害",这里从内外两个方面揭示了调摄的重要原则。对外,顺应自然变化和避免邪气的侵袭;对内,谨守虚无,心神宁静,这样外御内守,真气从之,邪不能害。可见,"恬淡虚无"之要旨是保持静养,思想清静,畅达情志,使精气神内守而不散失,保持人体形神合一的生理状态,有利于防病去疾,促进健康。

近年来,国内外有关学者非常重视思想清静与健康关系的研究。生理学研究证实,人在入静后,生命活动中枢的大脑又回复到人的儿童时代的大脑电波波慢状态,也就是人的衰老生化指标得到了"逆转"。经测定,高水平的气功师的脑电波与一般人有明显的不同。社会调查发现,凡经过重大精神挫折、思想打击之后,又未得到良好的精神调摄,多种疾病的发病率都有明显增加。社会实践证实,经常保持思想清静,调神养生,多练气功,可以有效地增强抗病能力,减少疾病发生,有益身心健康。

(二) 清静养神的方法

1. **少私寡欲** 少私,是指减少私心杂念;寡欲,是降低对名利和物质的嗜欲。老子《道德经》主张:"见素抱朴,少私寡欲。"《内经》指出"是以志闲而少欲,心安而不惧,形劳而不倦,气从以顺,各从其欲,皆得所愿……所以能年皆度百岁而动作不衰。"因为私心太重,嗜欲不止,欲望太高太多,达不到目的,就会产生忧郁、幻想、失望、悲伤、苦闷等不良情绪,从而扰乱清静之神。使心神处于无休止的混乱之中,导致气机紊乱而发病。如果能减少私心、欲望,从实际情况出发,节制对私欲和对名利的奢望,则可减轻不必要的思想负担,使人变得心地坦然,心情舒畅,从而促进身心健康。而要做到少私寡欲,必须注意下述两点:一是明确私欲之害,以理收心。如《医学入门·保养说》言:"主于理,则人欲消亡而心清神悦,不求静而自静也"。二是要正确对待个人利害得失。《太上老君养生诀》说:"且夫善摄生者,要先除六害,然后可以保性命延驻百年。何者是也? 一者薄名利,二者禁声色,三者廉货财,四者损滋味,五者除佞妄,六者去妒忌"。六害不除,万物扰心,神岂能清静?去六害养心神,确为经验之谈。

2. **养心敛思** 养心,即保养心神;敛思,即专心致志,志向专一,排除杂念,驱逐烦恼。《医钞类编》说:"养心则神凝,神凝则气聚,气聚则神全,若日逐攘扰烦,神不守舍,则易衰老。"所谓凝神,即是心神集中专注一点,不散乱,不昏沉。可见,这种凝神敛思的养神方法,并非无知、无欲、无理想、无抱负,毫无精神寄托的闲散空虚。因此,它与饱食终日,无所用心者是绝然不同的。从养生学角度而言,神贵凝而恶乱,思贵敛而恶散。凝神敛思是保持思想清静的良方。随着科学的发展,实验已证明,清静养神这种自我调节能保持神经系统不受外界精神因素干扰,使人体生理功能处于极佳状态。要想取得保养心神之良效,必须具备心地光明磊落,志有所专的品德。只有精神静谧,从容温和,排除杂念,专心致志,才能做到安静和调,心胸豁达,神清气和,乐观愉快,这样不仅有利于学习和工作,而且能使整体协调,生活规律,有利于健康长寿。

二、立志养德

正确的精神调养,必须要有正确的人生观。只有对生活充满信心,有目标、有追求的人,才能很好地进行道德风貌的修养和精神调摄,更好地促进身心健康。

(一) 坚定信念

养生,首先要立志,所谓立志,就是要有为全人类服务的伟大志向,树立起生活的信念,对生活充满希望和乐趣。也就是说要有健康的心理、高尚的理想和道德情操,这是每个人的生活基石和精神支柱。

理想和信念是青少年健康成才的精神保障,有了正确的志向,才会真正促使他们积极探索生命的价值,寻找生活的真谛,追求知识,陶冶情操,促进身心全面健康发展。理想和信念又是老年人的延长生命活力的"增寿剂",不畏老是健康长寿的精神支柱,产生不畏老精神的重要思想基础就是晚年的理想和追求。老年人应重视健身养体,心胸开阔,情绪稳定,热爱生活,为社会发挥"余热",从而使内心感到无愧于一生的无限快乐的思想,这种思想又有益于健康。

理想和信念是生活的主宰和战胜疾病的动力。科学证明人的内在潜力很大,充满自信心,顽强的意志和毅力是战胜疾病的极为重要的力量。《灵枢·本脏篇》言:"志意者,所以御精神,收魂魄,适寒温,和喜怒者也"。就是说意志具有统帅精神,调和情志,抗邪防病等作用,意志坚强与否与健康密切相关。事实证明,信念、意志坚定的人,能较好地控制和调节自己的情绪,保持良好的精神状态。生活实践也证实了不少病残者靠自己的信心、意志和努力,主宰自己的命运,为社会做出了可贵的贡献。

综上所述,树立理想,坚定信念,充满信心,量力而行,保持健康的心理状态,是养生保健的重要一环。现代生理学和生物信息反馈疗法研究证明,坚强的意志和信念,能够影响内分泌的变化,如白血球大幅度升高,改善生理功能,增强抵抗力,故有益于健康长寿。

(二) 道德修养

古人把道德修养作为养生一项重要内容。儒家创始人孔子早就提出:"德润身","仁者寿"的理论。他在《中庸》中进一步指出:"修身以道,修道以仁","大德必得其寿"。他认为讲道德的人,待人宽厚大度,才能心旷神怡,体貌安详舒泰得以高寿。古代的道家、墨家、法家、医家等,也都把养性养德列为摄生首务,并一直影响着后世历代养生家。唐代孙思邈在《千金要方》中说:"性既自善,内外百病皆悉不生,祸乱灾害亦无由作,此养性之大经也",明代的《寿世保元》说:"积善有功,常存阴德,可以延年",明代王文禄也在《医先》中说:"养德、养生无二术"。由此可见,古代养生家把道德修养视作养生之根,养生和养德是密不可分的。他们的养性、道德观,虽有其历史的局限性和认识上的片面性,但其积极的一面对道德修养、摄生延年还是颇有益处的。

从生理上来讲,道德高尚,光明磊落,性格豁达,心理宁静,有利于神志安定,气血调和,人体生理功能正常而有规律的进行，精神饱满，形体健壮。这说明养德可以养气、养神，使"形与神俱"，健康长寿。正如《素问·上古天真论》言："内无思想之患，以恬愉为务，以自得为功，形体不敝，精神不散，亦可以百数"。现代养生实践证明，注意道德修养，塑造美好的心灵，助人为乐，养成健康高尚的生活情趣，获得巨大的精神满足，是保证身心健康的重要措施。

三、开朗乐观

性格开朗，精神乐观是健身的要素、长寿的法宝，这是人所共知的常理。

（一）性格开朗

性格是人的一种心理特征，它主要表现在人已经习惯了的行为方式上。性格开朗是胸怀宽广、气量豁达所反映出来的一种心理状态。性格虽然与人的基因和遗传因素直接相关，但随着环境和时间的变化，是可以改变的。人们都有一个使自己的性格适应于自然、社会和自身健康的改造任务。

医学研究已证明，人的性格与健康、疾病的关系极为密切。情绪的稳定，对一个人的健康起着重要作用。性格开朗，活泼乐观，精神健康者，不易患精神病、重病和慢性病，即使患了病也较易治愈，容易康复。不良性格对人体健康的影响是多方面的，它可以从各方面对人体大脑、内脏及其他部位产生危害。

培养良好性格的基本原则是，从大处着眼，从具体事情入手，通过自己美好的行为，塑造开朗的性格。首先要认识到不良性格对身心健康的危害，树立正确的人生观，正确对待自己和别人，看问题、处理问题要目光远大，心胸开阔，宽以待人，大度处事，不斤斤计较，不钻牛角尖。科学、合理地安排自己的工作、学习和业余生活，丰富生活内容，陶冶性情。

（二）情绪乐观

情绪乐观既是人体生理功能的需要，也是人们日常生活的需要。孔子在《论语》中说："发愤忘食，乐以忘忧，不知老之将至云尔"。可见，乐观的情绪是调养精神，舒畅情志，防衰抗老的最好的精神营养。精神乐观可使营卫流通，气血和畅，生机旺盛，从而身心健康。正如《素问·举痛论》云："喜则气和志达，营卫通利"。

要想永保乐观的情绪，首先要培养开朗的性格，因为乐观的情绪与开朗的性格是密切相关的。心胸宽广，精神才能愉快。其次，对于名利和享受，要培养"知足常乐"的思想，要体会"比上不足，比下有余"的道理，这样可以感到生活和心理上的满足。再次，培养幽默风趣感，幽默的直接效果是产生笑意。现代科学研究已证明，笑是一种独特的运动方式，它可以调节人体的心理活动，促进生理功能，改善生活环境 使人养生无忧无虑，开朗乐观的性格，让生命充满青春的活力。

四、保持心理平衡

当代社会的特点之一是竞争。长期处在高节奏的竞争环境中，容易产生焦虑、心力疲劳、神经质等心理现象。处理不好就会影响心理健康。为了适应社会的发展，保证健康的体魄，就必须培养在竞争中保持心理平衡的能力。

（一）培养竞争的意识和心理素质

所谓竞争意识，就是要有进取心和高度的责任感。有高度责任感的人，表现于对知识的索取，对技艺的追求和对志趣的倾心。因此，视野开阔，生活充实。

竞争社会所需要的心理素质，首先要有顽强的毅力，毅力是一种持久坚强的意志，它是精神健康的有力保证。同时，要有良好的心理承受力。剧烈的竞争常会打破原有的心理平衡，所以必须学会自我调节,做到胜不骄,败不馁,不为琐事忧虑烦恼。无论在任何情况下,都可心地坦然地迎接新的挑战。

(二) 克服自卑感,消除嫉妒心

在竞争社会中,有些人在竞争失败后,可产生自卑感,社会需要是多方面的,人的兴趣和能力也是多种多样的,人各有所长,各有所短,从来不曾有过全能的"天才"。因此,不必为一时一事的失利而苦恼,丧失信心。应在实践中不断总结经验教训,克服自卑感,不断挖掘自己的潜能,扬长避短,科学安排工作和学习,就会增加成功率。竞争的社会更易产生嫉妒心理,嫉妒是一种心理现象,它是指对别人比自己优越,如才华、品德、名声、成就、相貌等高于自己时,想排除别人优势而表现一种不甘心和怨恨的强烈情绪状态,这种消极的心理状态会降低人体生理功能而导致身心疾病。消除嫉妒心理的基本方法,就是培养正确的拼搏精神,即树立欢迎别人超过自己,更有勇气超过别人的正确观念。摆脱一切不良情绪,发挥自己的长处,在可能的范围内达到最佳水平。社会的发展将会促进合理的竞争,培养竞争意识,适应社会的需要,就能在当代环境中保持健康的平衡心理,保证旺盛的精力,健康的体魄,这对自己、对社会都是有益的,也是每个人应该具备的心理素质。

第三节　调摄情绪法

历代养生家都非常重视七情调摄,具体方法多种多样,但归纳起来可分为节制法、疏泄法、转移法和情志制约法。

一、节制法

所谓节制法就是调和、节制情感,防止七情过极,达到心理平衡。《吕氏春秋》说:"欲有情,情有节,圣人修节以止欲,故不过行其情也"。重视精神修养,首先要节制自己的感情才能维护心理的协调平衡。

(一) 遇事戒怒

"怒"是历代养生家最忌讳的一种情绪,它是情志致病的魁首,对人体健康危害极大。怒不仅伤肝脏,怒气还伤心、伤胃、伤脑等,导致各种疾病。《千金要方》指出:"卫生切要知三戒、大怒、大欲、并大醉,三者若还有一焉,须防损失真元气"。《老老恒言·戒怒》亦说:"人借气以充身,故平日在乎善养。所忌最是怒。怒气一发,则气逆而不顺,窒而不舒,伤我气,即足以伤我身"。这些论述把戒怒放在首位,指出了气怒伤身的严重的危害性,故戒怒是养生一大课题。

制怒之法,首先是以理制怒。即以理性克服感情上的冲动,在日常工作和生活中,虽遇可怒之事,但想一想其不良后果,可理智地控制自己过极情绪,使情绪反映"发之于情","止之于理"。其次,可用提醒法制怒。在自己的床头或案头写上"制怒"、"息怒"、"遇事戒怒"等警言,以此作为自己的生活信条,随时提醒自己可收到良好效果。再次,怒后反省,每次发怒之后,吸取教训,并计算一下未发怒的日子,减少发怒次数,逐渐养成遇事不怒的习惯。

(二) "宠辱不惊"

人世沧桑,诸事纷繁;喜怒哀乐,此起彼伏。老庄提出"宠辱不惊"之处世态度,视荣辱若一,后世遂称得失不动心为宠辱不惊。对于任何重大变故,都要保持稳定的心理状态,不要超过正常的生理限度。现代医学研究证明,情志刺激与免疫功能之间的联系息息相关。任何过激的刺激都可削弱白细胞的战斗力,减弱人体免疫能力,使人体内防御系统的功能低下而致病。为了健康长寿,任何情绪的过分激动都是不可取的,总之,要善于自我调节情感,以便养神治身。对外界的事物刺激,既要有所感受,又要思想安定,七情平和,明辨是非,保持安和的处世态度和稳定的心理状态。

二、疏泄法

把积聚、抑郁在心中的不良情绪,通过适当的方式宣达、发泄出去,以尽快恢复心理平衡,称之为疏泄法。具体做法可采取下面几种方式。

(一) 直接发泄

用直接的方法把心中的不良情绪发泄出去,例如当遇到不幸,悲痛万分时,不妨大哭一场;遭逢挫折,心情压抑时,可以通过急促、强烈、粗犷、无拘无束的喊叫,将内心的郁积发泄出来,从而使精神状态和心理状态恢复平衡。发泄不良情绪,必须学会正当的途径和渠道来发泄和排遣之,决不可采用不理智的冲动性的行为方式。否则,非但无益,反而会带来新的烦恼,引起更严重的不良情绪。

(二) 疏导宣散

出现不良情绪时,借助于别人的疏导,可以把闷在心理的郁闷宣散出来。所以,扩大社会交往,广交朋友,互相尊重,互相帮助,是解忧消愁、克服不良情绪的有效方法。研究证明,建立良好的人际关系,缩小"人际关系心里距",是医治心理不健康的良药。

三、转移法

转移法又可称移情法。即通过一定的方法和措施改变人的思想焦点,或改变其周围环境,使其与不良刺激因素脱离接触,从而从情感纠葛中解放出来,或转移到另外事物上去。《素问·移精变气论》言:"古之治病,惟其移精变气,可祝由而已"。古代的祝由疗法,实际上是心理疗法。其本质是转移患者的精神,以达到调整气机,精神内守的作用。转移法可采取以下几种方法。

(一) 升华超脱

所谓升华,就是用顽强的意志战胜不良情绪的干扰,用理智战胜生活中的不幸,并把理智和情感化作行为的动力,投身于事业中去,以工作和事业的成绩来冲淡感情上的痛苦,寄托自己的情思。这也是排除不良情绪,保持稳定心理状态的一条重要保健方法。

超脱,即超然,思想上把事情看得淡一些,行动上脱离导致不良情绪的环境。在心情不快、痛苦不解时,可以到环境优美的公园或视野开阔的海滨漫步散心,可驱除烦恼,产生豁达明朗的心境。如果条件许可,还可以作短期旅游,把自己置身于绮丽多彩的自然美景之中,可使精神愉快,气机舒畅,忘却忧烦,寄托情怀,美化心灵。

(二) 移情易性

移情,即排遣情思,改变内心情绪的指向性;易性,即改易心志,通过排除内心杂念和抑郁,改变其不良情绪和习惯。《临证指南医案》华岫云说:"情志之郁,由于隐情曲意不伸,……郁症全在病者能移情易性","移情易性"是中医心理保健法的重要内容之一。"移情易性"的具体方法很多,可根据不同人的心理、环境和条件等,采取不同措施,进行灵活运用。《北史·崔光传》说:"取乐琴书,颐养神性",《理瀹骈文》说:"七情之病者,看书解闷,听曲消愁,有胜于服药者矣",《千金要方》亦说:"弹琴瑟,调心神,和性情,节嗜欲"。古人早就认识到琴棋书画具有影响人的情感,转移情志,陶冶性情的作用。实践证明,情绪不佳时,听听适宜的音乐,观赏一场幽默的相声或喜剧,苦闷顿消,精神振奋。可见,移情易性并不是压抑情感。如对愤怒者,要疏散其怒气;对悲痛者,要使其脱离产生悲痛的环境与气氛;对屈辱者,要增强其自尊心;对痴情思者,要冲淡其思念的缠绵;对有迷信观念者,要用科学知识消除其愚昧的偏见等等。

(三) 运动移情

运动不仅可以增强生命的活力,而且能改善不良情绪,使人精神愉快。因为运动可以有效地把不良情绪的能量发散出去,调整机体平衡。当自己的情绪苦闷、烦恼,或情绪激动与别人争吵时,最好的方法是转移一下注意力,去参加体育锻炼。如打球、散步、爬山等活动,也可采用传统的运动健身法和太极拳、太极剑、导引保健功等,传统的体育运动锻炼主张动中有静,静中有动,动静结合,因而能使形神舒畅,松静自然,心神安合,达到阴阳协调平衡。且有一种浩然之气充满天地之间之感,一切不良情绪随之而消。此外,还可以参加适当的体力劳动,用肌肉的紧张去消除精神的紧张。在劳动中付出辛勤的汗水,促进血液循环,活跃了生命功能,使人心情愉快,精神饱满。

四、情志制约法

情志制约法,又称以情胜情法。它是根据情志及五脏间存在的阴阳五行生克原理,用互相制约、互相克制的情志,来转移和干扰原来对机体有害的情志,藉以达到协调情志的目的。

(一) 五脏情志制约法

《素问·阴阳应象大论》曾指出:"怒伤肝,悲胜怒";"喜伤心,恐胜喜";"思伤脾,怒胜思";"忧伤肺,喜胜忧";"恐伤肾,思胜恐"。这是认识了精神因素与形体内脏、情志之间,及生理病理上相互影响的辩证关系,根据"以偏救偏"的原理,创立的"以情胜情"的独特方法。正如吴崑《医方考》所言:"情志过极,非药可愈,顺以情胜,《内经》一言,百代宗之,是无形之药也"。朱丹溪宗《内经》之旨指出:"怒伤,以忧胜之,以恐解之;喜伤,以恐胜之,以怒解之;忧伤,以喜胜之,以怒解之;恐伤,以思胜之,以忧解之;惊伤,以忧胜之,以恐解之,此法惟贤者能之"。同期医家张子和更加具体地指出:"以悲制怒,以怆恻苦楚之言感之;以喜治悲,以谑浪戏狎之言娱之;以恐治喜,以恐惧死亡之言怖之;以怒制思,以污辱欺罔之言触之;以思治恐,以虑彼忘此之言夺之"。后世不少医家对情志的调摄有时比药石祛疾还加重视,而且创造了许多行之有效的情志疗法。例如,或逗之以笑,或激之以怒,或惹之以哭,或引之以恐等,因势利导,宣泄积郁之情,畅遂情志。总之,情志既可致病,又可治病的理论,在心理保健上是有特殊意义的。

在运用"以情胜情"方法时,要注意情志刺激的总强度,超过或压倒致病的情志因素,或是采用突然地强大刺激,或是采用持续不断的强化刺激,总之后者要适当超过前者,否则就难以达到目的。

(二) 阴阳情志制约法

运用情志之间阴阳属性的对立制约关系,调节情志,协调阴阳,是为阴阳情志制约法。人类的情志活动是相当复杂的,往往多种情感互相交错,很难明确区分其五脏所主及五行属性,然而情志活动可用阴阳属性来分,此亦即现代心理学所称的"情感的两极性"。《素问·举痛论》指出:"怒则气上,喜则气缓,悲则气消,恐则气下,……惊则气乱,……思则气结"。七情引起的气机异常,具有两极倾向的特点。根据阴阳分类,人的多种多样的情感,皆可配合成对,例如,喜与悲、喜与怒、怒与恐、惊与思、怒与思、喜乐与忧愁、喜与恶、爱与恨等等,性质彼此相反的情志,对人体阴阳气血的影响也正好相反。因而相反的情志之间,可以互相调节控制,使阴阳平衡。喜可胜悲,悲也可胜喜;喜可胜恐、恐也可胜喜;怒可胜恐,恐也可胜怒等。总之,应采用使之产生有针对性的情志变化的刺激方法,通过相反的情志变动,以调整整体气机,从而起到协调情志的作用。

以情胜情实际上是一种整体气机调整方法,人们只要掌握情志对于气机运行影响的特点,采用相应方法即可,切不可简单机械、千篇一律的按图照搬。倘若单纯拘泥于五行相生相克而滥用情志制约法,有可能增加新的不良刺激,因此,只有掌握其精神实质,方法运用得当,才能真正起到心理保健作用。

第六章 环境与养生

环境与养生,中心是人类,环境即指围绕人们的客观事物的总和。本章主要探讨**环境对人类健康的影响**,阐明与环境有关的疾病的发生、发展规律,提出改善环境质量的一些基本方法,指导人们选择和创造适宜的生活环境,使其与人体生命活动规律协调一致,从而**预防疾病**,增强体质,保护人体健康。

第一节 养生环境的基本概念和分类

一、养生环境的基本概念

所谓养生环境,是指空气、水源、阳光、土壤、植被、住宅、社会人文等因素综合起来,所形成的有利于人类生活、工作、学习的外部条件。

人与自然的关系,是有机的统一整体。正如恩格斯所言:"人本身是自然界的产物,是在他们的环境中,并且和这个环境一起发展起来的"。人与环境,象鱼和水一样密不可分。环境创造了人类,人类依存于环境,受其影响,不断与之相适应;人类又通过自身的生产活动不断改造环境,使人与自然更加和谐。

生活环境对人类的生存和健康意义重大,适宜的生活环境,可保证工作学习的正常进行,促进人类的健康长寿,有利于民族的繁衍兴旺。反之,如果对人类生产和生活活动中产生的各种有害物质处理不当,不仅损害人类健康,还会产生远期潜在危害,威胁子孙后代。孟子指出:"居移气,养移体,大哉居乎",说明人们很早就认识到居住环境对保障人类健康和改变居民体质的意义。

环境科学认为,正常的生态系统中能量流动和物质循环总是不断进行着,但在一定阶段,能量与物质的输入与输出、生物种群的组成和数量的比例,都处于一种相对稳定的状态,信息的传递通畅,这种平衡状态叫生态平衡。

生态平衡是动态平衡,外界和内部因素的变化,尤其人为因素都可对它发生影响,甚至受到破坏。生态系统之所以能保持平衡,是其内部具有自动调节的能力,或者说环境对污染物有一种自净能力。但这有一定限度,当环境内污染物过多,超过其自净能力,调节不再起作用,生态系统遭到破坏,环境就会受到污染。严重的环境污染,能造成生态系统的危机,导致人类的灾难。流行病学研究证明,人类的疾病70%～90%与环境有关。人类想健康长寿,就必须建立和保持同外在环境的和谐关系。

二、环境的分类

环境的分类方法很多,本章介绍常用的两种。

(一)按环境的形成划分

以人类为中心的环境,包括人类赖以生存的自然环境和人工环境。自然环境包括地球上的空气、水、土壤、岩石和生物等;人工环境指人类为从事社会集居生活而建立的城乡生活居住环境,室内环境包括在人工环境中。这些环境不仅为人类生活所必需,且其组成和质量与人类的健康关系至为密切。

（二）按环境的性质划分

人类的环境按其影响因素的性质,可分为物理、化学、生物和社会环境四类。

1. 物理环境　主要包括气候（如空气中的温度、湿度、风速）、噪声、震动、电磁辐射和电离辐射等。

2. 化学环境　化学环境因素种类很多,大气、水、土壤中含有各种有机和无机化学成分,其中许多成分在含量适宜时为人类生存所必需。

环境中分布广泛,且对人体健康危害严重的化学性污染物主要有硫化物、氮氧化物、一氧化碳、烟尘、光化学烟雾、重金属（如铅、汞）、农药、化学致癌物等。

3. 生物环境　生物环境因素主要指环境中的细菌、病毒、微生物等。

水和土壤中的生物污染,主要来自生活污水、医院污水、粪便污水、垃圾等;空气（尤其室内）的微生物污染,主要由于人们大声说话、咳嗽、喷嚏时的飞沫和飞扬的尘埃等引起。

4. 社会环境　社会环境包括人为形成的环境。如人口密度、职业、社会经济状况、居住条件、饮食、风俗、个人生活习惯等。

为叙述方便起见,本章以自然环境、居住环境和室内环境（后两者属人工环境）为主,将各种环境影响因素揉合其间。

第二节　自然环境与健康

中国人民历来十分强调人与自然的和谐关系,认为万物都孕育着生命,都具有适合其存在的最佳环境和条件;作为万物之灵的人类,则有创造有益于延年益寿,养生保健的理想环境的能力。中国古老的风水术,剔除其中的封建迷信糟粕,就是探讨如何寻找并提供这种环境的理论和艺术。风水,又称堪舆,"风"与"堪"指"天道"——是人周围的天文条件;"水"与"舆"指"地道"——是人周围的地理环境。风水,实际上是中国人的天地观或自然观,它强调的是人与自然的和谐相处,而不是一味去"改造"破坏环境。在一定意义上,风水术是集地质地理学、生态学、建筑学、伦理学、美学等于一体的综合性、系统性很强的古代建筑规划设计理论。

一、人类适宜的自然环境

祖国医学认为,自然环境的优劣,直接影响人的寿命的长短。《素问·五常政大论》指出:"一州之气,生化寿夭不同……高者其气寿,下者其气夭……"。意为居住在空气清新、气候寒冷的高山地区的人多长寿;居住在空气污浊、气候炎热的低洼地区的人常短命。唐·孙思邈《千金翼方》中也提到:"山林深远,固是佳境,……背山临水,气候高爽,土地良沃,泉水清美,……地势好,亦居者安"。自古僧侣皇族的庙宇行宫,多建筑在高山、海岛、多林木的风景优美地区,说明我国人民对于理想的养生环境的选择,是有独到认识的。

那么,人类适宜的自然环境,应具备哪些条件呢？综合古今研究情况,大致应具备以下几点,即洁净而充足的水源,新鲜的空气,充沛的阳光,良好的植被以及幽静秀丽的景观等。这个适宜的自然环境,不仅应满足人类基本的物质生活需求,还要适应人类特殊的心理需求,甚至要与不同的民族、风俗相协调。

二、不良的自然环境因素举例

（一）不良的地理条件

1. 地壳化学元素分布异常　由于地理环境中某些微量元素的缺乏或过剩可以引起地方病，所以地方病又称生物地球化学性疾病。其具有明显的地理特征，祖国医学对山区多瘿瘤，岭南多瘴气等地方病的发生早有认识，《素问·异法方宜论》对此作过专门论述。

一般说来，随地形的变化，地球的化学性环境也发生变化。与人体健康密切相关的微量元素，在不同地理条件下，其分布亦不同。通常山区易发生活泼元素的缺乏症，如缺碘引起地方性甲状腺肿，缺氟引起龋齿，低硒与克山病的发生有关。平原、低洼地区易导致活泼元素的过多症，如氟过剩引起氟骨症。另外，据研究认为，大骨节病区的岩石土壤和水中锶多钙少。钙锶比例失调引起骨质代谢障碍，影响长骨生长，破坏骨骺软骨的正常机能而致病。我国分布最广的三种地方病（地方性甲状腺肿、克山病、氟中毒）都与不良地理环境密切相关。

2. 有害的放射性物质　有些地区蕴藏的矿物对人体也是有害的。如铀矿、磷矿等，若有强烈的放射级，可造成当地人患贫血、白血病以及癌症发病率增高。

科学的进步使人类进入工业社会，但过度城市化也使生态环境遭到破坏，耕地面积锐减，森林覆盖渐小，草原退化严重，水土流失，气候恶化，使包括地理条件在内的整个环境质量下降。

（二）大气污染

大气污染是由于向大气排放非固有的气体及微粒，超过了大气成份的正常组成，当大气自净能力不能消除这些污染物时，造成大气质量下降，即可说这个地区的大气受到了污染。

1. 污染来源　大气污染的主要来源是能源的利用。如煤和石油的燃烧，大量排放出五大污染物——硫氧化物（SOx）、氮氧化合物（NOx）、碳氢化合物（HC）、一氧化碳（CO）及颗粒物，这种污染包括生产性污染、交通运输性污染和生活性污染。

2. 对人类健康的危害　大气污染对人体健康的危害十分严重。包括急性中毒和慢性损害两类。

急性中毒主要见于意外事故，如液氯钢瓶爆炸造成的氯气外溢，可引起居民的急性中毒和死亡。世界上多次发生的大气污染灾害中，大半是由于空气质量的突然变坏对居民产生的急性作用，造成某些疾病的患病率和死亡率突然升高。这些灾害的共同特点是：恶劣的气象条件（气温逆增、大雾），不利的地形（低洼地区、峡谷），使污染物在空气中聚集，短时间内造成大量人群发病和死亡。尤其老年、病人受害最大。

慢性损害，主要由于低浓度的大气污染，长期作用于人体，引起慢性非特异性疾病，如心血管病、慢性呼吸系统疾病、肺癌等。

（三）水源污染

水源污染又称水体污染。天然水体能接纳一定量的污染物进行自净，使水质成分保持平衡的能力，称为水环境容量。由于人类活动将污染物排入江河、湖海、水库或地下水，使水质、底泥的理化性状和生物种群发生变化，降低了水体的使用价值，这种现象称为水体污染。

我国人民历来重视水质的优劣，最早把水质划分为上中下三等的是唐代的陆羽，他在《茶经》里写道：煮茶"其水用山水上，江水中，井水下"，又说："江水取人远者为上"。现代研究证明，山水含钠、镁离子较少，且很少污染，故最宜饮用。江水则较复杂，井水矿化度较高，皆非理想的饮用水。尤其是城市附近的江河水往往受人为因素影响而致水质污染。故"江河水取人远者为上"的观点是正确的。宋代欧阳修《大明水论》也明确指出：江河之水"众水杂聚，故次山水"至于井水也有优劣之分，明初汪颖《食疗本草》指出："凡井水有远从地脉来者为上，有从近处江湖渗来者次之，其城近沟渠污水杂入者成碱"，但井水也有被污染的。

据最近统计，我国54条主要河流中有27条被污染；44个城市中有41个地下水源受到污染；一些海湾也受到不同程度的污染，已造成巨大的经济损失。全国排放工业废水和生活污水每日约7800万吨，全年计295亿吨，其中90%未经任何处理。

水源污染对人体健康的影响是多方面的。含病原菌的人畜粪便、污水污染水源，可引起**肠道传染病流行**。水体遭受有毒化学物质污染后，通过饮水、食物链的形式可使人群发生急慢性中毒，甚至死亡。如水俣病就是由长期摄入富集有甲基汞的鱼贝而引起的中枢神经疾患，为公害病的一种，因最早在日本熊本县水俣湾附近鱼村发现而得名。另外，有些污染物可使水质感官性状恶化，妨碍水源正常利用；或使水中微生物的生长、繁殖受到抑制，影响水中有机物的氧化分解，损害水源的天然自净能力，破坏水源卫生状况。

三、预防保健措施

明·李时珍在《本草纲目》中指出："人赖水以养生，可不慎所择乎"。水源、空气、土壤都是人类赖以生存的**自然环境**，我们要健康地生活在这块土地上，就要慎重选择适宜自己的自然环境，还要采取有效的保健预防措施，尽量避免自然环境中的有害因素对人体的不良影响。

（一）生活环境的选择

尽量避开不利于人体健康的水源、矿藏，避开高压线、强磁场和有超声波、放射线的地方营建生活区。

（二）地方病的防治原则

1. 减少某种有害微量元素的摄入量　防治地方性氟中毒和砷中毒的根本措施是**改用低氟和低砷的饮用水源**。如打深井，从低氟或低砷地层取水或收集天然降水备用。如在该地区无法找到适当水源，则进行水质处理，除去水中过量的氟或砷。

2. 因缺乏某种微量元素而致的地方病，可采用适当方式补充　如用碘化盐预防地方性甲状腺肿。近年来，有人在食管癌高发区饮水中投放姜石，进行改水防癌实验，取得显著效果。

此外，防治地方病宜从多方面入手，采取综合治理措施。最根本的方法，是分析该地区的地形特点，分清有利因素和不利因素，选择自然环境优越的地方作生活区，并作出相应的防护措施。

（三）社会防护，综合治理

对于自然生态环境失调并日趋恶化的现实。首先，政府要加强保护生态环境的科学研究工作，寻求经济建设和环境保护协调发展的途径，避免重蹈发达国家先污染、后治理的复辙。其次，在我国现有技术条件下，人口规模越大，密度越高，活动程度越大的地方，产生的污水、废气、垃圾越多，生态环境污染也越严重。因此，控制人口规模，是减轻环境污染，改善环境质量的重要措施。

对于饮水卫生，重点是治理"三废"。从合理规划，综合利用、净化处理等几方面入手解决。个人防护可采取一些简便易行的方法，如将水煮沸后饮用，农村家庭用适量漂白粉投入水缸中亦可达消毒目的。

第三节 居住环境与健康

人生大约有一半以上时间是在住宅环境中度过的。因此，如何从实际出发，因地制宜选择住宅和营造房屋，创造一个科学合理、舒适清静的居住环境，对保障身心健康、延年益寿是非常重要的。

一、住宅环境

自古以来，我国人民就十分重视选择住宅环境，认为适宜的住宅环境不仅能为人类的生存提供基本条件，还能有效地利用自然界中对人体有益的各种因素，使体魄强健、精神愉快。历代学者在这方面做过不少独到的研究工作，如《太平御览》专列"居处"一章，《遵生八笺》也有"居室安处"条目，专门论述这个问题。综合古今有关环境科学的论述，理想的住宅环境要从下面几个方面考虑：

（一）住宅选址

一般而言，要选择依山傍水的地势建筑住宅。依山建房，冬季山体及山上的树木作为天然屏障，可遮挡猛烈的风沙，减缓寒冷的气流；夏季山上茂密的树林，可减少阳光的强烈辐射，调节炎热的气候，且绿树成荫，鸟语花香，使人感到溶身于美丽的大自然中，更增添生活情趣。傍水而居，使日常生活用水方便，尤其清澈甘洌，终年不断的山泉，可潮润空气，且很少污染。

城市住宅虽无自然山水可依托，但可通过植物绿化，建造街心花园、喷泉，保证楼群间适当空旷地带以及假山、影背，形成人工景观。北京紫禁城就在都市里人为地形成了依山傍水的环境，整个紫禁城外由一护城河环绕，流水潺潺，三大殿及其他建筑都背靠一座假山。这种背景方式，特别有助于防风御寒，堪称古代城市建筑之楷模。

（二）住宅朝向

建房座向的选择是根据地理位置所确定的。就我国大部分地区而言，建房的最佳座向是座北朝南。这样做的优点有二：

1. 有利于室温调节　我国地处低纬度，位于亚洲大陆东部，濒临太平洋，为大陆性季风气候。冬寒夏热，雨热同季。冬季尤其在北方，经常西北风劲吹，寒流袭人，如房门朝北，冷风直入室内，室温降低，使人格外不适，易感冒患病。夏季东南风微拂，如房门朝北，凉风只好绕墙而过，不能直接进入室内，室内空气不流通，闷热憋气，同样有害于人体健康。

2. 有利于室内采光　我国地处北半球，太阳位置多半偏南。夏天温度偏高，太阳光线与南墙的夹角小，墙面和窗户接受太阳的辐射热量反而减少，尤其中午前后，太阳的位置最高，阳光几乎直射地面，强烈的阳光照不到室内，避免了室温过高。反之，冬季太阳位置偏低，阳光从外面斜射进来，如房门、窗户朝南，阳光直接照入室内，且光照时间较长。从保健角度来讲，室内每天应保证2.5～4小时的光照为好。且自然采光优于人工采光，对人体健康更有益处。因此，条件允许时，最好选择南向建房。

（三）因地制宜设计

我国地域广阔，全国分为不同建筑气候区。在居室建筑上，除选择良好的宅址和理想的座向，还要考虑到各地区的地理气候、生活习惯和物质条件，因地制宜设计出不同风格的房屋结构。千百年来，勤劳智慧的中华民族创造出种类繁多的建筑，从帝王权贵的宫廷楼台，到僧侣平民的庙宇村落，不仅各具特色，且大多符合养生保健原理。如我国北方雨水较少，故屋顶设计坡度小,而南方雨水多,屋顶设计坡度就较大;再如墙壁厚度,东北一带流行夹层暖墙,建筑用砖也比普通规格厚,这就是为了适应当地漫长的冬季取暖需要。还有陕北的窑洞,草原上的毡房,西南边陲的竹楼,这些传统建筑无不闪烁着科学与智慧的光辉,需要我们去探索其中的精蕴。

二、不良居住环境因素举例

(一) 异臭

异臭是指能刺激嗅觉器官,引起人不愉快的臭气。产生这种臭气的物质为异臭物。有些企业(如食品、香料业)排出的气体虽然对短期接触者来说,可能是令人愉快的香味,但对工厂周围环境的居民来说,长期接触这种非正常的气味,也会感到不愉快,甚至厌恶。因此异臭是较为常见的环境污染问题。

异臭的来源分天然和人工两种。天然来源主要指动植物的蛋白质被细菌腐败分解产生各种异臭物,特别是停滞不动的污水和沼泽地,更易分解发臭。人工来源最常见的有石油、化工厂、造纸厂、动物饲养或加工场、废水、垃圾、粪便处理场等处。

异臭对人体的影响是渐进的。人们突然闻到异臭时,会产生反射性抑制吸气,使呼吸次数减少,深度变浅,甚至暂时停止呼吸。经常接触异臭会使人厌食、恶心、呕吐、消化功能减退。长期受到一种或几种低浓度异臭物质的刺激,会导致嗅觉疲劳或丧失,以致"久而不闻其臭"。脑神经不断受恶臭刺激,可导致大脑皮层兴奋和抑制的调节功能丧失。异臭物污染严重时,使人烦躁不安,无精打采,思想不集中,工作效率下降,判断力和记忆力减低。

异臭还迫使人们关闭门窗,影响居室的生活卫生条件,污染源附近的房屋、树木等会吸附异臭物,而且**不易清除**,形成二次污染物。异臭还会损害人的自尊心,影响心理状况和人际关系。

(二) 噪声

声音可分为噪声、语声和乐声。所谓噪声是指人们不需要的声音,凡干扰人们休息、睡眠、工作、学习、思考和交谈等不协调的声音均属噪声。但有时出现有调的、好听的乐曲、歌曲,当它使人们感到厌烦并影响人们的**工作**、学习时,也被认为是不需要的声音,也称为噪声。可见,噪声的定义不是绝对的,它不是根据客观声音的**物理性质**定义,而是根据人们的主观感受、生活环境和心理状态等因素确定的。凡噪声超过人们的生产、生活活动所能接受的程度,就叫噪声污染。

环境噪声的来源有四:交通噪声、工业噪声、施工噪声和社会噪声(如集市贸易嘈杂声高音喇叭声、家庭收录机、洗衣机等发出的声响)。

噪声对人体健康的影响是多方面的。长期工作在 85 dB 噪声的情况下,可引起难听甚至耳聋。另外,噪声对人体神经系统、心血管系统、内分泌系统等都有影响,引起神经衰弱、心跳加快、心律不齐、血压升高,还可能导致血中胆固醇含量增高、动脉硬化。噪声尤其影响女性生理功能,引起月经紊乱、妊娠合并症,使自然流产率、畸胎率和低体重胎儿发生率增高。

三、预防保健措施

(一) 绿化环境

满目葱翠的环境不仅有益于人体新陈代谢,对心理起调节、镇静作用,还可减轻污染,改善气候,保护人类健康。绿化的作用大致有以下几方面:

1. 净化空气 绿化地带通过光合作用,成为氧气的天然加工厂。另外,在城市被污染的异臭气味中,二氧化硫含量多、分布广、危害大。绿色植物在生长过程中可吸收二氧化硫,使空气不断净化,青草还能吸收氟化氢、氯气、氨气、汞蒸气等对人、畜、农作物有害的其他气体。

2. 减弱噪声 绿化地带能很好地吸收和屏障噪声。公园中成片的树木约可降低噪声5～40分贝;绿化街道的两旁植树可使噪声降低8～10 dB。若以乔木、灌木、草地相结合,消除噪声效果更好。

3. 除尘灭菌 绿叶虽小,但它的叶表面积却是其占地面积的二、三十倍,叶片粗糙茂密,有的还长了许多绒毛,因而具有很强的吸附和阻留灰尘能力。据估计,全世界每年要向大气中排放一亿吨粉尘,造成空气污染。草坪上空的粉尘(飘尘)浓度为无草裸露土地的1/5,而一般细菌都依附在飘尘中,随空气中尘埃的减少,各种细菌自然减少。而且有些绿色植物的根叶还能分泌出一种杀灭细菌的物质,除空气中细菌,连土壤中的致病菌也会被消灭。

4. 调节气候 绿色植物有吸收和反射阳光作用,并能通过叶面蒸发,消耗一部分热量,高大叶阔的树木能遮挡烈日,因此可调节气温和空气湿度。

(二) 搞好环境卫生

保持清洁的环境卫生是我国人民良好的传统习惯。殷商甲骨文中就有大扫除的记载;敦煌壁画上还有一幅"殷人洒扫火燎防疫图";《礼记》讲:"鸡初鸣,咸盥漱,洒扫室堂及庭"。表明两千多年前,我们的祖先就很重视环境卫生,清晨打扫已成为居民的日常习惯。

在工业高度发展,人口密度增加,"三废"污染日趋严重的今天,环境卫生的保护更为重要。城市里,除定期打扫,保持环境清洁外,还要建立良好的公共卫生习惯和生活秩序,人人做到不随地吐痰,不乱丢果皮纸屑,自觉维护公共卫生。乡村中,要妥善管理厕所、牲口棚,疏通渠道,并可在周围栽种具有驱虫作用的植物或带有香气的花草,如除虫菊等。

(三) 治理污染

一个地区的环境污染受该地区的工业结构与布局、能源结构、交通管理、人口密度、地形、气象、植被面积等自然因素和社会因素所影响。因此,环境污染的治理具有区域性、整体性和综合性的特点。

大气污染的治理,包括合理安排工业布局和城镇功能分区的配置,控制燃料污染(改革燃料构成,集中供热,改造锅炉,原煤脱硫,适当增加烟囱高度等),以及防止废气污染环境的各种工艺和净化措施。

控制环境噪声的根本措施是合理的功能分区,将工业区,交通运输区、居住区的相互位置安排好。居住区应按主导风向设在噪声源的最小风频的下风侧,居住区内可将对噪声要求不高的公共建筑如商店、餐厅、服务网点等布置在邻近街道的地点,形成隔音屏障,以保持居住区内部安静。要求安静的住宅、学校、医院等建筑,可离噪声源远些,或利用空地绿化减弱噪声。

加强交通管理对降低交通噪声也有重要作用。

个人防护,可利用耳塞、耳罩、耳棉等隔绝噪声,也不失为经济有效的方法。

第四节 室内环境与健康

住宅是人们生活环境的重要组成部分,是人们为了充分利用自然环境中的有利因素,防止不良影响而创造的日常生活室内环境。

室内环境对人体的作用一般是长期的、慢性的,不易在较短时间内明显表现出来,一些环境因素又常同时综合作用于人体。因此,它与居民健康的关系是复杂的。良好的室内环境可提高机体各系统的生理功能,增强抵抗力,降低患病率和死亡率;反之,低劣的室内环境对人形成一种恶性刺激,使居民健康水平下降。

一、理想的居室环境

(一) 居室结构

居民的住宅组成和平面配置要适当。一般说,每户住宅应有自己独立的成套房间,包括主室和辅室。主室为一个起居室和适当数目的卧室;辅室是主室以外的其他房间,包括厨房、厕所、浴室、贮藏室以及过道、阳台等室外设施。主室应与其他房间充分隔开,以免受其不良影响,并且应有直接采光。卧室应配置在最好的朝向。

对居室面积的要求是宽敞适中。《吕氏春秋·重已》说:"室大则多阴,台高则多阳。多阴则蹶,多阳则痿,此阴阳不适之患也"。即是说,居室不宜太高大,也不宜太低小,否则阴阳各有偏颇,会导致疾病的发生。从现代卫生学的要求,正常居室面积为 15 m² 左右,城市住房每人平均 6～9 m²,农村 8～12 m² 为宜。居室净高为 2.6～2.8 m,炎热地区可稍高,寒冷省份可略低一些。

居室进深是指开设窗户的外墙内表面至对面墙壁内表面的距离。它与采光和换气有关,通常一侧有窗的房间,进深不宜超过从地面到窗上缘的 2～2.5 倍;两侧开窗者,进深可增加到这个高度的 4～5 倍。另外,居室进深与居室宽度之比,不宜大于 2 比 1,最好是 3 比 2,以便于室内家具的布置。

(二) 居室内微小气候

室内微小气候是指室内由于围护结构(墙、屋顶、地板、门窗等)的作用,形成的与室外不同的室内气候。它主要由气温、气湿、气流和热辐射(周围物体表面温度)四种气象因素组成。这四种气象因素综合作用于人体,直接作用是影响人体的体温调节。

居室内的微小气候要能保证机体的温热平衡,不使体温调节功能长期处于紧张状态。保证居民有良好的温热感觉,正常地工作和休息。

居室内微小气候的标准以冬夏两季为准。夏季室内适宜温度 21℃～32℃,最适范围为 24℃～26℃;气湿(相对湿度)为 30%～65%,气流速度为 0.2～0.5m/s,最大不宜超过 3m/s。冬季室内温度的适宜范围是 16℃～20℃;气湿为 30%～45%;气流速度为 0.1～0.5 m/s。

(三) 室内采光

居室采光要明暗适中,随时调节。如《遵生八笺》说:"吾所居座,前帘后屏,太明即下帘以和其内映,太暗即卷帘以通其外耀。内以安心,外以安目。心目皆安,则身安矣"。

室内光照包括自然光线(日照)和人工光线的照明。室内日照指通过门窗进入室内的直接阳光照射。阳光中的紫外线有抗佝偻病,提高免疫力,杀菌消炎等作用。一层清洁的窗玻璃可透过波长为 318～320 nm 以上的紫外线。但有 60%～65% 的紫外线量被玻璃反射和吸收;且随阳光射入室内深度的加大,紫外线量也逐渐减少,距窗口 4 m 处,仅为室内紫外线量的 1/50~1/60,即使这样,其中的直射光和散射光仍有一定杀菌和抗佝偻病作用。

为保证室内有适宜光照,一般认为,北方较冷的地区冬季南向居室,每天至少应有 3 小时日照,其他朝向的居室还需多些。夏季则应尽量减少日照,防止室温过高。

夜间或白天自然光线不足时,要利用人工光线照明。人工照明要保证照度足够、稳定、分布均匀,避免刺眼、光源组成接近日光以及防止过热和空气污染等。

(四) 居室通风

居室的自然通风可保证房间内的空气清洁,排除室内的湿热秽浊之气,加强蒸发散热,改善人们的工作休息环境。因此,厨房和厕所应有良好通风;夏季炎热地区应使主室内形成穿堂风。外廊式住宅(一侧为房间,另一侧为开放式走廊)的外廊,除能起到阳台和遮阳作用外,较容易形成穿堂风,适合于炎热地区。

二、不良的室内环境

(一) 潮湿阴暗

当微小气候变化超出一定范围,机体体温调节长期处于紧张状态,就会影响人体生理功能,降低抵抗力,增加患病率。如人们长期居住在寒冷潮湿房间里,易患感冒、冻疮、风湿病和心血管系统疾病。尤其对老年人,室温更为重要,老人体内产热少,体温调节功能差,对外界温度变化不敏感。有时室温相当低,而老人感觉不到,当体温降至 35℃ 以下时,就会产生"老年低体温症",表现血压下降,心跳过缓或心律不齐,甚至意识障碍,颈项强直。而在高温多湿环境里,人会感到闷热难耐,疲倦无力、工作效率下降,容易中暑乃至死亡。另外,如居室光线阴暗,视力调节紧张,可引起近视,紫外线照射不足,将影响儿童发育,使佝偻病增加。

(二) 空气污浊

人们大部分时间在室内度过。据有关部门监测,室内空气污染比室外更严重。就一天时间分析,早晚尤甚;从超标幅度来看,平房污染最重,楼房次之,办公室最轻。

室内空气污染的来源主要有六:

1. 人的呼吸过程可使室内空气中氧含量减少,二氧化碳和水分含量增多。
2. 人体皮肤、衣履、被褥及物品,能发散出各种不良气体与碎屑等。
3. 人们谈话、咳嗽、喷嚏以及生活活动。能将上呼吸道的微生物和地面、墙面上的微生物及灰尘播散到空气中。
4. 使用煤炉、煤气或石油汽化气灶以及生物燃料(木头、秸杆、稻壳等)做饭、取暖时,燃料燃烧产生有害气体,如二氧化硫、一氧化碳、二氧化碳和悬浮颗粒物。
5. 吸烟时产生的烟气中含有多种有害物,主要有一氧化碳、尼古丁、致癌性多环芳烃。
6. 室外污染空气进入室内时,将其所含的各种污染物带入室内。

室内空气污染对人体身心健康危害严重,当二氧化碳的含量达 0.07% 时,敏感者就会感到不舒服;当二氧化碳含量达 0.1% 时,空气中的其它性状开始恶化,出现显著的不良气味,人们会较普遍地感到不愉悦。空气中有大量微生物和烟尘的污染时,可致呼吸道疾病传播机会增加、甚至引起肺癌。

三、预防保健措施

(一) 改良房屋结构

为了保障人体健康,我国人民经过长期生活实践,在居室改良上积累了一套丰富的经验和行之有效的方法。如北方冬季长,为使居室温暖舒适,常设斗门、加厚墙壁、双层窗户、室内用门帘、屏风。壁毡、布幔等保暖。南方夏季炎热多雨,住房常采用通风阁楼坡屋顶、双层瓦通风屋顶,屋檐较宽阔。有的屋顶还设有一可开关的天窗,根据需要调节室内采光,保证室内通风、清爽、干燥。另外,采用内含空气的双层墙和浮筑楼板,也可减少噪声的传播。

(二) 搞好自然通风

居室内的自然通风主要取决于门窗的合理开设和人们的生活习惯。我国北方冬季为抵御寒风,都紧闭门窗,室内污染物负荷较高,应注意每天定期开窗换气,使室内空气经常对流畅通,可减轻污染程度。而且,自然通风比空调机、电风扇效果好,风速柔和,风向较弥漫,人体易于适应,不会形成二次污染(如空调机的噪声等)。

(三) 防治室内污染

厨房是室内空气的主要污染源。因此,除保证自然通风外,还可采取一些简便易行的措施。如在煤气灶上安装吸风罩,做饭时先打开窗户,关好居室的门;点煤气时,先划火柴后打开关;煎炒时不要油温太高;不要在厨房内看书或就餐;用完煤气后,要把厨房的总开关关紧,并经常检查是否有漏气的地方等等。

居室内、办公室内不得吸烟;不要高声说话;尽量旋低录音机、电视机的音量;轻手关门、轻声走路,以保持室内清洁、安静。

另外,搞好室内卫生、定期消毒,对防治污染也至关重要。

(四) 美化居室环境

居室的美化要根据房间的使用性质、空间大小、光照程度、家俱陈设以及个人兴趣爱好等,因地制宜进行安排,只要布局得当,相互协调,就会给人以美的感受。

色彩是室内空间的精神,室内的视觉、气质、格调主要由色彩语言来表现。从人的心理和生理需求来说,室内色彩应令人感到亲切、舒适,明快。一般讲,浅黄、乳白色可增加房间的亮度,使房间显得宽敞、给人以庄重、典雅感;嫩绿、浅蓝色显得温柔、恬静,使人产生安谧、幽美感。向阳房间光线充足,家俱色彩可选择浅蓝、灰绿等中性偏冷的色彩;背阴房间光线较暗,家俱色彩也较深的,墙面色彩可选择奶白、米黄等偏温和者。餐厅漆成橙黄色,可刺激食欲;书房采用浅绿格调,有利缓解视力疲劳;厨房、卫生间可用白色或灰色,使环境的光线更加谐和。

室内布置要根据人们在室内的活动方式而定。客厅和餐厅的陈设以"动态"为主,书房和卧室以"静态"为主。客厅是待客处,要尽量保持宽敞、空间感强。摆设的花木以艺术观赏为主,选一些枝叶繁茂的绿色植物,如万年青、君子兰、龟背竹等,可使整个客厅显得雅致大方。书房是读书学习的地方,陈设布置应从有利用学习着眼。如《遵生八笺》说:"书斋宜明静,不可太敞。明静可爽心神,宏敞则伤目力",窗棂四壁可种些碧萝、剑兰、摆点松、竹盆景,使书斋"青葱郁然","近窗处,蓄金鲫五、七头,以观天机活泼",这又体现了静中有动的布局特色。卧室的陈设应令人宁静舒适。床铺的安置不宜正对卧室门,因房门一开就见到床,私密性不佳;且风从门外直接吹到身上,容易着凉、生病。若窗口开得太低,床头也不宜正对窗口,理由同前。卧室墙上可设置一些软枝低垂的观叶植物,如吊兰,增加静谧感。

(五) 香味净化空气

焚香原本是一项祛秽浊气味,抑制毒害的卫生措施,在我国有悠久历史。香的种类很多,一般采用各种芳香植物或驱蚊药物及香料精制而成,有的还加入各种中药。居室内焚香,可

清洁辟秽、杀虫解毒,还可清心怡情。如霉雨季节在室内焚香可驱除霉腐气味、净化空气;对储藏食品的居室用药香薰一薰,实际上是对食品中的致病菌进行一次"扫除";学习工作时点燃一支卫生香,则有清心开窍、活跃思维、振奋精神的功效。但室内焚香不宜过多,特别通风不良或有病人在卧的房间。一般每次点燃一支卫生香即可,以防化学香精的烟雾中毒。

另外,室内通风不畅时,常有碳酸气等怪味,可在灯炮上滴几滴香水或花露水,遇热后慢慢散发香味,室内就会阵阵清香扑鼻。

第七章 起居作息与养生

起居调摄主要指对日常生活中各个方面进行科学安排及采取一系列健身措施，以达到祛病强身、益寿延年的目的。

起居调摄所包含的内容很多，衣食住行、站立坐卧、苦乐劳逸等的养生措施都属起居调摄范畴。本章只介绍起居有常、劳逸适度、服装顺时适体和排便保健法四个方面。

第一节 起居有常

起居有常主要是指起卧作息和日常生活的各个方面有一定的规律并合乎自然界和人体的生理常度。它要求人们起居作息、日常生活要有规律，这是强身健体、延年益寿的重要原则。

一、合理作息的保健作用

古代养生家认为，人们的寿命长短与能否合理安排起居作息有着密切的关系。《素问·上古天真论》说："饮食有节，起居有常，不妄作劳，故能形与神俱，而尽终其天年，度百岁乃去"。可见，自古以来，我国人民就非常重视起居有常对人体的保健作用。

（一）调养神气

《素问·生气通天论》说："起居如惊，神气乃浮"，清代名医张隐庵说："起居有常，养其神也，不妄作劳，养其精也。夫神气去，形独居，人乃死。能调养其神气，故能与形俱存，而尽终其天年"，这说明起居有常是调养神气的重要法则。神气在人体中具有重要作用，它是对人体生命活动的总概括。人们若能起居有常，合理作息，就能保养神气，使人体精力充沛，生命力旺盛，面色红润光泽，目光炯炯，神采奕奕。反之，若起居无常，不能合乎自然规律和人体常度来安排作息，天长日久则神气衰败，就会出现精神萎靡，生命力衰退，面色不华，目光呆滞无神。

（二）提高人体适应力

古代养生家认为，起居作息有规律以及保持良好的生活习惯，能提高人体对自然环境的适应能力，从而避免发生疾病，达到延缓衰老、健康长寿的目的。

现代老年医学通过对人类衰老变化与衰老机理的研究认为，不同种属的生物具有不同的寿命期限，这种期限与遗传有关。每种生物的寿命在遗传基因中都按出生、生长、发育、成熟、衰老、死亡这一过程，预先做了程序安排。这种生命过程的安排，被称为"生命钟"，即按"生物钟"的规律演变展现一系列的生命过程，决定着生物寿命的长短。虽然人体后天的周期性节律变化受生物钟的控制，但更为现实的是在于训练和培养。人类大脑皮层在机体内已成为各种生理活动的最高调节器官，而大脑皮层的基本活动方式是一种条件反射。这种条件反射是个体在生活中获得的，有明显的个体差异和一个逐步建立的过程，这一过程的建成和巩固与生活作息规律有密切关系。条件反射一建成，其活动就相对稳定，并且具有预见性和适应性。而条件反射还可以随环境因素的变化而消退或重新建成，这样就提高了人体对环境的适应能力。有规律的作息制度可以在大脑神经中枢建立各种条件反射，并使其不断巩固，形成稳定的良好的生活习惯。一系列条件反射，又促进人体生理活动有规律的健康发展。可见，养成良好的生活作息规律是提高人体适应力，保证健康长寿的要诀之一。

二、生活作息失常的危害

《内经》告诫人们，如果"起居无节"，便将"半百而衰也"。就是说，在日常生活中，若起居作息毫无规律，恣意妄行，逆于生乐，以酒为浆，以妄为常，就会引起早衰以致损伤寿命。现代研究认为，人体进入成熟以后，随着年龄的不断增长，身体的形态、结构及其功能开始出现一系列退行性变化。例如适应能力减退、抵抗能力下降、发病率增加等，这些变化统称为老化。老化是一个比较漫长的过程，衰老多发生在老化过程的后期，是老化的结果。生理性衰老是生命过程的必然。但仍可通过养生延缓衰老；病理性衰老则可结合保健防病加以控制。有些人生活作息很不规律，夜卧晨起没有定时，贪图一时舒适，四体不勤，放纵淫欲，其结果必致加速老化和衰老，并进而导致死亡。

葛洪在《抱朴子·极言》中指出："寝息失时，伤也"。生活规律破坏，起居失调，则精神紊乱，脏腑功能损坏，身体各组织器官都可产生疾病。特别是年老体弱者，生活作息失常对身体的损害更为明显。据现代研究资料表明：在同等年龄组内，退休工人比在职工人发病率高达三倍之多。说明只有建立合理的作息制度，休息、劳动、饮食、睡眠，皆有规律，并持之以恒，才能增进健康，尽终其天年。

三、建立科学的作息制度

人生活在自然界中，与之息息相关。因此，人们的起卧休息只有与自然界阴阳消长的变化规律相适应，才能有益于健康。例如，平旦之时阳气从阴始生，到日中之时，则阳气最盛，黄昏时分则阳气渐虚而阴气渐长，深夜之时则阴气最为隆盛。人们应在白昼阳气隆盛之时从事日常活动，而到夜晚阳气衰微的时候，就要安卧休息，也就是古人所说的"日出而作，日入而息"，这样可以起到保持阴阳运动平衡协调的作用。又如，一年之中，四时的阴阳消长，对人体的影响尤为明显。因此，孙思邈说："善摄生者卧起有四时之早晚，兴居有至和之常制"。即根据季节变化和个人的具体情况制定出符合生理需要的作息制度，并养成按时作息的习惯，使人体的生理功能保持在稳定平衡的良好状态中，这就是起居有常的真谛所在。

有规律的周期性变化是宇宙间的普遍现象，从天体运行到人体生命活动，都有内在规律或称节律。现代医学已证实，人的生命活动都遵循着一定周期或节律而展开。如人的情绪、体力、智力等也都有一定的时间规律，体力、情绪和智力的节律周期分别为23、28和33天，每个周期又分为旺盛和衰退两个阶段。人的体温总是凌晨2～6时最低，下午2～8时最高。脉搏和呼吸是清晨最慢，白天较快。血压也是白天高，夜间低。

规律的生活作息能使大脑皮层在机体内的调节活动形成有节律的条件反射系统，这是健康长寿的必要条件。培养规律生活习惯的最好措施是主动地安排合理的生活作息制度，做到每日定时睡眠、定时起床、定时用餐、定时工作学习、定时锻炼身体、定时排大便、定期洗澡等。把生活安排的井井有条，使人们生机勃勃，精神饱满地工作、学习。这样，对人体健康长寿是大有益处的。

第二节 劳逸适度

一、劳逸适度的保健作用

劳和逸之间具有一种相互对立、相互协调的辨证统一关系，二者都是人体的生理需要。人们在生活中，必须有劳有逸，既不能过劳，也不能过逸。孙思邈《备急千金要方·道林养性》说："养生之道，常欲小劳，但莫疲及强所不能堪耳"。古人主张劳逸"中和"，有常有节。长期以来的实践证明，劳逸适度对人体养生保健起着重要作用。

（一）调节气血运行

在人生过程中，绝对的"静"或绝对的"动"是不可能的，只有动静结合，劳逸适度，才能对人体保健起到真正作用。适当劳作，有益于人体健康。经常合理的从事一些体力劳动有利于活动筋骨，通畅气血，强健体魄，增强体质，能锻炼意志，增强毅力，从而保持了生命活动的能力。

现代医学研究认为，合理的劳动对心血管、内分泌、神经、精神、运动、肌肉等各个系统都有好处。如劳动能促进血液循环，改善呼吸和消化功能，提高基础代谢率，兴奋大脑皮层对机体各部的调节能力，调节精神。

适当休息也是生理的需要，它是消除疲劳、恢复体力和精力，调节身心必不可缺的方法。现代实验证明，疲劳能降低生物的抗病能力，易于受到病菌的侵袭。有人给疲劳和未疲劳的猴子同时注射等量病菌，结果发现疲劳的猴子被感染得病，另一方却安然无恙，这说明合理休息是增强机体免疫能力的重要手段。

（二）益智防衰

所谓"劳"，不光指体力劳动，还包括脑力劳动，科学用脑也是养生保健的重要方面。科学用脑，就是用脑的劳逸适度问题，它要求人们勤于用脑，注重训练脑力的功能和开发其潜能，又要注重对脑的保养，防止疲劳作业。在实际生活中，许多人由于惰性的原因，往往容易犯"懒于动脑"的毛病。因此，应大力提倡善于用脑，劳而不倦，保持大脑常用不衰。

现代研究证明，一个人经常合理地用脑，不但不会加速衰老，反而有防止脑老化的功能。实验证明，在相同年龄组的人群中，经常用脑和不用脑的人相比，能够经常性合理用脑的人脑萎缩少，空洞体积小。因而得出结论，经常性合理用脑，可以预防衰老，增加智力，尤其是能够预防老年痴呆。

二、劳逸失度的害处

劳动本来是人类的"第一需要"，但劳伤过度则可内伤脏腑，成为致病原因。《庄子·刻意》说："形劳而不休则弊，精用而不已则劳，劳则竭"。劳役过度，精竭形弊是导致内伤虚损的重要原因。如《素问·宣明五气篇》说："五劳所伤，久视伤血，久卧伤气，久坐伤肉，久立伤骨，久行伤筋"，过度劳倦与内伤密切相关。李东垣在《脾胃论》中提出，劳役过度可致脾胃内伤百病由生。《医宗必读》说："后天之本在脾"。因而脾胃伤则气血亏少，诸疾蜂起。叶天士医案也记载，过度劳形奔走，驰骑习武，可致百脉震动，劳伤失血，或血络瘀瘪，诸疾丛集。人到老年，气血渐衰，尤当注意劳逸适度，慎防劳伤。

贪逸无度，气机郁滞。过劳伤人，过度安逸同样可以致病。《吕氏春秋》云："出则以车，入则以辇，务以自佚，命曰招蹷之机……富贵之所以致也"。佚者，逸也，过于安逸是富贵人得病之由。清代医家陆九芝说:"自逸病之不讲,而世只知有劳病,不知有逸病,然而逸之为病,正不少也。逸乃逸豫、安逸之所生病,与劳相反"。《内经》中所提到的"久卧伤气","久坐伤肉",即指过度安逸而言。张介宾说:"久卧则阳气不伸,故伤气;久坐则血脉滞于四体,故伤肉"。缺乏劳动和体育锻炼的人,易引起气机不畅,升降出入失常。升降出入是人体气机运动的基本形式。人体脏腑经络气血阴阳的运动变化,无不依赖于气机的升降出入。贪图安逸过度,不进行适当的活动,气机的升降出入就会呆滞不畅。气机失常可影响到五脏六腑、表里内外、四肢九窍,而发生种种病理变化。根据生物进化理论,用则进废则退,若过逸不劳,则气机不畅,人体功能活动衰退,气机运动一旦停止,生命活动也就终止。可见,贪逸不劳也会损害人体健康,甚至危及生命。

三、劳逸结合的保健方法

正确处理劳逸之间的关系,对于养生保健起着重要作用。不过,劳与逸的形式多种多样,并且劳与逸的概念又具有相对性,应当根据个人的具体情况合理安排。养生学家主张劳逸结合,互相协调。例如劳与逸穿插交替进行,或劳与逸互相包含,劳中有逸,逸中有劳,只有劳逸协调适度才会对人体有益。

1. 体力劳动要轻重相宜　在工业劳动方面,由于受工种、工序、场所等的限制,自己任意选择劳动条件的机会较少,但仍要注意劳动强度轻重相宜。更重要的是应安排好业余生活,使自己的精力、体力、心理、卫生等得到充分恢复和发展。在田园劳动方面,应根据体力,量力而行,选择适当的内容,要注意轻重搭配进行。

2. 脑力劳动要与体力活动相结合　脑力劳动偏重于静,体力活动偏重于动。动以养形,静以养神,体脑结合,则动静兼修,形神共养。如脑力劳动者,可进行一些体育锻炼,使机体各部位得到充分有效的运动。脑力劳动者,还可从事美化庭院活动,在庭院内种植一些花草树木,并可结合场景吟诗作画,陶冶情趣,有利于身心健康,延年益寿。

3. 家务劳动秩序化　操持家务是一项繁杂的劳动。主要包括清扫、洗晒、烹饪、缝补、尊老抚幼、教育子女等,只要安排得当,则能够劳而不乱,有条不紊,有劳有逸,既锻炼身体,又增添精神享受,有利于健康长寿。反之,若家务劳动没有秩序,杂乱无章则形劳神疲,甚至造成早衰折寿。

4. 休息保养多样化　要做到劳逸结合,就要注意多样化的休息方式。休息可分为静式休息和动式休息,静式休息主要是指睡眠,动式休息主要是指人体活动,可根据不同爱好自行选择不同形式。如听相声、听音乐、聊天、看戏、下棋、散步、观景、钓鱼、赋诗作画、打太极拳等。总之,动静结合,寓静于动,既达到休息目的,又起到娱乐效果,不仅使人体消除疲劳,精力充沛,而且使生活充满乐趣。

第三节　服装顺时适体

服装是人们日常生活中最基本的要素之一,是人类在长期生活中逐渐发明的,是人类文明的表现。首先,服装是用来御寒防暑,保护肌体的物品。其次,服装也反映了时代精神风貌和物质财富水平,在一定程度上体现着社会的文明程度。

一、服装的保健意义

服装的主要功用就在于御寒防暑,保护机体免受外界理化因素的刺激和生物因素的侵袭，人们为了适应外界气候的变化，维护机体内外阴阳的动态平衡，除自身生理功能的调节外，衣着也起着极为重要的辅助作用。现代研究认为，人体和衣服之间存在着一定的空隙，被称为衣服内气候。衣服内气候的正常范围是：温度 $32\pm1℃$，风速 $0.25\pm0.15m/s$。适当的衣服内气候可使人的体温调节中枢处于正常状态，维护温热感，有利于提高工作效率和恢复体力。若衣服内气候失常，则体温调节中枢处于紧张状态，甚至可影响到机体其他系统的功能，造成疾病。衣着适宜，可使人体与外在环境之间进行正常的热量交换，从而维持衣服内气候的相对稳定，达到保健的目的。

二、制装的原则

制装的原则既要顺应四时阴阳变化，又要舒适得体。

（一）顺应四时

选择衣料 应根据不同季节而各有所异，可参考以下几点：

1. 保温性 纺织衣料的导热性越低，它的热缘性和保暖性越好。实验证明 在摄氏15℃时，麻纱衣料放热量约为60%，而毛织品不到20%，故麻纱类作为夏季衣料为宜，毛织品可制成冬装，氯纶、醋酯纤维和晴纶等导热性也较低，也是保温性良好的纺织材料。此外，织物越厚，单位时间内散发的热量越少，保暖性能越好。

2. 透气性 冬季外衣织物的透气性应较小，以保证衣服具有良好的防风性能，而起到保温作用。夏季衣料应具有较好的透气性，有利于体内散热。

3. 吸湿性和散湿性 夏天的衣服和冬装内衣，除了注意透气外，还要注意选择吸湿、散湿性能良好的纤维。这样有利于吸收汗液和蒸发湿气。

4. 色泽 衣料颜色不同，对热的吸收和反射的强度也不相同。一般来说，衣服颜色越深，吸热性越强，反射性越差；颜色越浅，反射性越强，吸热性越差。夏天宜穿浅颜色服装，以反射辐射热；冬天宜穿深色衣服，以利吸收辐射热。另外，衣着的颜色对人的心情调节和陶冶也有直接关系。

5. 质地 内衣和夏装要选择轻而柔软的衣料，穿在身上有轻爽的感觉，若贴身穿粗糙硬挺的衣服，不但不舒服，而且皮肤易于摩擦受伤。

在我国四季分明，制装应符合季节变化的特点。春秋季节气候温和，多种纺织品均可选作衣料，由于春季多风，秋季偏燥，故制装时选择透气性和吸湿性适中的衣料为宜。化学纤维纺织品的透气和吸湿性能都低于棉织品，而高于丝织品，最适宜做春秋季节的衣料，并且具有耐磨、挺括、色泽鲜艳的优点。有些化纤品对人体还有一定的医疗作用，如用氯纶纤维为原料制成的衣服，其导电性能差，穿在身上与皮肤摩擦，会产生并蓄积相当量的静电，此静电对人体的关节可起到轻度的、类似电疗的作用。不过由于化学纤维在生产过程中，掺入了一些其他物质，有时会对皮肤产生一些不良刺激，如果注意做到勤换衣服，则可避免这种现象。

夏季气候炎热，制作服装的基本原则是降温、通风透气，以利于体热和汗水的散发。《老老恒言·衣》说："夏虽极热时，必着葛布短半臂，以护其胸背"。就是说，要人们至少穿着背心短袖衫之类，尤其是对体弱和老年人更为重要。

冬季气候寒冷，服装要达到防寒保温的效果，宜选择织物厚、透气性小和保温性良好的深色材料。随着生活水平不断提高，人们逐步用丝棉、驼毛、人造毛、羽绒等来代替棉花。既松软轻便，保温效果又好。此外，帽子、鞋袜、围巾等，也要求根据四时特点合理选用。

（二）舒适得体

人们应当做到"量体裁衣"。保障衣着有利于气血运行和正常发育。尤其是在青少年时期。生长发育比较旺盛，不可片面追求线条美和造型、衣着和服饰不应过紧过瘦。现代研究认为，若衣着压力超过 30 g/cm²，人体就有一种压迫感，穿着就会不舒适。如果年轻女性长期束胸以及乳罩过紧，则会影响胸廓发育，降低肺活量，束腰过紧，可致肋缘凹陷、胸廓变形、腹腔脏器移位，有损于健康。相反，衣着过于肥大、襟袖过长、则不利于保暖，也不便于活动。对于老人、小孩以及某些专业人员还是不安全因素，容易造成外伤和事故。

舒适是人类本能的需要，从卫生学角度看，穿衣就是为了起舒适、保健的作用。《老老恒言·衣》："惟长短宽窄，期于适体"。衣着款式合体才会既增添美感，又使人感觉舒适，从而起到养生保健的效果。

三、增减衣服的宜忌

由于四季气候的变化各有一定的特点，所以脱着衣服时必须不失四时之节。《老老恒言·燕居》说：春冰未泮，下体宁过于暖，上体无妨略减，所以养阳之生气"。春季阴寒未尽，阳气渐生，早春宜减衣不减裤，以助阳气的升发。夏季尽管阳热炽盛，适当的脱着衣服，仍是避其凉热的最佳方法。秋季气候转凉，亦要注意加衣，但要避免一次加衣过多。俗有"春捂秋冻"之说，即春季宁稍暖，秋季可稍凉。冬季"宜寒甚方加棉衣，以渐加厚，不得一顿便多，唯无寒而已"（《摄生消息论》）。

衣服要随天气变化及时增减，切不可急穿急脱，忽冷忽热。《摄生消息论·春季摄生消息论》说："春季"天气寒暄不一，不可顿去棉衣。老人气弱骨疏体怯，风冷易伤腠理，时备夹衣，温暖易之。一重减一重不可暴去"。《老老恒言·燕居》亦说"绵衣不顿加，少暖又须暂脱"。古人认识到穿衣不宜过暖过寒，否则反倒容易受邪致病。因为衣服过暖或过寒，则机体缺乏耐受风寒的能力，而使抗邪防病之力减弱。至于老人和身体虚弱的人，由于对寒热的耐受性较差，所以又当尽量注意慎于脱着，以免风寒暑湿之侵，小心调摄。《彭祖摄生养性论》说："先寒而后衣，先热而后解"，说明衣服的脱着应根据天气变化及时更换。此外，出汗之后，穿脱衣服尤宜注意如下二者。一者，大汗之时忌当风脱衣，如《千金要方·道林养性》说："凡大汗勿偏脱衣，喜得偏风半身不遂"。这是因为大汗之时，人体腠理发泄，汗孔开放，骤然脱衣，易受风寒之邪侵袭而致病。二者，汗湿之衣勿得久穿，如《千金要方·道林养性》说："湿衣与汗衣皆不可久着，令人发疮及风瘙"；《老老恒言·防疾》亦说："汗止又须即易"。因为汗后湿衣不易干，伤害人体阳气。汗后腠理虚，汗湿滞留肌肤，易产生风寒湿之类的病变。

第四节 排便保健法

二便是人体新陈代谢、排除代谢废物的主要形式。二便正常与否，直接影响到人体的健康。所以，养成良好的二便卫生习惯，对健康长寿具有重要意义。

一、大便通畅的保健法

古代养生家对保持大便通畅极为重视。汉代王充在《论衡》中指出："欲得长生，肠中常清，欲得不死，肠中无滓"。金元时代的朱丹溪也说："五味入口，即入于胃，留毒不散，积聚既久，致伤冲和，诸病生焉"。就是说，肠中的残渣、浊物要及时不断地给以清理，排出体外，才能保证机体的生理功能。如果大便经常秘结不畅，可导致浊气上扰，气血逆乱，脏腑功能失调，因此而产生或诱发多种疾病，如头痛、牙痛、肛门病、冠心病、高血压、脑血管意外、肠癌等。现代的衰老理论中,有一种自家中毒学说认为,衰老是由于生物体在自身代谢过程中,不断产生毒素,逐渐使机体发生慢性中毒而出现衰老。大便不畅,最易使机体产生慢性自身中毒而出现衰老。可见这种学说与中医保持大便通畅可以防病延年的观点是一致的。保持大便通畅的方法很多,简要介绍如下:

（一）要养成定时排便的习惯

例如,晚上睡觉之前或早晨起床之后,可按时上厕所,久而久之,则可养成按时大便的习惯。

（二）排便要顺其自然

养生家曹慈山在论述排便时说:"养生之道,惟贵自然"。要做到有便不强忍,大便不强挣。"强忍"和"强挣"都易损伤人体正气,引起痔疮等病。

从现代医学观点看,忍便不解则使粪便部分毒素会被肠组织粘膜吸收,危害机体。排便时,强挣努喷,会过度增高腹内压,导致血压上升,特别对高血压、动脉硬化者不利,容易诱发中风病。另外,由于腹内压增高,痔静脉充血,还容易引起痔疮、肛瘘等病。所以,年老患者尤当注意。

（三）要注意肛门卫生和便后调理

肛门对健康的关系,在一定意义上讲,并不亚于口腔,但通常人们对肛门卫生注意不够,因此,肛门疾病非常普遍。大便之后所用手纸应以薄而柔软、褶小而均匀为宜,不可用含油墨的废报纸、旧书纸、圆珠笔写过的纸,更不可用土块、石块、木块等代替手纸,以免污染肛门中毒,或刺伤肛门引起感染。每天晚上睡觉前,最好用温水清洗一下肛门,或经常热水坐浴,保持肛门清洁和良好的血液循环。内裤应宜用薄而柔软的棉布制品制做,不宜用粗糙或化学纤维的制品。如果肛门已有炎症,最好用水冲洗,不要用纸揩拭,并要积极治疗,防止再引起其他疾病。尤其是老年人,更应重视肛门卫生。

每次排便后,稍加调理,对身体会有很多益处。若在饱食后大便,便后宜稍喝一些汤或饮料,以助胃气利消化。《老老恒言》说:"饱后即大便,进汤以和其气",这的确是养生经验之谈。若在饥饿时大便,为了防止便后气泄,排便时宜取坐位,便后稍进食物,还可做提肛动作3～5次,以补固正气。

（四）运动按摩通便

运动按摩可以起到疏畅气血,增强肠胃功能和消化排泄功能,加强大小肠的蠕动,促进新陈代谢,通畅大便的作用。平常可选用一些传统保健功法锻炼,如太极拳、气功导引养生功、腹部按摩保健法等。

此外,还要配合其他方面的综合保健。调摄精神,保持情绪安定;饮食调理,饮食多样化,多素少荤,粗细结合;对有便秘者,辅以药物对症治疗等。如果能做到上述各项,就能有效地保持大便通畅。

二、小便清利的保健法

小便是水液代谢后排除精粕的主要途径,与肺、脾、肾、膀胱等脏腑的关系极为密切。在水液代谢的整个过程中,肾气是新陈代谢的原动力,调节着每一环节的功能活动,故有"肾主水"之称。水液代谢的好坏反映了机体脏腑功能的正常与否,特别是肾气是否健旺。小便通利,则人体健康;反之,则说明人有疾患。所以古代养生家十分重视小便卫生。苏东坡在《养生杂记》中说:"要长生,小便清;要长活,小便洁"。《老老恒言·便器》亦说:"小便惟取通利"。

保持小便清洁、通利,是保证身体健康的重要方面。其具体方法约有如下数端:

(一) 饮食调摄法

水液代谢以通畅和调为顺,不可滞留,故《素问·经脉别论》有"通调水道"之说。对于保证水道通调之法,清代曹慈山在《老老恒言》中提出了重在饮食调摄的四个要点:"食少化速,则清浊易分,一也;薄滋味,无粘腻,则渗泄不滞,二也;食久然后饮,胃空虚则水不归脾,气达膀胱,三也;且饮必待渴,乘微燥以清化源,则水以济火,下输倍捷,四也。所谓通调水道,如是而已。如但犹不通调,则为病。然病能如是通调,亦以渐而愈"。由此可见,正确调摄饮食,做到少食、素食、食久后饮、渴而才饮等,是保证小便清利的重要方法。此外,情绪、房事、运动对小便的清利也有一定的影响,因此还要保持情绪乐观、节制房事和适当运动锻炼。

(二) 导引按摩法

经常进行导引和按摩保健,对于小便通利很有好处,其主要方法有三:

1. 导引壮肾　晚上临睡时,或早晨起床后,调匀呼吸,舌抵上腭,眼睛视头顶上方,随吸气,缓缓做收缩肛门动作,呼气时放松,连续做 8~24 次,待口中津液较多时,可嗽津咽下。这种方法可护养肾气,增强膀胱制约能力,可以防治尿频、尿失禁等症。

2. 端坐摩腰　取端坐位,两手置于背后,上下推搓 30~50 次,上至背部,下至骶尾,以腰背部发热为佳,可在晚上就寝时和早晨起床时进行练习。此法有强腰壮肾之功,有助于通调水道。

3. 仰卧摩腹　取仰卧位,调匀呼吸,将掌搓热,置于下腹部,先推摩下腹部两侧,再推下腹部中央,各作 30 次。动作要由轻渐重,力量要和缓均匀。作功时间亦可在早晚。此法有益气,增强膀胱功能。对尿闭、排尿困难有一定防治作用。

(三) 注意排尿宜忌

排尿是肾与膀胱气化功能的表现,是一种生理反应,因此有尿时要及时排出,不要用意志控制不解,否则会损伤肾与膀胱之气,引起病变。《千金要方·道林养性》说:"忍尿不便,膝冷成痹"。《老老恒言·便器》指出:"欲溺便溺,不可忍,亦不可努力,愈努力则愈数而少,肾气窒塞,或致癃闭"。排尿要顺其自然,强忍不尿,努力强排,都会对身体健康造成损害。

男子排尿时的姿势也有宜忌。《千金要方·道林养性》说:"凡人饥欲坐小便,若饱则立小便,慎之无病"。《老老恒言》解释其道理说:"饱欲其通利,饥欲其收摄也"。现代医学中有一种"排尿性晕厥症",即在排尿时由于血管舒张和收缩障碍,造成大脑一时供血不足而致的突然晕倒的病症。其发生的原因很多,但有时与体位突然改变,排尿时屏气用力过度有一定关系。

第八章 睡眠养生

睡眠, 本属"起居作息"范畴，由于人的一生约有三分之一的时间是在睡眠中度过的，显得特别重要，而且睡眠养生的内容又十分丰富，故单立一章，予以讨论。

所谓睡眠养生就是根据宇宙与人体阴阳变化的规律，采用合理的睡眠方法和措施，以保证睡眠质量，恢复机体疲劳，养蓄精神，从而达到防病治病、强身益寿的目的。

睡眠是人体的生理需要，也是维持生命的重要手段。可以说睡眠与生存有着同等的意义。历代医家和养生家对睡眠养生都很重视，科学的摄生保健更需要全面掌握睡眠的规律及方法。

第一节 睡眠的生理

睡眠是一种正常的生理现象，但在很长一段历史中，人们对睡眠的机制认识并不清楚。随着科学的发展，人们在古代理论基础上对有关睡眠的各种问题有了越清晰的认识，并在实验基础上给予了科学的证实。

一、中医的睡眠理论

中医学从唯物的形神统一观出发认为，睡眠——清醒是人体寤与寐之间阴阳动静对立统一的功能状态，并运用阴阳变化、营卫运行、心神活动来解释睡眠过程，形成了独具特色的睡眠理论。主要包括以下几方面内容：

（一）昼夜阴阳消长决定人体寤寐

由于天体日月的运转，自然界处于阴阳消长变化中，最突出的表现就是昼夜交替出现。昼属阳，夜属阴。与之相应，人体阴阳之气也随昼夜而消长变化，于是就有了寤和寐的交替。寤属阳为阳气所主，寐属阴，为阴气所主。可以说，自从有了人类，就有了人类活动的规律——"日出而作，日入而息"这种比较严格的节律。正如《灵枢·营卫生会》言："日入阳尽而阴受气矣夜半而大会，万民皆卧，命曰合阴；平旦阴尽而阳受气，如是无已，与天地同纪"。在《灵枢·口问》又进一步解释说：夜半"阳气尽，阴气盛，则目瞑"；白昼"阴气尽而阳气盛，则寤矣"。

（二）营卫运行是睡眠的生理基础

人的寤寐变化以人体营卫气的运行为基础，其中与卫气运行最为相关。《灵枢·卫气行》说："卫气一日一夜五十周于身，夜行于阳二十五周，夜行于阴二十五周"。《灵枢·营卫生会》也说："卫气行于阴二十五度，行于阳二十五度，分为昼夜，故气至阳而起，至阴而止"。起指起床，止即入睡。由此可见，卫气行于阴，则阳气尽而阴气盛，故形静而入寐；行于阳，则阴气尽而阳气盛，故形动而寤起。所以《灵枢·天年》说："营卫之行，不失其常，故昼精而夜瞑"。

（三）心神是睡眠与觉醒的主宰

寤与寐是以形体动静为主要特征的，形体的动静受心神的指使，寐与寤以心神为主宰。**神静**则寐，神动则寤；心安志舒则易寐，情志过极则难寐。张景岳在《景岳全书·不寐》中指出:"寐本乎阴、神其主也"。由于睡眠受心神的支配,人们常因主观意志需要,使睡眠节律改变。总之,在形神统一观的指导下,寤与寐就被看作是两者相互转化的心身过程。

二、睡眠的分期

现代实验研究将睡眠按深度分为四期:Ⅰ入睡期;Ⅱ浅睡期;Ⅲ中等深度睡眠期;Ⅳ深度睡眠期。Ⅰ、Ⅱ期易被唤醒,Ⅲ、Ⅳ期处于熟睡状态。睡眠又可分为两种:即慢波睡眠和快波睡眠。开始入睡是慢波睡眠,大约持续90分钟左右,然后转入快波睡眠持续15~30分钟,睡眠过程是这两种状态交替进行的,二者交替一次,即称一个睡眠周期。一夜大约有四、五个周期。慢快波睡眠期的正常比例是保证睡眠顺利进行的条件。

三、睡眠的作用

长沙马王堆出土医书《十问》中说:"夫卧非徒生民之事也,举凫、雁、肃霜(鹔鹴)、蛇檀(鳝)、鱼鳖、蛾(蠕)动之徒,胥(须)食而生者,胥卧而成也……。故一昔(夕)不卧,百日不复",主张"道者静卧"。可见,不仅人需要睡眠,任何生物都离不开睡眠。没有适当睡眠,就无法维持生命其他活动。历代道、儒、佛、医诸家对睡眠皆有很多论述,睡眠对长寿的意义是任何其他方式难以取代的,它的作用可概括为五个方面:

1. 消除疲劳 睡眠是消除身体疲劳的主要形式。睡眠时,人体精气神皆内守于五脏,五体安舒,气血和调,体温、心率、血压下降,呼吸及内分泌明显减少,从而使代谢率降低,体力得以恢复。

2. 保护大脑 睡眠不足者,表现为烦躁、激动或精神萎靡、注意力分散、记忆减退等精神神经症状,长期缺眠则会导致幻觉。因此,睡眠有利于保护大脑。此外,大脑在睡眠状态中耗氧量大大减少,利于脑细胞能量贮存,可以恢复精力,提高脑力效率。

3. 增强免疫 睡眠不仅是智力和体力的再创造过程,而且还是疾病康复的重要手段。睡眠时能产生更多的抗原抗体,增强了机体抵抗力,睡眠还使各组织器官自我修复加快。现代医学常常把睡眠作为一种治疗手段,用来医治顽固性疼痛及精神病等。

4. 促进发育 睡眠与儿童生长发育密切相关。婴幼儿在出生后相当长时期内,大脑继续发育,需要更多的睡眠。婴儿睡眠中有一半是快动眼睡眠期(REM),而早产儿REM可达80%,说明他们的大脑尚未成熟。儿童生长速度在睡眠状态下增快,因为在慢波睡眠期血浆中生长激素可持续数小时维持在较高水平,故要使儿童身高增长,就应当保证睡眠足够时间和质量。

5. 利于美容 睡眠对皮肤健美有很大影响。甜蜜的熟睡可使第二天皮肤光滑,眼睛有神,面容滋润,而由于精神创伤、疲劳过度及其他不良习惯造成的睡眠不足或失眠则会颜面憔悴,毛发枯槁,皮肤出现细碎皱纹。由于睡眠过程中,皮肤表面分泌和清除过程加强,毛细血管循环增多,加快了皮肤的再生。所以说,睡眠是皮肤美容的基本保证。

第二节 睡眠的时间和质量

一、与睡眠时间有关的因素

足够的睡眠是健康长寿的保证,但人的睡眠时间多长才算足够,很难机械规定。每人每天生理睡眠时间根据不同的年龄、性别、体质、性格、环境因素等等而变化。

(一) 年龄与性别因素

一般而言，年龄越小，睡眠时间越长，次数也越多。睡眠时间与年龄有密切的关系，是由于人生长发育的规律决定的。婴幼儿无论脑还是身体都未成熟，青少年身体还在继续发育，因此需要较多睡眠时间。老年人由于气血阴阳俱亏，"营气衰少而卫气内伐"，故有"昼不精，夜不瞑"少寐的现象，但并不等于生理睡眠需要减少。相反，由于老人睡眠深度变浅，质量不佳，反而应当增加必要的休息，尤以午睡为重要，夜间睡眠时间也应参照少儿标准。古代养生家说："少寐乃老人大患"，《古今嘉言》认为老年人宜"遇有睡思则就枕"，这是极符合养生道理的。睡眠时间还多少与性别有关，**通常女性比男性平均睡眠时间长**，现代研究认为可能与性激素分泌差异有关。

（二）体质与性格因素

睡眠时间长短与人的体质、个性也有密切关系。早在《内经》中就对此有明确论述："此人肠胃大而皮肤湿（涩），而分肉不解焉。肠胃大则卫气留久，皮肤湿则分肉不解，其行迟，留于阴也久。其气不精则欲瞑，故多卧矣"。"其肠胃小，皮肤滑以缓，分肉解利，卫气之留于阳也久，故少瞑焉"，以上表明睡眠多少与人体胖瘦大小有关。一般说来，按临床体质分类，阳盛型、阴虚型睡眠时间较少；痰湿型、血瘀型睡眠时间相对多。按五行体质分类，凡金型、火型睡眠时间相对少，而水型、土型睡眠时间较多。按体型肥瘦分类，肥人较瘦人睡眠时间多，肥人中腠理粗、身常寒的胖人睡眠时间最长，此因"卫气多寡"不同。西方人认为性格与睡眠有关，内向性格、思维类型的人睡眠时间较多，而外向性格、实干类型的人睡眠时间较少。

（三）环境、季节因素

不同的环境，季节的变化影响睡眠的调整。一般认为，春夏宜晚睡早起（每天大约需睡5～7个小时），秋季宜早睡早起（每天大约需睡7～8个小时），冬季宜早睡晚起（每天大约需睡8～9个小时）。如此以合四时生长化收藏规律。阳光充足的日子一般人睡眠时间短，气候恶劣的天气里一般人的睡眠时间长。随地区海拔增高，一般人的睡眠时间稍稍减少。随纬度增加，一般人的睡眠时间稍要延长。

（四）其他影响睡眠的因素

睡眠时间的变化还与工作性质、体力消耗和生活习惯有关。体力劳动者比脑力劳动者所需睡眠时间长，而脑力劳动者较体力劳动者 REM 时间长。现代研究认为每个人最佳睡眠时间（称睡眠中心时刻）是不同的。可分为"猫头鹰型"和"百灵鸟型"。猫头鹰型人每到夜晚思维能力倍增，精力充沛，工作效率高，但上午精神欠佳。百灵鸟型人的特点表现为入睡早，醒得也早，白天精力充沛，入夜疲倦。一般来说，大部分人为百灵鸟型节律。此外睡眠时间的长短还与精神因素、营养条件、工作环境等有关。尽管个体所需睡眠时间差异很大，只要符合睡眠质量标准就视为正常。

二、睡眠的质量标准

东晋·张湛《养生要集》神仙图中有"禁无久卧，精气斥"，"禁无多眠，神放逸"。认为"久卧伤气"，使阳气、精神懈怠。由此可知，多睡不一定符合养生要求。过多睡眠和恋床可造成大脑皮层抑制，使大脑细胞乏氧。决定睡眠是否充足，除了量的要求外，更主要的还有质的要求。睡眠的质决定于睡眠深度和 REM 的比例。REM 对改善大脑疲劳有重要作用。实验表明，经过剥夺异相睡眠的猫和鼠，它的行为会发生变化，如记忆减退，食欲亢进等。根据国内外资料统计，REM 应占睡眠总量的百分比，在新生儿为 50%，在婴儿为 40%，在儿童为 18.5%～25%，在青少年为 20%，在成人为 18.9%～22%，在成年人为 13.8%～15%。如果达不到上述比例,则慢性睡眠中浅睡期代偿性地延长,结果往往产生未睡着觉的感觉。实际生活中可用以下标准检查是否较高的睡眠质量:①入睡快。上床后5~15分钟进入睡眠状态;②睡眠深。睡中呼吸匀长,无鼾声,不易惊醒;③无起夜。睡中梦少,无梦惊现象,很少起夜;④起床快。早晨醒来身体轻盈,精神好;⑤白天头脑清晰,工作效率高,不困倦。一般说来,睡眠质量好,则睡眠时间可以少些。

三、睡眠规律与子午觉

养成良好的睡眠习惯,符合觉醒——睡眠节律,是提高睡眠质量的基本保障。前面已经谈过睡眠起卧规律与四时的关系,一天之中起卧亦有规律,即要使睡眠模式符合一日昼夜晨昏的变化。《类修要诀·养生要诀》总结为:"春夏宜早起,秋冬任晏眠,晏忌日出后,早忌鸡鸣前"。

子午觉是古人睡眠养生法之一,即是每天于子时、午时入睡,以达颐养天年目的。中医认为,子午之时,阴阳交接,极盛及衰,体内气血阴阳极不平衡,必欲静卧,以候气复。现代研究也发现,夜间0点至4点,机体各器官功率降至最低;中午12点至1点,是人体交感神经最疲劳的时间,因此子午睡眠的质量和效率都好,符合养生道理。据统计表明,老年人睡子午觉可降低心、脑血管病的发病率,有防病保健意义。

第三节 睡眠的方位与姿势

一、睡眠的卧向

所谓卧向,是指睡眠时头足的方向位置。睡眠的方位与健康紧密相关。中国古代养生家根据天人相应、五行相生理论,对寝卧方向提出过几种不同的主张。

(一)按四时阴阳定东西

《千金要方·道林养性》说:"凡人卧,春夏向东,秋冬向西",《老老恒言》引《保生心鉴》:"凡卧,春夏首宜向东,秋冬首宜向西"。即认为春夏属阳,头宜朝东卧;秋冬属阴,头宜朝西卧,以合"春夏养阳,秋冬养阴"的原则。

(二)寝卧恒东向

一些养生家主张一年四季头都应恒东向而卧,不因四时变更,《老老恒言》引《记玉藻》:"寝恒东首,谓顺生气而卧也"。头为诸阳之会,人体之最上方,气血升发所向,而东方震位主春,能够升发万物之气,故头向东卧,可保证清升浊降,头脑清楚。

(三)避免北首而卧

《千金要方·道林养性》提出:"头勿北卧,及墙北亦勿安床",《老老恒言·安寝》也指出:"首勿北卧,谓避阴气",古代养生家在这一点上基本一致。认为北方属水,阴中之阴位,主冬主寒,恐北首而卧阴寒之气直伤人体元阳,损害元神之府。临床调查发现头北足南而卧的老人,其脑血栓发病率较其他卧向高。国外资料表明,头北足南而卧,易诱发心肌梗塞。

总而言之,卧向与健康的关系,是一个值得进一步研究的问题。

二、睡眠姿势

古人云:"立如松,坐如钟、卧如弓"。养生家认为行走坐卧皆有要诀,能够作到这一点,则自然不求寿而寿延。睡姿虽有千姿百态,以体位来分,不外乎仰卧、俯卧、侧卧三种。历代学者对此有很多论述可概括为以下几点:

(一) 常人宜右侧卧

孔子在《论语》中说："寝不尸"，"睡不厌屈，觉不厌伸"，意指睡眠以侧曲为好。《千金要方·道林养性》说："屈膝侧卧，益人气力，胜正偃卧"，《道藏·混元经》说："仰面伸足睡，恐失精，故宜侧曲"，这说明侧卧比仰卧好。侧卧益气活络，仰卧则易造成恶梦，失精和打鼾。侧卧与俯卧亦不同，气功家口头禅叫做："侧龙卧虎仰瘫尸"，认为侧卧利于调青龙，使肝脉舒达；俯卧利于调白虎，使肺脉宣降。但现代调查发现俯卧不利于呼吸和心肺血液循环，也有损面部容颜。《释氏戒律》说："卧为右侧"，《续博物志》说："卧不欲左肋"，古今医家都选择右侧卧为最佳卧姿。这是因为右侧卧优点在于使心脏在胸腔中受压最小，利于减轻心脏负荷，使心输出量增多。另外，右侧卧时肝处于最低位，肝藏血最多，加强了对食物的消化和营养物质的代谢。右侧卧时，胃及十二指肠的出口均在下方，利于胃肠内容物的排空，故《老老恒言》说："如食后必欲卧，宜右侧以舒脾气"。

(二) 孕妇宜左侧卧

对于女性来说侧卧较仰卧和俯卧好。俯卧可使颜面皮肤血液循环受影响，致皱纹增加。仰卧对妇女盆腔血液循环不利，易致各种月经病。孕妇宜取左侧卧，尤其是进入中、晚期妊娠的人，此时大约有80%孕妇子宫右旋倾斜，使右侧输尿管受压，易产生尿潴留倾向，长期可致右侧肾盂肾炎。另外，右侧卧可压迫腹部下腔静脉，影响血液回流，不利于胎儿发育和分娩。仰卧时，增大的子宫可直接压迫腹主动脉，使子宫供血量骤然减少严重影响胎儿发育和脑功能。因此说左侧卧最利于胎儿生长，可以大大减少妊娠并发症。

(三) 婴幼儿睡姿

对婴幼儿来说俯卧是最不卫生的卧姿。婴儿自主力差，不能主动翻身，加之颅骨软嫩，易受压变形，俯卧时间一长，会造成面部五官畸形。长期一侧卧或仰卧也易使头颅发育不对称。因而婴幼儿睡眠时，应在大人的帮助下经常地变换体位，每隔1~2小时翻一次身。

(四) 老人及病人睡姿

对于老年人仰卧、俯卧、左侧卧均不适宜，以右侧卧最好。对于心衰病人及咳喘发作病人宜取半侧位或半坐位，同时将枕与后背垫高。对于肺病造成的胸腹积液患者，宜取患侧卧位，使胸水位置最低，不妨碍健侧肺的呼吸功能。对于有瘀血症状的心脏病人，如肺心病人等一般不宜取左侧卧或俯卧，以防心脏负荷过大。在《千金要方》中孙思邈还提出，"凡人眠勿脚悬踏高处，久成肾水"。头低脚高位置睡觉，易得肾脏疾患。

近年有学者用慢镜头电影记录了人在熟睡中的姿势，发现每隔10~15分钟就要变动一次，整个睡眠过程体位变动可达20次以上。因此，在入睡时养成正确睡姿的良好习惯，是有利于自身保健的，但并不要求睡着后姿势永远不变。对此，孙思邈在《千金要方》中已有所论述："人卧一夜当作五度反复，常逐更转"，整个睡眠过程中保持不变的卧姿，是不符合生理要求的。

第四节 睡眠与卧具

一、床铺

床铺又称床榻，是供人睡卧的用具。床在我国已有2500多年历史了。从北方的火炕到南方的藤床，从小儿的摇篮到老人的躺椅，床的种类不计其数。随着社会进步和科学的发展，

床的功能也在增多。从摄生保健角度要求,床无论怎样变化,应具备以下几个要素:

(一) 床宜高低适度

《老老恒言》说:"床低则卧起俱便",主张床的高度以略高于就寝者膝盖水平为好,约为 0.4~0.5 m,这样的高度便于上下床。若床铺过高,易使人产生紧张感影响安眠;若床铺过低则易于受潮,使寒湿、湿热之地气直中脏腑,或造成关节痹症。在过低的床铺上睡眠,往往呼吸不到新鲜空气,灰尘、二氧化碳较多,影响健康。由此可见,床铺过高及地铺对养生是不利的。

(二) 床宜稍宽大

《服虔通俗文》中载有:"八尺曰床,故床必宽大"。床铺面积大,睡眠时便于自由翻身,有利于气血流通、筋骨舒展。一般来说,床铺宜长于就寝者长的 0.2~0.3 m 宽于就寝者身宽达 0.4~0.5 m。对于运动员应用特制的床,使长宽达到要求,婴儿床除要求一定宽长度外,宜在床周加栏杆,以防婴儿坠地。

(三) 床宜软硬适中

标准的软硬度以木板床上铺 0.1 m 厚的棉垫为宜。其他的床,如南方的竹榻、藤床、棕绷床也较符合养生要求。现代的弹簧钢丝床、沙发床、席梦思有弹性过大、过软的缺点,对此可采用软床铺硬垫的办法纠正。软硬适中的床可保证脊椎维持正常生理曲线,使肌肉放松,有利于恢复疲劳。而过软的床则能使脊椎周围韧带和椎关节负荷增加,肌肉被动紧张,久则引起腰背酸痛。

二、枕头

枕头是睡眠不可缺少的用具,适宜的枕头有利于全身放松,保护颈部和大脑,促进和改善睡眠,还有防病治病之效果。

(一) 枕头的基本要素

1. 高度 《老老恒言·枕》指出:"高下尺寸,令侧卧恰与肩平,即仰卧亦觉安舒"。现代研究也认为枕高以稍低于肩到同侧颈部距离为宜,枕头过高和过低都有害。枕高是根据人体颈部七个颈椎排列的生理曲线而确定的。只有保持这个曲线正常的生理弯曲,才能使肩颈部的肌肉、韧带及关节处于放松状态。《显道经》曾指出:"枕高肝缩,枕下肺寒"。即是说枕过高影响肝脉疏泄,枕过低则影响肺气宣降。现代研究认为高枕妨碍头部血液循环,易形成脑缺氧、打鼾和落枕。低枕使头部充血,易造成眼睑和颜面浮肿。一般认为高血压、颈椎病及脊椎不正的病人不宜使用高枕;肺病、心脏病、哮喘病病人不宜使用低枕。否则,不利于康复。

2. 长宽度 古人主张枕以稍长为宜,尤其对于老年人"老年独寝,亦需长枕,则反侧不滞于一处"。枕的长度应够睡眠翻一个身后的位置,一般要长于头横断位的周长。枕头不宜过宽,以 0.15~0.2 m 为好,过宽对头颈部关节肌肉造成被动紧张,不利保健。

3. 软硬度 枕芯应选质地松软之物,制成软硬适度,稍有弹性的枕头为好,枕头太硬使头颈与枕接触部位压强增加,造成头部不适;枕头太软,则枕难以维持正常高度,头颈项部得不到一定支持而疲劳。此外,枕的弹性应适当,枕头弹性过强,则头部不断受到外加的弹力作用,产生肌肉的疲劳和损伤。枕头的使用有一定要求,一般仰卧时,枕应放在头肩之间的项部,使颈椎生理前凸得以维持,侧卧时,枕应放置于头下,使颈椎与整个脊柱保持水平位置。

（二）保健药枕

根据中医辨证原则,采用不同的药物加工制成枕芯作成的枕头称为药枕。

1．药枕的保健原理 枕的内容物多为碾碎的具有挥发性的中药,花、叶、种子最常用。药枕制作上一般多做成传统的圆枕,药枕的保健原理在于枕内的中药不断挥发,中药微粒子借头温和头上毛窍孔吸收作用透入体内,通过经络疏通气血,调整阴阳;另一途径为通过鼻腔吸入,经过肺的气血交换进入体内,此所谓"闻香治病"的道理。

2．药枕的保健作用 药枕对人体既有治疗作用,又具保健作用,可以疗疾除病协调阴阳,又可聪耳明目益寿延年。药枕的使用要贯彻辨证的原则。即根据不同的年龄、体质、疾病和季节环境变化来辨证处方,对症施枕。如小儿宜选不凉不燥的小米枕,以利头部发育;老人宜选不寒不热的健身丁公枕、菊花枕;阴虚火旺体质宜选绿豆枕、黑豆枕;阳亢体质宜选夏枯草枕、蚕砂枕;耳鸣耳聋患者可选磁石枕;目暗目花患者可选菊花枕、茶叶枕和决明子等"明目枕";神经衰弱者、心脏病患者可选琥珀枕、柏子仁枕。夏季暑热炽盛时,宜选竹茹枕、石膏枕。总之,药枕可"疗百病"、可"益寿延年"(清《理瀹骈文》),是一种有效的保健品。

3．药枕的保健范围及宜忌 药枕无病防病,有病疗病,对全身系统的器官均有影响,但一般对五官科及头面疾患效果最佳。例如神经系统、呼吸系统、循环系统疾患效果亦好。药枕一般适用于慢性疾病恢复期以及部分外感疾病急性期,不适于创伤、急症、传染病等。使用药枕时应注意几点事项:枕内容物宜选辛香平和、微凉、清轻之品,以植物花、叶、茎为好,不宜使用大辛大热、大寒及浓烈毒之物,如附子、乌头、狼毒、斑蝥等。选药时慎用动血、破血之品,如麝香等,阳亢阴虚病人、孕妇及小儿禁用。对于药效强,药力猛的治疗性药枕,如治疗风湿、类风湿之药枕,不可滥用于常人保健。药枕宜定期更换枕芯,以一个月至三个月为宜,夏天宜常晒晾,以防发霉变质。

三、其他卧具介绍

为了寝卧安适,被褥、睡服及床上其他用品的选用也很重要。

（一）被

首先被里宜柔软。《老老恒言》中说:"被宜里面俱䌷,毋用锦与缎,以其柔软不及也",䌷即绸。此外,被里还可选细棉布、棉纱、细麻布等,不宜用晴纶、尼龙、的确良等带静电荷的化纤品。被宜保温。盖被目的在于御寒护阳,温煦内脏,故被内容物宜选棉花、丝棉、羽绒为最好,晴纶棉次之。丝棉之物以新者为优,不宜使用超过两年。陈旧棉絮既沉且冷,易积湿气不利养生。被宜轻不宜重。重则压迫胸腹四肢,使气血不畅,心中烦闷,易生梦惊。被宜宽大。《老老恒言》说:"被取暖气不漏,故必宽大,使两边可折"。被子宽大利于翻身转侧,使用舒适。故现代流行的睡袋不如传统被子保健性好。睡袋上口束紧,三面封闭,影响了肢体活动和皮肤新陈代谢。

（二）褥

褥宜软而厚。《老老恒言》说:"隐卧必得厚褥,老人骨瘦体弱,尤须厚褥,必须多备,渐冷渐加……",厚褥利于维持人体体表生理曲线。一般以 0.1 m 厚为佳,随天气冷暖变化加减。

（三）睡衣

睡眠时换衣为好。**睡衣宜宽大无领无扣** 不使颈、胸、腰受束。睡衣要有一定的长度,使睡眠时四肢覆盖,不冒风寒。睡衣选料以天然织品为好,秋冬选棉绒、毛巾布为料,春夏宜选丝绸、薄纱为料。睡衣总以宽长、舒适、吸汗、遮风为原则。

(四) 睡帽与肚兜

老人冬日睡卧宜带睡帽,其式状如回民帽,棉布作成,以能遮盖住整个头顶为宜。老人不论冬夏,睡卧时宜带肚兜,对70岁以上老人,应嘱其日夜不离。因老人阳气已虚,易为风寒所伤,伤腹则直中脾胃,产生腹痛、泄泻等病。

《老老恒言》说:"阳光益人,且能发松诸物。褥久则实,隔两三宿就向阳晒之,毋厌其烦,被亦然","不特绵絮加松,终宵有余暖,受益确有明验"。故一切床上用品均应勤洗勤晒,日晒起到消毒杀菌作用,还能间接使皮肤接受紫外线刺激是很好的保健措施。

第五节 睡眠环境与宜忌

一、睡眠环境

(一) 恬淡宁静

安静的环境是帮助入睡的基本条件之一。嘈杂的环境使人心神烦躁,难于安眠。因而卧室选择重在避声,窗口远离街道闹市,室内不宜放置音响设备。

(二) 光线幽暗

《老老恒言》说:"就寝即灭灯,目不外眩,则神守其舍",《云笈七签》说:"夜寝燃灯,令人心神不安"。在灯光中入睡,使睡眠不安稳,浅睡期增多,因此睡前必须关灯。窗帘以冷色为佳。住房面积有限,没有专用卧室者,应将床铺设在室中幽暗角落,并以屏风或隔帘与活动范围隔开。

(三) 空气新鲜

卧室房间不一定大,但应保证白天阳光充足,空气流通,以免潮湿之气、秽浊之气滞留。卧室必须安窗,在睡前、醒后及午间宜开窗换气。在睡觉时也不宜全部关闭门窗,应保留门上透气窗,或将窗开个缝隙。氧气充足不仅利于大脑细胞恢复疲劳,而且利于表皮的呼吸功能。此外,应注意不在卧室内用餐、烧炉子,以防蚊蝇孳生和中毒的发生。

(四) 温湿度适宜

卧室内要保证温湿度相对恒定,室温以 20℃ 为好,湿度以 40% 左右为宜。卧室内要保持清洁,可置兰花、荷花、仙人掌等植物一盆,此类植物夜间排的一氧化碳甚少,室内植物利于温湿度调节。室内家俱越少越好,一切设置应造成简朴典雅的气氛,利于安神。

二、睡眠的宜忌

我国古人把睡眠经验总结为"睡眠十忌"。一忌仰卧;二忌忧虑;三忌睡前恼怒;四忌睡前进食;五忌睡卧言语;六忌睡卧对灯光;七忌睡时张口;八忌夜卧覆首,九忌卧处当风,十忌睡卧对炉火。概括起来可分三个方面:

(一) 睡前禁忌

睡前不宜饱食、饥饿又或大量饮水及浓茶、咖啡等饮料。《彭祖摄生养性论》说:"饱食僵卧则气伤",《抱朴子·极言》曰:"饱食即卧,伤也",《陶真人卫生歌》说:"晚食常宜申酉前,何夜徒劳滞胸膈",都说明了饱食即卧,则脾胃不运,食滞胸脘,化湿成痰,大伤阳气。饥饿状态入睡则饥肠漉漉,难以入眠。睡前亦不宜大量饮水,饮水损脾,水湿内停,夜尿增多,甚则伤胃。睡前更不宜饮兴奋饮料,烟酒亦忌,以免难以入睡。睡前还忌七情过极,读书思虑。大喜大怒则神不守舍,读书极虑则神动而躁,致气机紊乱,阳不入阴。睡前亦不可剧烈运动,以免影响入睡。

(二) 睡中禁忌

寝卧忌当风,对炉火、对灯光。睡卧时头对门窗风口,易成风入脑户引起面瘫、偏瘫。卧时头对炉火、暖气,易使火攻上焦,造成咽干目赤鼻衄,甚则头痛。卧时头对灯光则神不寐,其次卧忌言语哼唱。古人云:"肺为五脏华盖,好似钟磬,凡人卧下肺即收敛",如果卧下言语,则肺震动而使五脏俱不得宁。睡卧时还忌蒙头张口,《千金要方·道林养性》说:"冬夜勿覆其头得长寿",此即所谓"冻脑"之意,可使呼吸通畅,脑供氧充足。孙氏在书中还说:"暮卧常习闭口,口中即失气",张口睡眠最不卫生,易生外感,易被痰窒息。

(三) 醒后禁忌

古人云:"早起者多高寿",故醒后忌恋床不起。最不宜在夏月晚起,"令四肢昏沉,精神懵昧"(《混俗颐生录》)。睡懒觉不利于人体阳气宣发,使气机不畅,易生滞疾。此外,旦起忌嗔恚、恼怒,此大伤人神。《养生延命录·杂诫篇》说:"凡人旦起恒言善事,勿言奈何,歌啸","旦起嗔恚二不详",认为这样影响一日之内的气血阴阳变化,极有害于健康。

第六节 失眠的预防

失眠,中医称为"不寐",是指睡眠时间不足或质量差。其表现有:夜晚难于入眠,白天精神不振,工作和学习效率低。失眠可分为偶然性失眠与习惯性失眠。偶然失眠不能算作疾病,它是由偶然因素引起的。长期、反复的失眠称习惯性失眠,又分为继发性和原发性两种。习惯性失眠就是病态了。

一、失眠的分型

失眠有多种分类方法,按现代最常见的失眠分类法可分为三种类型。

(一) 起始失眠

又称入睡困难型失眠。特点为夜晚精力充沛,思维奔逸,上床后辗转难眠,毫无困意,直至后半夜才因极度疲劳而勉强入睡。这种类型人占失眠者大多数,通常是"猫头鹰型人",以青壮年多见。

(二) 间断失眠

又称熟睡困难型失眠。特点为睡眠程度不深,夜间常被惊醒,醒后久久无法再眠。这种类型人通常更为焦虑痛苦。常见于体弱有慢性病及个性特殊的人。

(三) 终点失眠

又称睡眠早醒型失眠。特点是早早醒来,后半夜一醒即再难入睡。白天精神状态差,常常打盹,至下午精神才好转,常见于动脉硬化病人及年迈的老人。

由于各人睡眠规律与类型的不同,因此诊断失眠还应参照睡眠质量标准。有的老年人素来醒得很早,醒后十分精神,白天不觉疲劳,尽管少眠不属失眠范围。

二、失眠的原因

中医认为失眠的基本病机是"脏腑不和,阴阳失交"。具体分析起来原因很多,约有以下四类:

(一) 起居失常

生活不规律,劳逸失度,工作任务紧时就长期开夜车,造成晨昏颠倒破坏了睡眠——觉醒节律,使自主神经系统紊乱是造成失眠常见的原因。

(二) 心理因素

中医称此类因素为情志过极,白天过度紧张或整日忧心忡忡,恼怒、恐惧、抑郁都能造成大脑皮层兴奋抑制失常,以致夜晚失眠。临睡前大怒大喜或激动悲伤亦可造成大脑局部兴奋灶强烈而持久的兴奋,引起失眠。因心理因素导致失眠者,亦占相当部分。

(三) 身体因素

来自身体内部的生理、病理刺激,会影响正常的睡眠,如过饥、过饱、大渴大饮、腑实便秘、疼痛、搔痒、呼吸障碍等。

(四) 环境因素

不良的卧室环境,也能引起失眠,如噪音、空气污染、蚊蝇骚扰、强光刺激、大寒大暑以及地域时差的变化等。

三、失眠的预防

防治失眠,自古至今方法很多,可概括为病因防治、心理防治、体育防治、食物防治、药物防治、气功防治、针灸按摩几方面,概括介绍如下:

(一) 病因防治

对于身体因素、起居失常、环境因素等造成的失眠,宜采用病因疗法,即消除失眠诱因。对身患各种疾病从而影响安眠的病人,应当首先治疗原发病,再纠正继发性失眠。

(二) 心理防治

平素宜加强精神修养,遇事乐观超脱,不过分追求能力以外的名利,是避免情志过极造成失眠的良方。青年人则应学会驾驭自己情感,放松思想;老年人则要学会培养对生活的浓厚兴趣,每天对生活内容作出紧凑的安排,防止白天萎靡不振。心理治疗常用的方法有自我暗示法。即上床前放松精神,建立自信心,并对自己说:"今晚我一定能睡着"。躺好后默念:"我头沉了,我疲劳了;我肩沉了,我很累了;我臂沉了,工作完成了;我腿沉了,我要睡了"。长期进行这样的自我训练,可以形成良好条件反射,乃至上床就着。

(三) 体育防治

《老老恒言》中说:"盖行则身劳,劳则思息,动极而反于静,亦有其理"。体育锻炼不仅改善体质,加强心肺功能,使大脑得到更多新鲜血液,而且有助于增强交感——副交感神经的功能稳定性,对防治失眠有良好作用。一般在睡前2小时左右可选择一些适宜项目进行锻炼,以身体发热微汗出为度。

(四) 药物防治

安眠药治疗失眠应用面最广,但一般说,不到不得已时不宜使用,或尽量少用。安眠药一经服用往往产生依赖性、成瘾性,对肝、脑以及造血系统还有不良作用,易发生药物中毒反应,安眠药还打乱了睡眠周期节律,影响脑力恢复。所以安眠药偶尔服、短期用较好,对于中老年人以及失眠不严重的人宜选中成药为佳。

(五) 食物防治

失眠者可适当服用一些有益睡眠的食物,如蜂蜜、桂圆、牛奶、大枣、木耳等,还可配合药膳保健。药膳种类很多,可根据人的体质和症状辨证选膳。常用药膳有:茯苓饼、银耳羹、百合粥、莲子粥、山药牛奶羹、黄酒核桃泥、芝麻糖、土豆蜜膏等。此外,玫瑰烤羊心、猪脊骨汤效果亦好。

(六) 气功按摩法

失眠者可于睡前摆卧功姿势,然后行放松功。调节呼吸,全身放松,排除杂念,可帮助入静安眠。失眠者亦可躺在床上进行穴位按摩,如按揉双侧内关穴、神门穴、足三里穴及三阴交穴,左右交替揉搓涌泉穴等都有助于催眠。在气功按摩过程中要尽量作到心平气和,思想放松,如此效果才好。

第九章 饮食养生

饮食养生，就是按照中医理论，调整饮食，注意饮食宜忌，合理地摄取食物，以增进健康，益寿延年的养生方法。

饮食是供给机体营养物质的源泉，是维持人体生长、发育，完成各种生理功能，保证生命生存的不可缺少的条件。《汉书·郦食其传》所说："民以食为天"，就是这个意思。古人早就认识到了饮食与生命的重要关系。他们在长期实践中积累了丰富的知识和宝贵经验，逐渐形成了一套具有中华民族特色的饮食养生理论，在保障人民健康方面发挥了巨大作用。

饮食养生的目的在于通过合理而适度地补充营养，以补益精气，并通过饮食调配，纠正脏腑阴阳之偏颇，从而增进机体健康、抗衰延寿。由于饮食为人所必需，而饮食不当，又最易影响健康，故食养是中医养生学中的重要组成部分。

第一节　饮食养生的作用

饮食为的是补充营养，这是人所共知的常识，但具体说来还有许多讲究。首先，人体最重要的物质基础是精、气、神，统称"三宝"。机体营养充盛，则精、气充足，神自健旺。《寿亲养老新书》说："主身者神，养气者精，益精者气，资气者食。食者生民之天，活人之本也"，明确指出了饮食是"精、气、神"的营养基础。其次，由于食物的味道各有不同，对脏腑的营养作用也有所侧重。《素问·至真要大论》中说："五味入胃，各归所喜，故酸先入肝，苦先入心，甘先入脾，辛先入肺，咸先入肾，久而增气，物化之常也"。此外，食物对人体的营养作用，还表现在其对人体脏腑、经络、部位的选择性上，即通常所说的"归经"问题。如：茶入肝经，梨入肺经，粳米入脾、胃经，黑豆入肾经等等，有针对性地选择适宜的饮食，对人的营养作用更为明显。饮食养生的作用大要有以下两个方面。

一、强身、防病

食物对人体的滋养作用是身体健康的重要保证。合理地安排饮食，保证机体有充足的营养供给，可以使气血充足，五脏六腑功能旺盛。因而，新陈代谢功能活跃，生命力强，适应自然界变化的应变能力大，抵御致病因素的力量就强。

饮食又可以调整人体的阴阳平衡，即《素问·阴阳应象大论》所说："形不足者，温之以气，精不足者，补之以味"。根据食物的气、味特点，及人体阴阳盛衰的情况，予以适宜的饮食营养或以养精，或以补形，既是补充营养，又可调整阴阳平衡。不但保证机体健康，也是防止发生疾病的重要措施。例如：食用动物肝脏，既可养肝，又能预防夜盲症；食用海带，既可补充碘及维生素，又可预防甲状腺肿；食用水果和新鲜蔬菜，既可补充营养又可预防坏血病等等，均属此类。

此外，发挥某些食物的特异作用，可直接用于某些疾病的预防。例如：用大蒜预防外感和腹泻；用绿豆汤预防中暑；用葱白生姜预防伤风感冒等等，都是利用饮食来达到预防疾病的目的。

二、益寿、防衰

饮食调摄是长寿之道的重要环节,利用饮食营养达到抗衰防老、益寿延年的目的,是历代医家十分重视的问题。中医认为:精生于先天,而养于后天,精藏于肾而养于五脏,精气足则肾气盛,肾气充则体健神旺,此乃益寿、抗衰的关键。因此,在进食时选用具有补精益气、滋肾强身作用的食品。同时,注意饮食的调配及保养,对防老抗衰是十分有意义的。特别是对于老年人,充分发挥饮食的防老抗衰作用尤其重要。《养老奉亲书》说:"高年之人真气耗竭,五脏衰弱,全仰饮食以资气血"。清代养生家曹廷栋认为,以粥调治颐养老人,可使其长寿。他指出:"老年有竟日食粥,不计顿,饥即食,亦能体强健,享大寿"。因之编制粥谱百余种,以示人食饮。

很多食物都具有防老抗衰作用,例如:芝麻、桑椹、枸杞子、龙眼肉、胡桃、蜂皇浆、山药、人乳、牛奶、甲鱼等,都含有抗衰老物质成分,都有一定的抗衰延寿作用。经常选择适当食品服用,有利于健康、长寿。

在传统的中医饮食养生法中,有丰富的调养经验和方法,在食品选择上,有谷类、肉类、蔬菜、果品等几大类;在饮食调配上,则又有软食、硬食、饮料、菜肴、点心等,只要调配有方,用之得当,不仅有养生健身功效,而且可以收到治疗效果,这些内容详见《中医饮食营养学》,这里不予赘述。

第二节 饮食调养的原则

饮食养生,并非是无限度地补充营养,而是必须遵循一定的原则和法度。概括地说,大要有四:一要"和五味",即食不可偏,要合理配膳,全面营养;二要"有节制",即不可过饱亦不可过饥,食量适中,方能收到养生的效果;三要注意饮食卫生,防止病从口入;四要因时因人而宜,根据不同情况、不同体质,采取不同的配膳营养。这些原则对于指导饮食营养是十分重要的。

一、合理调配

饮食物的种类多种多样,所含营养成分各不相同,只有做到合理搭配,才能使人得到各种不同的营养,以满足生命活动的需要。因此,全面的饮食,适量的营养,乃是保证生长发育和健康长寿的必要条件。早在二千多年前,《素问·脏气法时论》中就指出:"五谷为养,五果为助,五畜为益,五菜为充,气味合而服之,以补精益气",《素问·五常政大论》也说:"谷、肉、果、菜、食养尽之",全面概述了饮食的主要组成内容。其中,以谷类为主食品,肉类为副食品,用蔬菜来充实,以水果为辅助。人们必须根据需要,兼而取之。这样调配饮食,才会供给人体需求的大部分营养,有益于人体健康。

从现代科学研究来看,谷类食品含有糖类和一定数量的蛋白质;肉类食品中含有蛋白质和脂肪;蔬菜、水果中含有丰富的维生素和矿物质。这些食物相互配合起来,才能满足人体对各种营养的需求。如果不注意食品的合理调配,就会影响人体对所需营养物质的摄取,于健康无益。

在实际生活中,要根据合理调配这一原则,结合具体情况,有针对性地安排饮食,对身体健康是十分有益的。

中医将食物的味道归纳为：酸、苦、甘、辛、咸五种，统称"五味"。五味不同，对人体的作用也各有不同。五味调和，有利于健康。《素问·生气通天论》指出："阴之所生，本在五味，阴之五宫，伤在五味"，"是以谨和五味，骨正筋柔，气血以流，腠理以密，如是则骨气以精，谨道如法，长有天命"。说明饮食调配得当，五味和谐，则有助于机体消化吸收，滋养脏腑、筋骨、气血，因而有利于健康长寿。《素问·五脏生成》指出："多食咸，则脉凝泣而变色；多食苦，则皮槁而毛拔；多食辛，则筋急而爪枯；多食酸，则肉胝䐢而唇揭；多食甘，则骨痛而发落，此五味之所伤也"。从食味太偏有损健康的角度，强调了五味调和的重要性。

二、饮食有节

饮食有节，就是饮食要有节制。这里所说的节制，包含两层意思，一是指进食的量，一是指进食的时间。所谓饮食有节，即进食要定量、定时。《吕氏春秋·季春纪》说，"食能以时，身必无灾，凡食之道，无饥无饱，是之谓五脏之葆"，说的就是这个意思。

（一）定量

定量是指进食宜饥饱适中。人体对饮食的消化、吸收、输布，主要靠脾胃来完成。进食定量，饥饱适中，恰到好处，则脾胃足以承受。消化、吸收功能运转正常，人便可及时得到营养供应，以保证各种生理功能活动。反之，过饥或过饱，都对人体健康不利。

过分饥饿，则机体营养来源不足，无以保证营养供给。消耗大于补充，就会使机体逐渐衰弱，势必影响健康。反之，饮食过量，在短时间内突然进食大量食物，势必加重胃肠负担，食物停滞于肠胃，不能及时消化，就影响营养的吸收和输布，脾胃功能因承受过重，亦会受到损伤。其结果，都难以供给人体生命所需要的足够营养。气血化生之源不足，必然导致疾病的发生，无益于健康。《管子》说："饮食节，……则身利而寿命益"，"饮食不节……则形累而寿命损"。《千金要方·养性序》进而指出："不欲极饥而食，食不可过饱；不欲极渴而饮，饮不可过多。饱食过多，则结积聚，渴饮过多，则成痰澼"，人在大饥大渴时，最容易过饮过食，急食暴饮。所以在饥渴难耐之时，亦应缓缓进食，避免身体受到伤害。当然，在没有食欲时，也不应勉强进食，过份强食，脾胃也会受伤。《吕氏春秋·孟春纪》说："肥肉厚酒，务以自强，命曰烂肠之食"，《素问·痹论》说："饮食自倍，肠胃乃伤"。梁代陶弘景在《养性延命录》也指出："不渴强饮则胃胀，不饥强食则脾劳"，这些论述都说明了节制饮食定量的重要养生意义。

（二）定时

定时是指进食宜有较为固定的时间，早在《尚书》中就有"食哉惟时"之论。有规律的定时进食，可以保证消化、吸收机能有节奏地进行活动，脾胃则可协调配合，有张有弛。饮食物则可在机体内有条不紊地被消化、吸收，并输布全身。如果食无定时，或零食不离口，或忍饥不食，打乱胃肠消化的正常规律，都会使脾胃失调，消化能力减弱，食欲逐渐减退，有损健康。

我国传统的进食方法是一日三餐。若能经常按时进餐，养成良好的饮食习惯，则消化功能健旺，于身体是大有好处的。

定量、定时是保护消化功能的调养方法，也是饮食养生的一个重要原则，历代养生家都十分重视这个问题，例如：孙思邈在《千金要方》中指出："食欲数而少，不欲顿而多"，这即进食适度的意思。一日之内，人体的阴阳气血随昼夜变化而盛衰各有不同。白天阳气盛，故新陈代谢旺盛，需要的营养供给也必然多，故饮食量可略大；夜晚阳衰而阴盛，多为静息入寝，故需要的营养供给也相对少些。因而，饮食量可略少，这也有利于胃肠的消化功能。所以，自古以来,就有"早饭宜好,午饭宜饱,晚饭宜少"之说。

早饭宜好 经过一夜睡眠,人体得到了充分休息,精神振奋,但胃肠经一夜时间,业已空虚,此时若能及时进食,则体内营养可得到补充,精力方可充沛。所谓早饭宜好,是指早餐的质量,营养价值宜高一些,精一些,便于机体吸收,提供充足的能量。尤以稀、干搭配进食为佳,不仅摄取了营养,也感觉舒适。

午饭宜饱 中午饭具有承上启下的作用。上午的活动告一段落,下午仍需继续进行,白天能量消耗较大,应当及时得到补充。所以,午饭要吃饱,所谓"饱"是指要保证一定的饮食量。当然,不宜过饱,过饱则胃肠负担过重,也影响机体的正常活动和健康。

晚饭要少 晚上接近睡眠,活动量小,故不宜多食。如进食过饱,易使饮食停滞,增加胃肠负担,会引起消化不良,影响睡眠。所以,晚饭进食要少一些。也不可食后即睡,宜小有活动之后入寝。《千金要方·道林养性》说:"须知一日之忌,暮无饱食","饱食即卧乃生百病"。

三、饮食卫生

注意饮食卫生,也是我国人民的好传统。自古以来,饮食卫生一直为人们所重视,把注意饮食卫生看成是养生防病的重要内容之一。归纳起来,大要有三:

(一) 饮食宜新鲜

新鲜、清洁的食品,可以补充机体所需的营养,饮食新鲜而不变质,其营养成分很容易被消化、吸收,对人体有益无害。食品清洁,可以防止病从口入,避免被细菌或毒素污染的食物进入机体而发病。因此,饮食物要保证新鲜、清洁。《论语·乡党》中就有"鱼馁而肉败不食,色恶不食",仲景在《金匮要略》中进一步指出:"秽饭、馁肉、臭鱼食之皆伤人"。告诫人们,腐败不洁的食物变质的食物不宜食用,食之有害。新鲜、清洁的食品才是人体所需要的。

(二) 宜以熟食为主

大部分食品不宜生吃,需要经过烹调加热后变成熟食,方可食用,其目的在于使食物更容易被机体消化吸收。同时,也使食物在加工变熟的过程中,得到清洁、消毒,除掉一些致病因素。实际上,在人类取得火种以后,吃熟食便成为人类的饮食习惯,以致发展为烹调学。孔子的"脍不厌细",也是着眼于熟食而言。故饮食以熟食为主是饮食卫生的重要内容之一,肉类尤须煮烂。《千金要方·养性序》说:"勿食生肉,伤胃,一切肉惟须煮烂",这对老年人尤为重要。

(三) 注意饮食禁忌

在人类长期的实践过程中,人们逐渐认识到,有些动、植物于人体有害,吃入后会发生食物中毒,如海豚、发芽的土豆等,对人体有毒,误食会影响健康,危及生命。因而,在饮食中,应多加小心,仔细辨认。早在两千多年前,汉代医家张仲景就提出了有关食品禁忌的问题。在《金匮要略》中,分别有《禽兽鱼虫禁忌并治》和《果实菜谷禁忌并治》两类,指出:"肉中有朱点者,不可食之","六畜自死,皆疫死,则有毒,不可食之","诸肉及鱼,若狗不食,鸟不啄者,不可食之","生果停留多日,有损处,食之伤人","果子落地经宿,虫蚁食之者,人大忌食之"。这些饮食禁忌,至今仍有现实意义,在饮食卫生中,应予以足够重视。

(四) 因时因人制宜

随四时气候的变化而调节饮食,是饮食养生的原则之一,对于保证机体健康是有很好作用的。元代忽思慧所著的《饮膳正要》一书中说:"春气温,宜食麦以凉之;夏气热,宜食菽以寒之；秋气燥，宜食麻以润其燥；冬气寒，宜食黍以热性治其寒"，概括地指明了饮食四时宜忌的原则（详见下篇"因时养生"）。

饮食调摄，还要根据不同的年龄、体质、个性、习惯等方面的差异，分别予以安排，不可一概而论。例如：胃酸偏多的人，宜适当多食碱性食物；而胃酸缺乏的人，宜适当选择偏于酸性的食品，以保证食物的酸碱适度。体胖之人，多有痰湿，故饮食宜清淡，而肥甘油腻则不宜多食；体瘦之人，多阴虚内热，故在饮食上宜多吃甘润生津的食品，而辛辣燥烈之品则不宜多食（详见下篇"体质养生"与"因人养生"）。

第三节 进食保健

进食保健关系到饮食营养能否更好地被机体消化吸收，故应予以足够重视。现择其要，归纳如下：

一、进食宜缓

进食宜缓是指吃饭时应该从容缓和，细嚼慢咽。《养病庸言》说："不论粥饭点心，皆宜嚼得极细咽下"。这样进食，既有利于各种消化液的分泌，食物易被消化吸收；又能稳定情绪，避免急食暴食，保护肠胃。

急食则食不易化，暴食则会骤然加重肠胃负担，还容易发生噎、呛、咳等意外，是应当予以重视的。

二、食宜专致

《论语·乡党》中说："食不语"。进食时，应该将头脑中的各种琐事尽量抛开，把注意力集中到饮食上来。进食专心致志，既可品尝食物的味道，又有助于消化吸收，更可以有意识地使主食、蔬菜、肉、蛋等食品杂合进食，做到"合理调配"。同时，也可增进食欲。古人所说的"食不语"及"食勿大言"（见《千金翼方》），就是要人们在吃饭时专心致志，说明自古以来，早已认识到专心进食有利于消化的道理。倘若进食时，头脑中仍思绪万千，或边看书报，边吃饭，没有把注意力集中在饮食上，心不在"食"。那么，也不会激起食欲，纳食不香，自然影响消化吸收，这是不符合饮食养生要求的。

三、进食宜乐

安静愉快的情绪有利于胃的消化，乐观的情绪和高兴的心情都可使食欲大增，这就是中医学中所说的肝疏泄畅达则脾胃健旺。反之，情绪不好，恼怒嗔恚，则肝失条达，抑郁不舒，致使脾胃受其制约，影响食欲，妨碍消化功能。古有"食后不可便怒，怒后不可便食"之说。故于进食前后，均应注意保持乐观情绪，力戒忧愁恼怒，不使其危害健康。

进食时，要使情绪舒畅乐观，可以从以下几个方面着手：

（一）进食的环境要宁静、整洁

这对稳定人的情绪是很重要的。喧闹、嘈杂及脏乱不堪的环境，往往影响人的情绪和食欲。

（二）进食的气氛要轻松愉快

进食过程中，不回忆、不谈论令人不愉快的事情，不急躁、不争吵，保持轻松愉快的气氛。

（三）轻松、柔和的乐曲有助于消化吸收。

《寿世保元》中说："脾好音声，闻声即动而磨食"。故在进食时，放一些轻柔松快的乐曲，有利于增进食欲及加强消化功能。

第四节 食后养生

进食之后,为了帮助消化食物,亦应做一些必要的调理,例如:食后散步、摩腹等。

一、食后摩腹

《千金翼方》说:"平日点心饭讫,即自以热手摩腹",又说:"中食后,还以热手摩腹"。食后摩腹的具体方法是:吃食以后,自左而右,可连续作二、三十次不等。这种方法有利于腹腔血液循环,可促进胃肠消化功能,经常进行食后摩腹,不仅于消化有益,对全身健康也有好处,是一种简便易行,行之有效的养生法。

二、食后散步

进食后,不宜立即卧床休息。饭后宜做一些从容缓和的活动,才于健康有益。俗话说:"饭后百步走,能活九十九",《摄养枕中方》中说:"食止,行数百步,大益人"。进食后,活动身体,有利于胃肠蠕动,促进消化吸收,而以散步是最好的活动方式。

如果在饭后,边散步,边摩腹,则效果更佳。《千金翼方》将其归纳为:"食后,还以热手摩腹,行一二百步,缓缓行,勿令气急,行讫,还床偃卧,四展手足,勿睡,顷之气定"。这是一套较为完整的食后养生方法,后世多所沿用,实践证明行之有效。

三、食后漱口

食后还要注意口腔卫生。进食后,口腔内容易残留一些食物残渣,若不及时清除,往往引起口臭,或发生龋齿、牙周病。早在汉代,《金匮要略》中即有"食毕当漱口数过,令牙齿不败口香"之说。经常漱口可使口腔保持清洁,牙齿坚固,并能防止口臭,龋齿等疾病。

第十章 房事与养生

房事，又称为性生活。房事养生，就是根据人体的生理特点和生命的规律，采取健康的性行为，以防病保健，提高生活质量，从而达到健康长寿的目的。性行为是人类的一种本能，是人类生活的重要内容之一，故有人把性生活、物质生活和精神生活一起列为人类的三大生活。房事保健的根本任务，是人的性生理、心理、性爱等一系列活动规律，通过宣传教育，使人们掌握性的必要知识和正确的性行为，培养高尚的性道德，建设社会主义的性文明，提高人口的素质。

第一节 房事养生教育的重要性

房事养生，又可称为性保健。它是一门新颖而又古老的学科。说它新颖，是因为它于近三四十年来才受到国内外医家的重视和研究，说它古老，则是这门学科源远流长，随着人类文明的诞生，就有了性医学的萌芽。中国古代对房事保健的研究是很早的，但由于古代封建礼教的约束，特别是儒家思想的长期统治，对于性的知识认为诲淫败俗，不屑称道。因此，长期以来，性保健教育是一个充满阻力、非难和曲解的问题，致使人类自身的性知识和学说并没有得到正确的对待，性医学在传统医学中仍是一个薄弱环节，这种情况亟待改变。

人的生长发育可以分为两个过程，即自然生长过程和社会化过程。人的性活动不是个人个体问题，而是具有社会性。因为性活动必然发展为婚姻、生育，生育又必然影响到整个社会，因此性保健是一种社会需要。在现实生活中，我们看到中学生乃至小学生早恋现象增多，青少年性错误和性犯罪增多，婚前性关系和少女怀孕，未婚怀孕增多，造成这种现象的原因很复杂。其中有"性解放"、"性自由"思潮的影响，有黄色文化、淫秽物品的毒害传染，但还有一条就是缺乏科学的性知识、高尚的性道德理论的教育和灌输。不宣传正确的思想，就抵制不了有害的思潮，丑恶的东西就易泛滥。因此，对于不同年龄、不同心理和生理特点及不同职业的人，分别实施有针对性的性保健教育是非常必要的。

性教育是一件十分重要而严肃的事情，普及性保健知识，作用是多方面的：第一，有利于建立健康的、文明的、科学的生活方式，促进人的身心健康，避免不必要的恐惧和烦恼及多种性功能障碍的疾患。第二，有助于增进个人和家庭的幸福和社会的稳定。性保健教育与其它教育有一个显著的不同，它不但关系到个人的身心健康，而且直接关系到夫妻、家庭的幸福。它为人们提供正确的指导，增强夫妻感情，协调夫妻关系，建立起健康和谐的生活。第三，有利于青少年的健康成长。普及性科学知识，重视青春期的性道德和性知识教育，可以正确引导青少年培养高尚的道德情操，防止犯罪发生。第四，有助于移风易俗，促进社会主义精神文明建设。由于长期的封建意识影响，把性的问题看作禁区，使社会很多成员感到一种性压抑感，受到自我思想的束缚。普及和提高性知识，使男男女女、老老少少谈到生殖器官，就象谈到肺、胃和肾一样处之泰然，这是一个民族文化层次与文明程度较高的体现。第五，有利于打击各种犯罪活动。性犯罪的司法实践指出，性犯罪分子堕落或腐蚀他人的一条重要途径就是传播黄色、淫秽的读物及影视音响作品，从理论上弄清了黄色刊物、黄色镜头与性犯罪之间的关系，就可自觉采取坚决的措施抵制这些精神鸦片。

总之，普及性保健教育，建设性文明是建设高度社会主义精神文明的一个重要组成部分，它有利于人口素质的提高，社会的进步与发展。

第二节 房事的生理作用

一、房事与阴阳之道

阴阳者，天地之道也。房事活动体现了一个阴阳整体的观念。长沙马王堆竹简《十问》中记载了这样一段对话："尧问于舜曰：'天下孰为贵'？舜曰：'生为贵'。尧曰：'治生奈何'？舜曰：'审乎阴阳'"。古人以阴阳思辨自然，以阴阳剖析自身，东方哲学认为，男女、阴阳、天地，统成一体。所谓阴阳之道，乃是性爱的真髓、核心，这一基本理论和法则是研究人类生活的一大需要。孔夫子认为男女关系是"人伦之始"，"五代之基"，《孟子·告子》谓："食色，性也"，《礼记·礼运》谓："饮食男女，人之大欲存焉"。把性欲和食欲并举说明了它是不可抗拒的自然法则，"保存自己"和"繁衍种族"是生物的两大使命。因此，食色乃为动物的自然属性。人类的繁衍昌盛亦从男女阴阳规律而来。我国古代道教很重视养生，也很重视"阴阳之道"的研究，不仅不把它看作"修行"的阻碍，而且看成重要的修炼方法之一。其主要目的在于保精、致气、还精、补脑，正如元代李鹏飞在《三元延寿参赞书》中说："男女居室，人之大伦，独阳不生，独阴不成，人道有不可废者"。一阴一阳之谓道，偏阴偏阳之谓疾。男女相需好比是天地相合，若男女两者不合，则违背阴阳之道。犹"若春无秋，若冬无夏。因而合之，是谓圣度，圣人不绝和合之道"。《玉房秘诀》中亦谓："男女相成，犹天地相生，天地得交会之道，故无终竟之限。人失交接之道，故有夭折之渐，能避渐伤之事而得阴阳之道也"。由此可见，房事生活本乎自然之道，这是养生延寿的重要内容之一，是健康长寿的基础。

二、房事是人类生理之需

性是人类的天性，是人的自然生理，它与呼吸、心跳、消化、排泄一样。正常的房事生活是人类天性和生理之需，也是生活情趣上不可缺少的。禁欲既是违反自然规律的，也是违背人类天性和生理规律的。因此，如果不适当地抑制性功能，会引起一定的病理变化，带来许多疾病。《素女经》谓："天地有开合，阴阳有施化，人法阴阳，随四时。今欲不交接，神气不宣布，阴阳闭膈，何以自补？"，又指出："阴阳不交，则生痈疽之疾，故幽、闲、怨、旷多病而不寿"。《千金要方》中亦说："男不可无女，女不可无男，无女则意动，意动则神劳，神劳则损寿，若念真正无可思者，则大佳长生也，然而万无一有，强抑闲之，难持易失，使人漏精尿浊以致鬼交之病，损一而当百也"，《抱朴子》也说："阴阳不交伤也'。《三元延寿参赞书》指出："若孤阳绝阴，独阴无阳，欲心炽而不遂，则阴阳交争，乍寒乍热，久而为劳"，这些观点都是反对禁欲的。男女相互依存，正常的性生活可以调协体内的各种生理功能，促进性激素的正常分泌，有利于防止衰老。良好的房事生活可以增强夫妻和谐、婚姻的情趣和家庭幸福，有人提出："性与生命同在"是有道理的。实践证明，茕茕独处或旷男怨女多病而不寿，"独身主义"不符合生理性规律。正常的房事生活可促进和保持健康的心理，它可以疏散心情忧郁、苦闷和精神压力，预防疾病和不良行为。健康的性爱可鼓舞人的斗志，它可使人生乐观，积极向上，奋斗有成。我国研究人员在1987年对广西巴马县的长寿老人调查结果表明,长寿老人的和谐、稳定的夫妻生活都比较长。国内外医学已证明结婚者长寿。现代医学调查研究又发现,终身未嫁及离婚、鳏寡之男女,乳癌发病率比一般人高,患病率、死亡率也较高,这说明正常适度、规律协调的性生活对疾病的预防也是有积极意义的。

第三节 节制房事的意义

"欲不可纵",是中医养生学的基本要点之一。古今中外,对性进行了多种多样的探索。主要有三种观点和流派,一是纵欲,一是禁欲,一是节欲,前二者走向极端是有害的,而"节欲"则是辨证地提出性生活的适度、节制,于人体有着重要养生意义。正如古人所言:"房中之事,能生人,能煞人,譬如水火,知用者,可以养生;不能用之者,立可尸矣"。这些话告诫世人,房事应该有所节制。

一、节欲保精的作用

首先,节欲保精是抗衰防老的重要一环,这在古医籍里到处可见,如《素问·上古天真论》说:"以欲竭其精,以耗散其真,……故半百而衰也"。《养性延命录》:"壮而声色有节者,强而寿"。《金匮要略》:"房室勿令竭乏,……不遗形体有衰,病则无由入其腠理"。孙思邈指出:"人年四十以下,多有放恣,四十以上,即顿觉乏力,一时衰退,衰退既至,众病蜂起","所以善摄生者,凡觉阳事辄盛,必谨而抑之,不可纵心竭意以自贼也"。肾为先天之本,肾精充足,五脏六腑皆旺,抗病能力强,身体强壮,则健康长寿。反之,肾精匮乏,则五脏衰虚,多病早夭。节欲保精对于中老年尤为重要。孙思邈说:"四十已上,常固精养气不耗,可以不老","六十者闭精勿泄","若一度制得,则一度火灭,一度增油。若不能制,纵情施泄,即是膏火将灭,更去其油,可不深自防"。从国内外长寿老人的调查情况来看,大多对性生活都有严格而规律的节制,这说明了节欲保精对健康长寿有积极意义。

其次,节欲保精有益于优生,保证生下的孩子健康、聪明。孙思邈指出:"胎产之道,始求于子,求子之法,男子贵在清心寡欲以养其精,女子应平心定志以养其血",明代万全亦说:"男子以精为主,女子以血为主,阳精溢泻而不竭,阴血时下而不愆,阴阳交畅,精血合凝,胚胎结合而生育滋矣",张景岳指出:"凡寡欲而得之男女,贵而寿,多欲而得之男女,浊而夭"。总之,节欲保精不但有利于健康长寿,而且是优生优育的首要保证。

二、房事不节对健康的影响

房事不节,一是指不节制,纵欲无度,二是指不懂房事宜忌,房事不谨慎。中医学历来认为房事不节,劳倦内伤是致病的重要原因。《史记·仓公传》载病例25个,其中病因于"内"即房劳者有8例之多。因为失精过度,或不懂方法,违反禁忌,必然耗伤精气,正气虚损,致使百病丛生。《三元延寿参赞书》指出:"书云:欲多则损精。可保者命,可惜者身,可重者精。肝精不固,目眩无光;肺精不交,肌肉消瘦;肾精不固,神气减少;脾精不坚,齿发浮落。若耗散真精不已,疾病随生,死亡随至"。证之临床,房事过度的人常常出现腰膝痠软,头晕耳鸣,健忘乏力、面色晦暗,小便频数,男子阳萎、遗精、滑精,女子月经不调、宫冷带下等症状。房事不节可直接、间接引起某些疾病,致使疾病反复发作,加重病情。临床常见的冠心病、高血压性心脏病、风心病、肺结核、慢性肝炎、慢性肾炎等,经治疗症状基本消失后,常因房事不节或遗精频繁,而使病情反复发作,使病情加重。现代医学研究认为,失精过多,雄、雌激素亏损,人体免疫功能减退,人体组织蛋白形成能力低下,血循环不畅,内分泌失调,代谢率降低等,不仅造成身体虚弱,而且容易引起疾病。在封建社会里,历代皇帝设有三宫六院七十二妃,贵族大臣,妻妾成群,生活放荡靡烂,虽然他们每天山珍海味,美酒佳肴,但到头来多是恶疾缠身,早亡夭折。据历史资料统计,凡能查出生卒年龄的封建皇帝 209 人,平均寿命仅有 39 岁。其中凡注意清心寡欲,修身养性的皇帝,则能健康长寿。例如,清乾隆皇帝活了 88 岁,是几千年来皇帝中的长寿冠军,这与他"远房围,习武备"的生活习惯是有密切关系的。

现代医学研究认为,精液中含有大量的前列腺素、蛋白质、锌等重要物质。过频的房事生活会丢失大量与性命有关的重要元素,促使身体多种器官系统发生病理变化而加速衰老。另外,精子和性激素是睾丸产生的,失精过度,可使脑垂体前叶功能降低,同时加重睾丸的负担,并可因"反馈作用"抑制脑垂体前叶的分泌,导致睾丸萎缩,从而加速衰老的进程。这充分说明"纵欲催人老,房劳促短命"的传统观点是很科学的。

第四节 房事保健的原则和方法

房事保健应当从年轻时就开始做起,直至老年,始终如一。历代养生家和医家对此皆有不少论述,概括起来,主要有以下几个方面:

一、行房卫生

大量的医学临床资料证明,很多疾病是因男女行房不注意卫生而引起的。例如,易引起的妇科病有月经不调、闭经、慢性宫颈炎、感染性阴道炎、子宫内膜炎、阴道粘膜溃疡等,引起的男科疾病可有尿潴留、急性前列腺炎、尿道滴虫病、泌尿系感染、阳萎等。因此,注意行房卫生是防病保健的一项重要措施,男女双方都要养成晚上睡前洗涤外阴的习惯。因男女外阴部位都是藏污纳垢之处,污垢中有大量细菌,必须清洗外阴,男性要特别注意清洗包皮内垢。如果条件允许,行房后,也最好清洗一下,女性最好小便一次,起到冲刷外阴的作用,这对预防新婚"蜜月病"是很有意义的。根据有关性科学的调查研究报道,男女双方养成睡前洗涤外阴的习惯,不仅可有效的预防妇科疾病发生,而且对促进男性生殖器的正常功能,提高房事质量都有很好的作用。

二、行房有度

所谓有度,即适度,就是说不能恣其情欲,漫无节制。古代养生家认为,男女房事,实乃交换阴阳之气,固本还元.只要行之有度,对双方都有益处。马王堆出土的竹简《十问》中,有房事影响寿夭的记载,其大意是说,夫妇间的性生活如能遵守一定的法度,做到心安不放纵,形气相和谐,保精全神,勿使元精乏竭。这样,体虚的人可以逐渐充盈,体壮的人更能健实,老年的人亦可因而长寿。

房事有度,即解决一个数量问题。但"度"不是一个绝对概念。《素女经》认为:"人年二十者,四日一泄;年三十者,八日一泄;年四十者,十六日一泄;年五十者,二十一日一泄;年六十者,即当闭精,勿复更泄也。若体力犹壮者,一月一泄。凡人气力自相有强盛过人者,亦不可抑忍;久而不泄,致痈疽。若年过六十,而有数旬不得交接,意中平平者,可闭精勿泄也"。古人认为不同的季节,度的标准也不相同,应遵循"春二、夏三、秋一、冬无"的原则,即春天每月二次,夏天每月三次,秋天每月一次,冬天避免房事。孙思邈还指出:"人年四十以下,多有放恣",若不加节制,"倍力行房,不过半年,精髓枯竭,唯向死近,少年极须慎之"。古人这些有关两性生活的观点，其中包含着合理的科学成分。

现代医学认为，行房次数适度的掌握，并没有一个统一标准和规定的限制，宜根据性生活的个体差异，加上年龄、体质、职业等不同情况，灵活掌握，区别对待。新婚初期，或夫妻久别重逢的最初几日，可能行房次数较频，而经常在一起生活的青壮年夫妇，每周1～2次正常的房事不会影响身体健康。行房适度一般以第二天不感到疲劳为原则，觉得身心舒适，精神愉快，工作效率高。如果出现腰酸背痛、疲乏无力、工作效率低，说明纵欲过度，应当调整节制。对于青壮年来说，房事生活一定要节制，不可放纵；对于老年人，更应以少为佳。

三、晚婚少育

中国古代养生家历来主张"欲不可早"。《寿世保元》指出"男子破阳太早，则伤其精气；女子破阴太早，则伤其血脉"，故青少年不可近欲。《三元延寿参赞书》引《书》云："精未通而御女，以通其精，则五体有不满之处，异日有难状之疾"；"未笄之女天癸始至，已近男色，阴气早泄，未完而伤"。这说明"早欲"影响正常生理发育，危害健康。故此，古代养生家早就提出晚婚的主张。《泰定养生主论》中指出："古法以男三十而婚，女二十而嫁。又当观其血色强弱而抑扬之；察其禀性淳漓而权变之，则无旷夫怨女过时之瘵也"。可见，不仅主张晚婚，而且还要查看有无妨碍晚育的疾病，再作决定，这些观点与现代医学的观点是一致的。从现代生理学观点看，人体骨骼的钙化过程要在23～25周岁才能完成。只有待全身发育成熟后，婚育才可进行。晚婚必然晚育。不仅如此，还应提倡少育。唐·孙思邈在《千金方》中说："字育太早，或童孺而擅气"，"生子愚痴，多病短寿"。可见，早婚早育不仅会耗损男女本身的精血，损害身体健康，而且为下一代带来灾难。胎孕生育必然耗伤人体大量精血。因此，产妇产后，正气未复，则不可再孕。否则，会更加耗精伤肾，引起多种疾病。不仅影响母体健康，胎儿亦多先天不足。

我们提倡晚婚晚育，但并非越晚越好，应根据人体生理特点决定。《素问·上古天真论》说："女子，四七，筋骨坚，发长极，身体盛壮"，"丈夫，四八，筋骨隆盛，肌肉满壮"。就是说，女子28岁左右，男子32岁左右，是一生肾气最旺盛的时期，也是生育的最佳时期。结合现代医学的观点，女性晚育的最佳时期是21～28岁，男性婚育的最佳时期是24～32岁。在这个时期生育子女可较好地避免后代智力缺陷、畸形等不良后果，从而保证下一代的聪明、健康、长寿，为家庭和社会带来益处。

四、提倡独宿

古代养生家将独宿作为节制房事和养生保健的重要措施之一。孙思邈在《千金翼方》中引用彭祖的话说："上士别床，中士异被，服药百裹，不如独卧"。《孙真人养生铭》说："秋冬固阳事，独卧是守真"。古人认为，独卧则心神安定，耳目不染，易于控制情欲，有利房事保健。故民间亦有"中年异被，老年异床"之说法。临床所见，房劳伤肾者，的确有之。尤其少数年轻人不懂房事保健之法，婚后纵欲，致使体弱肾亏，未老先衰。故青壮年情欲易动难制者，可采用此法。老年纵欲者，多致病患缠身，很少有长寿者。所以赵献可的《寡欲论》要求老年人"急远房帏，绝嗜欲"。有些患慢性疾病康复期间，也宜适当采用独卧养生之法，戒房劳，调养精血，以期早日康复。总之，独卧可作为一种辅助保健方法，针对不同情况，分别对待。

第五节　强肾保健功法

肾气充足，性功能旺盛，可有效地保持身心健康。强肾保健的方法种类很多，如饮食、药物、推拿按摩、针灸、气功等。根据不同情况选择相应方法保健，都可收到良好效果。下面介绍几种简单易行，效果显著，不出偏差的功法，只要坚持锻炼，持之以恒，就可以达到强肾保精，延年益寿的目的。

一、叩齿咽津翕周法

每日早晨起床后叩齿 100 次，然后舌舔上腭及舌下、齿龈，含津液满口，频频咽下，意送至丹田。翕周即收缩肛门，吸气时将肛门收紧，呼气时放松，一收一松为一次，连续做 50 次。此法有滋阴降火，固齿益精，补肾壮腰的作用，能防治性功能的衰退。

二、按摩下肢涌泉法

取坐位，双手搓热后，双手掌分别紧贴脚面，从趾跟处沿踝关节至三阴交一线，往返摩擦 20～30 次，然后用手掌分别搓涌泉穴 100 次，摩擦时，宜意守涌泉穴，手势略有节奏感。本法有交通心肾、引火归源之功，对心肾不交引起的失眠、遗精等症都有很好的防治效果。

三、双掌摩腰法

取坐位，两手掌贴于肾俞穴，中指正对命门穴，意守命门，双掌从上向下摩擦 40～100 次，使局部有温热感。此法有温肾摄精之效，对男子遗精、阳萎、早泄，女子虚寒带下，月经不调等，均有很好的防治作用。

四、壮阳固精法（仅用于中老年男子）

兜阴囊：取半仰卧位。将双手搓热后，以一手扶小腹，另一手将阴囊上下兜动，连续做 60～100 次，然后换手也做 60～100 次。拿睾丸：一手扶小腹，另一手抓拿睾丸，一抓一放为一次，连续做 60～100 次，然后换手，以同样方法再做一次。提阳根：一手掌面紧贴丹田，另一手握阴茎和睾丸向上、下、左、右提拉各 30 次，然后换手再做一次。壮神鞭：两手掌夹持阴茎，逐次加力，来回搓动 100～200 次。做功时不要憋气，要放松肌肉，意念部位，切忌胡思乱想。此功法有壮阳、补肾、固精作用。该功法未婚青年不宜练，最适用于中老年操练，久练能延缓衰老，益寿延年。

五、培元固本法（仅用于女子）

取坐位或仰卧位。揉乳房：两手同时揉乳房正反方向各 30～50 圈，再左右与上下各揉 30～50 次。抓乳房：两手交叉，用手指抓拿乳房，一抓一放为一次，可做 30～50 次。捏乳头：两手手尖同时捏住乳头，以不痛为度，一捏一放为一次，连续做 30～50 次。拉乳头：两手同时将乳头向前拉长，然后松回，一拉一松为一次，可连续做 30～50 次。此功法对女性有滋补肝肾，培补元气，调节功能，促进发育之功效。久练可调节内分泌，提高免疫功能和抗病能力，增强性功能，延缓衰老。

六、疏通任督法

取半仰卧位。点神阙：一手扶小腹，另一手中指点按在神阙穴上，默数 60 个数，然后换手再做一次。搓尾闾：一只手扶小腹，另一手搓尾闾 30～50 次，然后换手再重做 30～50 次。揉会阴：一只手或双手重迭扶在阴部，手指按在会阴穴上，正反方向各揉按 30～50 次。揉小腹：双手重迭，在小腹部正反方向各揉按 30～50 圈。此功法温运任脉，疏通任督，培补元气，燮理阴阳。久练可有疏通经络、滋阴补肾,调节任督冲带等脉功能,对前列腺炎、泌尿结石、子宫疾患有良好的防治功效。

上述六种功法,既可单项做,亦可综合做。只要认真坚持这些保健功法的锻炼,就能使肾气旺盛,阴阳协调,精力充沛,从而起到防治疾病、延缓衰老的作用。

第六节 房事禁忌

中国房中养生非常重视入房禁忌,强调"欲有所忌"、"欲有所避"。所谓禁忌,就是在某些情况下要禁止房事。若犯禁忌,则可损害健康,引起很多疾病。房事禁忌,大致有三个方面:

一、行房人忌

阴阳合气,要讲究"人和"。选择双方最佳状态。人的生理状态受生活习惯、情志变化、疾病调治等方面的直接影响,女性还有胎、产、经、育等生理特点。在某些特定的情况下不宜行房,以免带来不良后果。

(一) 醉莫入房

一般认为酒对性兴奋有一定的促进作用,故有"酒是色媒人"之说。但切勿饮酒过量行房,更不能用酒刺激性欲,不然会带来很多危害。《素问·上古天真论》云:"以酒为浆,以妄为常,醉以入房,以欲竭其精,以耗散其真,不知持满,不知御神,务快其心,逆于生乐,起居无节,故半百而衰也"。《千金要方·道林养性》说:"醉不可以接房,醉饱交接,小者面䵟咳嗽,大者伤绝脏脉损命"。《三元延寿参赞书》亦说"大醉入房,气竭肝伤,丈夫则精液衰少,阳萎不起,女子则月事衰微,恶血淹留"。可见,醉酒入房害处无穷。

现代研究认为,古人的这些主张有许多科学价值。醉酒之后有的欲火难禁,行为失控,动作粗暴,礼仪不周,醉态中彼此都会有一些超出双方可容范围的行为。导致房事不和谐,且伤肾耗精,可引起各种病变。临床所见早泄、阳萎、月经不调、消渴等病,常与酒后房事不当有一定关系,长期饮酒过度,可诱发骨髓炎、食道炎及严重的营养缺乏症等。由于乙醇可损害精细胞和卵细胞,经常饮酒或醉酒入房,不但有害自身,还可殃及后代。妇女酒后受孕或妊娠期饮酒,可使胎儿发育不良,严重者发生各种畸形,出生后先天发育不全,智力迟钝、呆傻,健康状况不佳,寿命不长。

(二) 七情劳伤禁欲

当人的情志发生剧烈变化时,常使气机失常,脏腑功能失调。在这种情况下,应舒畅情志,调理气血,不应借房事求得心理平衡。七情过极,再行房事,不仅易引起本身疾病,如果受孕还可影响胎儿的生长、发育。另外,劳倦过度宜及时休息调理,尽快恢复生理平衡。若又以房事耗精血,必使整个机体脏腑虚损,造成种种病变。《千金要方·房中补益》指出:"人有所怒,气血未定,因以交合,令人发痈疽……远行疲乏来入房,为五劳虚损,少子"。《三元延寿参赞书》说"恐惧中入房,阴阳偏虚,发厥自汗盗汗,积而成劳"。只有在双方精神愉快、体力充沛的状态下,性生活才能完美和谐,才能无碍于身心健康。

(三) 切忌强合

养生家早就指出:"欲不可强"。所谓"强",即勉强,性生活是双方的事,任何一方都不宜勉强。勉强房事者,不仅会给心理上带来障碍,还会引起各种疾病。因为强合行房违犯了阴阳顺乎自然的法则，其结果不可避免地会带来不良后果。在两性生活中，不顾体力和情感，勉强行房，只会给男女间之关系带来不良影响，给身体造成危害。《三元延寿参赞书》说："强力入房则精耗，精耗则肾伤，肾伤则髓气内枯，腰痛不能俯仰"，"体瘦尪羸、惊悸、梦泄、遗沥、便泄、阳萎、小腹里急、面黑耳聋"。强合行房所造成的危害，应引起人们的充分注意。

（四）病期慎欲

患病期间，人体正气全力以赴与邪气作斗争，若病中行房，必然损伤正气，加重病情，导致不良后果。例如：患眼疾（结膜炎）未愈时，切忌行房，否则视神经萎缩会引起失明。病中行房受孕，对母体健康和胎儿的发育危害更大。《千金要方·养性序》指出："疾病而媾精，精气薄恶，血脉不充，既出胞脏……，胎伤孩病而脆，未及坚刚，复纵情欲，重重相生，病病相孕"。这从遗传学的观点说明了病中行房受孕，胎儿易患遗传性疾病，而且"重重相生，病病相孕"，代代相因，遗害无穷。

病后康复阶段，精虚气弱，元气未复，极需静心休养。若反而行房耗精，使正气更难复元，轻者旧疾复发，重者甚或丧命。《千金要方·伤寒劳复》指出："病新差，未满百日、气力未平复，而以房室者，略无不死……近者有一士大夫，小得伤寒，差已十余日，能乘马行来，自谓平复，以房室，即小腹急痛，手足拘挛而死"，这就突出说明了病后房事的严重危害性。现代医学证明，适度而和谐的性生活可给男女双方带来好处。有些慢性病患者，也非一概不能行房事，但决不可多欲。例如：结核病、肝脏病、肾病等慢性病人，房事过度可促使旧病复发或恶化。一定要视病之轻重，适量掌握。凡病情较重，体质又弱者，应严格禁欲。

（五）妇女房事禁忌

妇女具有特殊的生理特点，即指经期、孕期、产期及哺乳期，这是正常的生理现象。针对妇女的特殊生理，古代医家和养生家提出了一些具体房中保健要求。

1. 经期禁欲 《千金要方·房中补益》指出："妇人月事未绝而与交合，令人成病"。月经期性生活，易引起痛经、月经不调、子宫糜烂、输卵管炎、盆腔感染，或宫颈癌等多种疾病，影响女方身体健康。

2. 孕期早晚阶段禁欲 妇女在怀孕期间，对房事生活必须谨慎从事，严守禁忌。尤其是妊娠前三个月和后三个月内要避免性生活。早期房事易引起流产，晚期房事易引起早产和感染，影响母子健康。《保产要录》指出："则两月内，不露怒，少劳碌，禁淫欲，终身无病"，明代妇科医家万全亦指出："孕而多堕者，男子贪淫纵情，女子好欲性偏"。《傅青主女科》又进一步指出"大凡妇人怀妊也，赖肾水萌胎，水源不足，则水易沸腾，加之久战不已，则火为大劫，再至兴酣癫狂，精为大泄，则肾水溢涸，而龙雷相火益炽，水火两病，胎不能固而堕矣"。孕期妇女需要集中全身精血养胎儿，房事最易耗散阴精，若不善自珍摄，则母体多病，胎儿亦难保全，故怀孕期间必须节制房事。

3. 产期百日内禁欲 孕妇产后，百脉空虚，体质虚弱，抵抗力低下，需要较长时间的补养调理，才能恢复健康。同时产褥期恶露未净，若再房事，更伤精血，邪气乘虚而入，引起多种疾病。孙思邈在《千金要方·妇人方中》明确指出："至于产后，大须将慎，危笃之至，其在于斯。勿以产时无它，乃纵心恣意，无所不犯，犯时微若秋毫，感病广于嵩岱……所以，妇人产后百日以来，极须殷勤忧畏，勿纵心犯触，及即便行房。若有所犯，必身反强直，犹如角弓反张，名曰褥风……凡产后满百日，乃可合会，不尔至死，虚羸百病滋长，慎之。凡妇人皆患风气脐下虚冷，莫不由此早行房故也"。故产后百日内必须严戒房事。

4. 哺乳期内当节欲 在哺乳期内,喂养幼儿需要大量营养价值高的母乳。乳汁乃母体气血所化,若房劳损伤,气血生化之源不足,则乳汁质量不佳,影响婴儿的正常发育,还可引起软骨病、疳积、贫血等病。所以,孙思邈指出:"毋新房以乳儿,令儿羸瘦,交胫不行",特别是"其母遇醉及房劳喘后乳儿最剧,能杀儿也"(《千金要方·少小婴孺方上》)。因此,在哺乳期应节制房事,安和五脏,保证婴幼儿的健康成长。

二、行房天忌

所谓"天忌",是指在自然界某些异常变化的情况下应禁止房事活动。"人与天地相应",自然界的剧烈变化能给人以很大的影响,日蚀月蚀,雷电暴击,狂风大雨,山崩地裂,奇寒异热之时,天地阴阳错乱,不可同房。《吕氏春秋·季春记》云:"大寒、大热、大燥、大湿、大风、大霖、大雾七者动精则生害矣。故养生者,莫若知本,知本则疾无由生矣"。自然界的剧烈变化对人体的影响,一是导致精神情绪变化,二是对生物功能的干扰。自然界的剧变常可超过人体本身的调节能力,打破人体的阴阳平衡,发生气血逆乱。此时行房,即为触犯天忌。古代养生家还认为,在自然界气候异常变化之时行房受孕,对胎儿正常发育产生一定的影响。孙思邈在《千金要方·房中补益》中强调指出:"弦望晦朔,大风、大雨、大雾、大寒、大暑,雷电霹雳、天地晦冥,日月薄蚀,虹蜺地动,若御女者,则损人神不吉,损男百倍,令女得病,有子必癫痴顽愚瘖哑聋聩,挛跛盲眇,多病短寿"。在自然界剧烈变化之时进行房事,不仅影响男女双方的身体健康,如果受孕生子,有可能出现先天性疾病和先天畸形,或出现临盆难产等情况。从现在的临床观察情况来看,婴幼儿的先天性疾患,皆与孕前的生活环境或孕期感染及发热过度等因素有关,这说明夫妇房事生活充分注意自然界的异常变化是非常必要的,对优生优育有积极意义。

三、行房地忌

所谓"地忌"就是指要避免不利于房事活动的不良环境。例如《千金要方·房中补益》所说日月星辰火光之下,神庙佛寺之中、井灶圊厕之侧,塚墓尸柩之傍"等等,一切环境不佳之处均应列为禁忌。良好的环境是房事成功的重要条件之一。不良的环境可影响男女双方的情绪,有害于房事质量,有时还能造成不良后果。在心理上留下阴影。有利于房事的环境,应是安静,少干扰,面积较小的房间,室内光线明暗适度,温度适宜。空气较为流通,卧具要干净。总之,一个安逸、舒爽的环境,对房事和健康有益。

房事保健对人类健康长寿至关重要,正常的房事生活是人们幸福美满生活中不可缺少的一部分。它可以给人们带来幸福和欢乐,也可给人们造成灾难和苦恼,这种相互满足的幸福是不会自行来到人们中间,它是建立在一定知识的基础之上的。中国古代养生家和医家对房中保健做了比较系统的阐述,指出了他的理论原则和具体方法,以及有关禁忌,其中很多观点已被现代科学所证实。在性生活问题上假道学从来没有好结果。我们研究和学习房事保健知识的目的是为了使人类能够得到科学的指导,打破人类对性生活的蒙昧和神秘,创立新的生命科学观,为提高人口素质和人类的健康长寿作出新的贡献。

第十一章 运动养生

运用传统的体育运动方式进行锻炼,以活动筋骨,调节气息,静心宁神来畅达经络,疏通气血,和调脏腑,达到增强体质,益寿延年的目的,这种养生方法称为运动养生,又称为传统健身术。

"动则不衰"是我们中华民族养生、健身的传统观点。早在数千年以前,体育运动就已经被做为健身、防病的重要手段之一而广为运用。

第一节 运动养生机理、特点和原则

一、运动养生机理

中医将精、气、神称为"三宝",与人体生命息息相关。运动养生则紧紧抓住了这三个环节,调意识以养神;以意领气,调呼吸以练气,以气行推动血运,周流全身;以气导形,通过形体、筋骨关节的运动,使周身经脉畅通,营养整个机体。如是,则形神兼备,百脉流畅,内外相和,脏腑谐调,机体达到"阴平阳秘"的状态,从而增进机体健康,以保持旺盛的生命力。

现代科学研究证明,经常而适度的进行体育锻炼,对机体有如下好处:

1. 可促进血液循环,改善大脑的营养状况,促进脑细胞的代谢,使大脑的功能得以充分发挥,从而有益于神经系统的健康,有助于保持旺盛的精力和稳定的情绪。

2. 使心肌发达,收缩有力,促进血液循环,增强心脏的活力及肺脏呼吸功能,改善末梢循环。

3. 增加膈肌和腹肌的力量,促进胃肠蠕动,防止食物在消化道中滞留,有利于消化吸收。

4. 可促进和改善体内脏器自身的血液循环,有利于脏器的生理功能。

5. 可提高机体的免疫机能及内分泌功能,从而使人体的生命力更加旺盛。

6. 增强肌肉关节的活力,使人动作灵活轻巧,反应敏捷、迅速。

正因如此,勤运动,常锻炼,已成为广大人民健身防病的重要措施。

二、运动养生的特点

传统运动养生的特点,归纳起来,大要有三:

(一) 以祖国医学理论指导健身运动

无论哪一种传统健身法,都是以中医的阴阳、脏腑、气血、经络等理论为基础,以养精、炼气、调神为运动的基本要点,以动形为基本锻炼形式,用阴阳理论指导运动的虚、实、动、静;用开阖升降指导运动的屈伸、俯仰;用整体观念说明运动健身中形、神、气、血、表、里的协调统一。所以,健身运动的每一招式,都是与中医理论密切相关。

(二) 注重意守、调息和动形的谐调统一

强调意念、呼吸和躯体运动的配合,即所谓意守、调息、动形的统一。意守指意念专注;调息指呼吸调节;动形指形体运动,统一是指三者之间的谐调配合,要达到形、神一致,意、气相随,形、气相感,使形体内外和谐,动、静得宜,方能起到养生、健身的作用。

(三) 融导引、气功、武术、医理为一体

传统的运动养生法是我国劳动人民智慧的结晶。千百年来,人们在养生实践中总结出许多宝贵的经验,使运动养生不断地得到充实和发展,形成了融导引、气功、武术、医理为一体的具有中华民族特色的养生方法。源于导引气功的功法如:五禽戏、八段锦等;源于武术的功法如:太极拳、太极剑等。然而,无论哪种功法,运用到养生方面,则都讲求调息、意守、动形,都是以畅通气血经络、活动筋骨、和调脏腑为目的。融诸家之长为一体,则是运动养生的一大特点。

三、运动养生的原则

我国传统的运动养生法之所以能健身、治病、益寿延年,是因为它有一套较为系统的理论、原则和方法,注重和强调机体内外的协调统一,和谐适度。从其锻炼角度来看,归纳起来,大要原则有三:

(一) 掌握运动养生的要领

传统运动养生的练功要领就是意守、调息、动形的统一。这三方面中,最关键的是意守,只有精神专注,方可宁神静息,呼吸均匀,导气血运行。三者的关系是:以意领气,以气动形。这样,在锻炼过程中,内炼精神、脏腑、气血;外炼经脉、筋骨、四肢,使内外和谐,气血周流,整个机体可得到全面锻炼。

(二) 强调适度,不宜过量

运动养生是通过锻炼以达到健身的目的,因此,要注意掌握运动量的大小。运动量太小则达不到锻炼目的,起不到健身作用;太大则超过了机体耐受的限度,反而会使身体因过劳而受损。孙思邈在《千金要方》中指出:"养性之道,常欲小劳,但莫大疲及强所不能堪耳"。西方一家保险公司调查了五千名已故运动员的生前健康状况后发现,其中有些人 40~50 岁左右就患了心脏病,许多人的寿命竟比普通人短。这是因为剧烈运动会破坏人体内外运动平衡,加速某些器官的磨损和生理功能的失调,结果缩短生命进程,出现早衰和早夭。所以,运动健身强调适量的锻炼,要循序渐进,不可急于求成。操之过急,往往欲速而不达。

(三) 提倡持之以恒,坚持不懈

锻炼身体并非一朝一夕的事,要经常而不间断。"流水不腐,户枢不蠹",这句话一方面说明了"动则不衰"的道理,另一方面,也强调了经常、不间断的重要性,水常流方能不腐,户枢常转才能不被虫蠹。只有持之以恒、坚持不懈,才能收到健身效果,三天打鱼两天晒网是不会达到锻炼目的。运动养生不仅是身体的锻炼,也是意志和毅力的锻炼。

第二节 运动养生的形式和流派

传统的运动养生法,形式多样,种类甚繁。有一招一式的锻炼方法,也有众人组合的,带有竞技性质的锻炼方法;有形成民间风俗的健身方法;也有自成套路的健身方法。不论是哪一种运动形式,都具有养生健身的作用。而为人们所喜爱,故能流传至今,经久不衰。归纳起来,运动养生的形式大致有二:

一、形式多样的民间健身法

这类健身法大多散见于民间，方法简便，器械简单，而活动饶有趣味性。如：运动量较小，轻松和缓的散步、郊游、荡秋千、放风筝、踢毽、保健球等；运动量适中的跳绳、登高、跑马、射箭、举石锁等等。这些方法，多于娱乐中而有运动养生的内容，亦无需人更多地指导、训练，简便易行，形式多样，是民间喜闻乐见的健身措施。

我国是多民族的国家，各个民族都有自己的风俗传统。其中以运动健身为目的的群众性活动，则是具有民族特色的健身方法。如拔河、龙舟竞渡、摔跤、赛马、跷板、走高跷、舞龙灯、跑旱船以及各种各样的舞蹈等，即属此类。这种运动的特点，人数众多，具有竞技性质，由于各民族的风俗习惯不同，各有特定的季节、时间来开展这种群众性、普及性的活动。

二、自成套路的系统健身法

这类运动健身方法往往是建立在民间健身法基础之上的，在一定理论指导之下，有目的、有具体要求，需要经过学习和训练才能掌握的健身法。因其有一系列的连续动作，故可以使人体各部分得到较为全面、系统的锻炼，是传统运动养生法中较高层次的健身运动。运动养生的流派，主要指自成套路的健身法而言。

这些健身功法，大多源于道家和佛家，由于世代相传，又不断得到充实和发展，因而形成了各种不同流派。兹简述其大要如下：

（一）道家健身术

道家健身术其理论源于老、庄，主张以养气为主，以提高生命能力，提出了"导引"、"养形"，强调了练气以养生的观点。具有代表性的道家健身功法，如华佗的"五禽戏"、马王堆出土的"导引图"胎息经、八段锦、太极拳等，均属此类。

（二）佛家健身术

佛家健身术源于禅定修心，为保证"坐禅"的顺利进行，便需要采取一些手段，以活动筋骨、疏通血脉。于是，逐渐形成了佛家的健身功法，其具有代表性有达摩易筋经、天竺国按摩法、心意拳、罗汉十八手、少林拳、禅密功等。

中国武术的发源地主要有两个，一个是河南的中岳嵩山，是佛教禅宗和少林派武术的发源地；一个是湖北的武当山，是道教和武当派武术的发源地。因此，以宗教言之，有道佛之分，以武术言之，有少林、武当之别。武术虽然是技击、防身之术，但其上乘功法则是以健身为宗旨。学习武术，首先是强身增力，故无论何种功法，哪个流派，都着眼于健身。尤其是当代武术的发展，均以健身强身为目的，如徒手的诸种拳、掌、脚，使用器械的剑、棍、刀、枪、鞭、钩等等。各有特色，各有所专。

运动养生的不同流派，说明了我国传统的健身术丰富多样，但彼此间又有互相渗透，互相借鉴的。因而，使得诸种功法不断丰富和发展，成为传统养生法中的重要组成部分之一。学习、继承、发掘这些健身方法，对于保障人民健康是有十分重要的意义的。

第三节　气功保健

运用传统的气功方法进行自身行气的锻炼，以达到增强体质、抗病防老的目的，这种养生益寿的方法，称之为气功保健。

气功保健　是指通过调心（控制意识，松弛身心）、调息（均匀和缓、深长地呼吸）、调身（调整身体姿势、轻松自然地运动肢体），使身心融为一体，营卫气血周流，百脉通畅，脏腑和调，以达到强身保健目的的传统养生方法。

气功是祖国医学的宝贵遗产之一。是我国古代劳动人民长期和疲劳、疾病、衰老进行斗争的实践中,逐渐摸索、总结、创造出来的一种自我身心锻炼的摄生保健方法。它不仅历史悠久,而且有着广泛的群众基础,千百年来,它对中华民族的健康、繁衍起了重要的作用。气功一词最早见于晋代许逊著的《宗教净明录气功阐微》。在晋代以前的典籍中,道家称之为"导引"、"吐纳"、"炼丹",儒家称之为"修身"、"正心",佛家称之为"参禅"、"止观",医家称之为"导引"、"摄生"。在历代医籍中,以"导引"为名者较为普遍,而"气功"之称,则是在近代才广为应用。

一、养生机理

气功是着眼于"精、气、神"进行锻炼的一种健身术,它通过调身、调息、调心等方法来调整精、气、神的和谐统一。调心则意念专注,排除杂念,宁静以养神;调息则呼吸均匀和缓,气道畅通,柔和以养气;调身则经络气血周流,脏腑和调,从而做到"练精化气"、"练气化神"、"练神还虚"。通过系统的锻炼,可以使"精、气、神"三者融为一体,以强化新陈代谢的活力,使精足、气充、神全,体魄健壮,生命自然会延长,推迟衰老。

从现代医学角度来看,在气功锻炼的过程中,调身以使全身的肌肉骨骼放松,有助于中枢神经系统,特别是交感神经系统紧张性的下降,因而可以诱使情绪得到改善。调息则通过呼吸的调整可以按摩内脏,促进血液循环,增进器官功能。同时,可以兴奋呼吸中枢,进一步影响和调节植物神经系统。而调心,意守以至于入静时对大脑皮层有调节作用,可以使大脑皮层细胞得到充分的休息;也能对外感性有害刺激产生保护作用。因此,炼功中出现的呼吸抑制、交感神经抑制和骨骼肌放松等,是生理上的"内稳定",是人体内在运行最正常的时刻,可以使大脑的活动有序化,从而大大提高脑细胞的活动效率,使大脑的潜力得以发挥,更好地开发人的智慧。所以说,气功可以增强体质、防病治病、益寿延年。

二、练功要点

气功的门派较多,然在功法上,大致可分为动、静两类。所谓静功,即在练功时要求形体不动,如坐功、卧功、站功等;所谓动功,即在练功时,形体要做各种动作进行锻炼,即通常所说"内炼一口气,外炼筋骨皮"。

无论是动功还是静功,在练功的基本要求上,大体是一致的。归纳起来,有如下几方面内容。

(一) 调息、调身、调心

调息即调整呼吸,练功时要求呼吸深长、缓慢、均匀,此又称气息或练气。在自然呼吸的前提下,鼻吸、鼻呼,或鼻吸、口呼,逐渐把呼吸练得柔和、细缓、均匀、深长。

调身即调整形体,使自己的身体符合练功姿势、形态的要求,强调身体放松、自然,以使内气循经运行畅通无阻。

调心即意识训练,又称为意守或练意,指在形神松静的基础上,意守丹田的方法,进一步把心安定下来,排除杂念,以达到"入静"状态。"入"是进入,"静"是安静、"入静"就是达到对外界刺激不予理采的清静状态。此时头脑清醒,似睡非睡,即所谓"气功态"。

(二) 强调身心统一、松静自然

为了达到入静,要求意念和气息必须密切配合,呼吸放松,舌抵上腭,用意念诱导气的运行。身体也要放松,姿势自然而正确,方可达到身心统一,达到"入静"。

所谓松静自然,是指在气功锻炼中必须强调身体的松弛和情绪的安静,要尽力避免紧张和解除紧张。在一种轻松自然的情况下练功则可达到神气合一,形神合一,协调整体的目的。

(三) 要循序渐进

练习气功在短期内学习一些基础知识,掌握一些基本要领、方法是可能的,但要练得很好,则不是一下子就可以做到的,需要有一个过程。在练习过程中一般容易有两种偏向,一是急于求成,练得过多、过猛;一是松懈散漫,放任自流。因此,练功者必须培养坚韧不拔的毅力,多下苦功,克服松懈情绪。同时,也要强调按客观规律办事,循序渐进,克服急于求成的想法。人体内部的变化是逐渐产生的,不可操之过急。只要持之以恒,是会达到目的的。

关于不同流派的功法及其注意事项,详见《中医健身学》。

第四节 五 禽 戏

禽,在古代泛指禽兽之类动物,五禽,是指虎、鹿、熊、猿、鸟五种禽兽。戏,即游戏、戏耍之意。所谓五禽戏,就是指模仿虎、鹿、熊、猿、鸟五种禽兽的动作,组编而成的一套锻炼身体的功法。

以模仿禽兽动作来达到健身目的的方法,最早见于战国时期。《庄子·刻意》有:"熊经鸟伸,为寿而已"的记载,至汉初《淮南子·精神训》则有:"熊经、鸟伸、凫浴、蝯躩、鸱视、虎顾,是养形之人也"的说法,而五禽戏之名相传出自华佗。《后汉书·方术传》载,华佗云:"我有一术,名五禽之戏,一曰虎、二曰鹿、三曰熊、四曰猿、五曰鸟。亦以除疾,兼利蹄足,以当导引"。随着时间的推移,辗转传授,逐渐发展,形成了各种流派的五禽戏,流传至今。

一、养生机理

五禽戏属古代导引术之一,它要求意守、调息和动形谐调配合。意守可以使精神宁静,神静则可以培育真气;调息可以行气,通调经脉;动形可以强筋骨,利关节。由于是模仿五种禽兽的动作,所以,意守的部位有所不同,动作不同,所起的作用也有所区别。虎戏即模仿虎的形象,取其神气、善用爪力和摇首摆尾、鼓荡周身的动作。要求意守命门,命门乃元阳之所居,精血之海,元气之根、水火之宅,意守此处,有益肾强腰,壮骨生髓的作用,可以通督脉、去风邪;鹿戏即模仿鹿的形象,取其长寿而性灵,善运尾闾,尾闾是任、督二脉通会之处,鹿戏意守尾闾,可以引气周营于身,通经络、行血脉、舒展筋骨;熊戏即模仿熊的形象,熊体笨力大,外静而内动。要求意守中宫(脐内),以调和气血。练熊戏时,着重于内动而外静。这样,可以使头脑虚静,意气相合,真气贯通,且有健脾益胃之功效。猿戏即模仿猿的形象,猿机警灵活,好动无定。练此戏就是要外练肢体的灵活性,内练抑制思想活动,达到思想清静,体轻身健的目的。要求意守脐中,以求形动而神静。鸟戏又称鹤戏,即模仿鹤的形象,动作轻翔舒展。练此戏要意守气海,气海乃任脉之要穴,为生气之海;鹤戏可以调达气血,疏通经络,活动筋骨关节。五禽戏的五种功法各有侧重,但又是一个整体,一套有系统的功法,如果经常练习而不间断,则具有养精神、调气血、益脏腑、通经络、活筋骨、利关节的作用。神静而气足,气足而生精,精足而化气动形,达到三元(精、气、神)合一,则可以收到祛病、健身的效果。恰如华佗所说:"亦以除疾,兼利蹄足"。

二、练功要领

(一) 全身放松

练功时,首先要全身放松,情绪要轻松乐观。乐观轻松的情绪可使气血通畅,精神振奋;全身放松可使动作不致过分僵硬、紧张。

（二）呼吸均匀

呼吸要平静自然,用腹式呼吸,均匀和缓。吸气时,口要合闭,舌尖轻抵上腭。吸气用鼻,呼气用嘴。

（三）专注意守

要排除杂念,精神专注,根据各戏意守要求,将意念集中于意守部位,以保证意、气相随。

（四）动作自然

五禽戏动作各有不同,如熊之沉缓、猿之轻灵、虎之刚健、鹿之温驯、鹤之活泼等等。练功时,应据其动作特点而进行,动作宜自然舒展,不要拘紧。具体作法及注意事项详见《中医健身学》。

第五节　太　极　拳

太极拳是我国传统的健身拳术之一。由于其动作舒展轻柔,动中有静,圆活连贯,形气相随,外可活动筋骨,内可流通气血,谐调脏腑,故不但用于技击、防身,而且更广泛地用于健身防病,深为广大群众所喜爱,是一种行之有效的传统养生法。

太极拳以"太极"为名,系取《易·系辞》中:"易有太极,是生两仪"之说,"太极"指万物的原始"浑元之气"。其动而生阳,静而生阴,阴阳二气互为其根,此消彼长,相互转化,不断运动则变化万千。因而太极图呈浑圆一体,阴阳合抱之象。太极拳正是以此为基础,形体动作以圆为本,一招一式均由各种圆弧动作组成,故观其形,连绵起伏,动静相随,圆活自然,变化无穷;在体内,则以意领气,运于周身,如环无端,周而复始。意领气,气动形,内外合一,形、神兼备,浑然一体。足以看出,以"太极"哲理指导拳路,拳路的一招一式又构成了太极图形。拳形为"太极",拳意亦在"太极",以太极之动而生阳,静而生阴,激发人体自身的阴阳气血达到"阴平阳秘"的状态,使生命保持旺盛的活力,这就是太极拳命名的含义所在。

太极拳的起源及创始者至今尚待考证,就文献及传说而言,众说纷纭。有云南北朝时即有太极拳;有云创始者为唐代许宣平,有云宋代张三峰,有云明代张三丰,也有以为始于清代陈王庭和王宗岳者,究竟如何,尚无确论。然而,能比较清楚地论及师承脉络,分支流派者,当在明末清初。此后,即有陈氏太极之说,后由陈长兴传弟子杨露蝉经改编而形成杨氏太极拳。后来,又从杨氏太极派生出吴式(吴鉴泉)太极拳、武式(武禹襄)太极拳和孙式(孙禄堂)太极拳。目前,国家体委普及的太极拳,即是以杨派太极拳改编的。

可以看出,太极拳的发展是经历了长期的充实、演变。百余年前,太极拳较为重视技击,时至今日,则发展为技击、健身、医疗并重的拳术,因而,深受广大群众的喜爱和欢迎。

一、养生机理

太极拳是一种意识、呼吸、动作密切结合的运动,"以意领气以气运身",用意念指挥身体的活动,用呼吸协调动作,融武术、气功、导引于一体,是"内外合一"的内功拳。

重意念,使神气内敛,练太极拳要精神专注,排除杂念,将神收敛于内,而不被他事分神。神内敛则"内无思想之患"而精神得养、身心欢快;精神宁静、乐观,则百脉通畅,机体自然健旺。《素问·上古天真论》云:"恬淡虚无,真气从之,精神内守,病安从来。"

调气机，以养周身。太极拳以呼吸协同动作，气沉丹田，以激发内气营运于身。肺主气司呼吸；肾主纳气，为元气之根。张景岳云："上气海在膻中，下气海在丹田，而肺肾两脏所以为阴阳生息之根本"（见《类经·营卫三焦》）。肺、肾协同，则呼吸细、匀、长、缓。这种腹式呼吸不仅可增强和改善肺的通气功能，而且可益肾而固护元气。丹田气充，则鼓荡内气周流全身，脏腑、皮肉皆得其养。

动形体，以行气血。太极拳以意领气，以气运身，内气发于丹田，通过旋腰转脊的动作带动全身，即所谓"以腰为轴"、"一动无有不动"。气经任、督、带、冲诸经脉上行于肩、臂、肘、腕、下行于胯、膝、踝，以至于手足四末，周流全身之后，气复归于丹田，故周身肌肉、筋骨、关节、四肢百骸均得到锻炼。具有活动筋骨，疏通脉络，行气活血的功效。

由于太极拳将意、气、形结合成一体，使人身的精神、气血、脏腑、筋骨均得到濡养和锻炼。达到"阴平阳秘"的平衡状态，所以能起到有病治病，无病健身的作用，保证人体健康长寿。恰如《素问·上古天真论》所说："提挈天地，把握阴阳，呼吸精气，独立神守。肌肉若一，故能寿敝天地"。太极拳之所以能够养生，道理也正在于此。

二、练功要领

（一）神静、意导

练习太极拳，要始终保持神静，排除思想杂念，使头脑静下来，全神贯注，用意识指导动作。神静才能以意导气，气血才能周流。

（二）含胸拔背、气沉丹田

含胸，即胸略内涵而不挺直；拔背，即指脊背的伸展。能含胸则自能拔背，使气沉于丹田。

（三）沉肩坠肘、体松

身体宜放松，不得紧张，故上要沉肩坠肘，下要松胯松腰。肩松下垂即是沉肩；肘松而下坠即是坠肘；腰胯要松，不宜僵直板滞。体松则经脉畅达，气血周流。

（四）全身谐调、浑然一体

太极拳要求根在于脚，发于腿，主宰于腰，形于手指，只有手、足、腰协调一致，浑然一体，方可上下相随，流畅自然。外动于形，内动于气，神为主帅，身为驱使，内外相合，则能达到意到、形到、气到的效果。

（五）以腰为轴

太极拳中，腰是各种动作的中轴，宜始终保持中正直立，虚实变化皆由腰转动，故腰宜松、宜正直，腰松则两腿有力，正直则重心稳固。

（六）连绵自如

太极拳动作要轻柔自然，连绵不断，不得用僵硬之拙劲、宜用意不用力。动作连绵，则气流通畅；轻柔自然，则意气相合，百脉周流。

（七）呼吸均匀

太极拳要求意、气、形的统一和谐调，呼吸深长均匀十分重要，呼吸深长则动作轻柔。一般说来，吸气时，动作为合；呼气时，动作为开。呼吸均匀，气沉丹田，则必无血脉偾胀之弊。

太极拳的流派很多，各有特点，架式也有新、老之分。当前，比较简便易学的，就是"简化太极拳"，俗称"太极二十四式"。其各式名称为：①起势，②左右野马分鬃，③白鹤亮翅，④左右搂膝拗步，⑤手挥琵琶，⑥左右倒卷肱，⑦左揽雀尾，⑧右揽雀尾，⑨单鞭，⑩云手，⑪单鞭，

⑫高探马,⑬右蹬脚,⑭双峰贯耳,⑮转身左蹬脚,⑯左下势独立,⑰右下势独立,⑱左右穿梭,⑲海底针,⑳闪通臂,㉑转身搬拦捶,㉒如封似闭,㉓十字手,㉔收势。**具体做法及注意事项详见**《中医健身学》。

第六节 八 段 锦

八段锦是由八种不同动作组成的健身术,故名"八段"。因为这种健身功作可以**强身益寿**,**祛病除疾**,其效果甚佳,有如展示给人们一幅绚丽多彩的锦锻,故称为"锦"。

八段锦是我国民间广泛流传的一种健身术,据有关文献记载已有八百多年历史。早在南宋时期,即已有《八段锦》专著。明代以后,在有关养生专著中,多有记载,如冷谦的《修龄要》、高濂的《遵生八笺》等书中,都有八段锦的内容。清代的潘霞在其所著的《卫生要求》中,将八段锦略加改编为"十二段锦"。此外,尚有"文八段"(坐式)和"武八段"(立式)等不同形式。为了便于推广流传,还有人将其编成歌诀。由于八段锦不受环境场地限制,随时随地可做,术式简单易记易学,运动量适中,老少皆宜,而强身益寿作用显著,故一直流传至今,仍是广大群众所喜爱的健身方法。

一、养生机理

八段锦属于古代导引法的一种,是形体活动与呼吸运动相结合的健身法。活动肢体可以舒展筋骨,疏通经络;与呼吸相合,则可行气活血、周流营卫、斡旋气机,经常练习八段锦可起到保健、防病治病的作用。《老老恒言》云:"导引之法甚多,如八段锦……之类,不过宣畅气血、展舒筋骸,有益无损"。

八段锦对人体的养生康复作用,从其歌诀中即可看出。例如"两手托天理三焦",即说明双手托天的动作,对调理三焦功能是有益的。两手托天,全身伸展,又伴随深呼吸,一则有助于三焦气机运化,二则对内脏亦有按摩、调节作用,起到通经脉、调气血、养脏腑的效果。同时,对腰背、骨骼也有良好作用。其它诸如"调理脾胃单举手"、"摇头摆尾去心火"等等,均是通过宣畅气血、展舒筋骸而达到养生的目的。八段锦的每一段都有锻炼的重点,而综合起来,则是对五官、头颈、躯干、四肢、腰、腹等全身各部位进行了锻炼,对相应的内脏以及气血、经络起到了保健、调理作用,是机体全面调养的健身功法。

二、练功要领

(一) 呼吸均匀

要自然、平稳、腹式呼吸。

(二) 意守丹田

精神放松,注意力集中于脐。

(三) 柔刚结合

全身放松,用力轻缓,切不可用僵力。

八段锦是包括八节连贯的健身法,具体内容如下:

双手托天理三焦; 左右开弓似射雕;
调理脾胃需单举; 五劳七伤往后瞧;
摇头摆尾去心火; 背后七颠百病消;
攒拳怒目增气力; 两手**攀**足固肾腰;

此外,尚有一种坐式的"八段锦",为明代冷谦所编,具体内容是：

　　　　　叩齿三十六，两手抱昆仑。
　　　　　左右鸣天鼓，二十四度闻。
　　　　　微摆撼天柱，赤龙搅水津。
　　　　　闭气搓手热，背摩后精门。
　　　　　左右辘轳转，两脚放舒伸。
　　　　　叉手双虚托，低头攀足频。
　　　　　河车搬运讫，发火遍烧身。

具体做法及注意事项详见《中医健身学》

第七节 易筋经

"易"指移动、活动；"筋"，泛指肌肉、筋骨；"经"，指常道、规范。顾名思义，"易筋经"就是活动肌肉、筋骨，使全身经络、气血通畅，从而增进健康、祛病延年的一种传统健身法。

相传易筋经是中国佛教禅宗的创始者菩提达摩传授的，梁武帝萧衍时（公元5世纪），达摩北渡到了河南嵩山少林寺，向弟子们传授了易筋经。当时,只是为了缓解一下坐禅修炼的困倦和疲劳,故动作多以伸腰踢腿等通血脉、利筋骨的动作为主,其动作又多以仿效古代的各种劳动姿势为主。后来逐渐流传开来,自唐以后,历代养生书中,多有记载,成为民间广为流传的健身术之一,建国后,还有《易筋经》单行本出版。足见其为行之有效的方法,为人民所欢迎。

在古本十二式易筋经中,所设动作都是仿效古代的各种劳动姿势而演化成的。例如：春谷、载运、进仓、收囤和珍惜谷物等动作,均以劳动的各种动作为基础形态。活动以形体屈伸、俯仰、扭转为特点,以达到"绅筋拔骨"的锻炼效果。因此,对于青少年来说,这种方法可以纠正身体的不良姿态,促进肌肉、骨骼的生长发育；对于年老体弱者来讲,经常练此功法,可以防止老年性肌肉萎缩,促进血液循环,调整和加强全身的营养和吸收,对慢性疾病的恢复,以及延缓衰老都很有益处。

一、养生机理

易筋经同样是一种意念、呼吸、动作紧密结合的一种功法,尤其重视意念的锻炼,活动中要求排除杂念,通过意识的专注,力求达到"动随意行,意随气行",以用意念调节肌肉、筋骨的紧张力,（即指形体不动,而肌肉紧张的"暗使劲"）。其独特的"抻筋拔骨"运动形式,可使肌肉、筋骨在动势柔、缓、轻、慢的活动中,得到有意识的抻、拉、收、伸,长期练功,会使肌肉、韧带富有弹性,收缩和舒张能力增强,从而使其营养得到改善。同时,使全身经络、气血通畅,五脏六腑调和,精神充沛,生命力旺盛。当然,必须长期锻炼才能收到内则五脏敷华,外则肌肤润泽,容颜光彩,耳目聪明,老当益壮的功效。

二、练功要领

（一）精神清静,意守丹田。
（二）舌抵上腭,呼吸匀缓,用腹式呼吸。
（三）松静结合,柔刚相济,身体自然放松,动随意行,意随气行,不要紧张僵硬。
（四）用力时应使肌肉逐渐收缩,达到紧张状态,然后,**缓缓放松**。

易筋经十二式

①捣杆舂粮,②扁担挑粮,③扬风净粮,④换肩扛粮,⑤推袋垛粮,⑥牵牛拉粮,⑦背牵运粮,⑧盘箩卸粮,⑨围芡囤粮,⑩扑地护粮,⑪屈体捡粮,⑫弓身收粮。**具体做法及注意事项详见《中医健身学》。**

第十二章 娱乐养生

中医养生学有其丰富的内容及独特的养生方法,运用娱乐的形式怡养身体即是其中之一。重视和培养广泛的兴趣和爱好,工作之余,进行各种娱乐活动,对怡神养性,防病健身,具有十分重要的意义。

第一节 娱乐养生的意义

娱乐活动内容丰富,形式多样。例如:琴棋书画、花木鸟鱼、旅游观光、艺术欣赏等皆属之。

所谓娱乐养生,是指通过轻松愉快、活泼多样的活动,在美好的生活气氛和高雅的情趣之中,使人们舒畅情志、怡养心神,增加智慧、动筋骨、活气血、锻炼身体,增强体质,寓养生于娱乐之中,从而达到养神健形,益寿延年的目的,这种养生方法,称之为娱乐养生。

用于养生的各种娱乐活动,其内容健康,情趣高雅,生动活泼。在轻松愉快的环境和气氛中,给人以美的享受。情志畅达,赏心悦目,则百脉疏通,气血调和;情趣高雅则可益智养心,故具有怡养神情之作用。娱乐活动的形式多样,动静不拘,可动静结合,柔刚相济,既可调养心神,又能活动筋骨,因而具有形神兼养之功。由于娱乐养生是将养生与娱乐相结合的一种完善形式,养、乐结合,寓养于乐,故有身心兼养的作用。

娱乐养生的活动主要在业余生活中,用健康而美好的"娱乐"形式,调剂和丰富我们的生活。因此必须科学合理的运用,才能起到良好作用。在实践中,要注意以下三点:

1. 因人而宜 根据不同的年龄、职业、生活环境、文化修养、性格、气质,选择不同的娱乐形式,才能达到良好的养生作用。

2. 保持轻松愉快的心情 只求调养身心,切勿争强好胜,勿做力不从心的活动,以免伤害身体。

3. 和谐适度 不可沉迷不返,"乐不思蜀"。娱乐太过,就成为《素问·上古天真论》所谓:"务快其心,逆于生乐"背离养生之道的行为。于身体非但无益,而且有害。

第二节 娱乐养生的方法

娱乐养生的方法很多,现谨就琴棋书画、花木、旅游、垂钓等内容,简述如下。

一、琴、棋、书、画

琴、棋、书、画,被古人称为四大雅趣,也是娱乐养生的主要形式和方法。它将艺术、感情交融在一起,既有强烈的感染力,又有明显的养生作用。而且,还各具特色。兹分述如下:

(一) 琴与音乐

琴是我国一种古老而富有民族特色的弹弦乐器,因它常与瑟一起演奏,故常琴瑟并称。

琴瑟之音，即指音色优美动听的乐曲，若从广义上讲，就是指音乐。

音乐，可以欣赏，可以自娱，包括唱歌与演奏乐曲。欣赏音乐可以使人情绪改变，而弹拨或唱歌则不仅可以调节情志怡养心神，还可直接宣泄情绪。

音乐可以表达思想感情，抒发内心情怀，可以引起人的共鸣。《礼记·乐记》说："诗言其志也，歌咏其声也，舞动其容也，三者本于心，然后乐器从之，是故情深而文明气盛，而化神和神，积中而英华发外"。所以，养生的音乐，只能是文明健康、美妙动听而感人的音乐。消极颓废的音乐则非养生所宜。《吕氏春秋·孟春纪》："靡曼皓齿，郑卫之音，务以自乐，命之日伐性之斧"，说的就是这个道理。

1. 养生机理

（1）抒发情感，调节情志：音乐用其特殊的语言形式，满足了人们宣泄情绪，表达愿望的需求，而情感的适当抒发对人的健康十分有利。

音乐不仅可以表达情感，还能通过其旋律的起伏和节奏的强弱调节人的情志。《寿世全书》说："声音感人之道，其效力速于训话与身教，……况丝竹能陶冶性情，讴歌能发抒抑郁，故无论男女，当职业余之时，或安弦操漫，或铁板铜琶，或引吭高歌，或曼声徐度，于身心二者，交有裨益"。音乐使人的感情得以宣泄，情绪得以抒发，因而令人消愁解闷，心绪安宁，胸襟开阔，乐观豁达。正如音乐家冼星海所说："音乐，是人生最大的快乐；音乐，是生活中的一股清泉；是陶冶性情的熔炉"。

（2）调和血脉，怡养五脏：《乐记》中说："音乐者，流通血脉，动荡精神，以和正心也"。音乐通过调节情志，使人欢悦，故而令周身脉道通畅，气血调达。古人认为五声音阶中的宫、商、角、徵、羽五音，分别与五脏有不同的调节作用。宫音悠扬谐和，助脾健运，旺盛食欲；商音铿锵肃劲，善制躁怒，使人安宁；角音条畅平和，善消忧郁，助人入眠；徵音抑扬咏越，通调血脉，抖擞精神；羽音柔和透彻，发人遐思，启迪心灵。说明音乐确能起到和血脉，谐调五脏功能的作用。

（3）动形健身：音乐不仅可以通过听赏而令人心情舒畅，气血和调，演奏不同的乐器或伴随优美的乐曲而翩翩起舞可使人动形健身。吹、拉、弹、拨各种不同的乐器，可以心、手并用，既舒发情感，也活动肢体，而且，手指的活动还可以健脑益智。在音乐旋律的境界中，舒展身体，轻歌漫舞，使人情动形动，畅情志而动筋骨，从而达到动形健身的目的。

现代医学研究表明，音乐的活动中枢在大脑皮层右侧颞叶。轻松、欢快的音乐能促使人体分泌一些有益于健康的激素、酶、乙酰胆碱等活性物质，从而调节血流量和兴奋神经细胞，音乐还可以改善人的神经系统、心血管系统、内分泌系统和消化系统的功能。

人体有种种周期性生理节律，如心跳，呼吸，胃肠蠕动等，统称为生物节律。正常的生物节律，都有稳定的周期，各种生物节律之间构成同步的或协调的关系。人体的这些生物节律时刻保持着与大自然的昼夜、年月、季节、温度、湿度、气压、磁场等自然节律的协调关系，处于同步状态，亦即《内经》中多次强调的"与天地如一"的状态，这是维持人体健康的一个重要条件。如果这种相互关系遭到破坏，人体就会产生不适或疾病。音乐的旋律与节奏在快慢变化起伏跌宕之中，可以起到调节人体生物节律的作用，故而对人体健康有益。

2. 注意事项

（1）欣赏音乐要根据不同情况有针对性地选择：如进餐时，听轻松活泼的乐曲较为适宜，有促进消化吸收的作用；临睡前，听缓慢悠扬的乐曲，有利于入睡；工间休息时，听欢乐、明快的乐曲,有利于解除疲劳等。

（2）要结合个人的身体情况,选择曲目：如老年人,体弱者及心脏病患者,宜选择慢节奏的乐曲;年青人宜选择强节奏的乐曲等等。

（3）要根据个人爱好选择曲目：无论民族乐、管弦乐,还是地方戏曲,均以个人喜好为原则,其同样都能起到调节情志的作用。

（4）要注意情绪的变化：练习、演奏乐曲,要在心闲气静之时,方能达到养生健身的目的。情绪波动,忧伤恼怒之时,以暂不弹奏为佳。

（二）弈棋

我国棋类有很多,如围棋、象棋、军棋,雅俗共赏,变化万千,趣味无穷。弈棋之时,精神专一,意守棋局,杂念皆消,神情有弛有张。古人就有"善弈者长寿"之说,弈棋不仅是紧张激烈的智力竞赛,更是有利身心、延年益寿的娱乐活动。

1. 养生机理

（1）养性益智：下棋是一种静中有动、外静内动的活动,需要凝神静气、全神贯注,神凝则心气平静,专注则杂念全消。而棋局的变化,可以锻炼人的应变能力,既是一种休息、消遣,也是一种益智养性的活动。

（2）锻炼思维：下棋是一种有兴趣有意义的脑力活动,棋盘上瞬息万变的形势,要求对弈者全力以赴,开动脑筋,以应不测,两军对垒,这是智力的角逐,行兵布阵,是思维的较量。经常下棋,能锻炼思维,保持智力聪慧不衰。

（3）身心舒畅：与棋友会棋,磋商技艺,能增进朋友之间的往来,特别是中老年人,下棋做为一种活动,也可使人精神愉快,有所寄托,使身心舒畅。

2. 注意事项

下棋固然是有益的活动,但不掌握适度,以致废寝忘食,反而有损于健康,故而应注意以下几点：

（1）饭后不宜立即弈棋：饭后应稍事休息,以便食物消化吸收。若饭后即面对棋局,必然会使大脑紧张,减少消化道的供血,导致消化不良和肠胃病。

（2）不要时间过长：下棋不注意适度,会使下肢静脉血液回流不畅,出现下肢麻木、疼痛等症。故应适当活动,不应久坐。

（3）不要情绪波动：过分紧张、激动,对老年人十分有害,往往可诱发中风、心绞痛,应以探讨技艺为出发点和目的,不争强好胜,不计较得失,才能心平气和。

（4）不要挑灯夜战：老年人生理功能减退,容易疲劳,且不易恢复,若夜间休息减少,身体抵抗力下降,就会容易发生疾病。

（三）书画

书指书法,画指绘画,中国书画是具有浓郁民族特色的艺术表现形式,也是养生的有效手段之一。

以书画进行养生、治病,有两方面的内容。一是习书作画,二是书画欣赏。习书作画是指自己动手,或练字或作画,融学习、健身及艺术欣赏于一体。书画欣赏是指对古今名家的书画碑帖艺术珍品的欣赏,在艺术美的享受之中,达到养生健身的目的。

《老老恒言·消遣》中说："笔墨挥洒,最是乐事","法书名画,古人手迹所有,即古人精神所寄,窗明几净,展玩一过,……审其佳妙,到心领神会处,尽有默默自得之趣味在"。经常练字的人都有这样的感觉,随着自己在书法上的长进和提高,体力、精力也有很大的增益。

1. 养生机理

(1) 调血气,通经脉:习书作画要有正确的姿势。头部端正,两肩平齐,胸张背直,两脚平放,这样才能提全身之力。宋代陆游有"一笑玩笔砚,病体为之轻"之名句。写字作画必须集中精力,心正气和,灵活自若地运用手、腕、肘、臂,从而调动全身的气和力。这样,很自然地通融全身血气,身体内气血畅达,五脏和谐,百脉疏通,使体内各部分功能得到调整,使大脑神经兴奋和抑制得到平衡,促进血液循环和新陈代谢,精力自然旺盛。

(2) 静心宁神:书画活动可以使心理达到平衡。唐代大书法家欧阳询认为:"莹神静虚,端己正容,秉笔思生,临池志逸"。作画习书必须用意念控制手中之笔,"用心不杂,乃是入神要路"。绝虑凝神,志趣高雅,便能以"静"制"动"。这样,使人消除紧张变得遇事沉着。

学然后知不足,知不足乃能立志进取,购买书法理论,碑刻字帖,参观书展、观摩欣赏,苦练作画习书之功,才能提高鉴别能力,也才能真正掌握功夫。进取总使人欣慰,一旦有所长进,便会自得其乐,心情愉快。

中国书画,是两种不同的艺术表现形式,书法重在字的间架结构变幻及笔力、气势;而中国画则重在丹青调配,浓淡布局。但其本质都在于追求意、气、神,讲究章法、布局。所谓意,指意境;气指气势;神指神态。讲意境,即要求静息凝神,精神专注,杂念全消,一意于构思之中。讲气势,是要求全神贯注,气运于笔端,令作品在笔墨挥洒之间一气呵成。讲神态,是指意境、气势的集中表现。

习书作画及观赏玩味能够令人增加情趣,陶冶情操,并在练习书画之时,使身体经常处于内意外力的"气功状态",使人神形统一,并能令人静思凝神,心气内敛,这也是排除不良因素干扰的一个重要方面。且习书作画不仅意在心中,还须力在笔端,这又锻炼了筋骨,使气血流通。

总之,书画之健身养性之理在于增加情趣,身心兼娱,意气相合,神形统一。

2. 注意事项 练习书法或作画,也十分强调情绪好坏。情绪的好坏直接影响字画作品的效果。唐代著名书法家孙过庭曾说:"一时而书,有乖有合,合则流媚,乖则雕疏"。精神愉快,心有所悟,雅兴勃发,自然就能在作书画时尽兴发挥自己所长。反之,情绪不舒,即便写字作画,往往也未必成优良之作,更谈不上于身体有益。要作书画,就要注意自己的心情,若情绪不良,不必勉强。因而,要注意以下几点:

(1) **劳累之时**或病后体虚,不必强打精神,本已气虚,再耗气伤身,会加重身体负担,不易恢复。

(2) 大怒、惊恐或心情不舒,不宜立刻写字作画,气机不畅,心情难静,此时一则不会写出好字绘出好画,二则也伤身体。

(3) 饭后不宜马上写字作画。饭后伏案,会使食物壅滞胃肠,不利于食物的消化吸收。

(4) "功到自然成",不可操之过急,要持之以恒,坚持经常练习。

二、旅游

旅游是娱乐养生的内容之一。历代养生家多提倡远足郊游,而道家、佛家的庵、观、寺、庙也多建立在环山抱水,风景幽美之处,以得山水之清气,修身养性。旅游不仅可以一览大好河山之壮丽景色,而且还能借以舒展情怀,心胸开阔,锻炼身体,增长见识,是一种有益于身心调养的活动。

(一) 养生机理

旅游是一种有益于身心的综合运动,不仅可以欣赏自然美景,又可锻炼身体,更可以开阔眼界,拓展知识,可谓一举多得。

《寿亲养老新书·古今嘉言》说:"余家深山中,每春夏之交,苍藓盈阶,落花满径,门无剥啄,松影参差,禽声上下。……从容步山径,抚松竹,与麛犊共偃息于长林丰草间。坐弄流泉,漱齿濯足"。古人非常推崇远足郊游活动,特别是文人墨客,游山玩水之间,佳句诗作乃生。北宋大文学家苏轼在游览了西湖之后,写出了"水光潋滟晴方好,山色空蒙雨亦奇,欲把西湖比西子,淡妆浓抹总相宜"的优美诗句。

1. 领略自然风光,呼吸新鲜空气　当人们投身于大自然,深山密林,江河湖海,溪泉潭瀑,田园花草,不禁耳目为之一新,呼吸到大自然的新鲜空气,神情为之一爽。

新鲜空气主要指空气中的负氧离子含量高。研究表明,负氧离子含量若小于25个/m³,人就会头痛、恶心、晕弦、疲劳;而含量若大于1万个/m³,人就会因代谢活跃,心情舒畅,精力充沛,食欲增加;若大于10万个以上/m³,就可用来治疗某些疾病。可见,空气是否清新对人的健康很重要。而阴离子的多少,因环境不同有很大差异。城市街道、尤其繁华地段阴离子很少,但乡村、山地阴离子则较多,海边、瀑布等地含量最多。经常能够去空气新鲜的地方游玩,对人的身体会有好处。既可预防疾病,保持身体健康,又能对某些疾病起到良好的康复治疗作用。

2. 陶冶性情,增长知识　当身处海边山顶瞭望自然风光时,那广阔无垠的原野,苍翠幽深的丛山峻岭,变幻莫测的云雾,奔腾不息的江河大海,广阔的天地,使人神清意爽,不良情绪立即化为乌有。诗人、音乐家、书画家更可以从中找到艺术创造的灵感。了解不同的风土人情和不同的地理环境,既饱眼福,又广见闻。所以旅游不但可以陶冶性情,还能增长知识,开阔眼界。既有修身养性的作用,又能提高文化和鉴赏水平。我国著名的旅游胜地,如西安的秦兵马俑、苏州的怡园、杭州的西湖、山东的孔庙和碑林、敦煌的石窟等等,均能使人在参观旅游之时学到许多我国传统文化知识,若能去国外旅游,还能知晓许多异国情调的文化。

3. 锻炼体魄　在远足跋山涉水之中,不仅观赏了大自然的奇妙风景,领略了美好的环境,同时也活动了身体筋骨关节,锻炼了旅行者的体魄。使人气血流通,利关节而养筋骨,畅神志而益五脏。对于年老体弱者,应只求慢步消遣,不必求快求远,可缓步而行,时辍时行;对体胖者,旅行是减轻过重的体重的好方法。

国内外许多学者研究认为,运动脚趾也象运动手指一样,有助于大脑健康,甚至有人认为脚掌为人体的"第二心脏"。脚趾活动的减少已成了腰痛等系列"文明病"的病因,因此要保持身体健康,就应多远足郊游,在游览期间病体可为之一轻。

4. 获得精神享受　人类社会的进步,其本身就是一个征服未知的过程。好奇是人的本能,变未知为已知,到陌生的地方去旅行,开阔眼界,看看整个世界,这对人类的大部分成员永远是一种向往,有着巨大的吸引力。只要条件具备,人们就会欣然跨出自己的生活环境,到大自然中去。

心理学家认为,人的需要有五个基本层次。除生理需要、安全需要,在人群中的地位需要,以及自尊自爱和被人尊敬的需要,还有自我实现或个人发展的需要。现代人在获得了相当充分的物质享受的基础上,越来越追求美好的精神享受,旅游观光、周游世界,便可以有效地满足人们高层次的精神要求。

(二) 旅游健身原则及注意事项

1. 要考虑到季节　春季天地气清,万物以荣,春芽初萌,自然生发之气始生,逢春季应顺应自然之生机,踏青便是一项有益活动。夏季天气炎热,暑热之气难耐,此时若去海滨或森林,则可避暑养气。若旅游外出,也应择时而往,避免太阳直射,尤避长时间在阳光下暴露。傍晚时分,泛舟湖上,观赏荷花,能使人顿感凉爽。秋高气爽的季节,是旅游的最佳时候。无论登山临水,还是游览古迹,均不失为最使人惬意的黄金季节。冬季,雨雪偏多,一般不宜远游,但近处踏雪赏梅,观冰山玉树,看满天飞絮,也颇有情趣。

2. 要根据人的气质不同选择旅游项目　一般地讲,多血质者应去名山大川,直抒胸怀;胆汁质者则游亭台楼榭,静静心境;抑郁质和粘液质则应以观今古奇观和起落较大的险景胜地为上,改变抑郁多愁之心境,这样因人而异,更能起到理想的效果。

应提高文化和鉴赏水平:如果文化素养太差,鉴赏水平会受到影响,有时还会直接破坏旅游兴致。很多古代文化中的奥秘,只有深入其中,才能体会其绝妙。游风景名胜,从某种角度说,是在看一部历史。鉴赏水平提高了,就能深谙风景名胜的内在美。从而使旅游获得最佳的养生效果。

3. 要特别注意安全,避免发生意外。

三、花木、垂钓

(一) 花木

自古以来,鲜花以其颜色,馨香、风采和风格,赢得了人们的喜爱。鲜花不仅能美化环境,**净化空气**,有益于人们的身心健康,而且还是人类生活中不可缺少的物质资源。

1. 养生机理　花木不仅在于其形、色美化环境,使人心情舒畅,其香能令人心醉神往,而且种植花木还能促使人不断学习有关知识,掌握新技术,更可以活动筋骨,丰富生活情趣。调畅情志,活动筋骨,具有神、形兼养之功。

清代养生学家曹慈山,七十五岁以后,仍学而不厌,无书不读,吟诗作赋,写字画画,奏乐鼓琴,著书立说,栽花植木,兴趣十分广泛。据《嘉善县志》载:他在院内累土为山,广植花木,以奉其母。并把他的养生经验写进《养生随笔》:"院中植花木数十本,不求名种异卉,四时不绝便佳","阶前大缸贮水,养金鱼数尾",并要求"事事不妨亲身之"。

科学家研究证明,每日到园林或绿色地带活动,可使耐力增加15%,使消除疲劳的时间缩短80%,在绿色的花园里,皮肤温度可降低1℃～2℃,脉搏每分钟可减少4～8次,呼吸慢而均匀,**血流减慢**,紧张的神经可以松弛下来,嗅觉、听觉和思维活动的灵敏性得到增强。据研究发现,树叶可吸收声波,减低噪音;树叶的光合作用又可净化空气;夏天树叶还可蒸发水分,既增加空气湿度,又吸收热量;绿色还可调节神经的疲劳,保护视网膜,同时还有缓和神经紧张、使人安静的效能。现代人的生活,无不受噪音灰尘所染,如若能培养养花的爱好,在庭院或阳台种些树木,养植草坪,盆栽花草,户外的体力劳动,既可调剂生活、美化环境,又能学到一些科学技术知识,提高艺术文化的素养,增添家庭乐趣。

鲜花不仅以它的颜色令人赏心悦目,更主要的是,在花的香味中,含有一种既能净化空气、又能杀菌灭毒的物质——芳香油。当芳香油的气味和人的鼻腔内的嗅觉细胞接触时,立即通过嗅觉神经传递到大脑皮层,使人产生"沁人心脾"的快感。令人气顺意畅,血脉调和。据研究,不同的花朵,能产生不同质芳香油。如萝卜花、南瓜花、百合花的香味,可治疗糖尿病;天竺花香味可镇静神经、促进睡眠,并有良好的健脑作用;豆蔻花的香能治胃病;苏合花香对高血压、冠心病很有疗效。另据研究发现,有些花,如文竹、仙人掌、秋海棠、天竺葵等还可以分泌出植物杀菌素,使某些细菌致死。还有些花草的气味具有驱散苍蝇、蛾子、蚊虫的作用。

2．养花健身的原则 家庭养花,是一件富有情趣的活动。但也应注意以下几方面。

（1）因室养花:室内养花,应根据居室条件,不可培养太多。如果窗台上摆满花草,影响阳光照射,使人得不到必要的室内阳光。

（2）注意观察,随时更换:有些花草分泌的香精油会使某些人头痛,或使患有支气管哮喘的病人发病,会对花粉过敏的人,室内不宜放花,遇有这种情况,应立刻移至户外或更换别种花卉。还有些花如天竺葵、金盏花、报春花等不可用手去摸,以免患过敏性皮炎或湿疹。

（二）垂钓

垂钓作为一种户外活动,不仅能锻炼身体,而且修身养性,有益健康。

1. 养生机理

（1）锻炼身体:钓鱼往往要远足水边,才能寻到垂钓的好地方。不论是步行,还是骑车前往,这本身就是一种身体锻炼,行至途中,已想到鱼儿上钩,此番情趣,使人周身轻松。

（2）陶冶情趣:垂钓的环境多处于群山环抱、绿林深处或秀水清溪地,这种环境使人摆脱城市的喧闹及空气污染,令人安静,悠然自得。

（3）练意养神:垂钓时身体极度放松,这是形松体静,但另一方面,思想必须集中。若思绪纷杂,即使有鱼也难钓到。钓鱼时应脑、手、眼配合,静、意、动相助,眼、脑专注于浮标,形体虽静,而内气实动,这种动静结合,使一小部分神经活动,而大部分脑神经得到充分休息。对提高视觉力和头脑灵敏性均有好处。

（4）磨炼意志:钓鱼需耐心和细心。稳坐钓鱼船的稳字,就是一个很好的概括。钓鱼不可性急,不求收获,但求意境。若一味追求钓到大鱼,反而心躁性浮,于健康不利。应将钓鱼视为磨炼意志、克服急躁情绪的手段,培养稳重的性格。

2. 垂钓的注意事项

（1）风湿症患者应舍此活动,因近水可使病情加重,身体不适。

（2）注意安全。不要坐在潮湿处,以免染病。

（3）时间适度。要注意时间不可过长,不应太专注于此,更不应未钓到鱼而垂头丧气,这样,就破坏了垂钓的良好初衷。最好多人结伴,与野游、野炊等活动结合,更为有趣。

第十三章 浴身保健

浴身,俗指洗澡,雅称沐浴。古时,"沐"指洗头发;"浴"指洗身体,现合为一词,包括洗头洗身在内。

浴身保健系指利用水、日光、空气、泥沙等有形的或无形的天然物理因素,来沐浴锻炼以防病健身的方法。

根据浴身的方式方法不同,通过沐浴,可分别起到发汗解表、祛风除湿、行气活血、舒筋活络、调和阴阳、振奋精神等作用。现代医学认为,沐浴可促进机体体温调节,改善血液循环和神经系统的功能状态,加速各组织器官的新陈代谢。

第一节 浴身保健的分类

浴身的分类方法有多种。如以介质的形态论,可分为有形、无形两类,前者如各种水浴、泥沙浴,其中水浴据其内含成分的不同又可分为淡水浴、海水浴、矿泉浴、药浴等,据水温差异还能分为冷水浴、热水浴、蒸气浴等;后者则指日光浴、空气浴、森林浴和花香浴等有质而无形的沐浴,如以作用于身体不同部位论,可分为全身浴、半身浴和局部浴,如按浴身的作用**方式**,可分为擦浴、浸浴、淋浴、湿敷等。本章根据不同浴身方法的养生保健特点和叙述方便,分为冷水浴、热水浴、蒸气浴、矿泉浴、药浴和其他浴身方法等六类。

第二节 冷 水 浴

让健康锻炼者和某些疾病的患者,浸入水温低于25℃的水中,或施行擦浴、淋浴,使身体接受寒冷水温作用的方法,称为冷水浴。

一、作用机理

冷水浴作用机理一般可分为三个阶段:第一阶段,皮肤接触冷水,外周毛细血管收缩,血液流向深层血管,皮肤颜色变白。第二阶段,外周血管扩张,内脏血液返流向体表血管,皮肤发红,此阶段持续的时间长短,与水温、气温、人体对寒冷的耐受能力等因素有关。第三阶段,外周血管再度收缩,皮肤苍白,口唇发紫,身体寒战,出现"鸡皮"现象。冷水浴应在出现第三阶段前结束,这样在冷水浴过程中,周身血管都可受到一缩一张的锻炼。因此,人们又把冷水浴称为"血管体操",它对增强体质,延年益寿,防治疾病有多方面的良好作用。

(一) 能增强心血管系统的功能,防止动脉硬化

长期坚持冷水浴锻炼,可增强血管的弹性和韧性,提高心肌的收缩和舒张功能。同时,又能减少胆固醇在血管壁沉积,有助于预防动脉硬化以及高血压,冠心病等症的发生。

(二) 能增强中枢神经系统功能

机体一遇冷水刺激,大脑立刻兴奋起来,调动全身各器官组织加强活动抵御寒冷。周身

血管的舒缩运动即是靠了中枢神经系统的调控。因此,长期坚持冷水浴锻炼,通过神经反射和大脑作用,可使中枢神经系统功能增强,减缓脑细胞的衰老和死亡。实践证明,冷水浴锻炼对神经衰弱、头痛、失眠都有良好防治作用。

（三）加强呼吸器官的功能,提高抗寒能力

人受到冷水刺激,会不由自主吸一口气,然后呼吸暂停数秒,再深呼气,随后恢复均匀的深长呼吸。这就吸入更多的氧气,呼出更多的二氧化碳,同时,深长呼吸使腹压增大,呼吸肌作用加强,形成呼吸体操。从而加强整个呼吸器官的功能,以及人体对外界气温变化的适应能力,可预防感冒,扁桃体炎、支气管炎等多种疾病。

（四）增强消化器官功能

冷水刺激可增强胃肠蠕动,提高消化功能。同时,冷水刺激使人体耗热增加,身体为适应生理需要,则需多吸收营养,促进产热,从而使整个消化系统功能增强,令人食欲旺盛。

（五）使皮肤保持健美

冷水浴不仅对皮肤起到清洁作用,在擦洗冲淋时,皮肤肌肉受到机械摩擦,可促进皮质分泌,使之变得柔润光滑而富弹性,皱纹减少,保持健美,也不易感染皮肤病。

二、浴身方法

冷水浴包括冷水浴面、擦身、浴足、浸浴、冲淋、冬泳等形式。

（一）浴面

将面部浸入冷水中,用鼻呼气,呼毕抬头吸气,如此反复5～10次;用毛巾蘸冷水摩擦脸、耳和颈项部,洗后用干毛巾擦干;再用手掌擦面、颈部,直至发红发热。

（二）擦身

是冷水浴与按摩配合进行的锻炼。擦身的顺序为：脸→颈→上肢→背→胸→腹→下肢。摩擦四肢时,沿向心方向,即从肢端开始,以助静脉返流。手法由轻到重,时间因人而异,以皮肤发红、温热为度。

（三）淋浴

开始先用冷水淋湿手足,再用湿毛巾摩擦胸背部,然后在喷头下冲淋,同时用毛巾擦洗。时间根据水温、气温及个人身体情况灵活掌握。一般为3～5分钟,在寒战期前结束。淋毕,宜用干浴巾擦干全身,使身体感到清爽、温暖、舒适。

（四）浴足

两脚浸入冷水中,用手或脚相互摩擦,每次1～2分钟,然后用干毛巾擦干擦红。还可用手指按摩涌泉穴（在脚心前部）各30次左右。

（五）浸浴

即把身体浸入冷水中。应严格根据个人的耐受性来调节水温。开始可略高,逐步降低,直至所需温度。水中停留时间一般为0.5～2分钟。出浴后用干浴巾将皮肤擦至微红,以锻炼后感到精神振作、温暖舒适、眠食俱佳为宜。

（六）冬泳

须经系统的室内冷水浴锻炼后,机体对寒冷有较强适应能力,体质强壮者,方可考虑室外冬泳锻炼。泳前要做好准备活动,一般时间不宜过长。

三、应用原则和禁忌

冷水浴锻炼老少皆宜,四季皆可。个人情况不同,应灵活掌握。进行冷水浴的原则是：

(一) 从温到凉

从温水开始(34℃~36℃),逐步下降至16℃~18℃,再至自来水自然温度,最后降至不低于4℃。这样循序渐进,以使身体有个逐渐适应过程。

(二) 从夏到冬

冷水浴应先从夏天开始,中间不要间断,一直坚持到冬天。

(三) 从局部到全身

可先做面浴,足浴然后再做擦浴,最后到淋浴、浸浴。

(四) 宜早不宜晚

冷水浴锻炼应在早上进行,以振奋精神,如睡前冷水浴,会刺激大脑过度兴奋,影响睡眠。

(五) 时间宜短

足浴浸泡不超过两分钟;擦浴也不要过重过猛和时间过长,淋浴最初不超过30秒,逐步延长,暖季不超过5分钟,寒季不超过2分钟。如时间过长,反而对健康不利。

(六) 浴前准备

擦浴、淋浴前,要先活动肢体各关节,用手擦皮肤使身体发暖不觉寒冷后,再施淋浴。淋浴前,还可用手先捧冷水拍打胸背,适应后再淋冲。

(七) 浴后擦干

先用湿毛巾、再用干浴巾迅速把身体擦干,直至皮肤发红、温暖,赶快穿衣,以免受凉。

冷水浴适应范围较广,但有些病患者不宜进行冷水浴,如患有严重心脏病、高血压、癫痫、胃炎等病者;有开放性肺结核,病毒性肝炎或其他严重肝、肺疾患者;患急性、亚急性传染病、尚未康复者。此外,月经期和孕产期妇女;酒后、空腹、饱食、强劳动或剧烈运动后,都不宜进行冷水浴锻炼。

第三节 热水浴(包括冷热交替浴)

热水浴是温热水浴的统称。根据浴水温度的高低,可再细分为温水浴和热水浴。水温在36℃~38℃之间者称温水浴;38℃以上者叫热水浴。热水浴与冷水浴交替施行则称为冷热水交替浴。

一、作用机理

(一) 清洁皮肤

温热水浴可消除皮肤上的油垢,保持汗腺、毛孔通畅,提高皮肤的代谢功能和抗病能力。实验证明,一次热水浴能清除皮肤上数千万亿个微生物,故有人称之为"消毒的温床"。

(二) 活血通络

由于水温和冲洗时的水压和机械按摩作用,可调节改善神经系统的兴奋性,扩张体表血管,加速血液循环;促进新陈代谢,有利于代谢产物的排除;降低肌肉强力,减轻痉挛,从而增强机体的抵抗力和健康水平。

(三) 振奋精神,松弛紧张

水温不同,沐浴的作用也略有差异。热水对人体起刺激作用,入浴后会血压升高,心跳加快,交感神经兴奋,使人产生要活动的欲望;温水对皮肤刺激较小,新陈代谢等生理作用也进行缓慢,心脏负荷较轻,副交感神经兴奋,起到镇静、催眠作用。

二、浴身方法

温热水浴方法很多。可在盆中洗,池内浸泡,更多的则采取淋浴方式,可施行全身沐浴,也可用局部浴,如面浴、足浴,以及湿热敷裹等。使用时,可根据需要、习惯、身体状况及现实条件灵活选择。

冷热水交替浴系热水浴与冷水浴的交替合并使用,一般程序为先热后冷。先按上述热水浴方法沐浴,使毛孔扩张,皮脂污垢清除;再以冲淋法施冷水浴。冲淋时,可按以下步骤进行:冲淋上肢→下肢→腰部→胸腹→背部→头顶。同时配合擦浴,转动肢体,以通体清爽、舒适为度。最后,用干浴巾擦干全身,穿好衣服。

三、应用原则及宜忌

（一）水温适宜

沐浴的水温可根据习惯和身体情况而定。古人也主张浴水温度适体,不可太热,因水温太热则腠理开泄,蒸迫汗液,伤人津气;如长时间在热水中浸泡,会使全身体表血管扩张,心脑血流量减少,发生缺氧,引起大脑贫血甚至晕厥。

（二）浴次恰当

浴身的次数无统一标准。一般来说,皮脂腺分泌旺盛者可适当增加次数;瘦人可少一点;夏天每天至少洗一次;春秋季每周一次即可;冬季十天一次;强体力劳动后出汗较多,要随时洗澡;从事某种可能污染皮肤的作业时,下班后均应洗澡;老年人洗澡不要过频。

（三）热水浴的宜忌

热水浴是一种良好的保健方法,但要科学的运用,才能达到保健的目的。

1. 浴处宜暖而忌风　浴室温度应保持在20℃~25℃;注意通风,但须避免直吹冷风,《彭祖摄生养性论》讲:"勿沐浴而迎冷风。"

2. 饥、饱不浴　吃饭前后30分钟内不宜沐浴。因洗澡时,内脏的血液集中到体表,胃肠道的血液供应减少,同时胃酸分泌降低,使消化能力减弱,饥饿时洗澡会引起低血糖,尤应注意。

3. 少用肥皂　人的皮肤为皮脂腺分泌的脂肪所滋润、保护,如洗掉这层薄薄的油脂,皮肤即干燥易裂和脱屑。尤其老年人皮脂腺萎缩,用碱性大的肥皂,会使皮肤更干燥,降低皮肤的保护作用,使细菌得以孳生。

4. 预防"晕澡"　热水浴时,出现头晕、恶心、胸闷、心悸、口渴、出汗、四肢无力,甚至晕倒在地,称为"晕澡",多见于老年、体弱者。预防方法是精神放松,不要有紧迫感;入浴缓慢,不要一下子把身体全部泡入水中;浴时如感头晕不适,应停止洗浴,躺在空气新鲜处,注意保暖;体弱者浴前可喝杯糖盐水,防止出汗过多;年老及有心、肺、脑疾患者不宜单独洗浴,应有人陪同,入浴时间也不宜过久。

5. 患传染病、皮肤损伤,经期妇女,不宜盆浴,以免感染或交叉传染,以淋浴或擦浴为宜。

第四节　蒸气浴

蒸气浴是指在一间具有特殊结构的房屋里将蒸气加热,人在弥漫的蒸气里沐浴。

古典蒸气浴,是在浴室内将壁炉或地炉上几块特殊的石头加热,然后熄灭炉火,往石头上泼水产生蒸气,当温度、湿度达到一定标准,即可入浴。现代蒸气浴则是由恒温控制电加热器将石头加热。

标准蒸气浴室设施应包括以下几部分:候浴厅、更衣室、淋浴室,木质结构的蒸气浴室,含有冷水池的降温室、休息室、盥洗室,有的还设按摩室、人工日光浴室等。

在我国,**蒸气浴是一种历史悠久的传统保健疗法**。它通常采用含有药物的水蒸气熏蒸体表,故拟在"药浴"一节中介绍。本书简要谈谈目前国际上通用的蒸气浴。

国外把蒸气浴一般称作"桑拿浴"(Sauna)。各国情况不同,具体使用又有所区别,较著名的有芬兰浴、罗马浴、土耳其浴、俄罗斯浴、伊朗浴和日本浴等。根据浴室空气温度和相对湿度的差异,可概括为干热蒸气浴和湿热蒸气浴两种。

干热蒸气浴,如芬兰浴、罗马浴、浴室内气温较高,达80℃～110℃,相对湿度较低,约为20%～40%。

湿热蒸气浴,浴室气温为40℃～50℃,相对湿度较高,甚至可达100%,俄罗斯浴、日本浴属此类型。

一、作用机理

中医学认为,蒸气浴时,人处于湿热空气的蒸腾中,腠理、口鼻同时感受,外至肌肤,内及脏腑,都得濡养,既可升发阳气,振奋气机,又能滋阴润燥,利水消肿。经常沐浴有调和营卫、镇静安神之功效。

现代医学研究证实,蒸气浴对人体的作用因素是高温及空气湿度和冷空气或冷水刺激的双重影响。它能促进机体新陈代谢,加快血液循环,改善呼吸功能和心血管系统功能,有利于恢复疲劳和损伤组织的修复,对神经系统功能起调节作用。

二、浴身方法

蒸气浴的施行方法和程序与一般沐浴不同,其风格独特。大致分为以下几个步骤:

(一) 准备

就浴者脱衣后进入淋浴室,用温水、肥皂洗净全身并擦干或用热风吹干。

(二) 入浴

进入蒸气浴室后,根据个人体质及耐受程度,在浴室四壁不同高度的木栅板上平卧或就坐,可不断变换体位以均匀受热,还可用树枝烫软后拍打身体,以产生机械刺激和周围空气流通。历时7～15分钟。

(三) 降温

待全身发热后,走出蒸气浴室,进入降温室,用14℃～20℃的冷水冲淋或浸泡2～3分钟,也可在户外用冷空气降温,或在江河湖水中游泳。

(四) 反复

出浴后经过一定时间降温,在还未出现寒冷感觉时即擦干身体,休息10分钟后,再进入蒸气浴室,停留一段时间后,又离开蒸气室降温。如此反复升、降温2～5次。

三、应用原则及宜忌

蒸气浴时,宜根据个人具体情况选定适当温度、湿度和停留时间。健康人在干热蒸气浴(气温80℃～90℃,气湿20%～40%)室内,平均耐受时间为17分钟左右;在湿热蒸气浴(40℃～50℃气湿80%～100%)室内,一次最多可停留19分钟。

降温时所用冷水温度及持续时间因人而异，原则上不应出现寒战或不适感。最好以温热水浴足结束沐浴。浴后休息半小时以上，同时喝些淡盐水或果汁补充体内水分和电解质。

每次就浴包括休息约需 1.5～2.5 小时，一般每周一次。

蒸气浴的注意事项与冷、热水浴大致相同。少年儿童入浴时间不宜过长，以 10 分钟为度；运动员训练及赛前 1～2 天不应做蒸气浴，而应在运动后进行。

蒸气浴的禁忌证：急性炎证、传染病、高血压、重症动脉硬化、糖尿病并发酮症酸中毒甲亢、慢性酒精中毒、癫痫、肾功能衰竭、恶性肿瘤、有出血倾向者。

第五节 矿泉浴

矿泉浴系指应用一定温度、压力和不同成分的矿泉水沐浴。矿泉水有冷热两种，冷泉常属饮用，热泉多入浴，由于沐浴的矿泉水多有一定的温度，故矿泉浴又称为温泉浴，古书中称温泉为汤泉、沸泉。矿泉不同于井水和一般泉水，它是一种由地壳深层自然流出或钻孔涌出地表、含有一定量矿物质的地下水。与普通地下水相比，有三个特点：温度较高，含有较高浓度的化学成分，含有一定的气体。

温泉是大自然所提供的能健身祛病的宝贵资源。我国温泉资源十分丰富，现已发现的就有 3000 多处，分布在全国各个省分，现已建成 500 多所温泉疗养院，发挥了很好的保健作用。我国人民运用温泉浴摄生保健的历史是很久远的。二千多年前的《山海经》中就有温泉的记载。汉代张衡的《温泉赋》，北魏元苌的《温泉颂》，唐太宗的《温泉铭》等，都记述了温泉浴健身和治病的效能。

一、矿泉的分类

我国古代关于矿泉浴健身防病的文献记载很多，对矿泉的分类也做过很多探索。例如，《食物本草》对此就有论述。李时珍在《本草纲目》中对我国 600 多处矿泉做了记载和分类，记述其不同作用。他将当时的矿泉分为硫黄泉、朱砂泉、雄黄泉、矾石泉、砒石泉等。

现代的矿泉分类，一般而言是以矿泉水中的六种主要离子（HCO_3^-，SO_4^{2-}，CL^-，Na^+，Ca^{2+}，Mg^{2+}），三种气体（CO_2，H_2S，Rn）及某些活性元素（如 Fe、I、Br 等），作为矿泉分类的基础。但由于矿泉的性质多样，类型也较复杂，其分类方法目前尚不完全一致，主要有以下几种：

（一）按含有不同成分分类（见下表）

（二）按温度不同分类

矿泉的温度是矿泉浴保健治疗作用的重要因素之一，根据温度可分为六类。即①冷矿泉：$T<25℃$；②低温矿泉：T 为 25℃～33℃；③不感温或微温矿泉：T 为 34℃～36℃；④温矿泉：T 为 37℃～38℃；⑤热矿泉：T 为 38℃～42℃；⑥高热矿泉：$T>43℃$。

（三）按渗透压不同分类

按渗透压不同可分为三类，即①低渗泉，可溶性固体在(1～8)g/L 者；②等渗泉，可溶性固体在 (8～10)g/L 者；③高渗泉，可溶性固体在 10 g/L 以上者。

（四）按酸碱度不同分类

在泉源处测定 pH 值，可根据其反应分为七类。即①强酸性泉：$pH<2$；②酸性泉：pH：2～4；③弱酸性泉：pH：4～6；④中性泉：pH：7～7.5；⑤弱碱性泉：pH：7.5～8.5；⑥碱性泉：

医疗保健矿泉的基本类型

矿泉类别	溶解性固体（矿化度）	阴离子	阳离子	特殊成分（含量标准）
淡（单纯）温泉	$<1g/L$	—	—	$>34℃$
碳酸氢钠泉	$>1g/L$	HCO_3^-	Na^+	—
碳酸氢钙泉	$>1g/L$	HCO_3^-	Ca^{2+}	—
氯化钠泉	$>1g/L$	Cl^-	Na^+	—
硫酸钠泉	$>1g/L$	SO_4^{2-}	Na^+	—
硫酸钙泉	$>1g/L$	SO_4^{2-}	Ca^{2+}	—
硫酸镁泉	$>1g/L$	SO_4^{2-}	Mg^{2+}	—
碳酸泉（汽水）	—	—	—	$CO_2>500mg/L$
硫化氢泉（硫黄泉）	—	—	—	总硫量$(S)>2mg/L$
氡（镭射气）泉	—	—	—	$Rn>20$埃曼单位
铁泉	—	—	—	$Fe^{2+}+Fe^{3+}>10mg/L$
碘泉	—	—	—	$I>5mg/L$
溴泉	—	—	—	$Br>25mg/L$
硅酸泉				H_2SiO_3：$50mg/L$以上

pH：8.5～10；⑦强碱性泉：pH＞10。

（五）按矿化度不同分类

所谓矿化度，是指水中所含的离子、分子和各种化合物（不包括气体）的总量。它说明矿水中溶解矿物盐分的多少，但是一般淡水也含有矿物盐分，为了区别矿水和淡水，通常以每升中所含的矿物量1g为二者的分界线，即：淡水：总矿物量＜1g/L；矿水总矿物量＞1g/L。有不少温泉为单纯性温泉，即矿化度小于1g/L，实际上也起到矿物质的保健治疗作用。

二、作用机理

矿泉浴之所以能够健身治病，取决于矿泉对人体的特异性作用和非特异性作用。所谓非特异性作用，是指水和水温对人体的作用，又称矿泉的物理作用。矿泉水的温热，可促使毛细血管扩张，加快血液循环；沐浴时，由于水的机械浮力与静压力作用，可起到按摩、收敛、消肿、止痛之效能。

特异性作用，是指矿泉中特殊的化学成分对人体的作用，又称矿泉的化学作用或药物学作用。各种矿泉内所含成分不同，对人体的作用也各异。如硫化氢矿泉有兴奋作用，碳酸氢钠泉和硫酸钠泉,主要适用于消化系统疾病,矿泉中的氯能刺激造血系统和卵泡细胞的发育成熟,还可降低血脂;矿泉中的钾、钙能增强心血管功能,调节神经细胞和内分泌腺的活动;矿泉中的镁,对神经系统有镇静作用;钠对肌肉收缩有着重要功效。近年研究证实,矿泉浴可促进机体的免疫功能,有一定的延年益寿作用。

三、浴身方法

矿泉浴方法很多,较常用的方法有浸浴、直喷浴、运动浴三种。

（一）浸浴

浸浴是应用最广泛的一种方法,可用盆浴或池浴进行。根据浸浴的部位,又分为半身浸浴和全身浸浴。

1. 半身浸浴　浴者坐在浴池或浴盆里,上身背部用浴巾复盖以免受凉,本浴法有具有兴奋、强壮和镇静作用。

兴奋性半身浴:开始温度可由38℃～39℃,随着机体的适应程度,每浴1～2次把矿泉水温度降低0.5℃～1℃。在沐浴中用力摩擦皮肤同时向背部浇水,整个过程可持续3～5分钟,浴后擦干皮肤防止受凉。本法可用于健康者和健康状况较好的神经衰弱及抑郁症患者。

强壮性半身浴:此浴法与兴奋性半身浴相似,皮肤摩擦可不必强烈用力,水温可从38℃～39℃开始,逐渐降低到35℃～36℃。这种浴法适用于体质较弱或久病初愈恢复期的人。

镇静性半身浴:这种浴法的水温可从38℃～39℃开始,随着治疗次数增加和个体的耐受性,把水温略降2℃～3℃。沐浴时,安静地浸泡在矿泉水中10～15分钟,这种方法具有镇静作用,适用于神经兴奋性增高的人。

2. 全身浸浴　沐浴者安静仰卧浸泡在浴盆或浴池里,水面不超过乳头水平,以免影响呼吸和心脏功能。全身浸浴根据水温不同又可分为下列几种:

凉水浸浴:水温在33℃～36℃左右,8～10分钟,这种浸浴有解热及强壮作用,常用于健康疗养锻炼。

温水浸浴:水温37℃～38℃左右,15～20分钟,或30分钟,这种浸浴具有镇静、催眠、缓解血管痉挛作用,对冠心病、高血压、关节炎等有良好保健作用。

热水浸浴:水温在39℃～42℃,5～30分钟,这种浴法对神经兴奋作用,能促进全身新陈代谢,但对心脏血管负担较大。这种热矿泉浴对皮肤病和关节炎等有较好效果,老年人和心血管功能不全者应用时须慎重,浴后适当休息补充饮料。

（二）直喷浴

设有专门设备,患者立于距操纵台2～3米处,术者持水枪,用1～3个大气压,38℃～42℃的热水喷射全身或局部,每次3～5分钟,本法多用于治疗腰部疾患。

（三）运动浴

浴者在类似游泳池的大浴池内,做各种医疗体操动作。如弯腰、行走、下蹲、举臂、抬腿等,每次20～25分钟,每日一次。本法多作康复功能锻炼用。

矿泉浴还可配合气功、针灸、推拿、蜡疗等方法进行。

四、应用原则及宜忌

（一）矿泉的选择

矿泉所含化学成分差异颇大,沐浴时,应在医生指导下有所选择,不能盲目使用,否则往往适得其反。如硫黄泉对治疗皮肤病有效,但神经衰弱者浴后会加重失眠。

（二）矿泉浴的温度

适宜温度为38℃～40℃,但因泉质和使用目的不同,亦有所区别,如碳酸泉、碱泉、硫化泉温度一般在37℃～38℃,或更低一点,否则因有效气体挥发而失效。

（三）矿泉浴的时间与疗程

一般矿泉浴每次15～20分钟,以浴后感觉舒适为度。如浴中脉搏超过120次/分,或浴后很疲倦,则应停浴。每个疗程为20～30次,可每日一次,亦可连续沐浴2～3次休息一日。两个疗程间应休息7～10天,不得连续沐浴,以免产生耐受性,影响效果。

总之,矿泉浴不同于一般沐浴,要有一定的时间,一定的水温,一定的疗程和浴次,通常需在医生指导下进行。

（四）注意事项

矿泉浴的一般注意事项同冷、热水浴,但需注意可能出现的矿泉浴反应。矿泉浴初始数日,往往出现全身不适或病情加重现象,称为矿泉浴反应,分全身和局部两种情况。全身症状可表现为疲劳、失眠、心慌、眩晕、吐泻、癫痫、全身皮疹,上呼吸道感染等；局部反应为患处疼痛、肿胀、活动受限。如反应轻微,可继续治疗,如持续时间较长或症状严重,则应停止沐浴。

矿泉浴的禁忌证,凡属一切急性发热性疾病、急性传染病、活动性结核病、恶性肿瘤、出血性疾病、严重心肾疾患、高血压、动脉硬化者,以及妇女在经期、孕产期,均不宜施行温泉浴。

另外,在一天内入浴次数过多、入浴时间过长,浴温过高或疗程过长,都是不适宜的,可能有碍健康,或降低矿泉浴的效果,均为禁忌之列。

第六节 药 浴

药浴,是指在浴水中加入药物的煎汤或浸液,或直接用中药蒸气沐浴全身或熏洗患病部位的健身防病方法。

药浴时,除水本身的理化作用(主要是温热作用)外,主要是药物对人体的影响。药物水溶液的有效成分,从体表和呼吸道粘膜进入体内,可起到舒通经络、活血化瘀、驱风散寒、清热解毒、祛湿止痒等功效。现代药理研究也证实,药物的气味进入人体后,能提高血液中某些免疫球蛋白的含量,从而达到强身健体防治疾病的目的。

药浴的使用在我国由来已久。据载,自周朝开始就流行香汤浴即用佩兰煎汤洁身。宋明期间,香汤浴传入民间,出现了专供人们洗芳香浴的"香水行",且形成一定的习俗。如春节这天用五香汤(兰香、荆芥头、零陵香、白檀香、木香)沐浴,浴后令人遍体馨香,精神振奋；春季二月二日取枸杞煎汤沐浴,"令人肌肤光泽,不老不病"；夏天用五枝汤(桂枝、槐枝、桃枝、柳枝、麻枝)洗浴,可疏风气、驱瘴毒、滋血脉。及至清代,药浴不仅作为健身益寿的方法,而且广泛用于治疗和康复疾病。

一、使用方法

药浴形式多种多样,常用有浸浴、熏蒸、烫敷三种。作养生保健用,以浸浴多见。

（一）浸浴

将药物用纱布包好,加清水约10倍,浸泡20分钟,煎煮30分钟,将药液倒入浴水内,即可浸浴。一剂药可用2～3次,每次浸浴20分钟,每日一次。可全身浸浴也可局部泡洗。

(二) 熏蒸

将药物置纱布袋中,放入较大容器中煎煮,用煎煮时产生的热气熏蒸局部;或用蒸气室作全身浴疗。

通常,趁药液温度高、多蒸气时,先熏蒸后淋洗,当温度降至能浸浴(一般为37℃～42℃)时,再浸浴。

(三) 烫敷

将药物分别放入两个纱布袋中上笼屉或蒸锅内蒸透,乘热交替放在局部烫贴,可加上按摩,效果更好。每次20～30分钟,每日1～2次,2～3周为一疗程。多用于治疗与康复。

二、药浴举例

香药澡豆方(《太平圣惠方》) "大豆五升,赤小豆四合,苜蓿五两,零陵香五两,冬瓜仁六分,丁香二两,麝香半两(细研),茅香三两,猪胰五具。(细切)

上九味,捣细罗为散,与猪胰相合,捣均匀。用时与少量水相合,洗手部及全身。有香身护肤,润燥作用。(麝香价昂可以不用)

护肤美容方 绿豆、百合、冰片各10g,滑石、白附子、白芷、白檀香、松香各30g,研末入汤温浴,可使容颜和体肤白润细腻。

食醋熏蒸方 按3～5 ml/m² 计算,取食醋置锅内,加入2～3倍的水,加热蒸发,使蒸气弥漫空间,人在室内,每日一次,连续3～5天,防治流感有效;亦可将食醋兑水置搪瓷杯内加热,用鼻呼吸其热汽,每次15分钟,连续2～3次,防治感冒效果亦佳。

葱白烫方 葱白500g,切细,加麝香2.5g拌匀,平分2份置纱布包内,先以一包置脐上用热烫斗烫之,30分钟一换,治癃闭。

第七节 其他浴身方法介绍

一、泥浴

泥浴系指用海泥、湖泥等泥类物质敷于身体,或在特制的泥浆里浸泡,以达健身祛病目的之方法。

传统泥浴利用天然泥土,如白土、黄土、灶心土、田泥、井底泥等;现代医疗泥浴多采用淤泥,内含丰富矿物质和微量放射性物质。

泥浴一般选择夏季,脱衣,将泥糊涂于体表,躺在沙滩上;亦可在泥浆中浸泡20～30分钟。

泥浴的保健医疗作用,是淤泥中含有各种盐类,对皮肤起到杀菌、消毒作用;泥内的有机物、胶体物质,呈"离子"状况透过皮肤进入体内发挥作用;泥土与皮肤摩擦,在日光照射下,有明显温热作用和按摩功效,可促进血液循环,改善新陈代谢和组织细胞的营养。

各种皮肤感染、开放性损伤、及患有严重器质性病变者、妇女经、孕产期,均不宜进行泥浴。

二、砂浴

砂浴系指将全身或身体局部埋入砂中,利用其温热和机械按摩等作用,以达健康祛病的一种方法。

医用砂是清洁的干海砂、河砂或沙漠砂,其中不应混有小石块、贝壳等杂质。

砂浴作用于人体,表现为热疗、磁疗、推拿和日光浴的综合效应。它可促进血液循环,增强新陈代谢,有明显排汗作用;有利于渗出液的吸收和疤痕的软化;还可加快胃肠蠕动和骨组织的生长,所以能引起全身或局部的变化。

理想的砂浴时间为:**夏季**,每天傍晚 4～7 点。埋砂时脱衣,戴上墨镜,将肢体埋入 0.1～0.2 米厚的砂层,每次 0.5～1.5 小时,浴后用清水冲洗干净,并在荫凉处休息 20～30 分钟,一般 10 天为一疗程。

砂浴虽好,但非人人适宜。患有较严重器质性病变、急性炎症、有出血倾向者、妇女月经期、孕期、儿童、年老体质极度虚弱者,不宜进行砂浴。

三、空气浴

空气浴系指裸体或半裸体直接接触空气,利用其理化特性,以健身防病的一种方法。

空气浴主要利用空气的气温、气湿、气流及所含化学成分对人体的综合作用。其中气温是主要因素之一。空气浴时,气温通常低于体温,对机体形成寒冷刺激,引起大脑皮层、体温调节中枢、血管运动中枢等发生一系列变化,使皮肤血管收缩,排汗减少,代谢增加。从而提高机体的抗病能力。另外,新鲜空气中含有大量阴离子,能调节中枢神经系统功能,刺激造血机能,促进新陈代谢,增强肺功能和机体免疫力。

空气浴方法简单易行,可进行专门锻炼,也可与运动、劳动相结合,一般从夏季开始,尽量少穿衣裤,清晨到空气新鲜的公园、水边,做一些简单的体育活动,如慢跑、打拳。时间根据体温和个体素质决定,以不出现寒颤为度。

大风、大雾或天气骤变如寒流时,不要勉强锻炼;急性炎症及肾病患者不宜进行空气浴。

四、日光浴

日光浴系指通过晒太阳以健身治病的一种方法,我国古代又称"晒疗"。《黄庭经》指出日光的作用:"日月之华救老残",宋代《云笈七笺》载有"采日精法",嵇康《养生论》也提出了"晞以朝阳"之说。古人不仅单纯地晒太阳,而且与呼吸吐纳练功结合起来,做为健身防病的重要方法。

射到地面上的太阳光中,含 1% 的中、长波紫外线,40% 的可见光和 59% 的红外线。日光浴实际上是同时做空气浴和上述三种光线的照射治疗。紫外线可杀菌、消炎、止痛、脱敏,防治小儿佝偻病和白癜风,促进组织再生,增强机体免疫力等;红外线主要是温热效应,它使皮温升高,血管扩张、代谢增强,还能消炎止痛;可见光由红橙黄绿青蓝紫七种单色光组成,通常所见,是其混合成的白光。可见光照射人体时,通过视觉和皮肤感受器,作用于中枢神经,再通过反射,调整各组织器官的功能,产生不同作用。如红光令人兴奋、绿光使人镇静、柔和的粉光可降血压、紫光和蓝光有抑制作用等。

日光浴的时间,夏季在 8～10 点、下午 3～5 点。其余三季最好在上午 9～12 点。日光浴的地点可选择空气清洁的海滨、公园、阳台。

日光浴的方法通常有两种:一种是专门进行日光浴锻炼,另一种是结合劳动与锻炼。

日光浴时,只穿内衣裤,使皮肤直接感受阳光,可采取卧位或坐位,并不断变换体位,以均匀采光。日照时间不宜过久,每次 15 分钟或遵医嘱。否则反对健康有害,如致皮肤癌。

日光浴不易在沥青马路上进行;浴时注意保护皮肤,可涂油膏;保护头部和眼睛,如戴草帽及遮阳镜;空腹、饱食、疲劳时不宜进行日光浴。

凡患严重心脏病、高血压、浸润性肺结核、甲亢、有出血倾向者,不宜进行日光浴。

五、森林浴

森林浴系指在树林中裸露肢体，或减少穿衣服，配合适当劳动，呼吸林木散发出的物质和新鲜空气以锻炼身体的方法。其原理基本同空气浴。

森林中很多树木可散发出有强大杀菌作用的芳香性物质，可杀死空气中的病菌和微生物。

如新鲜的白桦树叶内注入结核杆菌，几分钟后杆菌全部死亡。柏树、雪松、樟树、白皮松等均具很强杀菌能力。另外，森林中的空气不仅芳香、清新，且富含阴离子。能增强肺功能，改善心肌营养，促进新陈代谢。森林中绿荫满目，景色优美，鸟语花香，可改善人的精神状态，使人愉悦、放松，从而充分调动人体潜能，对健康长寿有良好作用。因此，森林浴实际上是空气浴，草木芳香浴以及旅游的综合效应。

森林浴时，可适当增加些活动量，如散步、慢跑、做体操，以求多吸进些新鲜空气和草木花香，加速体内代谢产物的排泄，充分发挥森林浴的作用。

六、海水浴

海水浴系指在天然海水中浸泡、冲洗或游泳的一种健身防病方法。

海水浴对机体的作用包括三方面。温度作用是海水浴的基本作用。海水温度与体温的差异越大，对机体的刺激作用越强（机体反应过程同冷水浴）。其次，海水中含多种盐类，可附着于皮肤，刺激神经末梢，使毛细血管轻度充血，对改善皮肤血液循环和代谢过程有良好作用，尚可提高网状内皮系统功能。再有，海水的压力，流动时的冲击力、游泳动作受到的阻力，构成海水浴的机械作用，它可改善体内血液循环，提高心、肺功能。由于海水浓度高，浮力大，有助于肢体活动，可加速运动功能障碍的恢复。

总之，海水的综合效能，碧蓝辽阔的海洋景观，潮润清新的海洋气候。明媚充沛的日光辐射，使海水浴比一般水浴作用更大。

海水浴的时间一般在每年7～9月份，上午9～11时，下午3～5时为宜；每次20～60分钟，以不觉十分疲劳为度。浴前要充分活动肢体，浴后最好用淡水冲洗身体。

患重度动脉硬化、高血压、脑血管意外、活动性肺结核、肝硬化、肾炎及妇女月经期，不宜海水浴。

第十四章 保健针、灸、按摩

针、灸、按摩是祖国医学中的重要组成部分。它不仅是中医治疗学的重要手段,也是中医养生学中的重要保健措施和方法。利用针、灸、按摩进行保健强身,是中医养生法的特色之一。

第一节 保健针、灸、按摩的意义及异同

《灵枢·经别篇》说:"十二经脉者,人之所以生,病之所以成,人之所以治,病之所以起"。说明人的生长与健康,病的酿成与痊愈,与人体经络有密切关系。针、灸、按摩就是根据有关经络俞穴的理论,运用不同的方法调整经络气血,借以通达营卫,谐调脏腑,达到增强体质,防病治病的目的。而用于保健强身、益寿延年者,则属于养生范畴,称之为保健针、灸、按摩。

针、灸、按摩,方法各有不同,但其基本点是相同的,都以中医经络学说为基础,以调整经络、刺激俞穴为基本手段,以激发营卫气血的运行,从而起到和阴阳、养脏腑的作用。

三种方法不同之处,在于使用的工具、实施的手法及形式不同。就其作用而言,也有所侧重。针法是用不同的针具刺激人体的经络俞穴,通过实施提、插、捻、转、迎、随、补、泻等不同手法,以达到激发经气、调整人体机能的目的。其所用工具为针,使用方法为刺,以手法变化来达到不同的效果;灸法则采用艾绒或其他药物,借助于药物烧灼,熏熨等温热刺激,以温通气血。其所用物品为艾绒等药物,使用方法为灸,以局部温度的刺激来达到调整机体的作用。按摩则是用手指、掌或辅助按摩器械对人体的经络、俞穴、肢体、关节等处,施以按、点、揉、搓、推、拿、抓、打、压……等手法,以舒筋活血,和调表里。三种方法其实均施以手法为主,则是以不同手法达到不同目的。三种方法各有特长,针刺有补有泻;灸法长于温补、温通;按摩则侧重于筋骨关节,属于中医外治法中三种不同类型的方法。

在中医养生的实际应用中,灸法及按摩运用较为普遍,针刺古代多有运用,而今似不如灸及按摩应用的广泛。三者常可配合使用。欲获近期效果时,可用针法。然而对禁针的穴位,或不宜针法者,则可用灸。灸法往往效缓而持久,欲增强其效果,亦可配以针法。针而宜温者,可针、灸并施。不宜针、灸者,可用按摩法。

第二节 针 刺 保 健

一、针刺保健的概念

针刺保健,就是用毫针刺激一定的穴位,运用迎、随、补、泻的手法以激发经气,使人体新陈代谢机能旺盛起来,达到强壮身体,益寿延年的目的,这种养生方法,称之为针刺保健。

针刺保健与针刺疗疾的方法相同,但各有侧重。保健而施针刺,着眼于强壮身体,增进机体代谢能力,旨在养生延寿;治病而用针法,则着眼于纠正机体阴阳、气血的偏盛偏衰,扶

正驱邪,意在祛病除疾。因而,用于保健者,在选穴、施针方面,亦有其特点。选穴则多以具有强壮功效的穴位为主;施针的手法,刺激强度宜适中,选穴亦不宜过多。

二、针刺保健的作用

针刺之所以能够养生,是由于刺激某些具有强壮效用的穴位,可以激发体内的气血运行,使正气充盛 阴阳谐调。概括起来,针刺保健的作用,大要有三。

(一) 通经络

针刺的作用主要在于疏通经络,使气血流畅。《灵枢·九针十二原》中指出:"欲以微针,通其经脉,调其血气",针刺前的"催气"、"候气",刺后的"得气",都是在调整经络气血。如果机体某一局部的气血运行不利,针刺即可激发经气,促其畅达。所以,针刺的作用首先在于"通"。经络通畅无阻,机体各部分才能密切联系,共同完成新陈代谢活动,人才能健康无病。

(二) 调虚实

人体的生理机能活动随时都在进行着。"阴平阳秘"是一种动态平衡,在正常情况下,也容易出现一些虚实盛衰的偏向。如:体质的好坏、体力的强弱、机体耐力、适应能力,以及智力、反应灵敏度等等,对于不同的个体,不同的时期,都会出现一定的偏差。针刺保健则可根据具体情况,纠正这种偏差,虚则补之,实则泻之,补、泻得宜,可使弱者变强,盛者平和,以确保健康。

(三) 和阴阳

阴阳和谐乃是人体健康的关键。针刺则可以通经络、调虚实,使机体内外交通,营卫周流,阴阳和谐。如此新陈代谢自然会健旺,以达到养生保健的目的。"阴平阳秘,精神乃治",就是这个道理。

现代研究证明,针刺某些强壮穴位,可以提高机体新陈代谢能力和抗病能力。如:针刺正常人的"足三里"穴,白血细胞总数明显增加,吞噬功能加强。同时,还可以引起硫氢基酶系含量增高。硫氢基为机体进行正常营养代谢所必须,对机体抗病防卫的生理功能有重要作用。这就进一步说明,针刺法确实具有保健防病、益寿的作用。

三、刺法原则

(一) 配穴

针刺保健,可选用单穴,也可选用几个穴位为一组进行。欲增强某一方面机能者,可用单穴,以突出其效应;欲调理整体机能者,可选一组穴位,以增强其效果。在实践中,可酌情而定。

(二) 施针

养生益寿,施针宜和缓,刺激强度适中,不宜过大。一般说来,留针不宜过久,得气后即可出针,针刺深度也应因人而宜,年老体弱或及小儿,进针不宜过深;形盛体胖之人,则可酌情适当深刺。

(三) 禁忌

遇过饥、过饱、酒醉、大怒、大惊、劳累过度等情况时,不宜针刺;孕妇及身体虚弱者,不宜针刺。

四、针刺穴位

现将一些常用的养生保健穴位介绍如下:

1. 足三里　位于膝下三寸,胫骨外大筋内。为全身性强壮要穴,可健脾胃、助消化,益气增力,提高人体免疫机能和抗病机能。刺法,用毫针直刺 1～1.5 寸,可单侧取穴,亦可双侧同时取穴。

一般人针刺得气后,即可出针。但对年老体弱者,则可适当留针 5～10 分钟。隔日一次,或每日一次。

2. 曲池　位于肘外辅骨。曲肘,肘横纹尽头便是此穴。此穴具有调整血压、防止老人视力衰退的功效。用毫针直刺 0.5～1 寸,针刺得气后,即出针。体弱者可留针 5～10 分钟。每日一次,或隔日一次。

3. 三阴交　位于足内踝高点上 3 寸,胫骨内侧面后缘。此穴对增强腹腔诸脏器,特别是生殖系统的健康,有重要作用。刺法,用毫针直刺 1～1.5 寸,针刺得气后,即出针,体弱者,可留刺 5～10 分钟。每日一次,或隔日一次。

4. 关元　位于脐下 3 寸。本穴为保健要穴,有强壮作用。刺法,斜刺 0.5 寸,得气后出针。每周针 1～2 次,可起到强壮身体的作用。

5. 气海　位于脐下 1.5 寸。此穴为保健要穴,常针此穴,有强壮作用。刺法,斜刺 0.5 寸,得气后,即出针。可与足三里穴配合施针,每周 1～2 次,具有强壮作用。

第三节　保　健　灸　法

一、保健灸法的概念

在身体某些特定穴位上施灸,以达到和气血、调经络、养脏腑、益寿延年的目的,这种养生方法称之为保健灸法。保健灸不仅用于强身保健,亦可用于久病体虚之人的健康,是我国独特的养生方法之一。

保健灸法,流传已久。《扁鹊心书》中即指出:"人于无病时,常灸关元、气海、命门、中脘,虽未得长生,亦可得百余岁矣"。说明古代养生家在运用灸法进行养生方面,已有丰富的实践经验。时至今日,保健灸仍是广大群众所喜爱的行之有效的养生方法。

灸法一般多用艾灸。艾为温辛、阳热之药。其味苦、微温、无毒,主灸百病。是多年生菊科草本植物,灸用以陈旧者为佳。点燃后,热持久而深入,温热感直透肌肉深层,一经停止施灸,便无遗留感觉,这是其他物质所不及的。因而,艾是灸法理想的原料。

二、保健灸的作用

保健灸的主要作用是温通经脉、行气活血、培补先天、后天,和调阴阳,从而达到强身、防病、抗衰老的目的。

(一) 温通经脉,行气活血

《素问·刺节真邪论》说:"脉中之血,凝而留止,弗之火调,弗能取之"。气血运行具有遇温则散,遇寒则凝的特点。灸法其性温热,可以温通经络,促进气血运行。

(二) 培补元气,预防疾病

《扁鹊心书》指出:"夫人之真元,乃一身之主宰,真气壮则人强,真气虚则人病,真气脱则人死,保命之法,艾灸第一"。艾为辛温阳热之药,以火助之,两阳相得,可补阳壮阳,真元充足,则人体健壮,"正气存内,邪不可干",故艾灸有培补元气,预防疾病之作用。

(三) 健脾益胃,培补后天

灸法对脾胃有着明显的强壮作用,《针灸资生经》指出:"凡饮食不思,心腹膨胀,面色萎黄,世谓之脾胃病者,宜灸中脘"在中脘穴施灸,可以温运脾阳,补中益气,常灸足三里,不但能使消化系统功能旺盛,增加人体对营养物质的吸收,以濡养全身,亦可收到防病治病,抗衰防老的效果。

（四）升举阳气,密固肤表

《素问·经脉篇》云："陷下则灸之"。气虚下陷,则皮毛不任风寒,清阳不得上举,因而卫阳不固,腠理疏松。常施灸法,可以升举阳气,密固肌表,抵御外邪,调和营卫,起到健身、防病治病的作用。

三、保健灸的方法

艾灸从形式上分,可分为艾炷灸、艾条灸、温针灸三种；从方法上分,又可分为直接灸、间接灸和悬灸三种。保健灸则多以艾条灸为常见,而直接灸、间接灸和悬灸均可采用。

根据体质情况及所需的养生要求选好穴位,将点燃的艾条或艾炷对准穴位,使局部感到有温和的热力,以感觉温热舒适,并能耐受为度。

艾灸时间可在3～5分钟,最长到10～15分钟为宜。一般说来,健身灸时间可略短；病后康复,施灸时间可略长。春、夏二季,施灸时间宜短,秋、冬宜长；四肢、胸部施灸时间宜短,腹、背部位宜长。老人、妇女、儿童施灸时间宜短,青壮年则时间可略长。

施灸的时间,传统方法多以艾炷的大小和施灸壮数的多少来计算。艾炷是用艾绒捏成的圆椎形的用量单位,分大、中、小三种。如蚕豆大者为大炷,如黄豆大者为中炷,如麦粒大者为小炷。每燃烧一个艾炷为一壮。实际应用时,可据体质强弱而选择。体质强者,宜用大炷；体弱者,宜用小炷。

四、保健灸常用穴位

一般说来,针刺保健的常用穴位,大都可以用于保健灸法。同时,也包括一些不宜针刺的穴位。兹举例如下：

1. 足三里　常灸足三里,可健脾益胃,促进消化吸收,强壮身体,中老年人常灸足三里还可预防中风。具防老及强身作用。灸法：用艾条、艾炷灸均可,时间可掌握在5～10分钟。

古代养生家主张常在此穴施疤痕灸,使灸疮延久不愈,可以强身益寿。"若要身体安,三里常不干",即指这种灸法。

现代研究证明,灸足三里穴确可改善人的免疫功能,并对肠胃、心血管系统等有一定影响。

2. 神阙　位于当脐正中处。神阙为任脉之要穴,具有补阳益气,温肾健脾的作用。《扁鹊心书》指出："依法熏蒸,则荣卫调和,安魂定魄,寒暑不侵,身体开健,其中有神妙也,……凡用此灸,百病顿除,益气延年"。灸法,灸七至十五壮,灸时用间接灸法,如：将盐填脐心上,置艾炷灸之,有益寿延年之功。

3. 膏肓　位于第四胸椎棘突下旁开3寸处常灸膏肓穴,有强壮作用。灸法：艾条灸,15～30分钟。艾炷灸7～15壮。

4. 中脘　位于脐上四寸处。为强壮要穴,具有健脾益胃,培补后天的作用。一般可灸七至十五壮。

5. 涌泉　脚趾卷屈,在前脚掌中心凹陷处取穴。此穴有补肾壮阳,养心安神的作用。常灸此穴,可健身强心,有益寿延年之功效。一般可灸三至七壮。

其他如针刺保健中所列曲池、三阴交、关元、气海等穴,均可施灸,具有强身保健功效。

第四节 保健推拿按摩

按摩古称"按蹻",是我国传统的摄生保健方法之一。运用手和手指的技巧,按摩人体一定部位或穴位,从而达到预防、保健目的的养生方法,叫做保健按摩。

由于保健按摩法简便易行,平稳可靠,所以受到养生家的重视,并将其作为益寿延年的**方法**,积累、整理、流传下来,成为深受广大群众喜爱的养生健身措施。

一、保健按摩的作用

保健按摩主要是通过对身体局部刺激,促进整体新陈代谢,从而调整人体各部分功能的**协调统一**,保持机体阴阳相对平衡,以增强机体的自然抗病能力。达到舒筋活血、健身、防病之效果。

(一) 疏通经络,行气活血

《素问·血气形志篇》说:"……经络不通,病生于不仁,治之以按摩",《素问·调经论》也指出:"神不足者,视其虚络,按而致之"。说明按摩有疏通经络之作用。由于按摩大多是循经取穴,按摩刺激相应穴位。因而,可使气血循经络运行,防止气血滞留,达到疏通经络,畅达气血之目的。

从现代医学角度来看,按摩主要是通过刺激末梢神经,促进血液、淋巴循环及组织间的**代谢**过程,以协调各组织、器官间的功能,使机体的新陈代谢水平有所提高。

(二) 调和营卫,平衡阴阳

营卫气血周流,则可贯通表里内外,脏腑肌腠,使全身成为一个协调统一的整体。营卫**相通**,气血调和,机体皆得其养,则内外调和,阴平阳秘。明代养生家罗洪在《万寿仙书》中说:"**按摩法能疏通毛窍,能运旋荣卫**"。按摩就是依据中医理论原则,结合具体情况而分别运用不同手法,以柔软、轻和之力,循经络、按穴位,施术于人体,通过经络的传导来调节全身,借以调和营卫气血,增强机体健康。

由于保健按摩可行气活血,通调营卫阴阳。所以,按摩后血液循环加快,皮肤浅层的毛细血管扩张,肌肉放松,关节灵活,除感到被按摩部分具有温暖舒适的感觉外,也给全身带来一种轻松、愉快、舒适与灵活感,使人精神振奋,消除疲劳,久久行之,对保证身体健康具有重要作用。

二、保健按摩方法

保健按摩法多以自我按摩为主,简便易行,行之有效。较有代表性的保健按摩如:眼保**健功**、干沐浴法等,为大家所熟知,现介绍一些传统的保健按摩法,以述其大要。

(一) 熨目

《诸病源候论》云:鸡鸣以两手相摩令热,以熨目,三行,以指抑目。左右有神光,令目明,不病痛"。

具体做法:两手相摩擦,搓热后,将手掌放于两眼之上,这就是熨眼。如此反复熨眼三次。然后,用食指、中指、无名指轻轻按压眼球,稍停片刻。做烫目,宜在黎明时分。

功用:养睛明目,常做此法,可使眼睛明亮有神,而不生病痛。

(二) 摩耳

具体做法：两手掌按压耳孔，再骤然放开，连续做十几次。然后，用双手拇指、食指循耳廓自上而下按摩 20 次。再用同样方法按摩耳垂 30 次，以耳部感觉发热为度。

功用：常做此法，可增强听力，清脑醒神。

（三）按双眉

具体做法：用双手拇指关节背侧按摩双眉，自眉头至眉廓，经攒竹、鱼腰、鱼尾、丝竹空等穴。做时可稍稍用力，自己感觉略有痠痛为度，可连续按摩 5～10 次。

功用：明目、醒神。

（四）摩腹

具体做法：用手掌面按在腹上，先以顺时针方向，再以逆时针方向，各摩腹 20 次。立、卧均可。饭后，临睡前均可进行。

功用：饭后摩腹，有助于消化吸收；临睡前摩腹，可健脾胃、助消化，并有安眠作用。

（五）捶背

捶背分自己捶打及他人捶打两种。

自己捶打：两腿开立，全身放松，双手半握拳，自然下垂。捶打时，先转腰，两拳随腰部的转动，前后交替叩击背部及小腹。左右转腰一次，可连续做 30～50 次。叩击部位，先下后上，再自上而下。

他人捶打：坐、卧均可。坐时，身体稍前倾；卧时，取俯卧位，两臂相抱，枕于头下。捶打者用双拳沿脊背上下轻轻捶打，用力大小以捶击身体，震而不痛为度。从上而下为一次，可连续打 5～10 次。

功用：背部为督脉和足太阳膀胱经循行之处，按摩、捶打背部，可促进气血运行，和调五脏六腑，舒筋通络，益肾强腰。

（六）摩涌泉

具体做法：用左手拇指按摩右足涌泉穴；用右手按摩左足。按摩时，可反复摩搓 30～50 次，以足心感觉发热为度。此法适宜在临睡前或醒后进行。

功用：常摩涌泉穴，具有调肝、健脾、安眠、强身的作用。

第十五章 药物养生

具有抗老防衰作用的药物,称为延年益寿药物。运用这类药物来达到延缓衰老,健身强身目的的方法,即是药物养生。千百年来,历代医家不仅发现了许多益寿延年的保健药物,而且也创造出不少行之有效的抗衰防老的方剂,积累了丰富的经验,为人类的健康长寿做出了巨大贡献。

第一节 药物养生的机理

一、固护先天、后天

人体健康长寿很重要的条件是先天禀赋强盛,后天营养充足。脾胃为后天之本,气血生化之源,机体生命活动需要的营养,都靠脾胃供给。肾为先天之本,生命之根,元阴元阳之所在,肾气充盛,机体新陈代谢能力强,衰老的速度也缓慢,正因如此,益寿方药的健身防老作用,多立足于固护先天、后天,即以护脾、肾为重点,并辅以其他方法,如行气、活血、清热、利湿等以达到强身、保健的目的。

二、着眼补虚、泻实

《中藏经》中指出:"其本实者,得宜通之性必延其寿;其本虚者,得补益之情必长其年"。用方药延年益寿,主要在于运用药物补偏救弊,调整机体阴阳气血出现的偏差,协调脏腑功能,疏通经络血脉。而机体的偏颇,不外虚实两大类,应本着"虚则补之,实则泻之"的原则,予以辨证施药。虚者,多以气血阴阳的不足为其主要表现。在方药养生中,即以药物进补,予以调理,气虚者补气,血虚者养血,阴虚者滋阴,阳虚者壮阳,补其不足而使其充盛,则虚者不虚,身体可强健而延年;实者,多以气血痰食的郁结、壅滞为主要表现。在方药养生方面,即以药物宣通予以调理,气郁者理气,血瘀者化瘀,湿痰者化湿,热盛者清热,寒盛者驱寒,此为泻实之法,以宣畅气血、疏通经络、化湿导滞、清热、驱寒为手段,以达到行气血、通经络、协调脏腑的目的,从而使人体健康长寿。此外,必须指出,纯虚者是较为少见的。这是因为正气虚者往往兼有实邪,用药自当补中有泻,方克有补。故程国彭指出:"用药补正,必兼泻邪,邪去则补自得力"。

总之,无论补虚、泻实,皆以补偏救弊来调整机体,起到益寿延年的作用。

三、意在燮理阴阳

中医认为,人之所以长寿,全赖阴阳气血平衡,这也就是《素问·生气通气论》中所说:"阴平阳秘,精神乃治"。运用方药养生以求益寿延年,其基本点即在于燮理阴阳,调整阴阳的偏盛偏衰,使其复归于"阴平阳秘"的动态平衡状态。这正如清代医家徐灵胎所说:"审其阴阳之偏胜,而损益使平"。可以说,"损益使平"便是方药养生的关键,即燮理阴阳的具体体现。

第二节 药物养生的应用原则

药物养生的具体应用是着眼在补、泻两个方面。用之得当,在一定程度上可起到益寿延年的作用。但药物不是万能,如果只依靠药物,而不靠自身锻炼和摄养,毕竟是被动的,消极的。药物只是一种辅助的养生措施,在实际应用中,应掌握如下原则。

一、不盲目进补

用补益法进行调养,一般多用于老年人和体弱多病之人,这些人的体质多属"虚",故宜用补益之法。无病体健之人一般不需服用。尤其需要注意的是,服用补药应有针对性,倘若一见补药,即以为全然有益无害,冒然进补,很容易加剧机体的气血阴阳平衡失调,不仅无益,反而有害,故不可盲目进补,应在辨明虚实,确认属虚的情况下,有针对性的进补。清代医家程国彭指出:"补之为义,大矣哉!然有当补不补误人者;有不当补而补误人者;亦有当补而不分气血、不辨寒热、不识开合,不知缓急、不分五脏、不明根本,不深求调摄之方以误人者,是不可不讲也",这是需要明确的第一条原则。

二、补勿过偏

进补的目的在于谐调阴阳,宜恰到好处,不可过偏。过偏则反而成害,导致阴阳新的失衡,使机体遭受又一次损伤。例如,虽属气虚,但一味大剂补气而不顾及其他,补之太过,反而导致气机壅滞,出现胸、腹胀满,升降失调;虽为阴虚,但一味大剂养阴而不注意适度,补阴太过,反而遏伤阳气,致使人体阴寒凝重,出现阴盛阳衰之候,所以,补宜适度,适可而止,补勿过偏,这是进补时应注意的又一原则。

三、辨证进补

虚人当补,但虚人的具体情况各有不同,故进补时一定要分清脏腑、气血、阴阳、寒热、虚实,辨证施补,方可取得益寿延年之效,而不致出现偏颇。

此外,服用补药,宜根据四季阴阳盛衰消长的变化,采取不同的方法。否则,不但无益,反而有害健康。

四、盛者宜泻

药物养生固然是年老体弱者益寿延年的辅助方法,以补虚为主亦无可厚非。然而,体盛而本实者也并不少见。只谈其虚而不论其实,亦未免失之过偏。恰如徐灵胎所说:"能长年者,必有独盛之处,阳独盛者,当补其阴","而阳之太盛者,不独当补阴,并宜清火以保其阴";"若偶有风、寒、痰、湿等因,尤当急逐其邪",当今之人,生活水准提高了,往往重补而轻泻。然而,平素膏粱厚味不厌其多者,往往脂醇充溢,形体肥胖,气血痰食壅滞已成其隐患。因之,泻实之法也是抗衰延年的一个重要原则。《中藏经》所说"其本实者,得宣通之性必延其寿",即是这个意思。

五、泻不伤正

体盛邪实者,得宣泻通利方可使阴阳气血得以平衡。但在养生调摄中,亦要注意攻泻之法的恰当运用。不可因其体盛而过分攻泻,攻泻太过则易导致人体正气虚乏,不但起不到益寿延年的作用,反而适得其反。故药物养生中的泻实之法,以不伤其正为原则。力求达到汗毋大泄,清毋过寒,下毋峻猛,在实际应用中,应注意以下几点:①确实有过盛壅滞之实者,方可考虑用攻泻之法;②选药必须贴切,安全有效;③药量必须适当,恰如其分;④不可急于求成，强求速效。

六、用药缓图

衰老是个复杂而缓慢的过程，任何益寿延年的方法，都不是一朝一夕即能见效。药物养生也不例外，不可能指望在短时期内依靠药物达到养生益寿的目的。因此，用药宜缓图其功，要有一个渐变过程，不宜急于求成。若不明此理，则欲速不达，非但无益，抑且有害。这是药物养生中应用的原则，也是千百年来，历代养生家的经验之谈，应该予以足够的重视。

第三节 益寿延年中药举例

具有延年益寿作用的中药有很多，历代本草及医家著述均有所记载，这类药品，一般均有补益作用，同时也能疗疾。即有病祛病，无病强身延年。可以配方，亦可以单味服用。兹按其功用分补气、养血、滋阴、补阳四类，择要予以介绍。

一、补气类

1. 人参　味甘微苦，性温。《本经》谓其："主补五脏，安精神"，"明目开心益智，久服轻身延年"。本品可大补元气，生津止渴，对年老气虚，久病虚脱者，尤为适宜。

人参一味煎汤，名独参汤，具有益气固脱之功效，年老体弱之人，长服此汤，可强身体，抗衰老。

人参切成饮片，每日嚼化，可补益身体，防御疾病，增强机体抵抗能力。

近代研究证明，人参可调节网状内皮系统功能，其所含人参皂甙，确实具有抗衰老作用。

2. 黄芪　味甘，性微温。本品可补气升阳，益卫固表，利水消肿，补益五脏。久服可壮骨强身，治诸气虚。清宫廷保健，多用黄芪补中气，益荣血。单味黄芪480g，用水煎透，炼蜜成膏，以白开水冲服。

近代研究表明，黄芪可增强机体抵抗力，具有调整血压及免疫功能，有性激素样作用，可改善冠状循环和心脏功能。同时证明，黄芪具有延长某些原代细胞和某些二倍体细胞株寿命的能力。这都是对黄芪具有抗衰老作用的很好说明。

3. 茯苓　味甘淡、性平。《本经》谓其："久服安魂养神，不饥延年"。本品具有健脾和胃，宁心安神，渗湿利水之功用。《普济方》载有茯苓久服令人长生之法。历代医家均将其视为常用的延年益寿之品，因其药性缓和，可益心脾、利水湿，补而不峻，利而不猛，既可扶正，又可去邪。故为平补之佳品。

将白茯苓磨成细粉，取15g，与粳米煮粥，名为茯苓粥，李时珍谓："茯苓粉粥清上实下"。常吃茯苓粥，对老年性浮肿、肥胖症，以及预防癌肿，均有好处。

清代宫廷中，曾把茯苓制成茯苓饼，作为经常服用的滋补佳品。成为却病延年的名点。

近代研究证明，茯苓的有效成分90%以上为茯苓多糖，其不仅能增强人体免疫功能，常食还可以提高机体的抗病能力，而且具有较强的抗癌作用，确实是延年益寿的佳品。

4. 山药　味甘，性平，《本经》谓其："补中益气力，长肌肉，久服耳目聪明"。本品具有健脾补肺，固肾益精之作用。因此，体弱多病的中老年人，经常服用山药，好处颇多。

《萨谦斋经验方》载有山药粥，即用干山药片45～60g（或鲜山药100～120g，洗净切片），粳米60～90g同煮粥。此粥四季可食，早晚均可用，温热服食。常食此粥，可健脾益气、止泻痢，对老年性糖尿病、慢性肾炎等病，均有益处。

近代研究证明，山药营养丰富，内含淀粉酶、胆碱、粘液质、糖蛋白和自由氨基酸、脂肪、碳水化物、维生素C等。山药中所含的淀粉酶，可分解成蛋白质和碳水化物，故有滋补效果。

5. 薏苡仁　味甘淡，性凉。《本经》将其列为上品，谓其："主筋急拘挛，不可屈伸，风湿痹，久服轻身益气"。本品具有健脾、补肺、利尿之效用。

薏苡仁是一味可作杂粮食用的中药，用薏苡仁煮饭和煮粥。历代均有记载，沿用至今。将薏苡仁洗净，与粳米同煮成粥，也可单味薏苡仁煮粥，具有健脾胃，利水湿，抗癌肿之作用。中老年人经常服用，很有益处。

近代研究证明，薏苡仁含有丰富的碳水化物、蛋白质、脂肪、维生素B_1薏苡素、薏苡醇，以及各种氨基酸。药理试验发现其对癌细胞有阻止生长和伤害作用。由于其药性缓和，味甘淡而无毒，故成为大众喜爱的保健佳品。

二、养血类

1. 熟地　味甘、性微温。《本草纲目》谓其："填骨髓，长肌肉，生精血，补五脏内伤不足，通血脉，利耳目，黑须发"。本品有补血滋阴之功。

《千金要方》载有熟地膏，即将熟地300g，煎熬三次，分次过滤去渣，合并滤液，兑白蜜适量，熬炼成膏，装瓶藏之。每服二汤匙（约9～15g）日服1～2次，白开水送服。对血虚、肾精不足者，可起到养血滋阴，益肾添精的作用。

近代研究，本品有很好的强心、利尿、降血糖作用。

2. 何首乌　味苦甘涩，性温。《开宝本草》谓其："益气血，黑髭鬓，悦颜色。久服长筋骨，益精髓延年不老"。本品具有补益精血，涩精止遗，补益肝肾的作用。明代医家李中梓云："何首乌老年尤为要药，久服令人延年。"

何首乌一般多为丸、散、煎剂所用。可水煎、酒浸，亦可熬膏，与其他药物配伍合用居多。

近代研究结果认为，何首乌含有蒽醌类、卵磷脂、淀粉、粗脂肪等。而卵磷脂对人体的生长发育，特别是中枢神经系统的营养，起很大的作用。且其对心脏也可起到强心的作用。另外，据报道，何首乌能降低血脂，缓解动脉粥样硬化的形成。由此可见，何首乌的益寿延年作用是通过强壮神经，增强心脏机能，降低血脂，缓解动脉硬化等作用，增强人体体质的。

3. 龙眼肉　味甘，性温。《本经》谓其："久服强魂聪明，轻身不老"。本品具有补心脾，益气血之功。

清代养生家曹庭栋在其所著的《老老恒言》中，有龙眼肉粥。即龙眼肉15g，红枣10g，粳米60g。一并煮粥。具有养心、安神、健脾、补血之效用。每日早晚可服一、二碗。该书云："龙眼肉粥开胃悦脾，养心益智，通神明，安五脏，其效甚大"，然而"内有火者禁用"。

近代科学研究证明，龙眼肉的成分内含有维生素A和B，葡萄糖、蔗糖及酒石酸等，据临床报道，对神经性心悸有一定疗效。

4. 阿胶　味甘，性平，《本经》谓其："久服轻身益气。"本品具有补血滋阴，止血安胎，利小便，润大肠之功效。为补血佳品。

本品单服，可用开水，或热黄酒烊化，或隔水炖化，每次3～6g。适用于血虚诸证。

近代研究，本品含有胶原、多种氨基酸、钙、硫等成分。具有加速生成红细胞和红蛋白作用，促进血液凝固作用，故善于补血、止血。

5. 紫河车　味甘咸，性微温。《本草经疏》谓："人胞乃补阴阳两虚之药，有返本还元之功"。本品具有:养血、补气、益精等功效。

紫河车可单味服用,也可配方服用。单味服用,可炖食,亦可研末服。用新鲜胎盘一个,挑去血络,漂洗干净后,炖熟食用。或洗净后,烘干,研为细末,每次 3～10 g。温水冲服。

近代实验研究及临床实践证明,紫河车有激素样作用,可促进乳腺和子宫的发育;由于胎盘 r 球蛋白含抗体及干扰素,故能增强人体的抵抗能力,具有免疫和抗过敏作用,可预防和治疗某些疾病。

三、滋阴类

1. 枸杞子 味甘,性平。《本经》谓其:"久服坚筋骨,轻身不老。"《本草经疏》曰:"枸杞子,润血滋补,兼能退热,而专于补肾,润肺,生津,益气,为肝肾真阴不足,劳乏内热补益之要药。老人阴虚者十之七八,故服食家为益精明目之上品"。本品具有滋肾润肺,平肝明目之功效。

《太平圣惠方》载有枸杞粥,用枸杞子 30 g,粳米 60 g,煮粥食用,对中老年因肝肾阴虚所致之头晕目弦,腰膝酸软,久视昏暗,及老年性糖尿病等,有一定效用。《本草纲目》云:"枸杞子粥,补精血,益肾气",对血虚肾亏之老年人最为相宜。

近代研究,枸杞子含有甜菜碱、胡萝卜素、硫胺、核黄素、烟酸、抗坏血酸、钙、磷、铁等成分,具有抑制脂肪在肝细胞内沉积,防止脂肪肝,促进肝细胞新生的作用。

2. 玉竹、味甘、性平。《本草拾遗》谓其"主聪明,调气血,令人强壮"。本品可养阴润肺、除烦止渴,对老年阴虚之人尤为适宜。

《太平圣惠方》载有服葳蕤法:"二月九日,采葳蕤根切碎一石,以水二石煮之,从旦至夕,以手挼烂,布囊榨取汁熬稠,其渣晒,为末,同熬至可丸,丸如鸡头子大。每服一丸,白汤下,日三服,导气脉,强筋骨,治中风湿毒,去面皱益颜色,久服延年"。

近代研究证明,本品有降血糖作用及强心作用,对于糖尿病患者、心悸患者,有一定作用,本品补而不腻,凡津液不足之症,皆可应用;但胃部胀满,湿痰盛者,应慎用或忌用。

3. 黄精 味甘,性平。《本经逢原》云:"宽中益气,使五脏调和,肌肉充盛,骨髓坚强,皆是补阴之功"。本品有益脾胃,润心肺,填精髓之作用。

《太平圣惠方》载有服黄精法。将黄精根茎不限多少,洗净,细切,用流水去掉苦汁。经九蒸九晒后,食之。此对气阴两虚,身倦乏力,口干津少有益。

近代研究证明,黄精具有降压作用,对防止动脉粥样硬化及肝脏脂肪浸润也有一定效果。所以,常吃黄精,对肺气虚患者有益,还能防止一些心血管系统疾病的发生。

4. 桑椹 味苦,性寒。《本草拾遗》云:"利五脏、关节,通血气。久服不饥……变白不老"。《滇南本草》谓其:"益肾脏而固精,久服黑发明目"。本品可补益肝肾,有滋阴养血之功。

将桑椹水煎,过滤去滓,装于陶瓷器皿中,文火熬成膏,兑适量白蜜,贮存于瓶中。日服二次。每次 9～15 g(约一、二汤匙),温开水调服。具有滋补肝肾,聪耳明目之功能。

近代药理研究证明:桑椹的成分含有葡萄糖、果糖、鞣酸、苹果酸(丁二酸)、钙质、无机盐、维生素 A、D 等。临床上用于贫血、神经衰弱、糖尿病及阴虚型高血压。

5. 女贞子 味甘微苦,性平。《本经》谓其:"主补中,安五脏,养精神,除百疾,久服肥健,轻身不老",《本草纲目》云:"强阴健腰膝,变白发,明目"。本品可滋补肝肾,强阴明目。其补而不腻,但性质偏凉,脾胃虚寒泄泻及阳虚者慎用。

近代研究证明：女贞子的果皮中含三萜类物质，如齐墩果醇酸、右旋甘露醇、葡萄糖。种子含脂肪油，其中有软脂酸、油酸及亚麻酸等成分。本品有强心、利尿作用。还可治淋巴结核及肺结核潮热等。

四、补阳类

1. 菟丝子　味甘、辛，微温。《本经》谓其："补不足，益气力"，《名医别录》云："久服明目，轻身延年。"本品具有补肝肾、益精髓、坚筋骨、益气力之功效。

《太平圣惠方》载有服菟丝法，云："服之令人光泽。唯服多甚好，三年后变老为少。……久服延年"。具体方法是："用酒一斗浸，曝干再浸，又曝，令酒尽乃止，捣筛"，每次酒服6g，日服二次。此药禀气和中，既可补阳，又可补阴，具有温而不燥、补而不滞的特点。现代研究证明，菟丝子含树脂样的糖体、大量淀粉酶、维生素A类物质等。

2. 鹿茸　味甘咸，性温。《本经》谓其："益气强志，生齿不老"，《本草纲目》云："生精补髓，养血益阳，强筋健骨"。本品具有补肾阳，益精血，强筋骨之功效。

单味鹿茸可冲服，亦可炖服。冲服时，鹿茸研细末，每服0.5～1g。炖服时，鹿茸1.5～4.5g，放杯内加水，隔水炖服。阴虚火旺患者及肺热、肝阳上亢者忌用。

近代科学研究证明：鹿茸含鹿茸精，系雄性激素，又含磷酸钙、碳酸钙的胶质，软骨及氯化物等。能减轻疲劳、提高工作能力，改善饮食和睡眠。可促进红细胞、血红蛋白、网状红细胞的新生，促进创伤骨折和溃疡的愈合。是一种良好的全身强壮药物。

3. 肉苁蓉　味甘咸，性温。《本经》谓其："养五脏，益精气"，《药性论》云："益髓，悦颜色，延年。"本品有补肾助阳，润肠通便之功效。

本品单味服用，可以水煎，每次6～15g内服。亦可煮粥食用，《本经逢原》云："肉苁蓉，老人燥结，宜煮粥食之。"即肉苁蓉加大米、羊肉煮粥。有补肝肾、强身体之功用。

近代研究证明：肉苁蓉含有列当素、微量生物碱、甙类、有机酸类物质。具有激素样作用，性激素样作用，还有降压、强心、强壮、增强机体抵抗力等作用。

4. 杜仲　味甘，性温。《本经》谓其"补中，益精气，坚筋骨，强志……久服轻身耐老"。本品有补肝肾、强筋骨、安胎之功效。

近代科学研究证明：杜仲含有杜仲酸，为异戊已烯的聚合体，还含有树脂，动物实验证明，杜仲有镇静和降血压作用。

第四节　益寿延年方的组方原则

益寿延年方剂大多是针对年老体弱者而设，因而，补益之法往往成为其组方的主要方法。综观历代医籍所载益寿延年之方，多以补脾补肾为主。系根据老年人脾、肾易虚之特点而设。然而，方剂的组成是以辨证为依据，药物间的配伍有君、臣、佐、使之分，要求有机配合，互相协调，共同达到预期的目的。因而，在方剂组成上是有一定法度的。往往是有补有泻，有塞有通，动静结合，相辅相成的。兹将其原则归结为四方面，简述如下。

一、动静结合

大凡益寿延年方剂，多有补益之功效，对于年老、体弱之人多有补益。但补益之品，多壅滞凝重，守而不走，如补脾宜用甘，但甘味过浓，则易壅气，即所谓"甘能令人中满"；养血宜用阴柔之味，然阴柔者易粘腻凝重，如熟地、大枣之类。此即所谓药之静者，而补益之意要在补其所需,药至虚处方可得补,故药入机体,需籍气血之循行方可布散,要有引经之药方可补有所专。血宜流则通,气宜理则散,故行气、活血之味,乃药之动者。动静结合,亦补亦理,亦养亦行,相得益彰,方可发挥补益之功效,达到补而不滞,补而无弊,补得其所。所以动静结合乃是延年益寿补益方剂的重要组方原则之一。观于四君子汤中之用茯苓,四物汤之用川芎,归脾汤之用木香。皆属动静结合之配伍。

二、补泻结合

补泻结合既是益寿延年的药物应用原则,也是方剂组方的配伍原则之一。

药物养生是以抗衰防老,益寿延年为目的,无论在用药上是补、是泻,都是调节人体的阴阳气血平衡,使之归于阴平阳秘的状态,故在实际应用中应视机体情况而定。对于老年人而言,有其脏腑气血衰弱之虚的一面,也有火、气、痰、食及感受外邪实的一面。宜根据具体情况,虚者补虚,实者补实,补与泻应结合而用。视其虚、实的轻重而有所侧重,采用补泻结合的方法。补中有泻,以防止补之太过,补之有偏;泻中有补,以防止泻之太猛,泻之有伤。这样,才能保证补而不偏,泻而不伤,以达到养生益寿的目的。观于六味地黄丸中,以熟地、山药、山萸肉之补,合茯苓、丹皮、泽泻之泻,以共奏补益肝肾之功,则组方以补泻结合为原则的道理即十分具体而明确了。

三、寒热适中

药性有寒、热、温、凉之别,组方有君、臣、佐、使之分。益寿延年方药多用于老年人,故在遣方用药方面,也应注意药性问题。明代医家万全在他所著的《养生四要》中指出:"凡养生却邪之剂,必热无偏热,寒无偏寒,温无聚温,温多成热;凉无聚凉,凉多成寒。阴则奇之,阳则偶之,得其中和,此制方之大旨也"。这一组方原则对益寿延年方药具有实际指导意义。使用药物,不宜过偏,过寒则伤阳,过热则伤阴;凉药过多则成寒,温药过多则成热。为防止过偏,在组方时,多寒、热相伍而用。如:在一派寒凉药中,配以少许热药,或在一派温热药中,加少许寒凉之品,使整个方剂寒而无过,热而无燥,寒热适中,即得其中和,有养生益寿之功,而无寒热过偏之害。韩懋的交泰丸(黄连、肉桂),便是寒热并用的代表方剂之一。这一组方原则在益寿延年方药中均有所体现。

四、相辅相成

传统的益寿延年方药的组方,往往是立足于辨证,着眼于机体全局而遣药组方的。对于年老体弱之人,机体代谢的各个方面往往不是十分协调的,常常是诸多因素交织在一起,如:阴阳平衡失调,气血精津的相互影响,脏腑、经络的不和谐,表里内外的协同统一失控,出入升降的虚实偏差等等。虽然,方药的组成上,都有其调治的重点,即其主治方向,但也必须考虑到与之有关的其他方面。药物的有机配合,可以突出其主治功效,兼顾其旁证、兼证,做到主次分明,结构严谨。药物的配伍应用的目的,就是通过药物间的相互搭配,相辅相成来体现的。益寿延年中药方剂即是以补益为重点,辅以其他而组成的。所以于方药中常常可看到,有补有泻,有升有降,有塞有通,有开有阖,有寒有热。开、阖、补、泻合用,则补而不滞,滋而不腻,守而不呆,流通畅达;升、降、通、塞并用,则清、浊运行有序,出、入得宜,各循其常。寒热并用,可纠太过不及之偏弊,以达到阴平阳秘之状态。这即是方剂中,药物相辅相成所起的作用。

第五节 益寿延年"名方"举例

一、健脾益气方

本类方药均以培补后天脾胃为主，辅以其他法则，兼而用之。脾居中央，以溉四旁，脾胃健旺，斡旋之力充实，则周身皆得其养，气血充盛，便可延缓衰老。

1. 人参固本丸（《养生必用方》）

【成分】人参 天门冬 麦门冬 生地黄 熟地黄 白蜜

【功效】益气养阴

【主治】气阴两虚，气短乏力，口渴心烦，头昏腰瘦。

2. 大茯苓丸（《圣济总录》）

【成分】白茯苓 茯神 大枣 肉桂 人参 白术 细辛 远志 石菖蒲 干姜 甘草 白蜜

【功效】补中益气，健脾散寒。原书云："服之去万病，令人长生不老。"

【主治】五脏积聚气逆，心腹切痛，结气腹胀，吐逆食不下，姜汤下；羸瘦，饮食无味，酒下。

3. 神仙饵茯苓延年不老方（《普济方》）

【成分】白茯苓 白菊花 松脂

【功效】健脾利湿，清热明目。原书云：服此药"百日颜色异，肌肤光泽，延年不老。"

【主治】脾虚便溏，头昏眼花。

4. 仙术汤（《和剂局方》）

【成分】苍术 枣肉 杏仁 干姜 甘草黄 白盐

【功效】温中健脾。原书云："常服延年，明目。驻颜，轻身不老。"

【主治】脾胃虚寒，痰湿内停。

5. 资生丸（《兰台轨范》）

【成分】人参 于术 茯苓 山药 莲子肉 陈皮 麦芽 神曲 薏仁 白扁豆 山楂 砂仁 芡实 桔梗 甘草 藿香 白豆蔻 川黄连 白蜜

【功效】健脾益胃。固肠止泻。

【主治】老年脾虚呕吐，脾胃不调，大便溏泄，纳食不振。

6. 八珍糕（《外科正宗》）

【成分】茯苓 莲子 芡实 扁豆 薏米 藕粉 党参 白术 白糖

【功效】健脾养胃，益气和中。

【主治】年迈体衰，脏腑虚损，脾胃薄弱，食少腹胀，面黄肌瘦，腹痛便溏等。

二、益肾方

历代方书所载之延年益寿方剂，以补肾者居多，其法有补阴、补阳、阴阳双补等。盖肾为先天之本，元阴元阳所居，肾气旺盛，则延缓衰老而增寿。

1. 彭祖延年柏子仁丸（《千金翼方》）

【成分】柏子仁 蛇床子 菟丝子 覆盆子 石斛 巴戟天 杜仲 天门冬 远志 天雄 续断 桂心 菖蒲 泽泻 薯预 人参 干地黄 山茱萸 五味子 钟乳 肉苁蓉

白蜜

【功效】益肾填精

【主治】体虚、肾衰、记忆力减退等。

2．乌麻散(《千金翼方》)

【成分】纯黑乌麻，量不拘多少。

【功效】补肾润燥。原书云："久服百病不生；常服延年不老，耐寒暑"。

【主治】老年肾虚津亏，肌肤干燥，大便秘结。

3．琥珀散(《千金要方》)

【成分】琥珀　松子　柏子　荏子　(白苏子)　芜菁子　胡麻子　车前子　蛇床子　菟丝子　枸杞子　菴䕡子　麦冬　橘皮　松脂　牡蛎　肉苁蓉　桂心　石苇　石斛　滑石　茯苓　芎䓖　人参　杜蘅　续断　远志　当归　牛膝　牡丹　通草

【功效】补肾益气养血。原书云："长服令人志性强，轻体，益气，消谷，能食，耐寒暑，百病除愈"。

【主治】老年人五脏虚损，身倦乏力，气短痞闷，饮食无味，腰脊酸痛，四肢沉重，阳萎精泄，二便不利。

4．胡桃丸(《御药院方》)

【成分】胡桃仁捣膏　破故纸　杜仲　萆薢

【功效】补肾气，壮筋骨。

【主治】老年人肾气虚衰，腰膝酸软无力。

5．补天大造丸(《体仁汇编》)

【成分】侧柏叶　熟地　生地　牛膝　杜仲　天冬　麦冬　陈皮　干姜　白术　五味子　黄柏　当归身　小茴香　枸杞子　紫河车

【加减法】如骨蒸，加地骨皮、知母、牡丹皮；如血虚，加当归倍地黄；如气虚，加人参、炙黄芪；如肾虚，加复盆子，炒小茴香、巴戟天、茱萸；如腰脚疼痛，加苍术、萆薢、锁阳酒、续断；如妇人，去黄柏加川芎、香附、黄芩。

【功效】大补肾元。《古今图书集成医部全录》云："此方专滋养元气，延年益寿。……若虚劳之人，房室过度，五心烦热，服之神效"。

【主治】老人肾阴肾阳俱虚，腰膝无力，口渴烦热。

6．何首乌丸(《太平圣惠方》)

【成分】何首乌　熟地黄　地骨皮　牛膝　桂心　菟丝子　肉苁蓉　制附子　桑椹子　柏子仁　薯蓣　鹿茸　芸苔子　五味子　白蜜

【功效】滋补肝肾。原书云："补益下元，黑鬓发，驻颜容"。

【主治】老年人肾之阴阳俱虚，腰膝无力，心烦难寐。

7．巴戟丸(《太平圣惠方》)

【成分】巴戟　天门冬　五味子　肉苁蓉　柏子仁　牛膝　菟丝子　远志　石斛　薯蓣　防风　白茯苓　人参　熟地黄　覆盆子　石龙芮　萆薢　五加皮　天雄　续断　石南　杜仲　沉香　蛇床子　白蜜

【功效】补肾、健脾、散寒。原书云："治肾劳，腰脚酸疼，肢节苦痛，目暗眈眈，心中恍惚，夜卧多梦，……心腹胀满，四肢痹疼，多吐酸水，小腹冷痛，尿有余沥，大便不利，悉皆主之。久服延年不老,万病除愈。"

【主治】老年脾肾两虚,腰腿痠痛,腹胀冷痛。

8. 延寿丹(《丹溪心法》)

【成分】天门冬 远志 山药 巴戟天 柏子仁 泽泻 熟地 川椒炒 生地 枸杞 茯苓 覆盆子 赤石脂 车前子 杜仲炒 菟丝子 牛膝 肉苁蓉 当归 地骨皮 人参 五味子 白蜜

【功效】滋肾阴、补肾阳。《医学正传》所载之延寿丹出自《千金方》,无车前子、赤石脂,有鹿茸、菖蒲、大茴香。并云:"治诸虚百损,怯弱欲成痨瘵,及大病后虚损不复,凡人于中年后常服,可以却疾延年"。

【主治】治疗老年人腰痠腿软,头晕乏力,阳萎尿频。

9. 八仙长寿丸(《寿世保元》)

【成分】生地黄 山茱萸 白茯神 牡丹皮 五味子 麦门冬 干山药 益智仁 白蜜

【功效】滋补肾阴。原书云:"年高之人,阴虚筋骨萎弱无力。……并治形体瘦弱无力,多因肾气久虚,憔悴盗汗。发热作渴"。

【主治】老年人肾亏肺燥,喘嗽口干,腰膝无力。

10. 十全大补汤(《寿世保元》)

【成分】人参 白术 白茯苓 当归 川芎 白芍 熟地黄 黄芪 肉桂 麦门冬 五味子 炙甘草 生姜 大枣

【功效】健脾益肾

【主治】治老年气血衰少,倦怠乏力,能养气益肾,制火导水,使机关利而脾土健。

11. 阳春白雪糕(《寿世保元》)

【成分】白茯苓 淮山药 芡实仁 莲肉 陈仓米 糯米 白砂糖

【功效】健脾益气

【主治】年老之人元气不足,脾胃虚衰。

12. 神仙巨胜子丸(《奇效良方》)

【成分】巨胜子 生地 熟地 何首乌 枸杞子 菟丝子 五味子 枣仁 破故纸炒 柏子仁 覆盆子 芡实 广木香 莲花蕊 巴戟天去心 肉苁蓉 牛膝 天门冬 韭子 官桂 人参 茯苓 楮实子 天雄 莲肉 川续断 山药 白蜜或大枣

【功效】滋肾填精,温补肾阳。原书云:"安魂定魄,延长寿命,添髓驻精,补虚益气,壮筋骨,润肌肤","耳聋复聪,眼昏再明。服一月元脏强盛;六十日发白变黑;一百日容颜改变,目明可黑处穿针,冬月单衣不寒"。

【主治】肾阴阳虚衰,腰痛腿软,畏寒肢冷,尿频便溏。

13. 还少丸(《奇效良方》)

【成分】山药 牛膝 远志去心 山萸肉 楮实 五味子 巴戟天 石菖蒲 肉苁蓉 杜仲 舶茴香 枸杞子 熟地 白蜜 大枣

【功效】补益肾气

【主治】可大补真气虚损,肌体瘦,目暗耳鸣,气血凝滞,脾胃怯弱,饮食无味等。

14. 双芝丸(《奇效良方》)

【成分】熟地　石斛　肉苁蓉　菟丝子　牛膝　黄芪　沉香　杜仲　五味子　薏苡仁　麝香　鹿角霜　白茯苓　天麻　干山药　覆盆子　人参　木瓜　秦艽　白蜜

【功效】添精补髓，调和脏腑。原书云："治诸虚，补精气，填骨髓，壮筋骨，助五脏，调六腑，久服驻颜不老"。

【主治】年高体弱，腰膝痠软，阳虚畏寒。

15．延生护宝丹(《奇效良方》)

【成分】菟丝子　肉苁蓉　晚蚕蛾　家韭子　枣　胡芦巴　莲实　桑螵蛸　蛇床子　白龙骨　干莲花蕊　乳香　鹿茸　丁香　木香　麝香　荞麦面

【功效】温补肾阳。原书云："补元气，壮筋骨，固精健阳，通和血脉，润泽肌肤，延年益寿"。

【主治】肾虚阳萎　滑精早泄　夜尿频多，腰背痠痛。

16．二精丸(《圣济总录》)

【成分】黄精　枸杞子　白蜜

【功效】滋阴补肾。原书云："常服助气益精，补填丹田，活血驻颜，长生不老"。

【主治】老年人虚阴不足，头晕耳鸣，口舌干燥。

17．益寿地仙丸(《圣济总录》)

【成分】甘菊　枸杞　巴戟天　肉苁蓉　白蜜(春秋枸杞、菊花加一倍，冬夏苁蓉、巴戟加一倍)

【功效】补肾清肝。原书云："久服清头目，补益丹田，驻颜润发"。

【主治】老年人肾虚，目花耳鸣，大便秘结。

18．仙茅丸(《圣济总录》)

【成分】仙茅　羌活　白术　狗脊　防风　白茯苓　姜黄　菖蒲　白牵牛　威灵仙　何首乌　苍术　白蜜

【功效】散风通络，补肾健脾。原书云："治风顺气，调利三焦，明耳目，益真元，壮筋骨，驻颜色，保生延年"。

【主治】年老体弱，脾肾虚弱，腰膝痠痛。

19．枸杞子丸(《圣济总录》)

【成分】枸杞子　菊花　肉苁蓉　远志　山萸肉　柏子仁　人参　白茯苓　肉桂　黄芪　牛膝　生地黄

【功效】补肾养心。原书云："平补心肾，延年驻颜。"

【主治】老年人肾虚腿软，夜寐不佳。

20．苁蓉丸(《圣济总录》)

【成分】肉苁蓉　山萸肉　五味子　菟丝子　赤石脂　白茯苓　泽泻　熟干地黄　山茱萸　巴戟天　覆盆子　石斛

【功效】补肾和胃。原书云："治肾脏虚损，补真藏气，去丹田风冷，调顺阴阳，和胃气，进饮食，却老"。

【主治】老年脾肾虚弱，食欲不振，二便不调。

21．补骨脂丸(《圣济总录》)

【成分】补骨脂　白蜜　胡桃肉

【功效】温润补肾。原书云："暖下元,补筋骨,久服令人强健,悦泽颜色",《奇效良方》云："久服延年益气"。

【主治】老年肾虚,腰膝痠痛。原书云："治因感湿阳气衰绝"。

22. 养血返精丸(《集验方》)

【成分】补骨脂　白茯苓　没药

【功效】补肾活血《古今图书集成医部全录》记载："昔有人服此,至老不衰;盖破故纸补肾。茯苓补心,没药养血,三者既壮,自然身安"。

【主治】肾气不足,气血瘀滞。

23. 延龄固本丹(《万病回春》)

【成分】菟丝子　肉苁蓉　天门冬　麦门冬　生地黄　熟地黄　山药　牛膝　杜仲　巴戟　枸杞　山萸肉　人参　白茯苓　五味子　木香　柏子仁　覆盆子　车前子　地骨皮　石菖蒲　川椒　远志肉　泽泻

【功效】益肾壮阳

【主治】诸虚百损,中年阳事不举,未至五十须发先白。

24. 不老丸(《寿亲养老新书》)

【成分】人参　川牛膝　当归　菟丝子　巴戟天　杜仲　生地　熟地　柏子仁　石菖蒲　枸杞子　地骨皮　白蜜

【功效】补肾充元,益气安神。《奇效良方》名神仙不老丸。并云："此方非特乌髭发,大能安养荣卫,补益五脏,和调六腑,滋充百脉,润泽三焦,活血助气,添精实体"。

【主治】老年头昏头痛,烦躁不安,精神疲惫,倦怠乏力。

25. 全鹿丸(《景岳全书》)

【成分】鹿角胶　青毛鹿茸　鹿肾　鲜鹿肉　鹿尾　熟地　黄芪　人参　当归　生地　肉苁蓉　补骨脂　巴戟天　锁阳　杜仲　菟丝子　山药　五味子　秋石　茯苓　续断　葫芦巴　甘草　覆盆子　于术　川芎　橘皮　楮实子　川椒　小茴香　沉香　大青盐

【功效】固精益气,滋补强壮。原书云："此药能补诸虚百损,五劳七伤,功效不尽述。人制一料服之,可以延寿一纪"

【主治】老年体衰,头晕目眩,耳鸣耳聋,腰膝无力,形寒肢冷,小溲余沥。

26. 斑龙丸(《医学正传》)

【成分】白茯苓　补骨脂　鹿角胶　鹿角霜　菟丝子　熟地黄

【功效】补肾气,滋肾阴。原书云："老人虚人常服,延年益寿"。

【主治】老年人肾阴肾阳俱虚,腰痠、阳萎、难寐。

27. 龟龄集(《集验良方》)

【成分】鹿茸　穿山甲　石燕子　小雀脑　海马　紫梢花　旱莲草　当归　槐角子　枸杞子　杜仲　肉苁蓉　锁阳　牛膝　补骨脂　茯苓　熟地　生地　菊花等三十三种。

【功效】温肾助阳,补益气血。

【主治】阳萎遗精,头昏眼花,步履维艰,腰腿痠软,神倦乏力等。

28. 大造丸(《红炉点雪》)

【成分】紫河车　黄柏　杜仲　牛膝　生地黄　砂仁　白茯苓　天门冬　麦门冬　人参

【功效】滋阴补肾。

【主治】治虚损痨瘵,神志失守,内热水亏。男子遗精。女子带下。又能乌须黑发,聪耳明目。

附：延缓衰老药物的现代研究概况

一、延缓衰老单味药物的研究

随着我国老年医学的兴起和发展,从七十年代末开始,对抗衰老药物的研究日益受到重视,收集研究的药物有四百种之多,兹将其概况简述如下:

（一）调节机体免疫功能

调节与改善机体的免疫功能是延缓衰老的重要手段。研究表明,不少中药具有促进、抑制和调节免疫功能的作用,从而有助于却病增寿。例如,海参、大蒜、沙苑蒺藜、猪苓、黄柏等,可激活包括脾脏和胸腺在内的中枢性免疫器官。黄精、枸杞、百合、香菇、棉花子等,可提高外周淋巴细胞的百分率。黄芪、人参、刺五加、女贞子、旱莲草、白术、桑椹、猕猴桃、蒲公英等,能提高外周血淋巴母细胞的转化率,激活T淋巴细胞。西洋参、人乳、柴胡等,能改善B淋巴细胞的功能状态,促进抗体产生。灵芝、茯苓、牛黄、仙茅等,可提高巨噬细胞和网状内皮细胞的吞噬能力。黄芪、山药、玉竹、人胞等,可促进体内干扰素生成。冬虫夏草、茶叶、生地、黑木耳等,具有抗放射作用。具有抑制免疫应答作用的药物如石决明、青蒿、肉桂、桂枝、蒲黄、川芎、大枣等,具有免疫调节效应作用的药物,如大黄、当归、参三七、杜仲、棉花子等。

（二）提高细胞传代的能力

近年来,重视应用细胞传代的研究方法。细胞传代是生命延续的主要标志。在生存实验中,通过药物对生物体生存过程的影响,特别是对生物(果蝇、家蚕、家蝇、小白鼠、豚鼠、鹌鹑等)平均寿命和最高寿命影响的观察和研究,目前初步认定具有不同程度延缓衰老效能的药物有：人参、黄芪、何首乌、党参、银耳、玉竹、黄精、菟丝子、肉苁蓉、补骨脂、珍珠、乌骨鸡、蚂蚁、牛乳、蜂蜜、蜂王浆、人胞、罗布麻、茶叶、麦饭石等。以人参为例,在含有合适浓度的人参提取物的培养介质中,人胚肺二倍体细胞的密度显著高于对照组。它还可以促进人血液淋巴细胞体外的有丝分裂,延长人羊膜细胞的生存期。以银耳、灵芝为例,它们可延长果蝇的生存时限。很多抗衰老的药物对细胞DNA的合成有促进作用,对以增殖能力下降为表征之一的衰老现象有一定的延缓衰老作用。

（三）改善机体代谢

改善机体的新陈代谢,能有效地调节机体内环境,增强机体生理功能。实验研究表明,黄精、漏芦、当归、玉竹、人参、薤白、山茱萸、棉花子等,有降低过氧化脂的效能,对机体相关酶类有积极影响。冬虫夏草、参三七、人参、麦冬等,有改善核酸代谢的作用。蜂王浆、蜂花粉、阿胶、鹿茸、人胞等,能促进细胞再生。灵芝、参三七、仙茅、枸杞子等,能提高血浆和心肌cAMP含量,降低cGMP含量。生地、龟板、香附能降低血浆cAMP含量。人参芦、杜仲可使cAMP和cGMP含量均升高。这些药物各从一个侧面对腺苷环化酶系统,起到调整作用。研究证明,有些药物对机体氧代谢有良好影响。例如,灵芝、天麻、冬虫夏草、生地等,具有提高耐缺氧能力的效果。黄芪、参三七、当归、鹿茸、五味子、白术、苡仁、茶叶、牛黄、大黄等,具有改善因组织低氧与代谢障碍所引起的疲劳的效能。人参、蜂制剂(蜂蜜、蜂乳、蜂花粉)、女贞子等,具有提高耐缺氧、抗疲劳能力的双重作用,使老年人易疲劳的症状显著改善。在传统的抗衰老的药物中,有些药物对脂质、糖、蛋白质代谢有明显效果。例如,何首乌、女贞子、金樱子、胡桃、大蒜、蒲黄、香附、泽泻等,有降脂作用。玉竹、麦冬、石斛、天花粉、细辛等,有调节糖代谢作用。银耳、牛膝、蜂王浆、黑木耳、冬虫夏草等,有促进蛋白质合成代谢作用。上述这些药物中,不少药物具有双向调节作用。

（四）提高内脏器官生理功能

作用于脑的药物可以明显改善人脑的功能,使感觉、运动、思维、记忆,锥体外路功能明显提高。例如,人参、西洋参、参三七、刺五加可调节大脑皮层的兴奋抑制过程。苍术、石菖蒲、茯苓、灵芝、香附、冬虫夏草等,具有镇静作用。珍珠、牛黄、羚羊角、天麻等,具有抗惊厥作用,这些药物能有效地消除神经系统的失衡状态。作用于心血管系统的药物,如丹参、赤芍、川芎、瓜蒌、薤白、人参、灵芝、山楂、麝香、生地等,有扩张冠状动脉,降低外周血管阻力,降低心肌耗氧量,增加心搏出量,抑制血小板聚集的显著作用。作用于泌尿系统的药物,如人胞、杜仲、猪苓、人参、车前子等,可有效地改善和调节肾脏功能。作用于内分泌系统的药物的作用表现在不同方面：增强垂体——性腺轴功能的药物,如枸杞子、人参果、淫羊藿、蜀椒、冬虫夏草等,具有雄性激素样作用；仙茅、菟丝子、五味子、覆盆子、百合、香附、黑大豆、大黄等,具有雌性激素样作用；海马、蜂乳、蛇床子等则两性激素作用兼而有之。增加垂体——肾上腺皮质轴功能的药物,如西洋参、人参果、灵芝、猪苓、五味子、巴戟天等,可改善肾上腺皮质激素的分泌；人参、参三七、杜仲、生地、刺五加等,可改善垂体促肾上腺皮质激素的分泌。作用于呼吸系统的药物,如补骨脂、冬虫夏草、杏仁、茶叶、细辛、蟾酥、蜂蜜等,防治老年慢性支气管炎和肺气肿等病有显著效果。作用于消化系统的药物,如白术、龙胆草、麝香、五味子、茵陈、山楂、柴胡等,均有助于老人消化道和消化腺疾病的缓解和功能康复。作用于造血系统的药物,如鹿茸、阿胶、紫河车、当归、熟地、龙眼肉等,有促进骨髓代谢、促进红细胞和血红蛋白增生,改善血凝状况的显著功效。

（五）抗感染及含有丰富的微量元素

预防感染性疾病对延缓衰老有很重要的作用。抗感染的药物的种类很多,近年来研究的就有百余种。例如,银花、连翘、大青叶、板蓝根、夏枯草、鱼腥草、丹参、金樱子、黄芩、黄连、黄柏、旱莲草、女贞子、马齿苋、白头翁、虎杖、玄参、穿心莲、五味子等。这些药物分别具有显著的抗细菌、抗病毒、抗真菌等作用。很多古代延寿方剂都采用了一些这类药物。例如,清代著名养阴抗老方剂"延寿丹方",采用了对球菌、杆菌、病毒等作用很强的女贞子、旱莲草、金樱子、忍冬花等,此方对预防老年人感染性疾病,延缓衰老有良好效果。

传统抗衰老药物中含有丰富的对延缓衰老有益的微量元素,如人参、白术、黄连、诃子、山药、牡蛎、羚羊角、牛黄等含有多量的锌,当归、肉桂、大黄、白术、山药等含有多量的铜,黄芪、人乳含有大量的硒,鹿茸、地黄、细辛、人参、柴胡等含有丰富的铁,白术、泽泻、肉桂等含有较丰富的锰,人参根、当归等含有对老年骨质疏松有保护作用的锶,蜂蜜中含有47种微量元素,是延年益寿的佳品,对人体有益的矿物药姜石中也含有40多种微量元素,其中大部分是人体必须的微量元素,上述药物中所含有的微量元素,具有健身、防病,延寿之功效。

延缓衰老药物研究方兴未艾,从免疫、代谢、调整神经、内分泌、内脏功能、抗感染、微量元素、细胞传代及寿命试验等方面,做了大量研究工作,初步揭示了一些药物的抗衰老机制,但研究的发展还不平衡,多侧重名贵药物之研究,而对服之有效的普通药物的研究还不够,很多药物需要进一步开发和深化研究。

二、延缓衰老方剂研究概况

中医学对如何延年益寿有丰富的实践经验和文献记载。近年来,根据中医理论,研制出一些有效的延缓衰老的中成药,并从现代科学角度对其延缓衰老的原理作了一定程度的阐述。古今研究延缓衰老的中药方剂多从补肾、补脾和活血化瘀三个重要途径进行研究,其中研究和应用最多的是补肾药物。下面仅对延缓衰老部分方剂举例简述如下。

（一）益肾方剂研究举例

目前,国内多以补肾阴肾阳并用,或兼以补脾、益气活血制成。

龟龄集 本方为明代方士邵元节献给嘉靖皇帝的方剂,历代皇帝大多对此十分推崇,后传入民间。本方由鹿茸、人参、熟地、海马、杜仲、肉苁蓉、补骨脂、菟丝子、枸杞子、麻雀脑、淫羊藿、丁香、大青盐、砂仁、茯苓、蚕蛾、天冬、当归等三十三种药物组成。本品实验表明,可提高机体适应能力,增强非特异性和特异性免疫功能；增强调节中枢神经系统,有中枢兴奋和抑制双向作用；有强心作用,并以直接兴奋心肌为主；有促进性激素性作用和保护、增强皮层功能作用；还有保护肝脏作用。例如,动物实验证明,可增加正常及四氯化碳中毒后小鼠肝脏内蛋白质和 RNA 的含量,并能抑制中毒后小鼠血清 GPT 的升高。老年人常服本品,可促进老年人业已衰退的蛋白质及细胞内重要物质核酸代谢,从而延缓衰老。

清宫寿桃丸（清代宫廷方） 本方由益智仁、生地、人参、枸杞子、胡桃肉、天冬、肉桂、酸枣仁、当归等十余种药物组成而制成的丸剂。北京西苑医院临床观察 157 例与维生素 E 组对比,服药 8 周为一疗程,药后疲倦、畏寒、头晕、耳鸣、不寐、腰膝酸软、性欲减退、夜尿多等衰老症状改善显著优于维生素 E 组。实验证明,寿桃丸组药后血浆过氧化脂（LPO）显著降低。男性血清 E_2 及 T 水平均明显上升, E_2/T 比值无变化。头发微量元素 Zn、Cu 均下降,Zn/Cu 值增高,记忆力增强,肺通气功能增强。

春回胶囊(经验方)　本品由补骨脂、仙灵脾、蛇床子、人参、鹿茸、玉竹、山楂等十余味中药精制成胶囊。广安门医院等临床观察50～84岁基本健康的人493例(包括对照组服安慰剂136例)的近期(6个月)和54例(对照组19例)的远期疗效。药后"春回"组肾虚症状显著减轻,头晕、耳鸣、多梦、健忘、胸闷、畏寒、夜尿多、食欲减退等,均有明显改善,疲劳感及感冒显著减少,少数人黑发新生,老年斑消失,以上症状改善均优于对照组。实验证明,药后,心肾功能、听力、智能、精细动作显著高于药前。本品可促使男性血清T、女性血清E_2水平和女性E_2/T显著升高,男性E_2/T显著降低,尤以肾阳虚组更为显著。又可显著增进血浆cAMP水平,cAMP/cGMP比值,淋巴细胞转化率和对PHA诱导的应答能力。还可显著降低血清LPO的生长和MAO活力,并有降脂和增高HDL的作用。

康宝口服液　本品由山东医学院附院根据《奇效良方》的枸杞丸加减制作而成。由蜂王浆、刺五加、淫羊藿、黄精、枸杞子、熟地、黄芪、山楂等药组成。北京西苑医院等单位临床观察用于老年虚证,6～8周为一疗程。服药后,眩晕失眠、疲劳、食欲减退、脑功能及性功能等均有改善,体力增加、精力充沛。实验证明,肺通气功能流速高峰显著增加,血浆粘度比值高者显著下降,体外淋巴细胞摄取3H-TdR显著增加。动物实验证明,本品可显著增加大鼠血清睾酮T(雄性)和雌二醇E_2(雌性)水平,促进并能调节小鼠机体免疫功能。调节中枢神经系统,提高机体适应力,促进骨髓造血功能。

活力苏　本品由成都中医学院附院根据《何首乌丸》和《枸杞丸》加减化裁精制而成。由何首乌、黄芪、丹参等药组成。成都中医学院附院等临床观察45岁以上507例(包括对照组220例)基本健康人。服药后,精神、体力、睡眠、食欲等均有改善。实验证明,淋巴细胞转化率显著增高,总玫瑰花结数量下降,活玫瑰花结数量显著升高,血超氧化物歧化酶、过氧化氢酶、铜蓝蛋白均明显升高,血清脂褐质显著少于对照组。

还精煎(经验方)　本品由地黄、潼蒺藜、锁阳、菟丝子、首乌、牛膝、菊花、菖蒲等十余味中药精制而成。上海龙华医院等临床观察45～76岁的中老年人,疗程一年,药后免疫功能增强,肺活量,最大通气量有所增加。老年前期血清肌酐稍下降,肌酐清除率增加,部分抗核抗体,类风湿因子转阴,近视力、远视力、骨皮质数稍高于前。动物实验证明,可显著延长雄性小鼠平均生存期和家蚕雄的平均生存率。还可显著提高体外淋巴细胞存活率、淋转率、T细胞酯酶百分率,减少自身花环率。本品可使老年雄性小鼠的睾丸曲细精管内各级生精细胞不发生衰老退化现象,细胞亚微结构与青年组相近,脂褐素不增加。可使雌性老年小鼠卵巢、子宫延缓衰老,使子宫肥大或正常,子宫上皮AKP阳性反应,卵巢仍有卵泡和黄体。本品还可延缓老年小鼠股骨的骨质变薄,髓腔扩大等衰老变化,可能是通过提高性激素,改善机体能量代谢而促进骨胶原蛋白的形成。

金匮肾气丸　本品由熟地、山茱萸、山药、茯苓、泽泻、丹皮、肉桂、附子精制而成。临床使用证明,本品可减少疲劳感、腰膝酸痛、手足发凉、夜尿频数、大便秘结等症状。日本千叶大学用本品治疗老年性白内障而眼底无变化者,视力提高者为60.2%,故认为本品可恢复水晶体的弹性和功能,且能有某种程度恢复机体血管、骨骼、肌肉和大脑的功能,说明本品有延缓衰老的作用。

至宝三鞭丸(经验方)　本品由山东中医学院附院应用人参、鹿茸、海狗鞭、鹿鞭、广狗鞭、海马、蛤蚧、肉桂、沉香、黄芪、淫羊藿等40余味中药精制而成。临床观察证明,本品可增强机体免疫功能,改善性功能,改善消化吸收功能,并具有抗疲劳和类似双向调节作用。尤其对于改善肾虚症状,延缓衰老,有明显效果。

大量研究证明,补肾中成药中含有较多的微量元素,如锌(Zn)、锰(Mn)、硒(Se)、铜(Cu)、锗(Ge)等,微量元素有促进新陈代谢,延缓衰老作用。补肾药物有明显提高细胞免疫或抑制自身抗体功效,因之可避免患肿瘤和感染等疾患。总之,补肾方药可以有效地提高精力、体力、智力、耐寒力、免疫抗病力,改善脏腑生理功能,使皮肤光泽、弹性改善、脱发减轻等。对于防治有关的老年病如冠心病、糖尿病、高血压病、高血脂、慢性支气管炎等都有良好效果。

(二) 健脾益气方剂研究举例

四君子汤　本方由人参、白术、茯苓、炙甘草组成。实验研究证明,本方有调节神经系统,升高肝糖原,调整血液循环,促进骨髓造血,增强免疫功能和内分泌等作用,是常用的益寿延年方剂。

清宫八仙糕(清代宫廷方)　本品由人参、山药、莲子、苡仁、茯苓、扁豆等,加白糖,分两酌量,制作而成。本品原为宫中食品,男女老幼皆用之,并视为补益增寿之妙品。临床用于中老年脾虚者,可有效地改善消化道症状,又可改善衰老症状,增强体质。实验观察表明,本品可提高老年人之木糖排泄率及血清胡萝卜素含量,增强小肠吸收功能,改善脾胃功能。

生脉饮(生脉液) 本品由人参、麦冬、五味子制成口服液或针剂。现代研究证明,生脉液(针剂)有强心作用,能改善心脏功能,增加心输出量,对抗休克有良好作用。用于年老体弱者,可增强免疫功能,降血脂,调整血液循环,还能改善老年人的智能。实验研究表明,本品可减低心肌耗氧量,改善心肌代谢,显著提高心肌RNA、DNA、蛋白质和糖原等的合成,保持心肌ATP量在较高水平,延长动物在常压低温缺氧时的存活时间。还具有升压、抗休克、抗感染的作用,可增强机体非特异性抵抗力。还有降低高脂血动物的胆固醇和升高HDL水平等作用。

健脾益气药物人参、黄芪、党参与补肾药物附子、锁阳、生地、龟板等相配,临床观察证明,可促进老年人业已衰退的蛋白质及细胞内重要物质核酸代谢,从而延缓衰老。人参配黄芪、灵芝、维生素E和维生素A("维尔康")可有效地改善神经衰退三大症状(眩晕、失眠、疲劳)及脑功能。健脾益气药物还可改善性功能状态和提高免疫抗病能力。

(三)活血化瘀药物研究举例

老年人除五脏本虚外,常伴有血瘀标实之证。据调查约有50%以上的老年人伴有血瘀的症状,并且很多老年病直接与血瘀相关。活血化瘀药物用于保健治疗对于有血瘀症的人有良好作用。同时对于中老年防病保健也是极为有价值的。马王堆三号墓出土的帛书就有应用活血化瘀药物的记载。早在唐代的一些著名医家如张文中、崔知悌等人在补益延年方中,已开始应用活血化瘀药物相配伍。清代乾隆皇帝的长寿方中,补益药物常配红花、玉金、穿山甲等药物。历代沿用的抗衰老补酒都有活血通脉之作用。现在有人提倡老年人每日用活血药大黄3g,可有延年益寿之功。实验已充分证明,活血化瘀药物有调节免疫功能,增强抗病能力,改善新陈代谢,降低血胆固醇的作用。活血化瘀药物不仅对血管性疾病、结缔组织疾病、出血性疾病和免疫性疾病等都有一定疗效,而防病保健的作用体现在很多方面。特别在改善微循环障碍,改善心肌供血供氧,防止血栓,溶解血栓,防止动脉粥样硬化,除低血凝,减少纤维蛋白原沉积,消炎、抗感染等方面的作用更为显著。根据中老年人的生理特点,适当运用活血化瘀药物保健,对于延缓衰老将是十分有益的。

下篇 审因施养

第十六章 因人养生

根据年龄、性别、体质、职业、生活习惯等不同特点,有针对性地选择相应的摄生保健方法,即是因人养生。

人类本身存在着较大的个体差异,这种差异不仅表现于不同的种族,而且存在于个体之间。不同的个体可有不同的心理和生理,对疾病的易感性也不相同。这就要求我们在养生的过程中,应当以辨证思想为指导,因人施养,才能有益于机体的身心健康,达到益寿延年的目的。

第一节 胎孕保健

胎孕保健是指从受孕至分娩这段时间,为促进胎儿智力和体质的良好发育所采取的一系列有利于孕妇和胎儿身心健康的保健措施。即古人所讲的养胎、护胎的全部内容。

明代医家万全于《妇女秘科》中说:"妇女受胎之后,最宜调饮食,淡滋味,避寒暑,常得清纯和平之气,以养其胎,则胎元完固,生子无疾"。胎婴在腹,依赖母体脏腑精血营养而生长发育,孕妇的健康状况直接影响胎儿的发育、禀赋及其一生的健康和寿命。必须注重胎孕保健,如若保养不慎,可致胎痿不长、流产,或使孕妇多病,胎儿禀赋异常,往往产生先天性疾患、先天性畸形。

一、胎教

胎教有广义和狭义之分。广义胎教是指胎孕保健的全部内容;狭义胎教是指孕妇在胎、孕、产全过程中,加强精神品德的修养,怡情养性,为孕妇创造一个舒适愉快的环境与心境,给胎儿以良好的影响,促进胎儿的智力发育。严格地讲,胎教不同于养胎护胎,而以养神益智为务,这里是讲狭义胎教。

(一) 端心正坐

孕妇要加强思想品德的修养,培养高尚的情操和美好的心灵。要专心致志地工作和学习,去赢得事业的成功和快乐。要胸怀开阔,乐观豁达,无私心杂念,不患得患失。生活上知足,待人宽厚,助人为乐,处事无妒忌之心,言行举止端庄大方,做到"坐无邪席,立无偏倚,行无邪径,目无邪视,口无邪言"(《诸病源候论·妇人妊娠病诸候上》)。如此,胎儿禀气纯正,有助于良好气质与性格特征的形成。

(二) 怡情养性

《叶氏竹林女科》认为,"宁静即是胎教"。要求孕妇遇事冷静,使心静于内,虑溢于中,做到"无悲哀思虑惊动"(徐之才《逐月养胎法》),不为七情所伤,摒弃孤独、忧伤和烦恼,始终保持稳定乐观的情绪。如此,可使孕妇气血和顺,胎元调固,有利于胎儿的生长发育。孕妇可适当地参加文体活动,培养多方面的兴趣和爱好,以丰富自己的生活,通过琴棋书画、诵读诗歌及旅游等途径陶冶情性。

现代医学研究表明,胎儿生长发育需要的营养和氧气,是母亲血液通过胎盘供给的,母亲情绪变化会影响激素分泌和血液的化学成分。积极的情绪会使血液中增加有利于胎儿健康发育的化学物质,而消极的情绪则会使血液中增加有害于胎儿神经系统和其他组织的物质。在孕期,母亲的情绪过度紧张,会使肾上腺皮质激素分泌过多,引起胎儿发育畸形。据临床观察,孕妇的情绪状态对妊娠和胎儿的活动、发育有很大影响。母亲心平气和则胎动规律,情绪过于紧张或焦虑则胎动剧烈,这样的胎儿出生后也往往多动,容易激怒,好哭闹,甚至影响喂奶和睡眠。重庆医学院曾对儿童多动症进行调查,发现这些儿童在胚胎期,其母亲都曾有较大的情绪波动和心理困扰的过程。由于情绪变化与大脑皮层边缘系统、植物神经系统都有密切的关系,所以对胎儿会产生广泛的影响。

(三)近美好避邪恶

《诸病源候论》提出,孕妇宜"数视白璧美玉看孔雀",多接触美好的事物,使秀气入胎,勿"令见伛偻侏儒丑恶形人及猿猴之类",回避淫邪、行凶、丑陋等不良刺激。

(四)及时的胎儿训练

孕妇应在胎儿感觉系统机能发展的最佳期,及时对胎儿进行有计划、有步骤的感觉功能与动作训练,以促进各种感官与脑的信息渠道形成稳定的联系,有助于出生婴儿智力与行为的发展。

1. 听觉训练　妊娠中期,胎儿中耳发育完成,前庭系统的发展是在婴儿出生之前。因此,应当从训练胎儿的听觉入手。孕妇可以从妊娠的第13周开始,坚持有计划地对胎儿说话、诵读诗歌,为其高歌或放录音磁带,让胎儿听悠扬动听的乐曲或歌曲,可以唤起孩子的注意力。此外,母亲与别人的谈笑声、林间鸟语、昆虫啼鸣及潺潺的流水声,都是促进胎儿听觉和神经系统发展的良好信息。研究发现,孕妇多听轻快悦耳的音乐,胎儿躁动减少,生长发育良好;如果孕妇经常听嘈杂震耳的摇滚乐,会使胎儿躁动增加。

2. 抚摩动作训练　孕妇躺在床上,双手放在腹部,用手指轻轻地压抚胎儿,胎儿便出现蠕动。此法于睡前施行较好,怀孕末期尤为必要,但有早期宫缩的孕妇忌用此法。该法可激发胎儿运动的积极性,使站立行走早于未受过训练的婴儿。

巢元方指出,胎教实为"外象而内感"。认为孕妇的言谈举止、所见所闻及喜恶爱好会通过一定的途径对胎儿产生潜移默化的作用。现代医学认为这种作用是通过胎儿神经系统完成的,神经系统和大脑的发育主要是在人的成长期,其中以胎儿期和乳婴期尤为关键。胎儿压觉、触觉等受体,自怀孕10周后即已发生并有其功能,胎儿对音响反应大约在怀孕20周前后即已发生,耳、目和感觉在出生前已渐趋完善。这使胎儿能对外界丰富的信息刺激及其孕妇的生理、心理变化做出敏锐的感觉,触觉、听觉尤其敏感,这正是胎教的生理学依据。实际上,胎教是在胎儿神经系统形成过程中所采取的培育手段,也是婴儿早期教育的发端。

二、饮食调摄

调节孕妇饮食,目的在于滋生气血,使胎儿化育有源,并为分娩、哺乳打下基础。孕妇的饮食当以新鲜清淡、富有营养、易于消化、饥饱适中为原则,又当谨慎忌宜。而且,在不同阶段有不同要求。

孕早期(自受孕至妊娠 3 月),胎儿发育缓慢,加上妊娠反应,饮食宜少而精。孕妇可选择适合自己口味的食品及略带酸味的开胃之品,以新鲜蔬菜瓜果为佳,忌食腥辣刺激之品,以免加重恶阻。

孕中期(妊娠 4～7 月),胎儿增长加快,孕妇宜摄食富有蛋白质、钙、磷的食品。稻谷、豆类及肉鱼蛋类含有丰富的蛋白质。钙含于蛋黄、乳类、虾皮、动物骨骼及绿叶蔬菜中,磷存在于黄豆、鸡肉、羊肉中。食用这些食品,可以生肌壮骨、益髓补脑,有助于胎儿发育。

孕晚期(妊娠 8～10 月),胎儿生长发育特别迅速,又是大脑发育的关键时刻,要储存的营养也特别多,孕妇应多吃优质蛋白,注意动物蛋白与植物蛋白的搭配食用,少吃盐和碱性食物,防止水肿。

孕妇当忌食辣椒、胡椒等刺激性食物、螃蟹等易过敏之食物以及獐兔野味,宜戒烟酒,勿饮浓茶。现代医学研究证明,孕妇嗜好烟酒,有可能出现畸胎和先天性疾病,还有可能造成流产、早产、死胎;出生婴儿智力低下和发育不良。

三、谨慎起居

妇女怀孕以后,气血聚于冲任养胎,卫外功能低下,易为外邪乘袭致病。邪气迫伤于胎,可致各种胎病,甚则流产。因此要谨慎起居,科学地安排作息时间,早起早睡,规律地工作、学习与生活。要顺应四时气候的变化,增减衣衫,以避寒暑。孕妇的生活环境宜幽静雅致,有利于稳定孕妇的情绪,使胎儿能安其所居。

胎损常起于动作不慎。《产孕集》提出:孕妇"毋登高,毋用力,毋疾行,毋侧坐,毋曲腰,毋跛倚、毋高处取物,毋向非常处大小便,毋久立久坐、毋久卧、毋犯寒热"。此外,还应谨防碰撞腹部,避免接触铅、汞、苯、砷等有害物质和放射线辐射,不宜经常往来于公共场所,以防患传染病,导致伤胎或流产。

孕妇应保持二便通畅。要养成定时排便的习惯,多喝水,多吃含纤维素多的新鲜蔬菜及瓜果。若便秘仍不得缓解或排尿困难,应及时去医院治疗。

四、劳逸适度

《产孕集》提出,孕妇应劳逸适度,"不可过逸,逸则气滞,不可过劳,劳则气衰"。适当运动可促进孕妇和胎儿的血循环,有利于胎儿发育,也有利于分娩顺利进行。过劳则动伤气血,对胎元不利,过逸则气滞,也不利于胎儿发育。在妊娠的不同阶段,劳逸的安排有所不同。

孕早期,由于妊娠反应胃纳差,应"不为力事"、"无太疲劳"(徐之才《逐月养胎法》)。只可作一般的家务劳动,切勿搬抬、举重。晚间操作、重体力劳动均不适宜,也不宜长途颠簸,应常出户外散步,呼吸新鲜空气,接受阳光。

妊娠中期,不可过于安逸,应从事一定的体力劳动和适量的运动,如太极拳、气功、旅游等,有利于消化和睡眠,但应避免骑马、骑自行车、游泳、赛跑等剧烈运动。

妊娠后期,应当以逸为主,但不宜久卧贪睡,可常散步,作适当地活动,俟时而生。

孕妇要有充足的睡眠,每晚应保证 8 小时的睡眠时间,到了妊娠后期,每日中午应卧床休息 1 小时。临产前数周,应再增加睡眠时间,睡姿宜取左侧卧。

五、讲卫生宽衣着

孕妇宜常洗澡,勤换衣裤,保持皮肤清洁。提倡淋浴,水温要适当。避免坐盆沐浴,以免脏水灌入阴道,引起感染。此外,每日须清洗外阴。怀孕六个月后要经常擦洗乳头,预防产后哺乳时乳头凹陷,宜常用手将乳头向外牵拉。每日早晚要刷牙,条件许可者,每餐后都刷牙,以免口腔感染及牙齿疾病而引起产后感染。

孕妇的居室宜勤打扫,保持清洁和空气流通。

孕妇的衣着宜轻松宽大舒适,不要紧束胸部和腰部,以免影响气血运行和胎儿发育。穿鞋应大小合适,鞋底宜厚不宜硬,忌穿高跟鞋。

六、戒房事

《幼幼集成·保产论》提出:"古者妇人怀孕,即居侧室,与夫异寝,以淫欲最当所禁"。主张孕妇清心寡欲,分房静养。妊娠早期和产前三个月尤应谨戒房事。孕早期房事不节,相火动于内,阴气泄于外,可致胎毒、胎漏、流产。孕后期房室无度,往往引起半产、难产,即幸不堕,生子亦必愚鲁多疾早夭。

近几年国内外的研究证实,临产前一个月有性生活的孕妇,其羊水感染及胎儿死亡率就高,而羊水感染之胎儿,日后智商低者比对照组高68%。在临产前一个月性生活频繁者,新生儿黄疸比通常高一倍。

七、审慎用药

妊娠期母体各系统都发生了一系列的生理变化,如果用药不当,可能造成医源性疾病,还会损胎致畸,甚则引起难产、流产。

孕妇无病,不可乱服药石,以免妄伐无辜,过服补药,可引起胎大难产。孕妇患病,应及早治疗,但须掌握"病去母安,胎亦无殒"的原则。既不为妊娠用药禁忌框框所缚,也须慎重从事。

西药中有些药物对胎儿影响更大,如安定、阿司匹林、四环素、抗癫痫药等,一般情况下不用这些药。必须使用时,可按医嘱服用。

第二节 少儿保健

少儿是指从出生到十二岁这段时期。少儿的养生,包括了自出生至学龄期的一切保健措施。其特点是养教并重,以保养元真,教子成才为目标。

一、生理和心理特点

少儿处于生长发育的初期。《素问病机气宜保命集》指出:少儿"和气如春,日渐滋长",《小儿药证直诀》谓小儿"五脏六腑,成而未全,……全而未壮",《温病条辨·解儿难》又说:小儿"脏腑薄,藩篱疏,易于传变;肌肤嫩,神气怯,易于感触"。小儿在生理上,既有生机蓬勃、蒸蒸日上的一面,又有脏腑娇嫩、形气未充的一面。其抗病力低下,易于发病,病情发展迅速。小儿的心理发育也未臻完善,其精神怯弱,易受惊吓致病,情志不稳,可塑性大,易于接受各方面的影响和教育。针对少儿的生理、心理特点,不失时机地采取科学的保健措施,是促进少儿健康成长的重要保证。

二、少儿的保健要点

少儿在生长发育的过程中,饮食、环境几经变更,体格、心理发育会发生几次由量变到质变的飞跃。据此,少儿期可分为新生儿期、婴儿期、幼儿期、幼童期、儿童期这五个阶段,兹将各期的保健要点概述如下:

(一）新生儿期

自出生至满月为新生儿期。以保温、合理喂养和预防感染为保健重点,还应保证充足睡眠及良好的睡眠姿势。

(二）婴儿期

从满月到周岁为婴儿期。这是人一生中生长发育最迅速的阶段,被称作人生中第一个飞跃时期。此期的保健重点是合理喂养,注意寒温调护,按时进行各种预防接种。经常日中嬉戏,以促进飞跃式生长发育,提高抵抗力。

(三）幼儿期

从一周岁到三周岁为幼儿期。重视早期教育,促进智力增长,以启蒙发萌。继续做好预防保健工作,培养良好卫生、生活习惯。

(四）幼童期

从三周岁到七周岁为幼童期,亦称学龄前期,应有计划地进行幼儿园教育,开展适于幼童特点的各种活动,做好预防保健工作,加强看护与教育,防止意外事故发生。要注意培养优秀品德及初步的独立生活能力。

(五）儿童期

从七周岁到十二周岁为儿童期,亦称学龄儿童期。应重视德、智、体、美教育,使之全面发展,继续做好儿童保健,要特别注意预防近视、龋齿和脊柱变形,防止扁平足。加强体育锻炼,使体格和智慧进一步发展。

三、养生指导

(一）早期教育

早期教育是指对自出生至幼童期儿童进行的适时而恰当的教育与训练。包括德行教育与健康心理的培养、智力开发、健康教育和美学教育。早期教育应当注意以下几个问题。

1. **全面发展** 德育、智育、体育、美育是相辅相成、相得益彰的。健康的心理寓于健康的身体,身体不好势必影响智力的发展,而且易于形成自卑、软弱、骄矜、孤僻等不良习气。智力的发展,能增加幼童的信心,有助于知识水平、思想品德和体质的提高。良好的品德与个性,可激发幼童学习、锻炼的自觉性和踏实刻苦的精神。美育可以促使正确人生观和世界观的萌发与形成,使生活丰富多彩,充满情趣和愉快,从而促进智力发展和身心健康。在教育的过程中,应当注意四者兼顾,相互促进,相互渗透,使孩子的身体与心理得以统一和谐地发展。

2. **适时恰当** 《颜氏家训·勉学》说:"人生小幼,精神专利,长成以后,见虑散逸,固须早教,勿失机也",明代医家徐春圃于《古今医统·婴幼论》提出:"凡婴儿六十日后……便当诱其正性"。现在一般认为,教育要从孩子出生的第一天开始,在三岁以前进行智力开发更为重要。一是要抓关键期教育。关键期是幼童发展的"最佳期",即在某种潜能相关的器官系统发育成熟前的快速构成期和生长阶段。在关键期内,幼童的学习兴趣大、速度快、掌握牢固,可获得最佳学习效果。一般而言,2~3岁是儿童口头语言及计数能力发展的关键期;出生到4岁是形状知觉发展的关键期;4~5岁是开始学习书面语言的关键期;5~6岁掌握词汇能力发展最快,又是数概念发展的关键年龄。教育与训练的内容与要求,应与幼童成熟的程度速度相适应。五、六岁以前的孩子,一般不宜进行大量的识字与计算活动。

适时与恰当的早期教育,可以获得最佳效果。教育过早过深有损孩子的健康,亦不能取得更好的成效。教育过晚过浅,会推迟、耽误甚至阻碍幼童的成长发展。要把握适时与恰当,必须注意个体间在成熟速度上的差异,要父母和师长敏锐、精细的观察与判断,或做幼童生理、心理发展测定。

3. **方法合理** 早期教育的方法必须适合幼童生理、心理发展的特点。

（1）**坚持正面教育**：徐春圃指出,对两个月的婴儿"便当诱其正性",正是强调早期教育宜采用正面教育。幼童天真幼稚,情绪不稳,是非观念不清,对自己的言行不善于控制。但是,他们求知欲望强,好奇好问,勇于探索,可塑性大,容易先入为主。坚持正面教育、积极引导的原则,可以使孩子从小学会抵制社会、生活环境中不良因素的侵蚀,使孩子的体力、智力、情感、意志与道德向健康方向发展。培养他们热爱祖国、热爱集体、热爱劳动、遵守纪律、团结互助的思想品质、开朗活泼的性格和勇敢沉着的精神。要尽可能地为孩子们选择良好的影响,以师长的表率作用影响之,用英雄、模范的思想行为感染之,不要让孩子看凶杀、恐怖、武打等电视、电影、录像和画片。无论进行哪方面的教育,都要注意摆事实、讲道理,明确是与非。要耐心、正确地回答孩子的问题,并有意识地启发他们提问。在向孩子提出要求,甚至在他们犯错误时,要耐心、冷静地循循善诱。要以鼓励表扬为主,切忌强制胁迫、讥讽威吓、滥用体罚,尤其不可采用当众侮辱人格伤其自尊心的行动。

（2）**直观教育**：幼童活泼好动,模仿力强,抽象思维能力差,追求趣味情境和丰富多彩的活动,注意力容易分散。因此宜采用形象具体的直观教育,教育内容要丰富新颖、形式宜生动活泼,富于直观性、趣味性和生活性,要多采用游戏、讲童话故事以及文体活动等形式。要让孩子们尽可能地接触大自然,通过游园、参观、看电影等途径,结合实物实事进行教育。万全就提倡实物教育,在其著作《育婴家秘·鞠养以慎其疾》中强调:"遇物则教之,使其知之也"。要让幼童多看、多听、多摸,尽量让多种感觉器官协调活动,要侧重于语言训练。避免抽象理论的灌注和枯燥的道德说教,也不要将孩子关在室内,让他们长时间地坐着。

（3）**予以爱抚与期望**：心理学的研究表明,对孩子持什么样的态度是影响幼童身心发展的重要因素。小儿虽少七情六欲,但富有感情,在生活、心理和行为上均有极大的依赖性。父母对孩子不应冷漠无情,也不能溺爱、百般迁就,而应给以足够的爱抚。爱抚是一种宽严相济、恩威并施的意识行为。表现为和蔼的态度、无微不至的关注、怀抱、亲昵与依偎,以及对孩子始终如一的严格要求。支持他们的正确行为,满足他们的正当要求,为他们的成长创造良好的环境与条件。

家长及幼教人员对幼童持积极期望的态度也很重要。实验证明,成人对于孩子具有高于一般幼童平均智力的期待态度,可以感染幼童,增强他们的信心和毅力,从而使幼儿的学习成绩和智力明显提高。

早期教育是依据人脑神经发育的特点,总结古今中外教育的大量实例和经验提出的。在妊娠期的第11～18周,是胎儿脑细胞生长发育的第一个高峰,出生后第三个月是大脑发育的第二个高峰。2岁半至3岁时,脑重相当于成人的2/3,7岁时则达到成人的9/10,神经细胞的树突在婴儿出生时数量少而短,而到2岁时已大量发展,形成复杂的网络联系。6岁左右,脑的结构虽未达到成人水平,但已相当成熟。脑生理的这些变化,带来大脑智能的飞跃发展。孩子出生后6个月,大脑智能已达到其总能力的50%,到3岁时就达到80%。因此,从出生至学龄前这段时间确实是进行早期教育的有利时机,3～6岁的孩子是早期教育的重点施教对象。

(二) 精心护养

少儿的生活不能自立，父母当精心护养，防止发生疾病与意外事故。《素问病机气宜保命集》指出，小儿"内无思想之患，外无爱慕之劳"，少有七情损伤为病。然而不能自调寒暑节饮食，易患肺与脾胃之疾。因此，少儿养生防病当以"节饮食，适寒暑，宜防微杜渐"为主。

1. **合理喂养节饮食** 小儿生长发育迅速，体格、智力以及脏腑功能均不断地趋向完善成熟，对各种营养物质的需要量较多，质量要求高。《幼幼集成·初生护持》指出："盖儿初生，借乳为命"。母乳是婴儿最理想的天然食品，对六个月以下的小儿更适合。若无母乳或其它原因不能哺乳，可采用人工喂养，通常予以牛奶、羊奶、奶糕、豆浆等代乳品，鲜牛奶可作首选。若母乳不足或其它原因，不能全部用母乳喂养，可采用混合喂养。少儿不同阶段的食品应以营养充足、适应并促进发育为原则。及时添加辅食，并逐渐向成人膳食过渡。要注意食物品种的多样化及粗细粮、荤素菜的合理搭配。要特别注重提高幼童膳食中优质蛋白质的比重，让孩子食用足量的鱼、肉、蛋及豆类食物。肾气对人的生长发育起着极为重要的作用。幼童的肾气未充，牙齿、骨骼、脑髓均处于发育中，因而不要忽视补肾食品的供给，如动物的肝、肾、脑髓及核桃仁、黑芝麻、桑椹、黑豆等。然而小儿为"纯阳之体"，宜少食或忌食温补滋腻厚味的食品，如羊肉、鸡肉、火腿、海参等。

脾胃为后天之本，但是小儿"肠胃脆弱"、"脾常不足"（《育婴家秘》），饮食又不能自节，喂养稍有不当，就会损伤脾胃，妨碍营养物质的消化吸收，影响生长发育。因而，幼儿的喂养应着眼于保护脾胃。其饮食应以易于消化吸收为原则，辅食的添加应该由流质到半流质到固体，由少到多，由细到粗。增加辅食的数量、种类和速度，要视小儿消化吸收的情况而定，宜随时观察孩子的大便以取得了解。食物的烹调宜细碎软烂、色香味美，通常采用煮、煨、烧、蒸等方法，不宜油炸。

要使孩子从小养成良好的饮食习惯。尤应注重节食。《幼幼集成·初生护持》强调："忍三分饥，吃七分饱，频揉肚"。随着人民生活水平的提高和电冰箱的使用，现代儿童要防止营养过剩，过食生冷，零食过多过杂。

2. **寒温调适** 要顺应天时寒温变化增减衣衫，令小儿冷热适度，以小儿的手足暖而不出汗，体温保持在 36.5℃～37.3℃ 之间为宜。保暖要点是头宜凉，背、腹、足宜暖。小儿衣被特忌厚热，平时穿衣不宜过多。《诸病源候论》指出："薄衣之法，当以秋习之"，使小儿慢慢适应寒冷刺激。

3. **安全防护** 小儿精神怯弱，易受惊吓，大惊卒恐可致疾病。此外，小儿求知欲强，勇于探索，但是缺乏社会生活经验，对外界危险事物没有识别能力，容易发生意外事故。成人必须谨慎看护，事事留意，正面引导，切勿以粗暴态度或恐吓手段对待。《育婴家秘》指出："小儿能坐能行则扶持之，勿使倾跌也"，又谓："凡小儿嬉戏，不可妄指它物作虫、作蛇；小儿啼哭，不可令装扮欺诈以止其啼，使神志昏乱"，"小儿玩弄嬉戏，常在目前之物不可去之，但勿使之弄刀剑，啣铜钱，近水火"。皆为经验之谈，值得借鉴。此外，要防止触电、车祸、溺水等意外事故的发生，冬天取暖要防止煤气中毒。

(三) 体格锻炼

《千金要方·初生出腹论》指出："凡天和暖无风之日，令母将儿于日中嬉戏，数见风日，则血盈气刚，肌肉牢密，堪耐风寒，不致疾病"。要鼓励孩子到户外活动，要充分利用大自然的日光、空气进行体格锻炼。10岁以内儿童，每天至少保证 2～3 小时的户外活动，增强机体抗病能力。

要让孩子积极参加体育锻炼,但是不宜进行过多的力量练习,以体操、游泳、游戏、短跑、武术、跳绳和球类运动为宜。

(四) 培养良好习惯

1. 睡眠卫生 睡眠对少儿健康成长至关重要。要让孩子从小养成按时起床和睡眠的习惯,应让其自然入睡,不要养成抱睡的习惯。入睡前勿逗引玩笑,对较大幼儿,睡前不讲恐怖故事,不做兴奋游戏。

被子不宜过重、过厚、过暖。仰卧、侧卧均可,不宜俯卧。要帮助婴儿经常调换睡眠姿势和侧卧的方向,以免颅骨畸形发育。枕头不宜过高。

2. 讲究卫生 孩子六个月左右,就应该开始训练定时大小便的习惯。周岁左右,就要教他养成饭前便后洗手的习惯。晚上睡前要洗脸、洗脚。女孩儿每晚要洗臀部,而且要由前向后洗。要让孩子定期洗头洗澡,衣服要勤洗勤换,经常剪指甲。让他们随身携带手帕,不与他人共用毛巾等洗漱用具。应注意口腔卫生,养成饭后漱口和刷牙习惯,不可含着糖块入睡。孩子到了 4 岁,要逐渐培养自理能力,要注意培养正确的姿势,讲解卫生保健常识,预防龋齿、近视眼、沙眼、脊柱变形、扁平足和传染病的发生。要帮助孩子合理安排学习、生活和休息,为他们安排一些力所能及的家务劳动。学龄儿童每天要保证学习时间。

(五) 免疫防病

定期定量做好预防接种,可提高儿童对某些传染病的免疫力,对保护儿童健康成长,降低传染病的发病率,减少并阻止传染病的流行有重要作用。

定期体检,对象以新生儿期至幼童期的儿童为主,重点为一岁以内的小儿。婴儿期,1~3 个月检查一次;幼儿期,3~6 个月检查一次;幼童期,6~12 个月检查一次。对痄证、双胞胎儿、出生低体重儿等应酌情增加检查次数。通过检查,可系统地观察小儿体格与智能的发育情况,有针对性地宣传科学育儿知识,指导父母改进护理、教养方法,从而促进小儿生长发育,并能早期发现小儿生长发育过程中存在的问题,以及引起多病的原因,做到无病早防,有病早治,降低发病率。

第三节 青少年的保健

青少年是指 12 岁至 24 岁这一阶段,统称青春期。又可分为青春发育期和青年期。从 12 岁至 18 岁为青春发育期,从 18 岁至 24 岁为青年期。

一、生理和心理特点

青春发育期是人生中生长发育的高峰期。其特点是体重迅速增加,第二性征明显发育,生殖系统逐渐成熟,其它脏器亦逐渐成熟和健全。机体精气充实,气血调和。随着生理方面的迅速发育,心理行为也出现了许多变化。他们精神饱满,记忆力强,思想活跃,充满幻想,追求异性,逆反心理强,感情易激动,个体独立化倾向产生与发展。到了青年期,身体各方面的发育与功能都达到更加完善和完全成熟的程度,最后的恒牙也长了出来。青春期是人生发育最旺盛的阶段,是体格、体质、心理和智力发育的关键时期。但是,此时人生观和世界观尚未定型,还处于"染于苍则苍,染于黄则黄"的阶段,如果能按照身心发育的自然规律,注意体格的保健锻炼和思想品德的教育,可为一生的身心健康打下良好的基础。

二、养生指导

(一) 培养健康的心理素质

青少年处于心理上的"断奶期",表现为半幼稚、半成熟以及独立性与依赖性相交错的复杂现象,具有较大的可塑性。他们热情奔放、积极进取,却好高骛远,不易持久,在各方面会表现出一定的冲动性。他们对周围的事物有一定的观察分析和判断能力,但情绪波动较大,缺乏自制力,看问题偏激。有时不能明辨是非。他们虽然仍需依附于家庭,但与外界的人及环境的接触亦日益增多,其独立愿望日益强烈,不希望父母过多地干涉自己,却又缺乏社会经验,极易受外界环境的影响。师长如有疏忽,往往误入歧途。针对青少年的心理特征,培养其健康的心理素质极为重要,可从以下三个方面着手。

1. **说服教育谆谆善诱** 家长和教师要以身作则,为人师表,给青少年以良好影响,同时又要尊重他们独立意向的发展和自尊心,采用说服教育、积极诱导的方法,与他们交朋友谈心,关心他们的学习与生活,并设法充实和丰富他们的业余生活。有事多与他们商量,尊重他们的正确意见,逐渐给他们更多的独立权利,为他们创造一个愉快的、愿意讲话的环境,以便了解孩子的交友情况及周围环境的影响,探知他们的心理活动与情绪变化,从而有的放矢地予以教导和帮助。可以有意识有针对性地提出问题交给他们讨论,通过辩论以明确是非观念,再向他们提出更高的要求。要从积极方面启发他们的兴趣与爱好,激发他们积极进取、刻苦奋斗的精神,培养良好的个性与习惯。要教他们慎重择友,避免与坏人接触。要向他们推荐优秀书刊,取缔不健康的读物。要鼓励他们积极参加集体活动,培养集体主义思想,逐渐树立正确的世界观和人生观,使他们有远大的理想与追求,集中精力长知识、长身体,在实际工作中锻炼坚强的意志和毅力,以求德智体美全面发展。对于他们的错误或早恋等问题,不能采取粗暴、压制及命令的方式,仍要谆谆诱导。

2. **加强自身修养** 青少年的身体发育虽已接近成人,可是对环境、生活的适应能力和对事物的综合、处理能力仍然很差。青少年应该在师长的引导协助下,在自己所处的环境中,加强思想意识的锻炼和修养,力求养成独立自觉、坚强稳定、直爽开朗、亲切活泼的个性。遇事冷静,言行适度,文明礼貌,尊老爱幼,切忌恃智好胜,恃强好斗。要有自知之明,正确地对待就业问题,处理好个人与集体的关系,明确自己在不同场合所处的不同位置,善于角色变换,采用不同的处事方法,从而有利于社交活动,促进人事关系的和谐,有益于身心健康。

3. **科学的性教育** 贯穿于青春期的最大特征是性发育的开始与完成。正如《素问·上古天真论》云:"丈夫……二八肾气盛,天癸至,精气溢泻","女子……二七而天癸至,任脉通,太冲脉盛,月事以时下"。男女青年,肾气初盛,天癸始至,具有了生育能力。其心理方面的最大变化也反映在性心理领域,性意识萌发,处于朦胧状态。由于青年人的情绪易于波动,自制力差,若受社会不良现象的影响,常可使某些青年滋长不健康性心理,以致早恋早婚,荒废学业,有的甚至触犯刑法,走上犯罪道路。因此,青春期的性教育尤为重要。

青春期的性教育,包括性知识和性道德教育两个方面。要帮助青少年正确理解正常的生理变化,以解除性成熟造成的好奇、困惑、羞涩、焦虑、紧张的心理。要教育男青年不要染上手淫习惯,如已染上者,则要树立坚强意志,坚决克服掉。女青年要做好经期卫生保健。要注意隔离和消除可能引起他们性行为的语言、书籍、画报、电影等环境因素。安排好他们的课余时间,把他们引导到正当的活动中去,鼓励他们积极参加文体活动,把主要精力放在学习上。另外,帮助他们充分了解两性关系中的行为规范,破除性神秘感。正确区别和重视友谊、恋爱、婚育的关系。提倡晚婚，力戒早恋，宣传优生、计划生育以及性病（包括艾滋病）的预防知识。

（二）饮食调摄

青少年生长发育迅速，代谢旺盛，必须全面合理地摄取营养，要特别注重蛋白质和热能的补充。碳水化合物、脂肪是热能的主要来源，碳水化合物主要含于粮食之中，青少年应保证足够的饭量，增加粗粮在主食中的比例，并摄入适量的脂肪。女青年不应为减肥而过度节食，以致营养不良。男青年也不可自恃体强而暴饮暴食，饥饱寒热无度。对于先天不足体质较弱者，更应抓紧发育时期的饮食调摄，培补后天以补其先天不足。

（三）良好生活习惯的培养

青少年不应自恃体壮、精力旺盛而过劳。应该根据具体情况科学地安排作息时间，做到"起居有时，不妄作劳"。既要专心致志地工作、学习，又要有适当的户外活动和正当的娱乐休息，保证充足的睡眠。如此方能保证精力充沛，提高学习、工作效率，有利于身心健康。

要养成良好的卫生习惯，注意口腔卫生。读书、写字、站立时应保持正确姿势，以促进正常发育，预防疾病的发生。变声期要特别注意保护好嗓子，还应避免沾染吸烟、酗酒等恶习，吸烟、酗酒不仅危害身体，而且影响心理健康。如吸烟可使青年注意力涣散，记忆力减退，思维不灵，学习效率降低。

青少年的衣着宜宽松、朴素、大方。女青年不可束胸紧腰，以免影响乳房发育和肾脏功能；男青年不要穿紧身裤，以免影响睾丸正常的生理功能，引起不育症或引起遗精，手淫。夏秋两季男女青年穿紧身裤，容易引起腹股沟癣或湿疹，令人奇痒难忍，影响健康。

（四）积极参加体育锻炼

持之以恒的体育锻炼，是促进青少年生长发育，提高身体素质的关键因素。要注意身体的全面锻炼，选择项目时，要同时兼顾力量、速度、耐力、灵敏度等各项素质的发展，重点应放在耐力素质的培养上。力量的锻炼项目有短跑，耐力的锻炼项目有长跑、游泳等，灵敏的锻炼项目有跳远、跳高、球类运动，尤其是乒乓球。上述有些体育项目关系着几项素质的发展，如游泳，既可锻炼耐力，又可锻炼速度和力量，是青少年最适宜的运动项目。

青少年参加体育锻炼，要根据自己的体质强弱和健康状况来安排锻炼时间、内容和强度。要注意循序渐进。一般一天锻炼两次，可安排在清晨和晚饭前一小时，每次1小时左右。锻炼前要做准备活动，要讲究运动卫生，注意运动安全。

第四节 中年保健

中年是指从36岁到60岁这段时期。

一、生理和心理特点

《灵枢·天年》云："人生……三十岁，五脏大定，肌肉坚固，血脉盛满，故好步；四十岁，五脏六腑十二经脉，皆大盛以平定，腠理始疏，荣华颓落，发颇斑白，平盛不摇，故好坐。五十岁，肝气始衰，肝叶始薄，胆汁始减，目始不明"。这段论述概括了中年人的生理、心理特点。中年是生命历程的转折点，生命活动开始由盛转衰。现代研究表明，人类在30岁以后，大约每增加一岁，功能减退1%。中年是心理成熟阶段，情绪多趋于稳定状态。但随着脏腑生理功能的变化，心理也有相应的变化。有些人对生理逐步老化缺乏应有的认识和理解，常有不同程度的疑病倾向。中年又是"多事之秋",要承担来自社会、家庭等多方面的压力和重任,心理负担沉重。衰变、嗜欲、操劳、思虑过度是促使早衰的重要原因,也是许多老年慢性病的起因。《景岳全书·中兴论》强调:"故人于中年左右,当大为修理一番,则再振根基,尚余强半",说明中年的养生保健至关重要。如果调理得当,就可以保持旺盛的精力而防止早衰、预防老年病,可望延年益寿。

二、养生指导

(一) 静神少虑

中年是承上启下的一代,肩负社会、家庭的重担,加上现实生活中的诸多矛盾,易使思想情绪陷入抑郁、焦虑、紧张的状态。长此以往,必然耗伤精气,损害心神,早衰多病。《养性延命录》强调:"壮不竞时"、"静神灭想",就是要求中年人要精神畅达乐观,不要为琐事过分劳神。不要强求名利、患得患失。中年人的精神调摄,应注意合理用脑;有意识地发展心智,培养良好的性格,寻找事业的精神支柱。工作、学习之余,可以听音乐、看电视,与子女嬉笑谈心,共享天伦之乐。也可以浇花养鱼、作画习字、美化仪容仪表,使自己装束趋向年轻化,以振奋精神,增添生活乐趣;或者宁心静坐、百事不思半小时,使大脑得以充分休息,使自己跳出紧张的思虑氛围,生活在愉悦舒缓、充满活力的环境里。当忧虑焦躁情绪不佳时,可对亲朋好友倾吐自己的苦闷,或适当参加文体活动,使焦虑情绪聚集于体内的能量释放出来,缓解心理上的压力。在社会实践中,塑造出有利社会和个性发展的性格特征。这对中年人调整神经系统功能,防止早衰是极为重要的。

(二) 切勿过劳

中年人年富力强,而被委以种种重任,又担负着赡养老人、抚养子女和家庭生活安排等多项工作,要注意避免长期"超负荷运转",防止过度劳累,积劳成疾。在保证充分营养的前提下,要善于科学合理地安排工作,学会休息。休息的方式多种多样,适当地调节工作可谓积极地休息方式。对于繁多的事物,宜分清轻重缓急、主次先后、有节奏有步骤地逐一完成。要根据具体情况,调整生活节律,建立新的生活秩序。要善于忙里偷闲,利用各种机会进行适当地运动。如做工间操、上楼下楼、骑车走路,室内踱步等等;利用等车、坐车时间,做一些叩齿、咽津、提肛等锻炼。也可以采用脑力劳动与体力劳动之间的交换,或改变一下作业姿势,如坐与站立交替。体育锻炼、文娱活动同样是积极的休息方式,如太极拳、八段锦、五禽戏等中国传统健身功法以及游泳、登高、对奕、垂钓等,既可怡情养性,又可锻炼身体,如能持之以恒,必收益无疑。睡眠是重要的休息方式。中年人必须保证睡眠时间,不可因工作繁忙经常开夜车,切忌通宵达旦地工作。

(三) 节制房事

人到中年体力下降,加之工作紧张,家务繁忙,故应节制房事。如果房事频繁,势必使身体过分消耗,损伤肾气。中年人应根据各人的实际情况,相应减少行房次数,以适应人体脏腑功能。《泰定养生主论》指出:"三十者,八日一施泄;四十者,十六日一施泄,其人弱者,更宜慎之","人年五十者,二十日一施泄。……能保持始终者,祛疾延年,老当益壮",这是经验之谈,可以参考。

第五节 老年保健

人体于60岁以后进入老年期。

一、生理和心理特点

《素问病机气宜保命集》说：老年人"精耗血衰，血气凝泣"，"形体伤惫……百骸疏漏，风邪易乘"。《灵枢·天年》早有"六十岁，心气始衰 苦忧悲，血气懈惰，故好卧；七十岁，脾气虚，皮肤枯；八十岁，肺气衰，魄离，故言善误，……"的说法。人到老年，机体会出现生理功能和形态学方面的退行性变化。其生理特点表现为脏腑气血精神等生理机能的自然衰退，机体调控阴阳协和的稳定性降低。再加社会角色、社会地位的改变，退休和体弱多病势必限制老人的社会活动。狭小的生活圈子、孤陋寡闻带来心理上的变化。常产生孤独垂慕、忧郁多疑、烦躁易怒等心理状态，其适应环境及自我调控能力低下，若遇不良环境和刺激因素，易于诱发多种疾病，较难恢复。老年保健应注意这些特点，有益于祛病延年。

二、养生指导

（一）知足谦和，老而不怠

《寿世保元·延年良箴》说："积善有功，常存阴德，可以延年"，又说："谦和辞让，敬人持己，可以延年"。《遵生八笺·延年却病笺》强调："知足不辱，知止不殆"。要求老年人明理智，存敬戒，生活知足无嗜欲，做到人老心不老，退休不怠惰 热爱生活，保持自信，勤于用脑，进取不止。经常读书看报，学习各种专业知识和技能。根据自己的身体健康状况，多做好事，充分发挥余热，为社会做出新的贡献。如此可减慢脑功能的衰退，领略工作学习的乐趣。寓保健于学习、贡献之中。处世宜豁达宽宏、谦让和善，从容冷静地处理各种矛盾，从而保持家庭和睦、社会关系的协调，有益于身心健康。

宋代陈直《寿亲养老新书·卷一》提出："凡丧葬凶祸不可令吊，疾病危困不可令惊，悲哀忧愁不可令人预报"，"暗昧室不可令孤，凶祸远报不可令知 轻薄婢使不可令亲"，要求老年人应回避各种不良环境、精神因素的刺激。又于《万寿丹书·养老》中提出："养老之法，凡人平生为性，各有好嗜之事，见即喜之"。老年人应根据自己的性格和情趣怡情悦志，如澄心静坐、益友清谈、临池观鱼、披林听鸟等，使生活自得其乐，有利康寿。

老年人往往体弱多病，应树立乐观主义精神和战胜疾病的信心，参加一些有意义的活动和锻炼，分散自己的注意力。同时，应积极主动地配合治疗，可以尽快地恢复健康。还须定期进行体检，及早发现一些不良征兆，及时进行预防或治疗。

（二）审慎调食

《寿亲养老新书·饮食调节》指出："高年之人，真气耗竭，五脏衰弱，全仰饮食以资气血"。故当审慎调摄饮食，以求祛病延年。反之"若生冷无节，饥饱失宜，调停无度，动成疾患"则损体减寿。老年人的饮食调摄，应该营养丰富，适合老年生理特点。

1. 食宜多样 年高之人，精气渐衰，应该摄食多样饮食，使谷、果、畜、菜适当搭配，做到营养丰富全面，以补益精气延缓衰老。老年人不要偏食，不要过分限制或过量食用某些食品，又应适当补充一些机体缺乏的营养物质，使老年人获得均衡的营养。例如，老年人由于生理机能减退，容易发生钙代谢的负平衡，出现骨质疏松症及脱钙现象，也极易造成骨折。同时，老人胃酸分泌相对减少，也要影响钙的吸收和利用。在饮食中选用含钙高的食品，适当多补充钙质,对老年人具有特殊意义。乳类及乳制品、大豆及豆制品是理想的食物钙来源,芹菜、山楂、香菜等含钙量也较高。针对老年人体弱多病的特点,可经常食用莲子、山药、藕粉、菱角、核桃、黑豆等补脾肾益康寿之食品,或辅食长寿药膳进行食疗。

2. **食宜清淡** 老年人之脾胃虚衰,消纳运化力薄,其饮食宜清淡。多吃鱼、瘦肉、豆类食品和新鲜蔬菜水果,不宜吃浓浊、肥腻或过咸的食品。要限制动物脂肪,宜食植物油,如香油、玉米油。现代营养学提出老年人的饮食应是"三多三少",即蛋白质多、维生素多、纤维素多;糖类少、脂肪少、盐少,正符合"清淡"这一原则。

3. **食宜温热熟软** 老年人阳气日衰,而脾又喜暖恶冷,故宜食用温热之品护持脾肾,勿食或少食生冷,以免损伤脾胃,但亦不宜温热过甚,以"热不炙唇,冷不振齿"为宜。老人脾胃虚弱,加上牙齿松动脱落,咀嚼困难,故宜食用软食,忌食粘硬不易消化之品。明代医家李梴于《医学入门》中提倡老人食粥,曰"盖晨起食粥,推陈致新,利膈养胃,生津液,令人一日清爽,所补不小"。粥不仅容易消化,且益胃生津,对老年人的脏腑尤为适宜。

4. **食宜少缓** 老年人宜谨记"食饮有节",不宜过饱。《寿亲养老新书》强调:"尊年之人,不可顿饱,但频频与食,使脾胃易化,谷气长存"。主张老人少量多餐,既保证营养供足,又不伤肠胃。进食不可过急过快,宜细嚼慢咽,这不仅有助于饮食的消化吸收,还可避免"吞、呛、噎、咳"的发生。

(三) 谨慎起居

老年人的气血不足,护持肌表的卫气常虚,易致外感,当谨慎调摄生活起居。《寿亲养老新书》指出:"凡行住坐卧,宴处起居,皆须巧立制度"。老年人的生活,既不要安排得十分紧张,又不要毫无规律,要科学合理,符合老年人的生理特点,这是老年养生之大要。

老年人的居住环境以安静清洁、空气流通、阳光充足、湿度适宜,生活方便的地方为好。首先要保证良好的睡眠,但不可嗜卧,嗜卧则损神气,也影响人体气血营卫的健运。宜早卧早起,以右侧屈卧为佳。注意避风防冻,但忌蒙头而睡。

老年人应慎衣着,适寒暖。要根据季节气候的变化而随时增减衣衫。要注意胸、背、腿、腰及双脚的保暖。

老年人的肾气逐渐衰退,房室之事应随增龄而递减。年高体弱者要断欲独卧,避忌房事。体质刚强有性要求者,不要强忍,但应适可而止。

老年人机体功能逐渐减退,较易疲劳,尤当注意劳逸适度。要尽可能做些力所能及的体力劳动或脑力劳动,但切勿过度疲倦,以免"劳伤"致病,尽量做到"行不疾步、耳不极听、目不极视、坐不至久,卧不极疲","量力而行,勿令气之喘,量力谈笑,才得欢通,不可过度"(《寿亲养老新书》)。《保生要录》指出:"养生者,形要小劳,无至大疲。……欲血脉常行,如水之流……频行不已,然宜稍缓,即是小劳之术也",这些论述都说明了劳逸适度对老年保健的重要性。

老年人应保持良好的卫生习惯。面宜常洗,发宜常梳,早晚漱口。临睡前,宜用热水洗泡双足。要定时排便,经常保持大小便通畅,及时排除导致二便障碍的因素,防止因二便失常而诱发疾病。

(四) 运动锻炼强身心

年老之人,精气虚衰,气血运行迟缓,故又多瘀多滞。积极的体育锻炼可以促进气血运行,延缓衰老,并可产生一种良性心理刺激,使人精神焕发,对消除孤独垂暮,忧郁多疑,烦躁易怒等情绪有积极作用。

老年人运动锻炼要遵循因人制宜、适时适量、循序渐进、持之以恒的原则。参加锻炼前，要请医生进行全面检查，了解身体健康状况及有无重要疾病。在医生的指导下，选择恰当的运动项目，掌握好活动强度、速度和时间。一般来讲，老年人之运动量宜小不宜大、动作宜缓慢而有节律。适合老年人的运动项目有太极拳、五禽戏、气功、武术、八段锦、慢跑、散步、游泳、乒乓球、羽毛球、老年体操等。锻炼时要量力而行，力戒争胜好强，避免情绪过于紧张或激动。运动次数每天一般宜1～2次，时间以早晨日出后为好，晚上可安排在饭后一个半小时以后。老年人忌在恶劣气候环境中锻炼，以免带来不良后果。例如盛夏季节，不要在烈日下锻炼，以防中暑或发生脑血管意外。冬季冰天雪地，天冷路滑，外出锻炼，要注意防寒保暖，防止跌倒。大风大雨天气，不宜外出。还须注意不在饥饿时锻炼。

老年人应掌握自我监护知识。运动时，要根据主观感觉、观测心率及体重变化来判断运动量是否合适，酌情调整。必要时可暂时停止锻炼，不要勉强。锻炼三个月以后，应进行自我健康小结，总结睡眠、二便、食欲、心率、心律正常与否。一旦发现情况，应及时就诊，采取措施。

（五）合理用药

老年人由于生理上退行性改变，机体功能减退，无论是治疗用药，还是保健用药，都不同于中青年。一般而言，老年人保健用药应遵循以下原则：宜多进补少用泻；药宜平和，药量宜小；注重脾肾，兼顾五脏；辨体质论补，调整阴阳；掌握时令季节变化规律用药，定期观察；多以丸散膏丹，少用汤剂；药食并举，因势利导。如此方能收到补偏救弊，防病延年之效。

第六节 妇女保健

一、生理和心理特点

妇女在解剖上有胞宫，在生理上有月经、胎孕、产育、哺乳等特点，其脏腑经络气血活动的某些方面与男子有所不同。

妇女又具有感情丰富、情不自制的心理特点，精血神气颇多耗损，极易患病早衰。《千金要方》中说："妇人之别有方者，以其始妊生产崩伤之异故也"，又说："女人嗜欲多于丈夫，感病倍于男子，加以慈恋爱憎嫉妒忧恚……所以为病根深，疗之难瘥。故养生之家，特须教子女学习此三卷妇人方，令其精晓"。做好妇女的卫生保健，有着特殊重要的意义。他们的健康不仅影响自身寿命，还关系到子孙后代的体质和智力发展。为了预防并减少妇女疾病的发生，保证妇女的健康长寿，除了注意一般的卫生保健外，尚须注重经期、孕期、产褥期、哺乳期及更年期的卫生保健。孕期保健已在本章胎孕保健中介绍，不再复述。

二、养生指导

（一）经期保健

《景岳全书·妇女规》论月经病的病因时说："盖其病之肇端，则或思虑，或由郁怒，或以积劳，或以六淫饮食"。可见，经期应当于饮食、精神、生活起居各方面谨慎调摄。

1. 保持清洁　行经期间，血室正开，邪毒易于入侵致病，必须保持外阴、内裤、月经带、垫纸的清洁，勤洗勤换内裤、月经带，并置于日光下晒干，月经纸要柔软清洁、勤换。洗浴宜淋浴，不可盆浴、游泳，严禁房事、阴道检查。如因诊断必须做阴道检查者，应在消毒情况下进行。

2. **寒温适宜** 《女科经论》说："寒温乖适，经脉则虚，如有风冷，虚则乘之。邪搏于血，或寒或温，寒则血结，温则血消，故月经乍多乍少，为不调也"。指出经期宜加强寒温调摄，尤当注意保暖，避免受寒，切勿涉水、淋雨、冒雪、坐卧湿地、下水田劳动。严禁游泳、冷水浴，忌在烈日高温下劳动。否则，每致月经失调、痛经、闭经等证。

3. **饮食宜忌** 月经期间，经血溢泄，多有乳房胀痛，少腹堕胀，纳少便溏等肝强脾弱现象，应摄取清淡而富有营养之食品。忌食生冷、酸辣辛热香燥。多食酸辣辛热香燥之品，每助阳耗阴，致血分蕴热，迫血妄行，令月经过多。过食生冷则经脉凝涩，血行受阻，致使经行不畅、痛经、闭经。也不宜过量饮酒，以免刺激胞宫，扰动气血，影响经血的正常溢行。

4. **调和情志** 《校注妇人良方》指出："积想在心，思虑过度，多致劳损。……盖忧愁思虑则伤心，而血逆竭，神色失散，月经先闭。……若五脏伤遍则死。自能改易心志，用药扶持，庶可保生"，强调情志因素对月经的影响极大。经期，经血下泄，阴血偏虚，肝失濡养，不得正常疏泄，每产生紧张忧郁、烦闷易怒之心理，出现乳房胀痛、腰酸疲乏、少腹堕胀等症。因此，在经前和经期都应保持心情舒畅，避免七情过度。否则，会引起脏腑功能失调，气血运行逆乱，轻则加重经间不适感，导致月经失调，重则闭经、患癥瘕等症。

5. **活动适量** 经期以溢泻经血为主，需要气血调畅。适当活动，有利于经行畅利，减少腹痛，但不宜过劳，要避免过度紧张疲劳、剧烈运动及重体力劳动。若劳倦过度则耗气动血，可致月经过多，经期延长、崩漏等证。

（二）**产褥期保健**

产后6~8周时间内属产褥期。由于分娩时耗气失血，机体处于虚弱多瘀的状态，需要较长时间的精心调养。《千金要方·求子》指出："妇人产讫，五脏虚羸"，"所以妇人产后百日以来，极须殷勤、忧畏，勿纵心犯触，及即便行房，若有所犯，必身反强直，犹如角弓反张，名曰蓐风"，产后调摄对于产妇的身体恢复、婴儿的哺乳具有积极意义。

1. **休息静养，劳逸适度** 产后充分休息静养，有利于生理功能的恢复。产妇的休息环境必须清洁安静，室内要温暖舒适、空气流通。冬季宜注意保暖，预防感冒或煤气中毒。夏季不宜紧闭门窗、衣着过厚，以免发生中暑。但是，不宜卧于当风之处，以免邪风乘虚侵袭。

产后24小时必须卧床休息，以恢复分娩时的疲劳及盆底肌肉的张力，不宜过早操劳负重，避免发生产后血崩、阴挺下脱等病。睡眠要充足，要经常变换卧位，不宜长期仰卧，以免子宫后倾。然而，静养绝非完全卧床，除难产或手术产外，一般顺产可在产后24小时起床活动，并且逐渐增加活动范围，以促进恶露畅流、子宫复元，恢复肠蠕动，令二便通畅，有利于身体康复。

2. **增加营养，饮食有节** 产妇于分娩时，身体受到一定耗损，产后又需哺乳，加强营养，实属必要。然而，必须注意补不碍胃、不留瘀血。当忌食油腻和生冷瓜果，以防损伤脾胃和恶露留滞不下，也不宜吃辛热伤津之食，预防大便困难和恶露过多。产妇的饮食宜清淡可口、易于消化吸收，又富有营养及足够的热量和水分。产后1~3天的新产妇可食小米粥、软饭、炖蛋和瘦肉汤等。此后，凡蛋、奶、肉、骨头汤、豆制品、粗粮、蔬菜均可食用，但需精心细做，水果可放在热水内温热后再吃。另外，可辅佐食疗进补，以助机体恢复。如脾胃虚弱者可服山药扁豆粳米粥，肾虚腰疼者食用猪腰子菜末粥，产后恶露不畅者可服当归生姜羊肉汤或益母草红糖水、糌糟等。饮食宜少量多餐，每日可进餐4~5次，不可过饥过饱。

3. **讲究卫生,保持清洁** 产褥期因有恶露排出,产后汗液较多,且血室正开,易感邪毒,故宜经常擦浴淋浴,更需特别注意外阴清洁,预防感染。每晚宜用温开水洗涤外阴,勤换会阴垫。如有伤口,应使用消毒敷料,亦可用药液熏洗,有利于消肿止痛。内衣裤、月经带要常洗晒,产后百日之内严禁房事。产后四周不能盆浴,以防邪毒入侵引发其他疾病,不利于胞宫恢复。

产褥期应注意二便通畅。分娩后往往缺乏尿感。应设法使产妇于产后 4~6 小时排尿,以防胀大的膀胱影响子宫收缩。如若产后 4~8 小时仍不能自解小便,应采取措施。产后因卧床休息,肠蠕动减弱,加之会阴疼痛,常有便秘,可给番泻叶促使排便。

此外,产妇分娩已重伤元气,需给予关心体贴,令其情怀舒畅,可以防止产后病的发生。

(三) 哺乳期保健

哺乳期的妇女处于产后机体康复的过程,又要承担哺育婴儿的重任,该期保健对母子都很重要。

1. **哺乳卫生** 产后将乳头洗净,在乳头上涂抹植物油,使乳头的积垢及痂皮软化,然后用肥皂水及清水洗净。产后 8~12 小时即可开奶。每次哺乳前,乳母要洗手,用温开水清洗乳头,避免婴儿吸入不洁之物。哺乳后也要保持乳头清洁和干燥,不要让婴儿含着乳头入睡。如仍有余乳,可用手将乳汁挤出,或用吸奶器吸空,以防乳汁淤积而影响乳汁分泌或发生乳痈。刚开始哺乳时,可出现蒸乳反应,乳房往往胀硬疼痛,可作局部热敷,使乳络通畅,乳汁得行,也可用中药促其通乳。若出现乳头皲裂或乳痈,应及时医治。

哺乳要定时,这样可预防婴儿消化不良,有利于母亲的休息。一般每隔 3~4 小时一次,哺乳时间为 15~20 分钟。哺乳至十个月左右可考虑断奶。

2. **饮食营养** 《类证治裁》说:"乳汁为气血所化,而源出于胃,实水谷之精华也"。产后乳汁充足与否、质量如何,与脾胃盛衰及饮食营养密切相关。乳母应加强饮食营养,增进食欲,多喝汤水,以保证乳汁的质量和分泌量。忌食刺激性食品,勿滥用补品。如乳汁不足,可多喝鱼汤、鸡汤、猪蹄汤等。若乳汁自出或过少,需求医诊治。

3. **起居保健** 疲劳过度,情志郁结,均可影响乳汁的正常分泌。乳母必须保持心情舒畅,起居有时,劳逸适度。还要注意避孕。用延长哺乳期作为避孕的措施是不可靠的。最好用避孕工具,勿服避孕药,以免抑制乳汁的分泌。

4. **慎服药物** 许多药物可以经过乳母的血循环进入乳汁。例如,乳母服大黄可使婴儿泄泻。现代研究表明,阿托品、四环素、红霉素、苯巴比妥及磺胺类,都可从乳腺排出。如长期或大量服用,可使婴儿发生中毒。因此,乳母于哺乳期应慎服药物。

(四) 更年期保健

妇女在 45~50 岁进入更年期。更年期是女性生理机能从成熟到衰退的一个转变时期,亦是从生育机能旺盛转为衰退乃至丧失的过渡时期。由于肾气渐衰,冲任二脉虚惫,可致阴阳失调,出现头晕目眩、头痛耳鸣、心悸失眠、烦躁易怒或忧郁,月经紊乱、烘热汗出等症,称为更年期综合征,轻重因人而异。如果调摄适当,可避免或减轻更年期综合征,或缩短反应时间。更年期的妇女应注意几个问题。

1. **自我稳定情绪** 更年期妇女应当正确认识自己的生理变化,解除不必要的思想负担,排除紧张恐惧、消极焦虑的心理和无端的猜疑。避免不良的精神刺激。遇事不怒。心中若有不快,可与亲朋倾诉宣泄。可根据自己的性格爱好选择适当的方式怡情养性。要保持乐观情绪,胸怀开阔,树立信心,度过短暂的更年期,又会重新步入人生坦途。

2. **饮食调养**　更年期妇女的饮食营养和调节重点是顾护脾肾、充养肾气,调节恰当可以从根本上预防或调治其生理功能的紊乱。更年期妇女其肾气衰,天癸将竭,月经频繁,经血量多,经期延长,往往出现贫血,可选食鸡蛋、动物内脏、瘦肉、牛奶等高蛋白食物以及菠菜、油菜、西红柿、桃、橘等绿叶蔬菜和水果纠正贫血。患有阴虚阳亢型的高血压患者,可摄食粗粮(小米、玉米渣、麦片等)、蕈类(蘑菇、香菇等)、芹菜、苹果、山楂、酸枣、桑椹、绿叶茶等以降压安神,应当少吃盐,不要吃刺激性食品,如酒、咖啡、浓茶、胡椒等。平时可选食黑木耳、黑芝麻、胡桃等补肾食品。

3. **劳逸结合**　更年期妇女应注重劳逸结合,保证睡眠和休息。但是过分贪睡反致懒散萎靡,不利于健康。只要身体状况好,就应从事正常的工作,还应参加散步、太极拳、气功等运动量不大的体育活动及力所能及的劳动,以调节生活,改善睡眠和休息,避免体重过度增加。要注意个人卫生。

4. **定期做好身体检查**　对于更年期综合征患者,除了注意情志、饮食、起居、劳逸外,适当对症合理用药是必要的,可以改善症状。尤其要注意定期检查。女性更年期常有月经紊乱,也是女性生殖器官肿瘤的好发年龄,若出现月经来潮持续10天以上仍不停止,或月经过多而引起贫血趋势时,则需就医诊治。若绝经后阴道出血或白带增多,应及时就诊做有关检查,及时处理。在更年期阶段,最好每隔半年至一年做一次体检,包括防癌刮片,以便及早发现疾病,早期治疗。

第七节　体力劳动者的保健

体力劳动者的健康,与劳动条件和劳动环境有着密切的关系。体力劳动者以筋骨肌肉活动为主,其特征是消耗能量多,体内物质代谢旺盛。不同工种的劳动者在进行生产劳动时,身体需要保持一定体位,采取某个固定姿势或重复单一的动作,局部筋骨肌肉长时间地处于紧张状态,负担沉重,久而久之可引起劳损。故《素问·宣明五气篇》有"久视伤血,久卧伤气、久坐伤肉、久立伤骨、久行伤筋,是谓五劳所伤"之论,体力劳动者的保健应注意不断改善生活劳动条件和劳动环境。对于某些职业损害,应根据不同工种,因人因地制宜,采用相应的方法进行积极防护。如设法控制噪声、放射性物质,高温以及铅、汞、苯、甲醇、乙醇、有机磷、粉尘等职业危害因素,防止职业病的发生。

一、合理的膳食

热量是体力劳动者能进行正常工作的保证,其膳食首先要保证足够热量的供给。为此必须注意膳食的合理烹调和搭配,增加饭菜花样,提高食欲,增加饭量以满足机体对热量及各种营养素的需要。此外尚需根据不同工种选食相应的食物,可在一定程度上抵消或解除有害因素的危害。如从事高温作业的工人,因出汗甚多,体内损失的无机盐和水分多,因此除了较多地补充蛋白质及总热量外,还要注意补给含盐饮料、维生素B、C等。在冷冻环境下的体力劳动者,增加总热量时,应注意增加脂肪的比重,在矿井、地道、水下等不见阳光的环境下作业的人员,要注意补充维生素A、D。长期接触苯的劳动者,膳食中应提高蛋白质、碳水化合物和维生素C的摄入量,限制脂肪的摄入量。

二、运动锻炼

不同工种的工人,采用不同的某种固定姿势或一定的体位进行生产劳动,身体某一部分肌肉持续运动,而另一部分肌肉处于相对静止状态,身体的肌群不能得到均衡发展,这样就应根据自己的工种而选择相应的体育运动项目进行锻炼。如商店营业员、车工等,长时间处于站立姿势,腰腿肌肉紧张疲劳,常感精疲力尽,腰腿酸痛,还容易发生驼背、腰肌劳损。又因重力作用,血液循环回流不畅,容易发生下肢静脉曲张。因此,平时可多做些散步、慢跑、打拳、摆腿、体操等活动。钟表装配工、雕刻工、打字员等,长时间地坐着工作,可选择全身性活动,特别是球类运动,有助手指、手腕的灵巧、敏感,并可健脑益智,改善微循环。

从事高温作业的工人,体力消耗大。平时可多做散步、慢跑、击剑和医疗保健体操等等,以提高机体对高温的适应与耐受力。

技工如司机、纺织挡车工、缝纫工人及连续流水作业工人,其劳动技术性强,既耗体力又费脑力,他们的劳动环境复杂,大脑神经高度紧张,易患失眠、头痛、神经性高血压等病,宜选择运动量小、动作柔和的运动,如太极拳、保健气功等中国传统健身功法。这些功法都要求静息、安神、动形,既可放松精神,又可行气舒筋活血。如果想提高身体快速灵巧的反应能力,也可参加一些球类及器械体操运动。

三、科学地工作与休息

体力劳动者上班时应严格遵守劳动纪律和操作规程,认真执行劳动保护措施,防止工伤事故发生。下班后,应保证充足的睡眠,可以放松精神,解除筋骨肌肉的紧张与疲劳,这对于夜班工人尤为重要。除此之外,不同工种的工人可采取不同的休息方式。首先要根据条件和可能调剂工作时间,或与其它体位的工作穿插进行。如站立工作2小时,其他体位工作2小时。也可以工作1~2小时后休息几分钟。不能离开站立工作岗位时,可让左右两只脚轮换承受身体重心。或者可以每隔0.5~1小时,活动一下颈、背、腰等部位。其次,每天都要有一定的自我松弛的时间,如下班后可跳舞、听音乐、观鱼赏花、洗温水浴等,或做自我按摩。井下工作者要加强户外活动,多晒太阳。长期站立的工人,应穿矮跟或中根鞋,以便使全脚掌平均受力,减轻疲劳。还可在下肢套上弹力护腿或打绑腿,以减轻腿部疲劳,预防静脉曲张。

四、合理用脑

古代养生家说:"神强必多寿",强调脑力活动是保证人体健康长寿不可缺少的一个方面。人体脏腑器官都是用进废退的。要保证大脑充盛,健康长寿,体力劳动者也要勤用脑。要培养自己的学习兴趣,结合职业特点选修不同的课程。如学习园艺、烹调、缝纫、绘画等,并有意识地锻炼记忆力,下班后多读书看报,也可以参加一些动脑筋的游艺活动,如棋弈、猜谜语等。

第八节 脑力劳动者的保健

脑力劳动者是使用人体最精密的仪器大脑进行精神思维活动以工作的,大脑长期处于紧张状态,可致脑血管紧张度增加,脑供血常不足,而产生头晕头痛,又往往经常昼夜伏案,久而久之,则易产生神经衰弱症候群,脑力劳动者长期承受单一姿势的静力性劳动,使肌肉处于持续紧张的状态,易致气血凝滞,可诱发多种疾病。因此,脑力劳动者的保健原则应是健脑强骨,动静结合,协调身心。

一、工作保健法

(一) 科学用脑

勤奋工作，积极创造，可以刺激脑细胞再生，恢复大脑活力，是延缓人体衰老的有效方法。但大脑不宜过度使用，一般说来，连续工作时间不应超过 2 小时。在眼睛感到疲乏时宜停下来闭目默想，然后眺望远景，作深呼吸数十次。连续用脑时，还应注意更换工作内容，如高度抽象思维之后，可替换读外语、听录音、看图象，以利左右脑活动的平衡。有节奏地工作和学习，不仅有助于保护大脑，**保持饱满的精神状态**；而且还可以提高记忆力，收到事半功倍的效果。

(二) 改善工作环境

脑力劳动要求有良好的工作环境。首先须具备流通的新鲜空气。充足的氧气可使大脑**持续兴奋的时间延长**，增强判断力。据测定，1 g 脑组织耗氧量相当于 200 g 肌肉的耗氧量；脑占全身体重的 1/50，而耗氧量要占总量的 1/5。其次是良好的采光。明暗适中的自然光不仅有助于注意力集中，并且阳光中紫外线还可帮助恢复身体疲劳。而强光和弱光则会对视力产生损害，破坏大脑兴奋抑制过程，降低工作效率。办公室或工作间还应保持安静。实验表明，当噪音小于 10 dB 时，大脑可以正常工作，当噪音超过 60 dB 时，人脑就停止一切思考。另外 16℃ 左右的室温最利于大脑保持清醒状态。

(三) 选择工作用具

写字台是脑力劳动者基本用具。写字台高度应随工作性质、工作者身高相适应。一般以肘部自然下垂稍高的水平为好。台面要宽大、平稳，便于摆放工作时要用的所有资料，以减少不必要的紧张和混乱。坐椅不可无靠背，以免造成脊柱疲劳。也不可太高、太低，使下肢血液循环不畅。台灯也是脑力劳动者必配的工具，台灯可增加需光面积，**同时使周围环境变得灰暗**，减少了无用环境因素对大脑的干扰。

二、营养药物补脑法

脑组织由脂质、糖蛋白、**钙、磷**等物质构成，大脑在活动时还需要多种物质参与代谢。因此脑力劳动者除每日摄取必要热量外，必须补充某些特殊营养物质，如此才能保证大脑正常工作。

(一) 健脑营养素

钙和磷——是神经细胞不可缺少的元素，缺少时将发生神经过敏、失眠、焦躁和**痉挛症**。**镁**——是保持良好记忆所必需的元素。含上述元素的食物有：坚果仁、奶、蛋、鲜鱼、动物内脏及海产品。谷氨酸——又称"智慧酸"，为大脑思维功能所必需，在鲜奶、鲜蘑、鲜肝、味精及其他鲜味食品中含有。维生素 B——有助于脑物质能量代谢，增加脑力。包括维生素 B_1、B_6、B_{12} 几种，存在于叶菜、粗粮、麦胚、豆类、酸奶、啤酒中，不饱和脂肪酸——参与大脑物质合成与代谢，可增强脑力，抗衰老。在植物油、鱼虾中含有。

(二) 健脑药物

脑力劳动者在繁忙的工作之余，宜常服健脑药物。如人参制剂对健忘、头晕、神经**衰弱症**等有神奇疗效，还可用于纠正用脑过度产生的低血压、低血糖、心肌营养不良、心绞痛等病症，对于老年人可防治反应迟钝、记忆力减退的老年痴呆症。人参具有益气通脉、开心益智、还精补脑之功，但高血压者不宜服用。此外健脑方亦有效：胡桃仁 1000 g，龙眼肉 500 g，蜂蜜 2000 g，三味捣碎，拌匀密封保存，每次服 50 g，每日两次。

三、运动按摩保健法

脑力劳动者通过运动、按摩和气功可以达到舒筋活络，调畅气机的目的，从而防止各种骨关节病、心脏病、脑病的发生。

（一）体育运动保健法

跑步是最常选用的锻炼项目，跑步是一项全身运动，有助于改善血液循环状态和内脏功能，从而保证大脑充足的血氧供应。乒乓球、网球等球类运动可以提高大脑信息传导、反馈的速度，从而增强大脑反应的敏捷性，总之，体育运动是脑力劳动者最佳保健方式。

（二）倒立与倒行保健法

养生家与瑜珈行者都认为倒立可以有效地增加脑血流量，迅速消除耳鸣、眼花及脑缺氧状态；倒行则活动背部的肌肉韧带，调节脊神经功能，可以有效地防治脑力劳动者的常见病，如颈椎病、腰腿关节病、肩周炎。

（三）脑部按摩保健法

头顶按摩，即以两手搓头皮，从前发际到后发际作梳头动作。头侧按摩，用两手拇指按住太阳穴，其余四指从头两侧由上至下做直线按摩。再按揉太阳穴，顺时针与逆时针方向各数次，浴面摩眼。两手搓热后，从上至下，从内至外摩面数次，然后做眼部保健操，此法用于工作后大脑疲劳。

四、节欲健脑法

中医认为肾主骨生髓，肾脑相通。肾精充足则脑力强健、思维敏捷，肾精亏损则脑衰健忘。《灵枢·海论》说："脑为髓之海，髓海有余则轻劲多力，自过其度；髓海不足则脑转耳鸣"。明代医家张景岳说："善养生者，必宝其精，精盈则气盛，气盛则神全"。这说明节欲可以养精，精足才能全神。因此，脑力劳动者应当注意节制房事。此外，烟酒也应当节制。长期嗜烟饮酒，不仅对身体各器官造成危害，还能使脑细胞严重损伤，造成血氧含量降低，加速脑细胞衰老。那种认为烟酒能带来灵感和精力的观点是不可取的。

第十七章 体质养生

在中医理论指导下,根据不同的体质,采用相应的养生方法和措施,纠正其体质之偏,达到防病延年的目的,这就叫体质养生法。

体质养生,是因人养生的一个方面,因其内容较多,具有相对独立的范围,故单立一章进行讨论。

第一节 体质学说与养生

一、体质的基本的概念

体质是指人体禀赋于先天,受后天多种因素影响,在其生长发育和衰老过程中,所形成的形态上和心理、生理功能上相对稳定的特征,这种特性往往决定着机体对某些致病因素的易感性和病变过程的倾向性。现代生物学研究认为。人具有根本的区别于其他动物的共性,同时在人类群体中也普遍存在着个体差异,这种个体差异的研究完全支持了中医的体质学说。

中医的体质概念与人们常说的气质不同。所谓气质,是指人体在先后天因素影响下形成的精神面貌、性格、行为等心理功能的、即神的特征,而体质是形与神的综合反映。因此,二者有着不可分割的内在联系,但体质可以包括气质,气质不等于体质。

二、体质学说与养生的关系

人们对体质的研究由来已久。在国外,到目前为止,已有三十多种体质类型学说。古罗马医生盖伦(公元30～200年)在希波克拉底的体液学说的基础上,把气质分为四种类型,即性情急躁,动作迅猛的胆汁质;性情活跃,动作灵敏的多血质;性情沉静、动作迟缓的粘液质;性情脆弱、动作迟钝的抑郁质。在十七世纪以前,盖伦的气质学说一直被西方医学界奉为信条。近代著名科学家巴甫洛夫则认为气质是高级神经活动类型特点在行为中的表现,把人分为兴奋型、活泼型、安静型、弱型等四种类型,分别相当于胆汁质、多血质、粘液质、抑郁质,在西方医学界颇有影响。但是迄今为止,国外医学对体质的各种分类学说,都无法直接指导临床治疗与养生康复实践,唯有中医体质学说与医疗实践、养生康复是密切相合着的。

祖国医学一贯重视对体质的研究,早在两千多年以前成书的《内经》里,就对体质学说进行了多方面的探讨。可以说,《内经》是中医体质学说的理论渊薮。《内经》不仅注意到个体的差异性,并从不同的角度对人的体质作了若干分类。如《灵枢》中的《阴阳二十五人》和《通天》,就提出了两种体质分类方法。在《素问·异法方宜论》里还指出,东南西北中五方由于地域环境气候不同,居民生活习惯不同,所以形成不同的体质,易患不同的病症,因此治法也要随之而异。后世医学家在《内经》有关体质学说的基础上续有发挥,例如朱丹溪《格致余论》说:"凡人之形,长不及短,大不及小,肥不及瘦,人之色,白不及黑,嫩不及苍,薄不及厚。而况肥人多湿,瘦人多火;白者肺气虚,黑者肾不足。形色既殊,脏腑亦异,外证虽同,治法迥别也"。又如叶天士研究了体质与发病的关系,在《外感温热篇》中说:"吾吴湿邪害人最广,如面色白者,须要顾其阳气……面色苍者,须要顾其津液……",强调了治法须顾及体质。再如吴德汉在《医理辑要·锦囊觉后篇》中说:"要知易风为病者,表气素虚;易寒为病者,阳气素弱;易热为病者,阴气素衰;易伤食者,脾胃必亏,易劳伤者,中气必损"。说明了不良体质是发病的内因,体质决定着对某些致病因素的易感性。这就为因人摄生提供了重要的理论根据。

人们在实践中认识到,体质不是固定不变的,外界环境和发育条件,生活条件的影响,都有可能使体质发生改变。因此,对于不良体质,可以通过有计划的改变周围环境,改善劳动,生活条件和饮食营养,以及加强体格锻炼等等积极的养生措施,提高其对疾病的抵抗力,纠正其体质上的偏颇,从而达到防病延年之目的。

第二节 体质差异形成的原因和分类

一、体质差异形成的原因

(一) 先天因素

先天因素即"禀赋"。包括遗传和胎儿在母体里的发育营养状况。父母的体质特征通过遗传,使后代具有类似父母的个体特点,是先天因素的一个方面,而胎儿的发育营养状况,对体质特点的形成也起着重要的作用。

(二) 性别因素

人类由于先天遗传的作用,男女性别不仅形成各自不同的解剖结构和体质类型,而且在生理特性方面,也会显示出各自不同的特点。一般说,男子性多刚悍,女子性多柔弱,男子以气为重,女子以血为先。《灵枢·五音五味》提出:"妇人之生,有余于气,不足于血"的论点,正是对妇女的体质特点作了概括说明。

(三) 年龄因素

俗话说:"一岁年纪,一岁人",说明人体的结构、功能与代谢的变化同年龄有关,从而形成体质的差异。《灵枢·营卫生会》指出:"老壮不同气",即是说年龄不同对体质有一定影响。

(四) 精神因素

人的精神状态,由于能影响脏腑气血的功能活动,所以也可以改变体质。《素问·阴阳应象大论》里说:"怒伤肝"、"喜伤心"、"思伤脾"、"忧伤肺"、"恐伤肾",即指情志异常变化伤及内在脏腑。

(五) 地理环境因素

人类和其他生物一样,其形态结构,气化功能在适应客观环境的过程中会逐渐发生变异。是故《素问·五常政大论》早就指出:"必明天道地理",对于了解"人之寿夭,生化之期"以及"人之形气"有着极其重要的意义。地理环境不同,则气候、物产、饮食、生活习惯等等,亦多有不同,所以《素问·异法方宜论》在论证不同区域有不同的体质,不同的多发病和不同的治疗方法的时候,特别强调了不同地区的水土、气候、以及饮食、居住等生活习惯,对体质形成的重大影响,说明地理环境对体质的变异,既是一个十分重要的因素,又是极其复杂的因素。

二、体质的分类

祖国医学对人体体质所作的分类,在《内经》时代,主要有以下几种:

(一) 阴阳五行分类

《灵枢·阴阳二十五人》根据人的体形、肤色、认识能力、情感反应、意志强弱、性格静躁,以及对季节气候的适应能力等方面的差异,将体质分为木、火、土、金、水五大类型。然后又根据五音的太少,以及左右手足三阳经,气血多少反映在头面四肢的生理特征,将每一类型再分为五类,共为五五二十五型,统称"阴阳二十五人",本法强调对季节的适应能力为体质的分类依据,具有实际意义。

(二) 阴阳太少分类

《灵枢·通天》把人分为太阴之人,少阴之人、太阳之人、少阳之人,阴阳和平之人五种类型,这是根据人体先天禀赋的阴阳之气的多少,来说明人的心理和行为特征,即气质方面的差别的分类方法。

(三) 禀性勇怯分类

《灵枢·论勇》根据人体脏气有强弱之分,禀性有勇怯之异,再结合体态、生理特征,把体质分为二类。其中,心胆肝功能旺盛,形体健壮者,为勇敢之人;而心肝胆功能衰减,体质孱弱者,多系怯弱之人。

(四) 体型肥瘦分类

《灵枢·逆顺肥瘦》将人分为肥人、瘦人、肥瘦适中人三类。《灵枢·卫气失常》又将肥人分为膏型、脂型、肉型三种,并对每一类型人生理上的差别,气血多少、体质强弱皆作了比较细致的描述。由于人到老年形体肥胖者较多,所以本法可以说是最早的关于老年人体质的分型方法。

随着中医临床医学的发展,为了更好地与临床辨证用药相结合,现代中医常用的体质分类法着眼于阴阳气血津液的虚实盛衰,把人体分为正常体质和不良体质两大类。凡体力强壮、面色润泽、眠食均佳、二便通调,脉象正常、无明显阴阳气血偏盛偏衰倾向者,为正常体质。反之,有明显的阴虚、阳虚、气虚、血虚、痰湿、阳盛、血瘀等倾向(倾向与证候有微甚轻重之别)的属于不良体质,这种分类方法,可称之为实用体质分类法。

第三节 不良体质的养生

本章着重介绍阴虚、阳虚、气虚、血虚、阳盛、痰湿、血瘀等不良体质的养生方法。至于阴阳气血平调的体质,应根据年龄、性别、职业等差异,采用不同的养生方法,不必考虑体质问题。

一、阴虚体质

(一) 体质特点

形体消瘦,午后面色潮红、口咽少津,心中时烦,手足心热,少眠,便干,尿黄,不耐春夏,多喜冷饮,脉细数,舌红少苔。

(二) 养生方法

1. 精神调养 阴虚体质之人性情急躁、常常心烦易怒,这是阴虚火旺、火扰神明之故,尤应遵循《内经》"恬惔虚无"、"精神内守"之养神大法。平素加强自我涵养,常读自我修养的书籍,自觉地养成冷静、沉着的习惯。在生活和工作中,对非原则性问题,少与人争,以减少激怒,要少参加争胜负的文娱活动。此外,节制性生活也很重要。

2. 环境调摄　阴虚者,故常手足心热,口咽干燥,常畏热喜凉,冬寒易过,夏热难受。因此,每逢炎热的夏季,应注意避暑,有条件的应到海边、高山之地旅游。"秋冬养阴"对阴虚体质之人更为重要,特别是秋季气候干燥,更易伤阴。居室环境应安静,最好住座北朝南的房子。

3. 饮食调养　饮食调理的原则是保阴潜阳,宜芝麻、糯米、蜂蜜、乳品、甘蔗、蔬菜、水果、豆腐、鱼类等清淡食物,并着意食用沙参粥、百合粥、枸杞粥、桑椹粥、山药粥。条件许可者,可食用燕窝、银耳、海参、淡菜、龟肉、蟹肉、冬虫夏草、老雄鸭等。对于葱、姜、蒜、韭、薤、椒等辛辣燥烈之品则应少吃。

4. 体育锻炼　不宜过激活动,着重调养肝肾功能,太极拳、八段锦、内养操等较为适合。气功宜固精功、保健功、长寿功等,着重咽津功法。

5. 药物养生　可选用滋阴清热、滋养肝肾之品,如女贞子、山茱萸、五味子、旱莲草、麦门冬、天门冬、黄精、玉竹、玄参、枸杞子、桑椹、龟板诸药,均有滋阴清热之作用,可依证情选用。常用中药方剂有六味地黄丸、大补阴丸等。由于阴虚体质,又有肾阴虚、肝阴虚、肺阴虚、心阴虚等不同,故应随其阴虚部位和程度而调补之,如肺阴虚,宜服百合固金汤;心阴虚,宜服天王补心丸;脾阴虚,宜服慎柔养真汤;肾阴虚,宜服六味丸;肝阴虚,宜服一贯煎。著名老中医秦伯未主张长期服用首乌延寿丹,认为本方有不蛮补,不滋腻,不寒凉,不刺激四大优点,服后有食欲增进、睡眠酣适,精神轻松愉快的效果,很值得采用。

二、阳虚体质

(一) 体质特点

形体白胖,或面色淡白,平素怕寒喜暖,手足欠温,小便清长,大便时稀,唇淡口和,常自汗出,脉沉乏力,舌淡胖。

(二) 养生方法

1. 精神调养　阳气不足的人常表现出情绪不佳,如肝阳虚者善恐、心阳虚者善悲。因此,要善于调节自己的感情,消除或减少不良情绪的影响。

2. 环境调摄　此种人适应寒暑变化之能力差,稍微转凉,即觉冷不可受。因此,在严寒的冬季,要"避寒就温",在春夏之季,要注意培补阳气。"无厌于日",有人指出,如果能在夏季进行二十至三十次日光浴,每次十五至二十分钟,可以大大提高适应冬季严寒气候的能力。因为夏季人体阳气趋向体表,毛孔、腠理开疏,阳虚体质之人切不可在室外露宿,睡眠时不要让电扇直吹;有空调设备的房间,要注意室内外的温差不要过大,同时避免在树荫下,水亭中及过堂风很大的过道久停,如果不注意夏季防寒,只图一时之快,更易造成或手足麻木不遂或面瘫等中医所谓的"风痹"病的发生。

3. 体育锻炼　因"动则生阳",故阳虚体质之人,要加强体育锻炼,春夏秋冬,坚持不懈,每天进行1~2次。具体项目,因体力强弱而定,如散步、慢跑、太极拳、五禽戏、八段锦、内养操、工间操、球类活动和各种舞蹈活动等,亦可常作日光浴、空气浴、强壮卫阳。气功方面,坚持做强壮功、站桩功、保健功、长寿功。

4. 饮食调养　应多食有壮阳作用的食品,如羊肉、狗肉、鹿肉、鸡肉。根据"春夏养阳"的法则,夏日三伏,每伏可食附子粥或羊肉附子汤一次,配合天地阳旺之时,以壮人体之阳,**最为有效**。

5. 药物养生 可选用补阳祛寒、温养肝肾之品,常用药物有鹿茸、海狗肾、蛤蚧、冬虫夏草、巴戟天、淫羊藿、仙茅、肉苁蓉、补骨脂、胡桃、杜仲、续断、菟丝子等,成方可选用金匮肾气丸、右归丸、全鹿丸。若偏心阳虚者,桂枝甘草汤加肉桂常服 虚甚者可加人参;若偏脾阳虚者,选择理中丸,或附子理中丸;脾肾两虚者可用济生肾气丸。

三、气虚体质

(一) 体质特点

形体消瘦或偏胖,面色㿠白,语声低怯,常自汗出,动则尤甚,体倦健忘,舌淡苔白,脉虚弱。

(二) 养生方法

1. 气功锻炼 肾为元气之根,故气虚宜作养肾功,其功法如下:

(1) 屈肘上举:端坐,两腿自然分开,双手屈肘时侧举,以两胁部感觉有所牵动为度,随即复原,可连做十次。

(2) 抛空:端坐,左臂自然屈肘,置于腿上,右臂屈肘,手掌向上,做抛物动作3～5次,然后,右臂放于腿上,左手做抛空动作,与右手动作相同,每日可做五遍。

(3) 荡腿:端坐,两脚自然下垂,先慢慢左右转动身体3次,然后,两脚悬空,前后摆动十余次。本动作可以活动腰、膝,具有益肾强腰的功效。

(4) 摩腰:端坐,宽衣,将腰带松开,双手相搓,以略觉发热为度,再将双手置于腰间,上下搓摩腰部,直至腰部感觉发热为止。搓摩腰部,实际上是对命门、肾俞、气海俞、大肠俞等穴的自我按摩,而这些穴位大多与肾脏有关。待搓至发热之时,可起到疏通经络、行气活血,温肾壮腰之作用。

(5) "吹"字功:直立,双脚并拢,两手交叉上举过头,然后,弯腰,双手触地、继而下蹲,双手抱膝,心中默念"吹"字音,可连续做十余次,属于"六字诀"中的"吹"字功,常练可固肾气。

2. 饮食调养 可常食粳米、糯米、小米、黄米、大麦、山药、籼米、莜麦、马铃薯、大枣、胡萝卜、香菇、豆腐、鸡肉、鹅肉、兔肉、鹌鹑、牛肉、狗肉、青鱼、鲢鱼。若气虚甚,当选用"人参莲肉汤"补养。

3. 药物养生 平素气虚之人宜常服金匮薯蓣丸。脾气虚,宜选四君子汤,或参苓白术散;肺气虚、宜选补肺汤;肾气虚,多服肾气丸。

四、血虚体质

(一) 体质特点

面色苍白无华或萎黄,唇色淡白,不耐劳作,易失眠,舌质淡,脉细无力。

(二) 养生方法

1. 起居调摄 要谨防"久视伤血",不可劳心过度。

2. 饮食调养 可常食桑椹、荔枝、松子、黑木耳、菠菜、胡萝卜、猪肉、羊肉、牛肝、羊肝、甲鱼、海参、平鱼等食物,因为这些食物均有补血养血的作用。

3. 药物养生 可常服当归补血汤、四物汤、或归脾汤。若气血两虚,则须气血双补,选八珍汤、十全大补汤、或人参养荣汤,亦可改汤为丸长久服用。

4. 精神调养 血虚的人,时常精神不振、失眠、健忘、注意力不集中,故应振奋精神。当烦闷不安,情绪不佳时,可以听一听音乐,欣赏一下戏剧,观赏一场幽默的相声或哑剧,能使精神振奋。

五、阳盛体质

(一) 体质特点

形体壮实,面赤,声高气粗,喜凉怕热,喜冷饮,小便热赤,大便熏臭为其特点。

(二) 养生方法

1. 精神调养　阳盛之人好动易发怒,故平日要加强道德修养和意志锻炼,培养良好的性格,有意识控制自己,遇到可怒之事,用理性克服情感上的冲动。

2. 体育锻炼　积极参加体育活动,让多余阳气散发出来。游泳锻炼是首选项目。此外,跑步、武术、球类等,也可根据爱好选择进行。

3. 饮食调理　忌辛辣燥烈食物,如辣椒、姜、葱等,对于牛肉、狗肉、鸡肉、鹿肉等温阳食物宜少食用。可多食水果、蔬菜、象香蕉、西瓜、柿子、苦瓜、番茄、莲藕、可常食之。酒性辛热上行,阳盛之人切戒酗酒。

4. 药物调养　可以常用菊花、苦丁茶沸水泡服。大便干燥者,用麻子仁丸,或润肠丸;口干舌燥者,用麦门冬汤;心烦易怒者,宜服丹栀逍遥散。

六、血瘀体质

(一) 体质特点

面色晦滞,口唇色暗,眼眶暗黑,肌肤干燥,舌紫暗或有瘀点,脉细涩。

(二) 养生方法

1. 体育锻炼　多做有益于心脏血脉的活动,如各种舞蹈、太极拳、八段锦、动桩功、长寿功、内养操、保健按摩术,均可实施,总以全身各部都能活动,以助气血运行为原则。

2. 饮食调理　可常食桃仁、油菜、慈菇、黑大豆等具有活血祛瘀作用的食物,酒可少量常饮,醋可多吃,山楂粥、花生粥亦颇相宜。

3. 药物养生　可选用活血养血之品,如地黄、丹参、川芎、当归、五加皮、地榆、续断、茺蔚子等。

4. 精神调养　血瘀体质在精神调养上,要培养乐观的情绪。精神愉快则气血和畅,营卫流通,有利血瘀体质的改善。反之,苦闷、忧郁则可加重血瘀倾向。

七、痰湿体质

(一) 体质特点

形体肥胖,肌肉松弛,嗜食肥甘,神倦身重,懒动,嗜睡,口中粘腻,或便溏,脉濡而滑,舌体胖,苔滑腻。

(二) 养生方法

1. 环境调摄　不宜居住在潮湿的环境里;在阴雨季节,要注意湿邪的侵袭。

2. 饮食调理　少食肥甘厚味、酒类也不宜多饮,且勿过饱。一些具有健脾利湿,化痰祛湿的食物,更应多食之,如白萝卜、荸荠、紫菜、海蜇、洋葱、枇杷、白果、大枣、扁豆、薏苡仁、红小豆、蚕豆、包菜等。

3. 体育锻炼　痰湿之体质,多形体肥胖,身重易倦,故应长期坚持体育锻炼、散步、慢跑、球类、武术、八段锦、五禽戏,以及各种舞蹈,均可选择。活动量应逐渐增强,让疏松的皮肉逐渐转变成结实、致密之肌肉。气功方面,以站桩功、保健功、长寿功为宜,加强运气功法。

4. **药物养生** 痰湿之生与肺脾肾三脏关系最为密切,故重点在于调补肺脾肾三脏。若因肺失宣降,津失输布,液聚生痰者,当宣肺化痰,方选二陈汤;若因脾不健运,湿聚成痰者,当健脾化痰,方选六君子汤,或香砂六君子汤;若肾虚不能制水,水泛为痰者,当温阳化痰,方选金匮肾气丸。

八、气郁体质

(一) 体质特点

形体消瘦或偏胖,面色苍暗或萎黄,时或性情急躁易怒,易于激动,时或忧郁寡欢,胸闷不舒,时欲太息,舌淡红、苔白、脉弦。

(二) 养生方法

1. **精神调摄** 此种人性格内向,神情常处于抑郁状态,根据《内经》"喜胜忧"的原则,应主动寻求快乐,多参加社会活动,集体文娱活动,常看喜剧、滑稽剧、听相声,以及富有鼓励、激励的电影、电视、勿看悲剧、苦剧。多听轻松、开朗、激动的音乐,以提高情志。多读积极的、鼓励的、富有乐趣的、展现美好生活前景的书籍,以培养开朗、豁达的意识,在名利上不计较得失,知足常乐。

2. **多参加体育锻炼及旅游活动** 因体育和旅游活动均能运动身体,流通气血。既欣赏了自然美景,调剂了精神,呼吸了新鲜空气,又能沐浴阳光,增强体质。气功方面,以强壮功、保健功、站桩功为主,着意锻炼呼吸吐纳功法,以开导郁滞。

3. **饮食调养** 可少量饮酒,以活动血脉,提高情绪。多食一些行气的食物,如佛手、橙子、柑皮、荞麦、韭菜、茴香菜、大蒜、火腿、高粱、刀豆、香橼等。

4. **药物养生** 常用香附、乌药、川楝子、小茴香、青皮、郁金等善于疏肝理气解郁的药为主组成方剂,如越鞠丸等。若气郁引起血瘀,当配伍活血化瘀药。

第十八章 部位养生

人是一个有机的整体,人体的各个部位,如头部、颜面、五官九窍、皮肤、躯干、四肢、五脏六腑等,都是这个整体的一部分。局部和整体是密不可分的。只有整体功能健旺,机体各部分的功能才能正常。反过来,任何局部功能障碍也必然会影响到整体功能。本章主要讨论对机体不同部位的组织、器官进行有针对性的防护保健。其基本特点是,从整体观念出发,从局部保健入手。

由于一个人工作、学习、休息以外的时间是有限的。要求对全身众多的部位进行系统的全面的保健功夫是不现实的。因此,在具体应用时,亦当根据审因施养的原则精神,结合个人的实际情况,有针对性地选择若干重点部位与方法进行防护保健。

第一节 口腔保健

口腔与胃、肺等脏器相通,是维持生命的重要器官。口腔和牙齿的任务是食物加工的第一道工序,通过牙齿咀嚼和口腔分泌适量的唾液,帮助食物消化吸收。此外,人类的语言、颜面美观与牙齿也有极密切的关系。

口腔是人体的"开放门户"之一,不但通过口腔摄取营养物质,而且各种各样的细菌、病毒、寄生虫卵也可通过口腔进入人体,"病从口入"是尽人皆知的道理。做好口腔卫生保健,不仅可以预防口腔和牙齿的疾病,而且可以有效地防治多种全身性疾病。口腔病灶不能及时正确治疗,就会影响机体免疫功能,可引起很多疾病,如急性和亚急性心内膜炎、肾炎、风湿热、关节炎、白血病、恶性肿瘤及呼吸道疾病等,所以口腔保健是预防全身疾病的一项重要措施。

一、固齿保健法

牙齿保健应自幼开始,从小养成良好的口腔卫生习惯,对健康长寿将是十分有益的,我国古代养生家对此十分重视,早就提出:"百物养生,莫先口齿"的主张,据考证,在一千多年前的辽代,就开始使用牙刷刷牙了。现代调查研究发现,绝大多数长寿老人,口腔中都有一定数量的自然牙齿,而镶配的假牙是不能完全取代自然牙齿的作用的。可见,保持良好的卫生习惯,重视固齿保健术,是养生保健的一项重要任务。下面介绍一些具体保健措施。

1. 口宜勤漱 《礼记》谓:"鸡初鸣,咸盥漱",《诸病源候论》说:"食毕常漱口数过,不尔,使人病龋齿",《千金方》亦说:"食毕当漱口数过,令人牙齿不败口香"。漱口能除口中的浊气和食物残渣,清洁口齿。一日三餐之后,或平时甜食皆需漱口。漱口的方法很多,如水漱、茶漱、津漱、盐水漱、食醋漱、中药泡水漱等,可根据自己的情况,选择使用。

2. 早晚刷牙 刷牙的作用是清洁口腔,按摩齿龈,促进血液循环,增强抗病能力。每日早晚各刷一次,晚上睡前刷牙比早晨刷牙更为重要。另外,要特别注意使用正确的刷牙方法,即顺牙缝方向竖刷,先里后外,力量适度。横刷和用力过大,不易清洁牙间污物,又可能损伤牙周组织,导致牙龈萎缩。

3. **齿宜常叩** 晋代葛洪《抱朴子》一书指出:"清晨叩齿三百过者,永不动摇",《诸病源候论》说:"鸡鸣时,常叩齿,三十六下,长行之,齿不蠹虫,令人齿牢"。自古以来,很多长寿者,都重视和受益于叩齿保健,尤其清晨叩齿意义更大。叩齿的具体方法是:排除杂念、思想放松,口唇轻闭,先叩臼齿50下,次叩门牙50下,再错牙叩大齿部位50下。每日早晚各作一次,亦可增加叩齿次数。

4. **搓唇按摩** 将口唇闭合,用右手四指并拢,轻轻在口唇外沿顺时针方向和逆时针方向揉搓,直至局部微热发红为止。其作用是促进口腔和牙龈的血液循环,健齿固齿,防治牙齿疾病,且有颜面美容保健作用。

5. **正确咀嚼** 咀嚼食物应双侧,或两侧交替使用牙齿,不宜只习惯于单侧牙齿咀嚼。使用单侧牙齿的弊端有三:一是使用的一侧,因负担过重而易造成牙本质过敏或牙髓炎;二是不使用的一侧易发生牙龈废用性萎缩而致牙病;三是往往引起面容不端正。

6. **饮食保健** 口腔、牙齿患病与营养不平衡有一定关系,因此营养要合理。维生素A、D、C、B族、钙、磷、蛋白质等,是牙齿发育不可缺少的营养成份。应适当食用一些含维生素C丰富的新鲜蔬菜、水果及含维生素A、D、C丰富的食品,如动物的肝、肾、蛋黄及牛奶等。妊娠期、哺乳期的妇女,及婴幼儿童尤应注意适当补充这类食品,保证牙釉质的发育。

7. **药物保健** 中国古代的健齿术很重视药物的洁齿、健齿、固齿保健,且有很多方法。现仅举一方,系清代宫廷中固齿秘方,其方药为:生大黄、熟大黄、生石膏、熟石膏、骨碎补、杜仲、青盐、食盐各30g,明矾、枯矾、当归各15g,研成细末,做牙粉使用,可健齿、固齿,直至古稀之年,牙不易脱落。对胃热牙痛,尤为适用。

8. **纠正恶习** 不良习惯也是导致牙病的一个原因。儿童应自幼养成不吮手指不咬铅笔写字的卫生习惯。饭后不宜用牙签或火柴棒等物剔牙,这种方法极易损伤齿龈组织、继而造成感染、溃烂等。

9. **谨防药物损齿** 牙齿有病应及时治疗,但应避免一些不利于牙齿的药物,尤其在妊娠期、哺乳期的妇女和婴幼儿童不宜服用四环素类药物,如四环素、土霉素、金霉素、强力霉素等。否则,易使乳牙发黄,且造成永久性黄牙,或引起牙釉质发育不全,易发生龋齿。

二、唾液保健法

唾液,俗称口水,为津液所化。中医认为,它是一种与生命密切相关的天然补品,所以古人给予"玉泉"、"琼浆"、"金津玉液"、"甘露"、"华池之水"等美称。漱津咽唾,古称"胎食"是古代非常倡导的一种强身方法。

(一)唾液的保健作用

《素问·宣明五气篇》说:"脾为涎,肾为唾",唾液由脾肾所主。脾肾乃先天、后天之本,与健康长寿密切相关。因此,唾液在摄生保健中具有特殊价值。李时珍说:"人舌下有四窍,两窍通心气,两窍通肾气。心气流于舌下为灵液。道家语之金浆玉醴,溢为醴泉,聚为华池,散为津液,降为甘露,所以灌溉脏腑,润泽肢体。故修养家咽津纳气,谓之清水灌灵根"。《红炉点雪》中指出:"津既咽下,在心化血,在肝明目,在脾养神,在肺助气,在肾生精,自然百骸调畅,诸病不生"。可见,唾液的作用是多方面的。

1. **帮助消化** 食物进入口腔后,首先与唾液混合,形成食糜。唾液中的淀粉酶使食物中的淀粉分解为麦芽糖,进而分解为葡萄糖使食物得到初步消化。

2. **保护消化道** 唾液清洁口腔、保护牙齿,还有中和胃酸、修补胃粘膜等作用。

3. **解毒作用** 唾液与食物充分混和,通过口腔里的化学变化能使致癌物质毒性失灵,被誉为"天然的防癌剂",故有"细嚼慢咽,益寿延年"之谚。也就是说,一日三餐的细嚼慢咽是摄生保健的重要一环。

4. **延缓衰老作用** 吞津咽唾的确能使人健康长寿,《养性延命录》指出:"食玉泉者,令人延年,除百病";《延寿书》中亦说:"盖口中津液是金浆玉醴,能终日不唾,需含而咽之,令人精气常留,面目有光"。这些功效已被历代养生家和气功家的长期实践所证实。此外,唾液还有防病治病、促使伤口愈合等作用。

吞津咽液能益寿延年的道理已被现代科学所证实。唾液中包含了血浆中的各类成分,含有10多种酶、近10种维生素、多种矿物质、有机酸和激素等,如分泌型免疫球蛋白、氨基酸、唾液腺激素等,其中唾液腺激素能促进细胞的生长和分裂,加速细胞内脱氧核糖核酸、核糖核酸和蛋白质的完成,延缓人体功能衰老。经常保持唾液分泌旺盛,直接参与机体的新陈代谢过程,从而改善毛发、肌肉、筋骨、血液、脏腑的功能,增强免疫功能,预防疾病,达到却病延年的目的。

(二) 漱津咽唾法

漱津咽唾的方法很多,常用的有两种。

1. **常食法** 坐、卧、站姿势均可,平心静气,以舌舔上,或将舌伸到上颌牙齿外侧,上下搅动,然后伸向里侧,再上下左右搅动,古人称其为"赤龙搅天池",待到唾液满口时,再分3次把津液咽下,并以意念送到丹田。或者与叩齿配合进行,先叩齿,后漱津咽唾。每次三度九咽,时间以早晚为好。若有时间,亦可多作几次。

2. **配合气功服食法** 以静功为宜,具体功法可根据自己的爱好选择。具体做法是:排除杂念,意念丹田,舌抵上腭,双目微闭,松静自然,调息入静,吸气时,舌抵上齿外缘,不断舔动以促唾液分泌;呼气时,舌尖放下,气从丹田上引,口微开,徐徐吐气,待到唾液满口时,分三次缓缓咽下。每日早晚可各练半小时。

上述二法,简而易行,只要长期坚持练功,就可收到气足神旺,容颜不枯,耳目聪明,新陈代谢旺盛,保健延寿的效果。

第二节 颜面保健

颜面保健,又可称美容保健,古人谓之"驻颜"。面容美是指面色红润,洁白细腻,无明显皱纹和雀斑、皮肤病等。中国传统美容保健有广义和狭义之分,广义者,是指养护颜面、须发、五官、皮肤、机体等,提高其生理功能;狭义者,是专指用传统方法护养容颜。本节所谈内容仅指狭义范围。颜面保健实质上是抗衰老,永葆"青春容颜",使人洋溢健美的活力与魅力。

一、颜面的生理特点

面部是脏腑气血上注之处,血液循环比较丰富。心主血脉,其华在面。《素问·痿论》说:"十二经脉,三百六十五络,其血气皆上于面而走空窍"。中医还将面部不同部位分属五脏。即左颊属肝,右颊属肺,头额属心,下颏属肾,鼻属脾。可见,面部与脏腑经络的关系非常密切,尤以心与颜面最为攸关。同样,面部的变化可反映出心脏经络的气血盛衰和病变。颜面部位暴露在人体上部,六淫之邪侵犯人体,颜面首当其冲,其中危害最甚的是风邪。七情过极,超过人体正常生理范围,导致人体气机紊乱,脏腑阴阳气血失调,郁阻于面部经络,影响面容。颜面是反映机体健康状况的一个窗口,故凡养生者,皆重视颜面保健,健康的面容是以精神和生理健康为前提的。保健手段的使用上,注重整体采取综合调养。着眼于脏腑、气血,充分调动人体自身的积极因素,从根本上保证面容不衰,此即传统的整体美容保健思想。

二、颜面皮肤衰老的原因

面部皱纹的出现是人体衰老的一个综合标志,其原因是多方面的。随着年龄的增长,皮肤逐渐变粗、变干燥、弹性减小、皱纹增多,这是机体生理老化过程中出现的现象。但由于保健情况不同,颜面皱纹出现的早晚和程度也是各有差异的。人体的各种疾病,特别是多种慢性疾病,长期耗损气血、精力,导致身体虚弱,面部皱纹出现的较早。饮食失调,肌肉失养,可加速皮肤的老化速度。外界六淫侵袭,防护不周,皮肤易变得粗硬老化,尤其是阳光暴晒,最易使皮肤老化。另外,不良习惯和不良动作也是促使皮肤早衰的一个原因。研究认为,烟草中的尼古丁有收缩皮肤血管的作用,减少营养和氧气对皮肤的供应,影响皮肤代谢,加速皱纹出现。还有颜面部的不良动作和姿势,如经常蹙眉、托腮、眯眼睛、吹口哨、脸贴枕头睡觉等,可加深面部皱纹线条,加速老化。

三、颜面保健方法

(一) 科学洗面

面部是五脏精气外荣之处,经常洗面能疏通气血,有促进五脏精气外荣的作用。但洗面用水的水质、水温、次数都应符合人体生理特点。洗面宜用软水,软水含矿物质较少,对皮肤有软化作用。对于水温,可根据需要而定,若习惯于冷水洗面,可结合冷水浸面,则可保持颜面青春,或用冷温交替洗面,能加强皮肤血液循环,使皮肤细腻净嫩。洗面次数,一般应早、午、晚各一次,这样既可发挥乳化膜生理作用,又可及时去除陈旧的皮脂等污垢物,保持颜面润泽与光洁。因工作环境需要,适宜时增加次数。洗面所用面皂,要根据不同气候和各人不同的年龄、职业、皮肤特点等,有针对性的选择用皂。

(二) 按摩针灸

1. **按摩美容** 美容按摩可分两类,一类是直接在面部进行的,即直接按摩美容法;另一类是通过按摩远离面部的经络而达美容效果的,即间接按摩美容。按摩方法很多,现仅举两种传统按摩保健美容法。

彭祖浴面法(《千金翼方》):清晨起床用左右手摩擦耳朵,然后轻轻牵拉耳朵;再用手指**摩擦头皮**,梳理头发;最后把双手摩热,以热手擦面,从上向下14次。此法可使颜面气血流通,面有光泽,头发不白,且可预防头病。

搓涂美颜法(《颐身集》):每日晨起静坐,闭目排除杂念,以两手相互搓热,擦面7次。后鼓腮如漱水状漱几十次,至津液多时,取之涂面,用手再搓数次,至面部发热。现今摩面后,常擦一些美容粉、美容膏等保健性美容品,以更好地保健皮肤。此按摩法以凝神静坐而养神气,搓面以光润皮肤,悦泽容颜。

2. **针灸美容** 通过针灸刺激穴位,调整各脏腑组织功能,促进气血运行,抵御外邪入侵而延缓皮肤衰老。一般认为,对美容有良效的经络有七条:足太阳膀胱经、足少阴肾经、足厥阴肝经、足阳明胃经、手少阳三焦经、手太阳小肠经、手阳明大肠经。可根据具体情况,辨证取穴组方进行调整。例如,除皱防皱保健,可针刺丝竹空、攒竹、太阳、迎香、颊车、翳风等,配中脘、合谷、曲池、足三里、胃俞、关元、漏谷等，其功用可益气和血，增加皮肤弹性，除皱防皱。灸法强身美容作用亦很显著，常用穴位主要有：神阙、关元、气海、中脘、命门、大椎、身柱、膏肓、肾俞、脾俞、胃俞、足三里、三阴交、曲池和下廉等。灸法美容简单易行，便于掌握使用。

(三) 饮食美容

为了预防颜面皮肤早衰，应注意饮食营养平衡，适当增加对皮肤有益的保健食品。从中医角度讲，要进行饮食美容，须遵循饮食勿偏，饮食勿过，饮食有宜忌等有关饮食保健的原则。中医古籍中记载有很多"驻颜"、"耐老"、"返老"等食品，如芝麻、蜂蜜、香菇、人乳、牛乳、羊乳、海参、南瓜子、莲藕、冬瓜、樱桃、小麦等。现代科学研究证实，这些食品营养极为丰富，含有多种维生素、酶、矿物质，多种氨基酸等，不仅可使面色嫩白、红润光泽，而且还能延年益寿。此外，还可进行食疗药膳美容保健。例如胡桃粥(《海上方》)：胡桃、粳米适量煮熟成粥，早晚空腹食用，润肤益颜。红枣粥：红枣、大米适量，可健脾补血，悦泽容颜。燕窝粥(《补养篇》)：粘米、燕窝(干品)适量，有润肺补脾，益颜美容之效。胡萝卜、粳米适量，有健胃补脾，润肤美容作用。薏苡仁、百合适量煮粥，可清热润燥，治疗面部扁平疣、痤疮、雀斑等。

(四) 药物美容

药物保健，就是运用美容方药使皮肤细腻洁白，滋养肌肤，去皱防皱，并祛除面部的皮肤疾患。具有美容作用的方药很多，可分为内服美容方药和外用美容品两类。

1. 内服美容方药　本方法又可分为两类。一类是通过内服中药，起到调整脏腑、气血、经络的功能，达到润肤、增白、除皱减皱、驻颜美容的目的；另一类是通过活血祛瘀、祛风散寒、清热解毒、消肿散结等法，治疗各种影响颜面美容的疾病。例如，隋炀帝后宫面白散(《医心方》)：橘皮30g、冬瓜仁50g、桃花40g，捣细为末即可，每次2g，每日3次。有燥湿化痰，活血益颜的功效。珍珠散(《回春健康秘决》)：天然珍珠粉2g，研成极细粉末，干燥后用。每次用0.5g，每日3次，有清热痰、润面容，治疗面部黑斑之作用。还可适当饮用药酒，例如，枸杞子酒(《延年方》)，可补益肝胃、驻颜美容。桃花美容酒(《图经本草》)，可润泽颜面，使人面如桃花。根据历代研究和实践，认为下述药物有润泽皮肤，增加皮肤弹性的作用，如白芷、白附子、玉竹、枸杞子、杏仁、桃仁、黑芝麻、防风、猪胰、桃花、辛夷等。

2. 外用美容品　外用美容品包括美容粉、美容液、美容软膏、美容糊剂、美容面膜等，常用于扑、搽、涂敷于面部或洗面，通过皮肤局部吸收，达到疏通经络、滋润皮肤、除去污秽、增白除皱、防御外邪侵袭的目的。从现代研究角度分析，大多数美容中草药都含有生物碱、氨基酸、甙类、维生素、植物激素等，有滋养皮肤的作用，能增强皮肤的免疫力，保护表皮细胞和皮肤的弹性。现举外用方二例：玉容西施散(《东医宝鉴》)：绿豆粉60g，白芷、白芨、白蔹、白僵蚕、白附子、天花粉各30g，甘松、三奈、茅香各15g，零陵香、防风、藁本各6g，肥皂荚二锭。诸药研为细末，每次洗面用之，其作用是，祛风润肤，通络香肌，令面色如玉。三花除皱液(《秘本丹方大全》)桃花、荷花、芙蓉花适量，冬以雪水煎汤频洗面部。可活血散瘀，润肤除皱。

(五) 气功美容

气功锻炼调整身体内部功能，增强体质，从而达到防病强身、驻颜长寿的目的。尤其是通过调意，松静自然，排除杂念，心静气平，避免心情过极的不利影响。因此，气功美容是一种自我控制、自我身心锻炼的驻颜长寿方法。佛家童面功(《达摩秘功》)和还童颜功(《道家秘传长寿功》)，都对美化面容有突出功效。现仅举佛家童面功，具体功法如下：

自然盘坐,思想集中,排除杂念,双手掌放在两膝盖上。**上体端正**,双目微闭,舌舐上腭,意守丹田,呼吸要细匀深长。然后用意念将气血引导到丹田处,丹田处有四个部位:两眉之间谓之上丹田,心窝处谓之中丹田,脐下小腹谓之下丹田,命门谓之后丹田。以意领气,口中默念"上丹田,中丹田,下丹田,后丹田",使气血随着意念沿任督二脉循行到四个丹田部位,循环一圈为一次,如此反复18次。此气功使气血旺盛,精神振奋,故可达面如童颜的功能。

另外,要做好预防保健工作,防止"六淫"之邪侵犯颜面而致病,特别注意避免阳光曝晒。在日常生活中要保持乐观的情绪,豁达的胸怀,避免情志过极。还要保持良好的习惯,戒烟少酒,纠正面部不良动作等,所有这些都对预防面部早衰有重要意义。

第三节 头发保健

头发保健,又称头发健美或美发。中国人美发的标准是:发黑而有光泽,发粗而密集,发长而秀美。故未老发早灰白,发枯焦稀疏、脱发等均属病态。头发除了是健康的标志外,它本身还有保护头部和大脑的作用,同时健康秀丽的头发又有特殊的美容作用,使人显得精神饱满,容光焕发。

头发与五脏的关系十分密切,头发的荣枯能直接反映出五脏气血的盛衰。五脏的生理病理变化直接影响头发的变化,而头发的变化又能反映出人的情志、生理和病理变化。七情过极,亦可引起头发的变化,如忧愁思虑过度常引起早白、脱发。一般而言,头发由黑变灰、变白的过程,即是机体精气由盛转衰的过程。因此历代养生家都很重视美发保健,把头发的保养方法,看做是健康长寿的重要措施之一。头发的保健方法主要有如下几个方面。

一、梳理、按摩

古代养生家主张"发宜多梳",《诸病源候论》说:"千过梳头,头不白",《圣济总录·神仙导引》说:"梳欲得多,多则去风,多过一千,少不下数百",《清异录》言:"服饵导引之余,有二事乃养生大要,梳头、洗脚是也"。梳头能疏通气血,散风明目,荣发固发,促进睡眠,对养生保健有重要意义。梳头的正确做法应是:由前向后,再由后向前;由左向右,再由右向左,如此循环往复,梳头数十次或数百次,最后把头发整理,把头发梳到平滑光整为止。梳发时间,一般可在清晨、午休、晚睡前,或其它空余时间皆可。梳头时还可结合手指按摩,即双手十指自然分开,用指腹或指端从额前发际向后发际,做环状揉动,然后再由两侧向头顶揉动按摩,用力均匀一致,如此反复做36次,至头皮微热为度。梳理和按摩两项,可以分开做,亦可合在一起做。

现代研究指出,勤梳理,常按摩有五大好处:第一,能疏通血脉,改进头部的血液循环。第二,能使头发得到滋养,头发光润,发根牢固,防止脱发和早生白发。第三,能明目缓解头痛,预防感冒。第四,有助于降低血压,预防脑血管病发生。第五,能振奋阳气,健脑提神,解除疲劳。

二、洗、烫宜忌

《老老恒言·盥洗》说:"养生家言发宜多栉,不宜多洗。当风而沐,恐患头风"。现代研究认为,经常洗发可保持头部清洁,清除头皮表面代谢产物、细菌和微生物的繁殖,有利于保持头发的明亮光泽。但洗发不宜过勤,洗发过勤对于保养头发反而不利,因为皮脂每天顺着头发分泌大量脂酸,除有润发作用外,还有抑菌作用。洗头过勤会把对头发有保护作用的皮脂洗去,缩短头发的正常寿命,严重的还可招致毛发癣菌感染。一般而言,干性头发,宜10～15天洗一次;油性头发,宜5天洗一次;中性头发,宜7天洗一次;年老体虚者,沐发次数可适当减少。洗发水温不宜太凉或太热,37℃～38℃为佳。水温太低,去污效果又差;水温过高,损伤头发,使其变得松脆易断。对于洗发剂的选择,干性和中性头发用偏于中性的香皂或洗发护发精,油性头发可用普通肥皂、硫黄皂、或偏于碱性的洗发剂。婴幼儿皮肤娇嫩,老年人皮肤干燥,可用脂性香皂洗发。

烫发能保持美观的发型,故在成年妇女中颇为流行,但烫发所用的化学药水,对头发有一定的损伤,再加上电热处理,头发易变黄、变脆、易断,失去光泽和弹性。因此,烫发不宜过勤,以4～6个月1次为宜。干性头发不可勤烫,孕妇、产妇、小孩皆不宜烫发。

三、饮食健发

日常饮食宜多样化,合理搭配,保持体内酸碱平衡,对于健发、美发,防止头发早衰有重要作用。可适量食用含蛋白质、碘钙、维生素B、A、E等较丰富的天然食物,如:鲜奶、鱼、蛋类、豆类、绿色蔬菜、瓜果、粗粮等。同时,可根据情况适当选用健发营养食品。例如,仙人粥(《遵生八笺》):取何首乌、白米适量,用砂锅煮粥,常服。有补肝肾、益气血、乌发驻颜之效。芝麻核桃糖醮(《药膳食谱集锦》):赤砂糖500g,黑芝麻、核桃仁各250g,加工制作成糖醮。日服数小块,可健脑补肾,乌须黑发。经常服用,又可防治神经衰弱、健忘、头发早白、脱发等症。

四、药物美发

以中医基本理论为指导,运用中药进行美发保健,也是常用的一种有效方法。药物美发既有美发保健作用,又有健发治疗作用。美发药品又可分为外用和内服两类。

1. 外用类　根据不同情况选配相应的中药洗浴头发,直接作用于皮肤组织和头发,以达到健发目的。外用药物有润发、洁发、香发、茂发、乌发,防治脱发等作用。古代医家和养生家在这方面有很多记载,现仅举几例。①猪胆汁洗法(《普剂方》):猪胆一枚,取胆汁倾水中,或将猪胆置于乳香油中浸七日以上。用水洗头,待发干后适量抹猪胆汁及乳香油。本法有清热祛风,润发生辉之效。②香发散(《慈禧太后医方选议》):零陵香30g,辛夷15g,玫瑰花15g,檀香18g,川大黄12g,甘草12g,丹皮12g,山奈9g,丁香9g,细辛9g,苏合香油9g,白芷9g。研药为细末,用苏合香油搅匀,晾干。药面掺发上,蓖去。本方有洁发香发作用,久用发落重生,至老不白。③令发不落方(《慈禧光绪医方选议》):榧子三个,胡桃二个,侧柏叶30g,共捣烂,浸泡雪水内。用浸液洗发。本方有止发落、令发黑润之效,尤其对血热发落有良效。

2. 内服类　根据辨证施治的原则,配制成不同剂型,经口服而达到美发的目的。它主要通过调整整体机能,促进气血运行,而起到健发作用。具有健发作用的中药很多,例如,胡麻、油菜子、榴花、核桃、椰子浆、猕猴桃、槐实、桑椹、黑大豆等。内服药也有很多剂型,如汤剂、膏剂、酒剂、丹剂、丸剂等,可以选择使用。瓜子散(《千金翼方》):瓜子、白芷、当归、川芎、炙甘草各60g,煎药为散,饭后服1g左右,日3次,酒浆汤饮,经常服用有活血补血,养发荣肤作用,可防衰抗老,预防头发早白。地黄酒、黄精酒、枸杞酒等,皆有补虚通血脉,使白发变黑之效。七宝美髯丹、首乌延寿丹等,有壮筋骨、固精气、乌须发之功,亦可选择运用。

五、气功美发

气功美发,主要是通过锻炼精、气、神,调整身体内部功能。同时,通过直接调整任督二脉的功能。润泽发根，使头发茂盛秀美。现举两功法如下：

1. 导引生发功（《诸病源候论》）

具体作法：坐地，后取两种姿式：一是并伸两脚，用两手按在小腿上，腰前俯，头着地；二是舒伸两脚，相距一尺，用两手握小腿，以头顶着地。两种动作各作十二遍。本法主要是导引督脉，因坐地作功，直接刺激督脉起点长强穴，使精气从下而上，直达头顶百会穴。常作此功，利于发根营养，使发长美。

2. 升冠鬓不斑法（《遵生八笺》）

具体作法：子午时握固端坐，凝神绝念，两眼令光上视泥丸，存想，追摄二气，自尾闾间，上升下降，返还气海，每行九遍。

本功法使阳升阴降，任督流通，形成一个小周天，可有效地改善脑供血，排除忧愁焦虑，有养血、宁心、黑发之功。尤其适用于因用脑过度，耗气伤神，精血暗耗而致的发鬓斑白者。

除此而外，健发还要保持精神愉快，避免七情过度刺激。积极参加运动锻炼，防治全身性疾病，戒除吸烟、酗酒、暴食暴饮等不良习惯。合理使用大脑，劳逸结合，养成良好的生活习惯。

第四节 眼睛保健

眼睛的功能与脏腑经络的关系非常密切，它是人体精气神的综合反映。《灵枢·大惑论》指出："五脏六腑之精气，皆上注于目"，"目者，五脏六腑之精也，营卫魂魄之所常营也，神气之所生也"。因此，眼睛保健既要重视局部，又须重视整体与局部的关系。

眼睛是"视万物，别黑白、审短长"（《素问·脉要精微论》）的器官，眼睛的健康与工作、学习、以及一切日常生活的关系十分重大。历代养生家都把养目健目作为养生中的一项重要内容，并积累了不少行之有效的方法和措施，兹简述如下：

一、运目保健

运目，即指眼珠运转，以锻炼其功能，可采取多种方法进行。

1. 运睛 此法有增强眼珠光泽和灵敏性的作用，能祛除内障外翳，纠正近视和远视。具体做法是：早晨醒后，先闭目，眼球从右向左，从左向右，各旋转10次；然后睁目坐定，用眼睛依次看左右，左上角、右上角、左下角、右下角，反复四五次；晚上睡觉前，先睁目运睛，后闭目运睛各10次左右。

2. 远眺 用眼睛眺望远处景物，以调节眼球功能，避免眼球变形而导致视力减退。例如，在清晨，休息或夜间，有选择地望远山、树木、草原、蓝天、白云、明月、星空等。但又不宜长时间专注一处，否则反而有害，所以《千金要方·七窍病》把"极目远视"同"夜读细书，月下看书"以及"久处烟火，泣泪过多"等，并列为"伤明之本"。

除上述运目方法外，还可进行眨眼、虎视、瞪目、顾盼等，这些锻炼方法可使眼周围的肌肉得到更多的血液和淋巴液的营养，保护眼睛，增强视力。

二、按摩健目

按摩是古人保养眼睛的一项重要措施。现介绍如下三种方法：

1. 熨目 《圣济总录·神仙导引上》说："摩手熨目"，"即用两手侧立摩掌如火，开目运睛数遍"。其作法是：双手掌面摩擦至热，在睁目时，两手掌分别按在两目上，使其热气煦熨两目珠,稍冷再摩再熨,如此反复3～5遍,每天可做数次,有温通阳气,明目提神作用。

2. 捏眦　即闭气后用手捏按两目之四角,直至微感闷气时即可换气结束,连续作3～5遍,每日可做多次。《圣济总录·神仙导引上》指出:"常欲以手按目近鼻之两眦,闭气为之,气通即止,终而复始。常行之,眼能洞见"。说明捏目四眦有提高视力作用。

3. 点按穴位　用食指指肚或大拇指背第一关节的曲骨,点按丝竹空、鱼腰,或攒竹、四白、太阳穴等,手法由轻到重,以有明显的酸胀感为准,然后再轻揉抚摩几次。《圣济总录·神仙导引上》说:"常以两手按眉后小穴中,二九(即十八次),一年可夜书"。此法有健目明目,治疗目疾的作用。

在古代眼保健的基础上,近代创造了不少新的眼保健法,如"眼保健操",对保健青少年的视力,预防眼睛疾病,有积极意义。

三、闭目养神

历代养生家都主张"目不久视"、"目不妄视",因为久视、妄视耗血伤神。故《素问》言:"久视伤血",《养生四要》指出:"目者,神之舍也,目宜常瞑,瞑则不昏"。目之神应内守,才有益于形神协调。《老子》云:"五色乱目,使目不明"。因此,《类经》强调:"心欲求静,必先制眼,抑之于眼,使归于心,则心静而神亦静矣",说明养目和养神是密切相关的。在日常生活或工作、学习中,看书、写作、看电视等时间不宜过久,当视力出现疲劳时,可排除杂念,全身自然放松,闭目静坐3～5分钟;或每天定时做几次闭目静养。此法有消除视力疲劳、调节情志的作用,也是医治目疾有效的辅助方法。

此外,随时注意眼睛的保护,不要在光线昏暗处或强光下看书读报,不可在卧床和乘车时读书。在夏季烈日下或冬季在雪地中长时间行走时,宜戴深色眼镜,以保护眼睛。

四、饮食健目

饮食保健对增强视力也是至关重要的。一般而言,多吃蔬菜、水果、胡萝卜、动物的肝脏,或适当用些鱼肝油,对视力有一定保护作用,切忌贪食膏粱厚味及辛辣大热之品。同时,还可配合食疗方法,以养肝明目。例如,草决明兔肝汤(《古方饮食疗法》):兔肝1～2副,草决明10～12g。加工煲汤,食盐调味,饮汤食肝。可补肝养血,清肝明目;又如,菊花粥(《长寿药粥食谱》):菊花10～15g,粳米30～60g。先用粳米煮粥,粥成调入菊花末,再煮一二沸即可。有养肝明目之效,对一些高血压患者尤宜。

五、药物健目

中药健目分外用和内服两类,具体方法很多,可根据不同情况,选择运用。现仅举数例:清目养阴洗眼方(《慈禧光绪医方选议》):甘菊9g,霜桑叶9g,薄荷3g,羚羊角4.5g,生地9g,夏枯草9g。水煎后,先熏后洗,有疏风清肝、养阴明目之作用。除用药熏洗外,还可用药枕健目,如明目枕(《外科寿世方》):荞麦皮、绿豆皮、黑豆皮、决明子、菊花,有疏风散热、明目退翳之功,经常使用,至老目明。内服中药的种类也很多,汤、散、丸、丹等皆可。如蔓菁子散(《太平圣惠方》):蔓菁子500g,黄精1000g,二药九蒸九曝干,研成细末,每日饭后调服6g,久服,补肝明目,延年益寿。中成药,如六味地黄丸、杞菊地黄丸、石斛夜光丸等,亦可选择应用。

此外,还可结合气功健目。平时,要注意卫生,避免病邪感染,养成良好的生活习惯,防止情欲过极,耗伤精气。

第五节 耳的保健

耳为心、肾之窍,通于脑,是人体的听觉器官。耳的功能与五脏皆有关系,而与肾的关系尤为密切。故《河间六书》谓:"肾热者,……必身瘦而耳焦也","肾水衰少,不能润泽,故黑干焦枯也"。同时,耳之功能受心神的主宰和调节,耳的听觉能力能够反映出心、肾、脑等脏腑的功能。因为"耳通天气",是人体接受外界音响刺激的重要途径,外界环境因素对耳的影响很大。随着现代科学技术和现代文明的高度发展,导致听力下降和耳聋的原因越来越多,噪音污染、环境污染和药物的副作用等都不同程度地损害了听力。先天性耳聋、噪音性耳聋、中毒性耳聋、外伤性耳聋、感染性耳聋、老年性耳聋等都较常见,而且治疗起来也很棘手。因此,耳功能保健应以预防为主。

一、耳勿极听

所谓极听,有主动和被动之分。前者是指长时间专心致志运用听力去分辨那些微弱、断续不清的音响;后者为震耳欲聋的声响超过了耳膜的负荷能力。《淮南子·精神训》谓:"五声哗耳,使耳不聪"。极听损伤人的精、气、神,从而影响耳的功能。特别是长期在噪声环境中,对听力会产生缓慢性、进行性损伤,久而久之,可发生听力下降或耳聋。因此,在有噪音环境中工作和学习应做好必要的保护性措施,如控制噪声源,做好个人防护等。孕妇和婴幼儿尤应注意避免噪音的影响。

二、按摩健耳

按摩保健是健耳的一个重要方法。摩耳功法可分如下几步:

1. 按摩耳根　用两手食指按摩两耳根前后各15次。
2. 按抑耳轮　以两手按抑耳轮,一上一下按摩15次。
3. 摇拉两耳　以两手拇食二指摇拉两耳廓各15次,但拉时不要太用力。
4. 弹击两耳　以两手中指弹击两耳15次。
5. 鸣天鼓　以两手掌捂住两耳孔,五指置于脑后,用两手中间的三指轻轻叩击后脑部24次,然后两手掌连续开合10次。此法使耳道鼓气,以使耳膜震动,称之为"鸣天鼓"。

耳部按摩可增强耳部气血流通,润泽外耳肤色,抗耳膜老化,预防冻耳,防治耳病。

三、防止药物过敏

据临床报道,因使用药物不当而引起耳聋占有相当的比例,特别是耳毒性抗生素,如链霉素、庆大霉素、新霉素、卡那霉素、托布霉素、万古霉素、多粘霉素等。此外,还有柳酸盐类药、氯霉素、奎宁、氯奎,以及治疗肿瘤的化疗药物,如氮芥、长春碱类等,都有一定的耳毒作用。因此,临床使用应严格控制,避免引起听觉损伤而造成耳聋。

此外,纠正不良习惯。不要用火柴杆之类挖耳止痒,防止刺伤耳道引起感染。注意节制房事,适当服食补肾之品,对防治中老年耳鸣耳聋亦有好处。

第六节 鼻的保健

鼻是呼吸道的门户。《内经》指出:"肺气通于鼻"。从生理结构上讲,外与自然界相通,内与很多重要器官相连接。鼻腔上部与颅脑相近,在下鼻道内有鼻泪管与眼睛相通,后鼻孔的鼻咽部与咽喉相接,气管与食管在此分道,中耳与两边耳咽管相连。因此,鼻的很多疾病常影响相邻器官的健康。从鼻的作用来看,鼻是呼吸道的出入口,既是人体进行新陈代谢的重要器官之一,又是防止致病微生物、灰尘、脏物等侵入的第一道防线。鼻腔内有鼻毛,又有粘液,故鼻内常有很多细菌、脏物,有时会成为播散细菌的疫源。因此,鼻的保健十分重要,应从多方面着手。

一、"浴鼻"锻炼

鼻与外界直接相通,增强鼻对外界的适应力,才能提高其防御功能。所谓"浴鼻"锻炼就是用冷水浴鼻和冷空气浴鼻。若一年四季坚持不懈锻炼,可有效地改善鼻粘膜的血液循环,增强鼻对天气变化的适应能力,能很好地预防感冒和呼吸道其他疾患。

二、按摩鼻部

鼻的保健按摩分擦鼻、刮鼻、摩鼻尖三个动作。用两手大指的指背中间一节,相互擦热后,摩擦鼻梁两侧24次;用手指刮鼻梁,从上向下10次;分别用两手手指摩擦鼻尖各12次。本法可增强局部气血流通,使鼻部皮肤津润光泽、润肺、预防感冒。

三、气功健鼻

健鼻功出自《内功图说》,分三步进行锻炼。两手拇指擦热,指擦鼻头36次,然后静心意守,排除杂念。二目注视鼻端,默数呼吸次数3～5分钟;晚上睡觉前,俯卧于床上,暂去枕头,两膝部弯曲使两足心向上,用鼻深吸清气4次,呼气4次,最后恢复正常呼吸。本法可润肺健鼻,预防感冒和鼻病,还有健身强体的作用。

四、药物健鼻

平常鼻腔内要尽量保持适当湿度,若过于干燥易使鼻膜破裂而出血。在气候干燥的情况下,可配合药物保健,如在鼻内点一些复方薄荷油,或适量服用维生素A、D等,以保护鼻粘膜。还可服些中药。下列二方可供参考:

润鼻汤　天冬9g,黑芝麻15g,沙参9g,麦冬9g,黄精9g,玉竹9g,生地9g,川贝母9g。本方有润肺养脾之效,以此加减服用,可收滋润护鼻之功。

健鼻汤　苍耳子27g,蝉衣6g,防风9g,白蒺藜9g,玉竹9g,炙甘草4.5g,苡仁12g,百合9g。本方以御风健鼻为主,润肺健脾,使肺气和,脾气充。对易伤风流涕之人,有良好的保健预防作用。

另外,要养成正确擤鼻涕的习惯,即用拇指和食指捏住鼻子,用力排出鼻涕。不可压住一侧擤鼻涕,这样会使另一侧鼻腔内鼻涕吸入体内。克服挖鼻孔、拔鼻毛或剪鼻毛等不良习惯。鼻毛和鼻粘膜是鼻功能的主要结构,损伤之后,不但伤害鼻腔,还可导致其他疾患。

第七节　四肢、手足保健

四肢、手足是人体运动的重要器官,机体生命力的强盛与否,与四肢手足的功能强弱密切相关。一般而言,四肢发达,手脚灵活,则人体的生命力旺盛;若四肢羸弱,手足行动迟缓,说明生命力低下。故强身保健应重视四肢手足的摄养。

一、上肢和手的保健法

人类在劳动、学习、生活和娱乐中,几乎样样事情都离不开上肢和手的功能。在人的感觉器官中,双手与外界直接接触的机会也最多,被污染的机会也最多;手又是手三阴经脉与手三阳经脉交接之处。因此,做好上肢和手的健康保护和卫生保健,对于防病健体是非常有意义的。

(一) 上肢以动为养

上肢经常运动,就是最好的保健方法。运动的方法比较多,如摇肩转背、左右开弓、托肘摸背、提手摸头等。平常我们所进行的运动保健,大多都须有上肢的运动才能完成。这里介绍一种甩动法:双手轻轻握拳,由前而后,甩动上肢,先向左侧甩动,再向右侧甩动,然后两肢垂于身体两侧甩动。各24次。本法有舒展筋骨关节、流通经络气血、强健上肢的作用,可预防肩、肘、腕关节疾病,还可调节气血,防治高血压。

(二) 按摩保健

手部按摩和上臂按摩结合在一起做。具体作法:双手合掌互相摩擦至热,一手五指掌面放在另一手五指背面,从指端至手腕来往摩擦,以局部有热感为度,双手交替做。然后用手掌沿上肢内侧,从腕部向腋窝摩擦,再从肩部沿上肢外侧向下摩擦至腕部,一上一下为1次,可做24次;另一上肢同法。按摩时间可安排在晚上睡前和早晨醒后,本法可以促进肌肤的血液循环,增进新陈代谢及营养的吸收,使肌肉强健,除皱悦泽,柔润健手防治冻疮。

(三) 梅花针护手

取梅花针轻叩手背部皮肤,由指尖沿着手指直线向手腕处叩击,每日1次。手法不宜太重,每次叩击以手背皮肤达到温热即可。叩完后最好涂擦润手膏。此法润滑防皱,活络行血,保持手部健美。

(四) 药物润手嫩肤

采用药物方法,保护手部皮肤,使其滋润滑嫩、洁白红润。下举二方:

千金手膏方(《千金翼方》) 桃仁20g,杏仁10g(去皮尖),橘核20g,赤芍20g,辛夷仁、川芎、当归各30g,大枣60g,牛脑、羊脑、狗脑各60g。诸药加工制成膏,洗手后,涂在手上擦匀,忌火炙手。本品有光润皮肤、护手防皱之效。

太平手膏方(《太平圣惠方》) 瓜蒌瓤60g,杏仁30g,蜂蜜适量。制作成膏,每夜睡前涂手。本品防止手部皲裂,使皮肤白净柔嫩,富有弹性。

(五) 手部卫生

保持手部清洁卫生,一是促进局部血液循环,有健手美手之用;二是预防疾病,是把好"病从口入"的主要环节。俗话说:"饭前便后洗洗手,细菌病毒难入口"。洗手时应使用肥皂或香皂,不但去油泥污垢,还可杀菌。但切忌不可用汽油清洗手上的油垢,因汽油对皮肤有侵蚀作用,使手变得粗糙,或引起一些皮肤病,冬季手指取暖,古人主张用暖水器,或用热水泡手,不可以炉火烘手。《老老恒言·杂器》说:"冬寒频以炉火烘手,必致十指燥裂",值得我们生活中加以注意。另外,要勤剪指甲。《养生书》说:"甲为筋之余,甲不数截筋不替"。经常修剪指甲,可消除细菌,又可加强新陈代谢,促使筋气更新,有利于指甲的荣泽,筋膜的强健。

二、下肢和脚的保健法

腿脚乃全身的支柱,担负全身的行动的重担。中医学认为双脚是运行气血、联络脏腑、沟通内外、贯穿上下的十二经络的重要起止部位。足三阴经和足三阳经相交接在脚上。因此,腿脚保健关系到整体,对人的健康长寿至为重要。历代养生家特别强调下肢和脚的调摄,总结出了一系列行之有效的保健措施,如运动、按摩、保暖、泡足、药疗等。

(一) 下肢宜勤动

步态稳健,行走如飞,被视为健康的标志,步履蹒跚,行动迟缓,则是衰老的表现,故俗话说:"人老腿先老"。为此人们把练"脚劲"和"腿劲"作为健康长寿的方法。下肢运动的方法比较多,如跑步跳跃、长途跋涉、爬山、散步等均可采用。这里介绍几种原地锻炼方法:

站立甩腿法　一手扶墙或扶树,一脚站立,一脚甩动先向前甩动右腿,脚尖向上翘起,然后向后甩,脚面绷直,腿亦伸直,如此前后甩动,左右腿各甩动20次。

平坐蹬腿法　平坐,上身保持正直,先提起左脚向前上方缓伸,脚尖向上,当要伸直时,脚跟稍用力向前下方蹬出,再换右脚做,双腿各做20次。

扭膝运动法　两脚平行靠拢,屈膝微向下蹲,双手掌置于膝上,膝部向前后左右做圆周运动,先左转,后右转,各20次。

上述功法可增强下肢功能,关节运动灵活,防治下肢乏力、关节疼痛、小腿抽筋、半身不遂等。

(二) 腿足常按摩

下肢按摩可分干浴腿法和擦脚心法。

干浴腿法　平坐,两手先抱一侧大腿根,自上而下摩擦至足踝,然后再往回摩擦至大腿根,一上一下为1次,做20次,依同法再摩擦另一腿。其作用是:腿力增强,关节灵活,预防肌肉萎缩、下肢静脉曲张等病。

擦脚心法:　每夜洗脚后临睡之前,一手握脚趾,另一手摩擦足心100次,以热为度,两脚轮流摩擦。本法具有固真元、暖肾气、交通心肾、强足健步、防治足疾等作用。现代研究认为,五脏六腑在脚上都有相应投影。脚上又有大量神经末梢,经常按摩可使神经更加活泼,神经和内分泌活动更加协调,大脑和心脏功能增强,记忆力提高,解除疲劳,还可防治局部和全身性很多疾病。

(三) 足膝宜保暖

脚下为阴脉所聚,阴气常盛,膝为筋之府,寒则易于挛急,所以足膝部要特别注意保暖,以护其阳气。现代研究认为,脚远离心脏,血液供应少,表面脂肪薄,保温力差,且与呼吸道,尤其是鼻粘膜有着密切的神经联系。因此,脚对寒冷非常敏感。当气温降到7℃以下时,就开始发凉,进而反射性地引起鼻粘膜血管收缩。试验证明,将双足放在4℃冷水中,三分钟后就会出现流涕和喷嚏。所谓"寒从脚下起"即此意。研究又表明,人的双脚皮表温度为28℃~33℃时,感觉最舒服。若降到22℃以下时,则易患感冒等疾病。在寒冷的天气要保持足膝部良好的血液循环和温度。鞋袜宜保暖、宽大柔软舒服,鞋子要防水,透气性能好,并要及时更换。脚部保暖对于预防感冒、鼻炎、哮喘、心绞痛等有一定的益处。

(四) 足宜勤泡洗

用温水泡脚,促进血液循环,对心脏、肾脏及睡眠都有益处。《琐碎录·杂说》说:"足是人之底,一夜一次洗",说明人们早就把"睡前一盆汤"看作养生保健的措施之一。古今中外许多长寿老人和学者,都认为常洗脚非常有利于健康长寿。如民间歌谣说:"春天洗脚,升阳固脱;夏天洗脚,暑湿可祛;秋天洗脚,肺润肠濡;冬天洗脚,丹田温灼;睡前洗脚,睡眠香甜;远行洗脚,解除疲劳"。如果洗脚和按摩合在一起做,效果更好。

(五) 药物护足

秋冬季节,足部常因经脉阻滞,肌肤失养,皮肤枯燥,而出现皲裂。用散寒活血,润燥养肤的中药 外涂足部,可收到良好的防治效果。下举二方,以作参考。

初虞世方（《古今图书集成医部全录》） 生姜汁、酒精、白盐、腊月猪膏。研烂炒热，擦于脚部，有散寒温经、润肤治裂之功效。

冬月润手（足）防裂方（《外科大成》） 猪脂油 12 g，黄蜡 60 g，白芷、升麻、猪牙皂荚各 3 g，丁香 1.5 g，麝香 0.6 g。制备成膏，洗脚后涂上。本方法祛邪通络，祛风消肿，防裂防冻。

第八节 胸背腰腹保健

胸、背、腰、腹是人体脏腑所居的部位，其功能盛衰直接关系着内部脏腑功能活动。历代养生家都非常重视这四个部位的保养，保养得当，可促进气血运行，协调和增强全身各部分的联系，提高新陈代谢的能力，达到健身防病的目的。

一、胸部保健法

（一）衣服护胸

《修龄要旨·起居调摄》说："胸宜常护"，《老老恒言·衣》说："夏虽极热时，必着葛布短半臂，以护其胸"。说明胸部的保护以保暖避寒为主，目的在于保护胸阳，年老体弱者更应注意。日常生活中，人们穿的背心、上衣，均是以保护胸背的阳气为主。

（二）胸部按摩

取坐位或仰卧位，用左手掌在胸部从左上向右下推摩，右手从右上向左下推摩，双手交叉进行，推摩 30 次。然后，两只手同时揉乳房正反方向各 30 圈，再左右与上下各揉按 30 次。女性还可做抓拿乳房保健：两小臂交叉，右手扶左侧乳房，左手扶右侧乳房，然后用手指抓拿乳房，一抓一放为一次，可连续做 30 次。胸部按摩可以振奋阳气，促进气血运行，增强心肺功能。

二、背部保健法

背为足太阳膀胱经、督脉所过之所，五脏的俞穴都会聚于背，背的寒暖与脏腑的功能直接相关，故应当注意保护。《养生四要·慎动》说："背者五脏之附也，背欲常暖，暖则肺脏不伤"。《摄生消息论·春季摄生消息论》亦说："不可令背寒，寒即伤肺，令鼻塞咳嗽"。背部的保护的基本原则是保暖，从现代医学来看，背部分布着丰富的脊神经，支配着背部皮肤及内脏的生理活动。背部的运动、按摩保健可提高人体的免疫力，调节血压，增强心肌活动的能力，促进消化机能等，有益于防病治病。

（一）背部宜常暖

背部保暖方法有三：第一，衣服护背。《老老恒言·衣》说："肺俞穴在背，《内经》曰'肺朝百脉，输精于皮毛'。不可失寒暖之节。今俗有所谓背搭，护其背也"。故平时穿衣注意背部保暖，随时加减，以护其背。第二，晒背取暖。《老老恒言·安寝》说："如值日晴风定，就南窗下背日而坐，列子所谓负日之暄也。脊梁得有微暖，能使遍体和畅。日为太阳之精，其光壮人阳气，极为补益"。避风晒背，能暖背通阳，增进健康。第三，慎避风寒。因为背为五脏俞穴所会，尤其是天热汗出腠开时，若被风吹，则风寒之邪易于内侵，引起疾病。故《老老恒言·防疾》强调说："五脏俞穴，皆会于背，夏热时有命童仆扇风者，风必及之，则风且入脏，贻患非细，有汗时尤甚"。夏日汗出后不可背向电扇，以免风寒之邪伤人。

（二）背宜常捶摩

历代医家和养生家都强调保护背部的重要性，而且还提出了捶背、搓背、捏脊等活动背部的保健方法。

捶背 捶背又分自我捶打和他人捶打（具体做法详见第十四章第四节）。本法可以舒经活血，振奋阳气，强心益肾，增强人体生命活力。

搓背 搓背也分自搓和他人搓。自搓方法，可在洗浴时进行。以湿毛巾搭于背后，双手扯紧毛巾两端，用力搓背，直至背部发热为止。他人搓法：取俯卧位，裸背。请他人以手掌沿脊柱上下按搓，至发热为止。注意用力不宜过猛，以免搓伤皮肤。搓背法有防治感冒、腰背酸痛、胸闷腹胀之功效。

捏脊 取俯卧位，裸背。请他人用双手（拇指与食指合作）将脊柱中间的皮肤捏拿起来，自大椎开始，自上而下，连续捻动，直至骶部。可连续捏拿3次。此法对成人、小儿皆宜，可调和脏腑、疏通气血、健脾和胃，对调整血压也有一定作用。注意用力不宜过大、过猛、速度不宜太快，动作要协调。

三、腰部保健法

腰为人体运动的枢纽，摇动、按摩腰部，能够健腰强肾，疏通气血。中国传统武功十分强调"以腰为轴"，"主宰于腰"。把腰部活动看作生命活动之本。

（一）腰宜常摇动

中国传统锻炼腰部的方法很多。很多传统健身术都非常强调腰部活动。如五禽戏、易筋经、八段锦、太极拳等，皆以活动腰部为主。通过松胯、转腰、俯仰等活动，达到强腰健体作用。下面仅举几个练腰动作。

转胯运腰 取站立姿势，双手叉腰，拇指在前其余四指在后，中指按在肾俞穴上，吸气时，将胯由左向右摆动，呼气时，由右向左摆动，一呼一吸为一次，可连续做8～32次。

俯仰健腰 取站立姿势，吸气时，两手从体前上举，手心向下，一直举到头上方，手指尖朝上，呼气时，弯腰两手触地或脚。如此连续做8～32次。

旋腰转脊 取站立姿势，两手上举至头两侧与肩同宽，拇指尖与眉同高，手心相对，吸气时，上体由左向右扭转，头也随着向右后方扭动，呼气时，由右向左扭动，一呼一吸为一次，可连续做8～32次。

（二）腰宜常按摩

"腰为肾之府"，经常按摩腰部有壮腰强肾之功。《内功图说·分行外功诀》说："两手擦热，以鼻吸清气，徐徐从鼻放出，用两热手擦精门（即背下腰软处）"，又"两手摩擦两肾俞穴，各一百二十次。能生精固阳，除腰痛，稀小便"。这些具体描述，可仿效进行。

四、腹部保健法

（一）腹部宜保暖

古代养生家很注意腹部的保暖。《老老恒言·安寝》说："腹为五脏之总，故腹本喜暖，老人下元虚弱，更宜加意暖之"。并主张对年老和体弱者进行"兜肚"或"肚束"保健。①兜肚：将蕲艾捶软铺匀，盖上丝棉（或棉花）。装入双层肚兜内。将兜系于腹部即可。②肚束：又称为"腰彩"。即为宽约七、八寸的布带系于腰腹部。曹慈山谓此法"前护腹，旁护腰，后护命门，取益良多。"此二法均可配以有温暖作用的药末装入其中，以加强温暖腹部的作用。

（二）腹宜常按摩

腹为胃肠所属之处，腹部按摩实际上是胃肠按摩。故此，摩腹是历代养生家一致提倡的保健方法之一，尤宜于食后进行。《修龄要旨·起居调摄》指出："腹宜常摩"，《养性延命录·食诫篇》说："食毕……使人以粉摩腹数百过，大益人"。摩腹的方法很多，现仅举其中一种，具体做法是：先搓热双手，然后双手相重叠，置于腹部，用掌心绕脐沿顺时针方向由小到大转摩36周，再逆时钟方向由大到小绕脐摩36周。古人称此为"摩脐腹"或"摩生门"。它有增加胃肠蠕动，理气消滞，增强消化功能和防治胃肠疾病等作用。

第九节　五脏保健法

以五脏为中心的整体观，是中医脏象学说的主要特点。五脏生理功能和相互之间的平衡协调是维持机体内外环境相对恒定的重要环节。因此，被称为"生命器官"。生命器官健全的人，抵抗疾病的能力强，患病后也易治疗和康复，保护体内重要脏器是养生保健的基本出发点。五脏保健是多方面的、综合性的，通过饮食、情志、起居、环境、运动、药物、推拿、气功、导引等方面的调养保健，才能达到整体摄养的目的。这些方面对每一脏都是适用的，但五脏的生理又各有不同，故保健方法亦各有侧重。为了避免相互重复，本节针对五脏各自的主要生理功能特点，仅作一般性的保健方法介绍。五脏保健的方法，同中有异，异中有同。因此，要互相参考，互相补充。

一、心脏保健法

心为"君主之官"，"五脏六腑之大主也"。历来都把心脏看作是人体的"中心器官"。心脏的生理功能主要有主血脉，主神志两个方面。心脏健康与否，直接影响到人体的健康与寿命。在当代，心脏病虽然可以得到许多有效治疗，但仍是人类死亡的主要原因之一。可见，心脏保健至关重要。

（一）"心主血脉"的保健

心主血脉，包括主血和主脉两个方面，并且构成了体内一个相对独立的系统，这个系统的功能状况直接影响着全身的生理功能。"心主血脉"的保健宜从多方面入手，但其基本出发点有二：一是增强心脏功能，二是减轻心脏负担。

1. **科学配膳**　《素问·五脏生成篇》云："心之合脉也……多食咸，则脉凝泣而变色"，《素问·生气通天论》指出："味过于咸，大骨气劳，短肌，心气抑"。指出了饮食过咸会给心脏带来不利影响。心脏饮食保健的基本要求是：营养丰富，清淡多样。提倡高蛋白，低脂肪；高维生素，低盐饮食。心肌的发育和血脉运行都需要消耗高级蛋白质，要及时补充；脂肪食品食用过多，可出现"脂肪心"，又易引起动脉硬化。在饮食中宜适当食植物蛋白、牛奶、瘦肉之类，并选用一些能降血脂食物，如大豆、蘑菇、花生、生姜、大蒜、洋葱、茶叶、酸牛奶、甲鱼、海藻、玉米油、山楂、蜂皇浆等；少吃含胆固醇高的食物，如蛋黄、猪脑、猪肝、蟹黄、鱼子、奶油等。饮食习惯提倡混合饮食，这样维生素和微量元素吸收比较广泛，维生素C、B_6、B_1、B_2、B_{12}，微量元素铬、锰、镁等对于心血管保健，预防动脉硬化很有价值。饮食中要适当多选食谷类、豆类、粗机米、面等，并多食绿叶蔬菜和水果。低盐饮食对预防心血管疾病大有好处，钠盐食用过多，增加心脏负担，又易引起高血压等，故清淡饮食为宜。总之，科学配膳是预防心血管疾病的重要环节。

2. **切忌暴饮**　历代养生家都主张渴而后饮，缓进饮料，反对大饮、暴饮。因为一次喝大量的水或饮料，会迅速增加血容量，增加心脏负担。因此，年高或心脏功能欠佳者，尤当注意。一般而言,每次进饮料不要超过 500 ml,可采取少饮多次之法。

3. **戒过食刺激物** 凡刺激性食物和兴奋性药物,都会给心脏带来一定的负担,故应戒烟少酒,不宜饮大量浓茶,辣椒、胡椒等物亦要适量,对于咖啡因、苯丙胺等兴奋药物亦须慎用。

4. **适量减肥** 体重过重也会加重心脏负担。因此,青春期以后注意减少脂肪赘生,避免发胖,控制体重和减肥的方法多种多样,可因人而异的选择。如运动锻炼、饮食减肥等,就饮食而言,即限制总热量的摄入和储存,尤其晚餐不过量,就餐时间宜稍早,对控制体重是有意义的。

5. **卧具适当** 一般而言,床头要比床尾适当高一些,枕头高低适度,对心脏血液回流有益处。心脏功能较弱者,休息时可采取半卧式,这样可减轻心脏的负担。

6. **运动锻炼** 经常参加运动锻炼,可以增强冠状动脉的血流量,对心脏大有益处。经常参加运动和体力劳动的人,心肌功能要比不活动的人强壮的多。一般认为,太极拳、导引、气功、散步、中慢速度的跑步、体操、骑自行车、爬山、游泳等,都适用于心脏的保健锻炼,具体运动项目要根据各自的实际情况辨证施练,中老年则不宜参加过于激烈的竞技运动,因为过于激烈,心脏负荷量太大,对心脏产生不利影响。此外,结合运动锻炼还可做按摩保健。

(二)"心主神志"的保健

心主神志的功能与心主血脉的功能是密切相关的,血脉是神志活动的物质基础,神志是血脉功能的综合反映。情志变化分属五脏,但总统于心,故心主神志之保健至关重要。

1. **情志平和** 情志平和,则气血宣畅,神明健旺,思考敏捷,对外界信息的反应灵敏正常。若七情过极,则可使心神受伤。故应保持七情平和,情绪乐观,避免过度的喜怒、忧愁等不良情绪。尤其是大喜、暴怒直接影响心之神明,进而影响其他脏腑功能。对于生活中的重大变故,宜保持冷静的头脑,既不可漫不经心,又不必操之过急,以保证稳定的心理状态。

2. **环境适宜** 良好的生活环境和工作环境对人的心理健康是非常重要的。生活在社会之中,首先要有良好的自我意识,承担与自己脑力或体力相适应的工作和学习。正确认识自己,正确对待别人和正确对待客观环境。人是社会的一员,每个人不可能脱离社会而生活。古代思想家孟子曾说:"一人之所需,百工斯为备"。人与社会的联系不仅是物质的需求,也是精神的需要。因此,要热爱生活,同社会环境保持密切联系,建立融洽的人际关系,使人们的精神生活得到互相纠正,互相补充,保持稳定的情绪。

二、肝脏保健法

肝主疏泄、肝藏血,肝脏调畅全身气机,是气机升降出入的枢纽,又是贮藏血液,调节血量的重要器官,故亦被称为重要的"生命器官"。现代医学认为,肝脏是人体最大的消化腺和腺体,是人体新陈代谢的枢纽,还有解毒和调节水液与激素平衡的作用。

(一)肝脏功能的保健

肝主疏泄与藏血功能之间是相互联系、协调平衡的。如果疏泄不及,肝气郁结,可致各种瘀血之病理变化;如果升泄太过,影响藏血功能,则可导致各种出血之症。二者在保健上也是相一致的,所以合在一起介绍。

1. **饮食保健** 肝的疏泄功能是促进脾胃运化功能的一个极重要环节,肝脏本身必需的蛋白质和糖类等,要从饮食中获得。因此,宜食些易消化的高蛋白食物,如鱼类、蛋类、乳类、动物肝脏、豆制品等,还应适当吸些糖。肝脏对维生素 K、A、C 的需要量较大,故适当多食些富有维生素的食物,如新鲜蔬菜和水果之类。同时,还宜适当食用含纤维素多的食物,高纤维食物有助于保持大便通畅,有利于胆汁的分泌和排泄,这是保护肝脏疏泄功能的一项重要措施。肝脏需要丰富的营养,但不宜给予太多的脂肪,否则,有引起"脂肪肝"的可能性。

2. 切忌嗜酒　过量饮酒可引起食欲减退,造成蛋白质及B族维生素缺乏,发生酒精中毒,还可导致脂肪肝、肝硬化、急性中毒可引起死亡。因此,日常生活中切忌过量饮酒,以免损伤肝脏。

3. 戒怒防郁　人的情志调畅与肝的疏泄功能密切相关。反复持久或过激的情志,都会直接影响肝的疏泄功能。肝喜调达,在志为怒。抑郁、暴怒最易伤肝,导致肝气郁结或肝火旺盛的病理变化。因此,要重视培养控制过极情绪和疏导不良情绪的能力,保持情绪畅达平和。

（二）肝脏防病保健

肝脏防病保健应着眼于两个方面,一是预防传染性肝炎,一是经常进行保健锻炼,增强肝脏功能。

1. 预防传染性肝炎　预防肝炎是保护肝脏的一项积极、主动措施。其有效的方法是搞好清洁卫生,把好饮食卫生关,同时配合药物防治。在目前肝炎很普遍的情况下,可服用预防药物,如茵陈、板蓝根各20 g,金钱草15 g,甘草10 g,焦三仙各10 g,大枣5枚,水煎服,一日一剂,服用一周,对预防甲肝有良效。

另外,避免长期大量服用损害肝脏的药物,如氯丙嗪、磺胺、雷米封、鲁米那类巴比妥制剂等,如因治疗需要,则应配合一些保肝药物及其他综合性保肝措施,以免损伤肝脏功能。

2. 健肝锻炼　保健肝脏的运动锻炼的原则是动作舒展、流畅、缓慢,符合肝气生发、畅达的特点,可选太极拳、八段锦、易筋经、气功、导引等。此外,亦可配合简易的养肝保健锻炼法,其法取右侧卧,略抬高臀部的体位,缓慢做腹式呼吸动作,连续作20～30分钟,每日作2～3次,有利于肝脏休息,还可防治肝脏下垂。

三、脾胃保健法

脾主运化,胃主收纳；脾主升清,胃主降浊；脾又主统血、主肌肉、四肢。脾胃为后天之本,气血生化之源,在养生和防病方面有着重要意义。

（一）饮食保健

脾胃最重要的功能就是受纳、腐熟饮食,运化水谷精微,为整个人体的生命活动提供能源和动力。因此,饮食保健是其保健的重点。如饮食有节、饮食卫生、进食保健等等。详见第九章饮食养生,此不复赘。

（二）其他防护措施

脾胃的保健还要充分注意综合护养,积极参加各种有益的健身活动,提高身体素质。生活起居要有一定规律,保证充足而良好的睡眠,生活、工作从容不迫而不过度紧张。适应自然变化,注意腹部保暖。脾胃功能素虚者,可采用药兜保暖,结合腹部自我按摩。此外,还可采用针灸保健、气功保健等。如在患病时,用药要顾及脾胃。一是在药物之中适当配合保护脾胃之品,一是尽量避免服用损伤脾胃的药物。例如,阿斯匹林、水杨酸制剂、保泰松、消炎痛、红霉素、利血平、激素等能引起溃疡,宜少用或慎用。

四、肺脏保健法

肺的主要生理功能是主气、司呼吸,主宣发和肃降,通调水道。中医认为,肺为五脏之华盖，称为"娇脏"，是非常娇弱的脏器。肺在呼吸过程中，与外界直接相通，外界的冷暖变化和各种致病微生物、灰尘等有害因素，都时刻影响着肺脏，肺脏的形态结构和功能退化，则更易受外界有害因素的侵袭。因此，肺脏保健是预防疾病，增进健康，抗衰防老的重要环节。

(一)"肺主气、司呼吸"的保健

肺脏主司，调节气的升降出入运动，呼浊吸清，吐故纳新，从而保证人体新陈代谢的正常进行。

保护肺脏健康，首先应尽量避免吸入空气中的杂质和有毒气体。例如：二氧化矽、煤尘、棉纱纤维、二氧化碳、一氧化碳、二氧化硫、氯气、甲醛、有机磷农药等等，这些有毒物、有害物质吸入过多，则可引起肺部病变和全身病变。因此，要积极预防和控制空气污染，改善劳动环境、居住环境、居室环境，对灰尘多的环境进行"静化"处理，搞好环境卫生，加强预防措施，如防尘器、防尘口罩、通风设备等，多呼吸新鲜空气，吸烟者要下决心戒烟，对肺脏保护是很有好处的。

此外，根据自己的爱好，选择适当的运动项目，积极参加运动锻炼。如早晚到空气新鲜的地方散步、做广播体操、呼吸体操、打太极拳、练气功等，可有效地增强体质，改善心肺功能。同时，经常训练腹式呼吸以代替胸式呼吸，每次持续5～10分钟，可以增强膈肌、腹肌和下胸肌活动，加深呼吸幅度，增大通气量，减少残气量，从而改善肺功能。

(二)"肺主宣发和肃降"的保健

肺的宣发和肃降，是新陈代谢的两个方面，是相互依存、相互制约、相反相成的。一旦二者功能失去协调，就会发生种种病变。因此，保护协调肺的宣降功能，对增强体质，预防疾病，具有重要意义。

1. **注意饮食宜忌**　肺脏保健要少吃辛辣厚味，宜淡食少盐忌咸；饮食切勿过寒过热，尤其是寒凉饮冷。《内经》早就有"大饮则气逆"和"形寒饮冷则伤肺"之明诫。因此在饮食上一定要合理调摄，切不可贪凉饮冷。

2. **防寒保暖**　寒冷季节或气温突变时，最易患感冒，诱发支气管炎。因此，要适应自然，防寒保暖。随气温变化而随时增减衣服，汗出之时要避风。室内温、湿度要适宜，通风良好，但不宜直接吹风。胸宜常护，背宜常暖，暖则肺气不伤。

3. **耐寒锻炼**　耐寒锻炼的目的，在于增强机体免疫功能，预防感冒。具体方法可采用冷水浴面，空气浴和健鼻的保健。实践证明，效果颇佳。

4. **疾病防治**　积极预防感冒是有效方法之一。患有发作性呼吸系统疾病者，如慢性支气管炎、哮喘等，在气温变化时，大的节气交接前，尤应做好预防保健和治疗措施，以免诱发旧疾或加重病情。此外，可用"冬病夏治"之法。在夏季末发病之时，采用方药或针灸固本扶正之法，增强抵抗力，到了冬季就可少发病，或不发病。

五、肾脏保健法

肾藏精，主命门之火，主生殖和生长发育，为"先天之本"，肾又主水、主纳气，调节水液代谢，故肾称为水火之脏，内寓元阴元阳。肾脏功能包括了生殖系统、部分内分泌、呼吸、神经、免疫、运动等系统的功能，肾气盛衰决定着机体生、长、壮、老、已整个生命活动过程。现代医学认为，肾脏是主要的排泄器官，对调节体内的水与电解质和排泄体内的代谢产物和毒物起着极重要的作用。增强肾脏功能，是强身抗老的重要一环。

(一)"肾主藏精"的保健

肾藏精,是肾的主要生理功能。肾中精气,是生命活动之本,是肾阴、肾阳的物质基础,也是人体生长发育及各种功能活动的物质基础。因此,对"肾主藏精"功能的合理保健,对预防疾病,防止衰老有普遍的指导意义。

1. 饮食保健　肾脏本身需要较大量的蛋白质和糖类,有利于肾脏的饮食宜选择高蛋白、高维生素、低脂肪、低胆固醇、低盐的食物。高脂和高胆固醇饮食易产生肾动脉硬化,使肾脏萎缩变性,高盐饮食影响水液代谢。常选用的食品,如瘦肉、鱼类、豆制品、蘑菇、水果、蔬菜、冬瓜、西瓜、绿豆、赤小豆等。另外,适当配用一些碱性食物,可以缓和代谢性酸性产物的刺激,有益肾脏保健。

2. 节欲保精　精为人身三宝之一,保精是强身的重要环节。在未婚之前要防止"手淫",既婚则需节欲,绝不可放纵性欲。自古就有"强力入房则伤肾"之说。所谓伤肾实由失精过多引起,因此,节欲保精,是强肾的重要方法之一。详见第十章房事养生。

3. 药饵保健　体质虚弱者,可根据具体情况,辅以药物保健。肾阳虚者,可选用金匮肾气丸、右归丸等,单味药如鹿茸、海马、紫河车、巴戟天、冬虫夏草、核桃肉、肉苁蓉等。肾阴虚者,可选用六味地黄丸、左归丸等,单味药如枸杞子、楮实子、龟、鳖等。阴阳两虚者,可选用全鹿丸、二仙汤等,单味药如何首乌、山药、黑芝麻等。药物保健的要求,应做到阴阳协调,不可偏执。

(二)"肾主水液"的保健

人体内的水液代谢,是由肺、脾、三焦、肾等脏腑共同完成的,但肾的气化功能起着主宰作用。特别是尿液的生成和排泄,与肾中精气的蒸腾气化直接相关。若"肾主水液"的功能发生障碍,则可引起多种病理变化。可见,肾脏主水功能对维持机体健康是很重要的。

1. 保持小便通畅　小便通畅,在维持体内水液代谢平衡中起着关键性的作用。小便代谢障碍,会增加肾盂和肾实质发炎的机会,还可发生尿中毒或其它疾病。因此,要积极防治影响小便功能的疾患。服用某些易结晶的药物,如磺胺类药物,宜多喝水,并同时服用苏打,使尿液变成碱性,以免沉淀结晶。

2. 预防肾脏感染　防止肾脏感染要从两方面入手,一是防止逆行性尿道感染,方法是讲卫生,适当多喝水;二是防止血液循环和淋巴循环的途径感染肾脏。积极防治上呼吸道感染,皮肤感染,如对扁桃腺炎、龋齿、鼻窦炎、疮疖,皮肤脓肿、结核病等,必须及时防治,以免引起肾脏感染。

(三)其他防保措施

肾脏保健,尚需注意以下几点:

1. 慎用损害肾脏的药物　有些药物对肾脏有损害,如二氯化汞、四氯化碳、巴比妥类、磺胺制剂、多粘菌素、先锋霉素、卡那霉素、新霉素、灰黄霉素、链霉素等等,这些药宜慎用。非用不可时,应采取短期少量或适当配伍,以免损伤肾功能。此外,已患肾炎者,应积极防治。患过敏性紫癜、系统性红斑狼疮及其他胶原性疾病时,应及时加强对肾脏的保护措施。

2. 运动保健　积极参加各项运动锻炼,对强肾健身颇为有益。同时,还需结合对肾脏有特殊作用的按摩保健。例如,腰部按摩法。此外,腰部热敷与腹压按摩法亦可采用。

腰部热敷:取仰卧位,用热水袋垫于腰部,仰卧30～40分钟,使腰部有温热感。此法可松弛腰部肌肉,温养肾脏,增加肾血流量,每日可做1～2次。

腹压按摩肾脏：取坐位，吸气之后用力憋气3～5秒，同时收缩腹肌增加腹部压力，如此反复有节奏地进行锻炼。此法利用腹压的升高和降低来挤压按摩肾脏，对肾脏是一种具有节奏性的冲击，有补肾固精、通经活血之效。

第十九章 因时养生

因时养生,就是按照时令节气的阴阳变化规律,运用相应的养生手段保证健康长寿的方法。这种"天人相应,顺应自然"的养生方法,是中医养生学的一大特色。

第一节 因时养生的原则

一、春夏养阳,秋冬养阴

《易·系辞》中说:"变通莫大乎四时"。四时阴阳的变化规律,直接影响万物的荣枯生死,人们如果能顺从天气的变化,就能保全"生气",延年益寿,否则就会生病或夭折。所以,《素问·四气调神大论》说:"夫四时阴阳者,万物之根本也。所以圣人春夏养阳,秋冬养阴,以从其根,故与万物沉浮于生长之门。逆其根,则伐其本,坏其真矣。故四时阴阳者,万物之始终也,死生之本也。逆之则灾害生,从之则苛疾不起,是谓得道"。简要告诉人们,四时阴阳之气,生长收藏,化育万物,为万物之根本。春夏养阳,秋冬养阴,乃是顺应四时阴阳变化的养生之道的关键。所谓春夏养阳,即养生养长;秋冬养阴,即养收养藏。

春夏两季,天气由寒转暖,由暖转暑。是人体阳气生长之时,故应以调养阳气为主;秋冬两季,气候逐渐变凉,是人体阳气收敛,阴精潜藏于内之时,故应以保养阴精为主。春夏养阳,秋冬养阴,是建立在阴阳互根规律基础之上的养生防病的积极措施。正如张景岳所说:"阴根于阳,阳根于阴,阴以阳生,阳以阴长,所以古人春夏养阳以为秋冬之地,秋冬养阴以为春夏之地,皆所以从其根也。今人有春夏不能养阳者,每因风凉生冷伤其阳,以致秋冬多患病泄,此阴脱之为病也。有秋冬不能养阴者,每因纵欲过度伤此阴气,以致春夏多患火症,此阳盛之为病也"。所以,春夏养阳,秋冬养阴,寓防于养,是因时养生法中的一项积极主动的养生原则。

二、春捂秋冻

春季,阳气初生而未盛,阴气始减而未衰。故春时人体肌表虽应气候转暖而开始疏泄,但其抗寒能力相对较差,为防春寒,气温骤降。此时,必须注意保暖,御寒,有如保护初生的幼芽,使阳气不致受到伤害,逐渐得以强盛,这就是"春捂"的道理。秋天,则是气候由热转寒的时候,人体肌表亦处于疏泄与致密交替之际。此时,阴气初生而未盛,阳气始减而未衰,故气温开始逐渐降低,人体阳气亦开始收敛,为冬时藏精创造条件。故不宜一下子添衣过多,以免妨碍阳气的收敛,此时若能适当地接受一些冷空气的刺激,不但有利于肌表之致密和阳气的潜藏,对人体的应激能力和耐寒能力也有所增强。所以,秋天宜"冻"。可见,"春捂""秋冻"的道理,与"春夏养阳,秋冬养阴"是一脉相承的。

三、慎避虚邪

人体适应气候变化以保持正常生理活动的能力,毕竟有一定限度。尤其在天气剧变,出现反常气候之时,更容易感邪发病。因此,人们在因时养护正气的同时,非常有必要对外邪的审识避忌。只有这样,两者相辅相成,才会收到如期的成效。《素问·八正神明论》说:"四时者,所以分春秋冬夏之气所在,以时调之也,八正之虚邪而避之勿犯也"。这里所谓的"八正",又称"八纪",就是指二十四节气中的立春、立夏、立秋、立冬、春分、秋分、夏至、冬至八个节气。它是季节气候变化的转折点,天有所变,人有所应,故节气前后,气候变化对人的新陈代谢也有一定影响。体弱多病的人往往在交节时刻感到不适,或者发病甚至死亡。所以《素问·阴阳应象大论》有:"天有八纪地有五里,故能为万物之母"之说。把"八纪"作为天地间万物得以生长的根本条件之一,足见节气对人体影响的重要。因而,注意交节变化,慎避虚邪也是四时养生的一个重要原则。

第二节 春季养生

春三月,从立春到立夏前,包括立春、雨水、惊蛰、春分、清明、谷雨六个节气。春为四时之首,万象更新之始,《素问·四气调神大论》指出"春三月,此谓发陈。天地俱生,万物以荣",春归大地,阳气升发,冰雪消融,蛰虫苏醒。自然界生机勃发,一派欣欣向荣的景象。所以,春季养生在精神、饮食、起居诸方面,都必须顺应春天阳气升发,万物始生的特点,注意保护阳气,着眼于一个"生"字。

一、精神养生

春属木,与肝相应。肝主疏泄,在志为怒,恶抑郁而喜调达。故春季养生,既要力戒暴怒,更忌情怀忧郁,要做到心胸开阔,乐观愉快,对于自然万物要"生而勿杀,予而勿夺,赏而不罚"(《四气调神大论》),在保护生态环境的同时,培养热爱大自然的良好情怀和高尚品德。所以,春季"禁伐木,毋覆巢杀胎夭"(《淮南子·时则训》),被古代帝王视作行政命令的重要内容之一。而历代养生家则一致认为,在春光明媚,风和日丽,鸟语花香的春天,应该踏青问柳,登山赏花,临溪戏水,行歌舞风,陶冶性情,使自己的精神情志与春季的大自然相适应,充满勃勃生气,以利春阳生发之机。

二、起居调养

春回大地,人体的阳气开始趋向于表,皮肤腠理逐渐舒展,肌表气血供应增多而肢体反觉困倦,故有"春眠不觉晓,处处闻啼鸟"之说,往往日高三丈,睡意未消。然而,睡懒觉不利于阳气生发。因此,在起居方面要求夜卧早起,免冠披发,松缓衣带,舒展形体,在庭院或场地信步慢行,克服情志上倦懒思眠的状态,以助生阳之气升发。

春季气候变化较大,极易出现乍暖乍寒的情况,加之人体腠理开始变得疏松,对寒邪的抵抗能力有所减弱。所以,春天不宜顿去棉衣。特别是年老体弱者,减脱冬装尤宜审慎,不可骤减。为此,《千金要方》主张春时衣着宜"下厚上薄",既养阳又收阴。《老老恒言》亦云:"春冻未泮,下体宁过于暖,上体无妨略减,所以养阳之生气"。凡此皆经验之谈,足供春时养生者参考。

三、饮食调养

春季阳气初生,宜食辛甘发散之品,而不宜食酸收之味。故《素问·藏气法时论》说:"肝主春……肝苦急,急食甘以缓之,……肝欲散,急食辛以散之,用辛补之,酸泻之"。酸味入肝,且具收敛之性,不利于阳气的生发和肝气的疏泄,且足以影响脾胃的适化功能,故《摄生消息论》说:"当春之时,食味宜减酸增甘,以养脾气"。春时木旺,与肝相应,肝木不及固当用补,然肝木太过则克脾土,故《金匮要略》有"春不食肝"之说。由此可见,**饮食调养之法**,实际应用时,还应视其人虚实,灵活掌握,切忌生搬硬套。

一般说来,为适应春季阳气升发的特点,为扶助阳气,**此时,在饮食上应遵循上述原则**,适当食用辛温升散的食品,如:麦、枣、豉、花生、葱、香菜等,而生冷粘杂之物,则应少食,以免伤害脾胃。

四、运动调养

在寒冷的**冬季**里,人体的新陈代谢,藏精多于化气,各脏腑器官的阳气都有不同程度的**下降,因而入春后,应加强锻炼**。到空气清新之处,如公园、广场、树林、河边、山坡等地,玩球、跑步、打拳、做操,形式不拘,取己所好,尽量多活动,使春气升发有序,阳气增长有路,符合"春夏养阳"的要求。年老行动不便之人,乘风日融和,春光明媚之时,可在园林亭阁**虚敞**之处,凭栏远眺,以畅生气。但不可默坐,免生郁气,碍于舒发。

五、防病保健

初春,由寒转暖,温热毒邪开始活动,致病的微生物细菌、病毒等,随之生长繁殖。因而风温、春温、温毒、温疫等,包括现代医学所说的流感、肺炎、麻疹、流脑、猩红热等传染病多有发生、流行。预防措施,一是讲卫生,除害虫,消灭传染源。二是多开窗户,使室内空气流通。三是加强保健**锻炼**,提高机体的防御能力。根据民间经验,在饮水中浸泡贯众(取未经加工的贯众约 500 g,洗净,放置于水缸或水桶之中,每周换药一次);或在住室内放置一些薄荷油,任其挥发,以静化空气;另外,可按 5 ml/m^2 食醋,加水一倍,关闭窗户,加热熏蒸,每周二次,对预防流感均有良效。用板蓝根 15 g、贯众 12 g、甘草 9 g,水煎,服一周,预防外感热病效果也佳。每天选足三里、风池、迎香等穴作保健按摩两次,能增强机体免疫功能。此外,注意口鼻保健,阻断温邪上受首先犯肺之路,亦很重要,具体方法,详见有关章节,**此不复赘**。

第三节 夏季养生

夏三月,从立夏到立秋前,包括立夏、小满、芒种、夏至、小暑、大暑六个节气。夏季烈日炎炎,雨水充沛,万物竞长,日新月异。阳极阴生,万物成实。正如《素问·四气调神大论》所说:"夏三月,此谓蕃秀;天地气交,万物华实"。人在气交之中,故亦应之。所以,**夏季养生要顺应夏季阳盛于外的特点,注意养护阳气,着眼于一个"长"字**。

一、精神调养

夏属火,与心相应,所以在赤日炎炎的夏季,要重视心神的调养。《素问·四气调神大论》指出:"使志无怒,使华英成秀,使气得泄,若所爱在外,此夏气之应,养长之道也"。就是说,夏季要神清气和,快乐欢畅,胸怀宽阔,精神饱满,如同含苞待放的花朵需要阳光那样,对外界事物要有浓厚兴趣,培养乐观外向的性格,以利于气机的通泄。与此相反,举凡**懈怠厌倦**,恼怒忧郁,则有碍气机,皆非所宜,嵇康《养生论》说,夏季炎热,"更宜调息静心,常如冰雪在心,炎热亦于吾心少减,不可以热为热,更生热矣。"这里指出了"心静自然凉"的夏季养生法,很有参考价值。

二、起居调养

夏季作息,宜晚些入睡,早些起床,以顺应自然界阳盛阴衰的变化。

"暑易伤气",炎热可使汗泄太过,令人头昏胸闷,心悸口渴、恶心、甚至昏迷。所以,**安排**

劳动或体育锻炼时,要避开烈日炽热之时,并注意加强防护。午饭后,需安排午睡。一则避炎热之势,二则可恢复疲劳。

酷热盛夏,每天洗一次温水澡,是一项值得提倡的健身措施。不仅能洗掉汗水、污垢,使皮肤清爽,消暑防病,而且能够锻炼身体。因为温水中冲洗时水压及机械按摩作用,可使神经系统兴奋性降低,扩张体表血管,加快血液循环,改善肌肤和组织的营养,降低肌肉张力消除疲劳,改善睡眠,增强抵抗力。没有条件洗温水澡时,可用温水毛巾擦身,也能起到以上作用。

夏日炎热,腠理开泄,易受风寒湿邪侵袭,睡眠时不宜扇类送风,更不宜夜晚露宿。有空调的房间,也不宜室内外温差过大。纳凉时不要在房檐下、过道里,且应远门窗之缝隙。可在树荫下、水亭中、凉台上纳凉,但不要时间过长,以防贼风入中得阴暑症。

夏日天热多汗,衣衫要勤洗勤换,久穿湿衣或穿刚晒过的衣服都会使人得病。

三、饮食调养

五行学说认为夏时心火当令,心火过旺则克肺金,故《金匮要略》有"夏不食心"之说。味苦之物亦能助心气而制肺气。故孙思邈主张:"夏七十二日,省苦增辛。以养肺气"。夏季出汗多,则盐分损失亦多。若心肌缺盐,搏动就会失常。宜多食酸味。以固表,多食咸味以补心。《素问·藏气法时论》说:心主夏,"心苦缓,急食酸以收之","心欲耎,急食咸以耎之,用咸补之,甘泻之"。阴阳学说则认为,夏月伏阴在内,饮食不可过寒,如《颐身集》指出:"夏季心旺肾衰,虽大热不宜吃冷淘冰雪,蜜水、凉粉、冷粥。饱腹受寒,必起霍乱。"心主表,肾主里,心旺肾衰,即外热内寒之意,唯其外热内寒,故冷食不宜多吃,少则犹可,贪多定会寒伤脾胃,令人吐泻。西瓜、绿豆汤,乌梅小豆汤,为解渴消暑之佳品,但不宜冰镇。夏季气候炎热,人的消化功能较弱。饮食宜清淡不宜肥甘厚味。

夏季致病微生物极易繁殖,食物极易腐败、变质。肠道疾病多有发生。因此,讲究饮食卫生,谨防"病从口入"。

四、运动调养

夏天运动锻炼,最好在清晨或傍晚较凉爽时进行,场地宜选择公园、河湖水边、庭院空气新鲜处,锻炼项目以散步、慢跑、太极拳、气功、广播操为好,有条件最好能到高山森林、海滨地区去疗养,夏天不宜做过分剧烈的运动。因为剧烈运动,可致大汗淋漓,汗泄太多,不仅伤阴,也伤损阳气。出汗过多时,可适当饮用盐开水或绿豆盐汤,切不可饮用大量凉开水;不要立即用冷水冲头、沐浴。否则,会引起寒湿痹证、"黄汗"等多种疾病。

五、防病保健

(一) 预防暑热伤人

夏季酷热多雨,暑湿之气容易乘虚而入易致疰夏、中暑等病。疰夏主要表现为胸闷、胃纳欠佳、四肢无力,精神萎靡、大便稀薄、微热嗜睡、出汗多、日渐消瘦。预防疰夏,在夏令之前,可服补肺健脾益气之品,并少吃油腻厚味,减轻脾胃负担,进入夏季,宜服芳香化浊,清解湿热之方,如每天用鲜藿香叶、佩兰叶各 10 g,飞滑石、炒麦芽各 30 g,甘草 3 g,水煎代茶饮。

如果出现全身明显乏力、头昏、胸闷、心悸、注意力不能集中、大量出汗、四肢发麻、口渴,恶心等症状,是中暑的先兆。应立即将病人移至通风处休息,给病人喝些淡盐开水或绿豆汤,若用西瓜汁、芦根水、酸梅汤,则效果更好。预防中暑的方法:合理安排工作,注意劳逸结合;避免在烈日下过度曝晒;注意室内降温;睡眠要充足;讲究饮食卫生。另外,防暑饮料和药物,如绿豆汤、酸梅汁、仁丹、十滴水、清凉油等,亦不可少。

(二)"冬病夏治"保健

从小暑到立秋,人称"伏夏",即"三伏天",是全年气温最高,阳气最盛的时节。对于一些每逢冬季发作的慢性病,如慢性支气管炎、肺气肿、支气管哮喘、腹泻、痹证等阳虚证,是最佳的防治时机,称为"冬病夏治"。其中,以老年性慢性支气管炎的治疗效果最为显著。具体方法:可内服中成药,也可外敷药于穴位之上。内服药,以温肾壮阳为主,如金匮肾气丸、右归丸等,每日二次,每次一丸,连服一个月。外敷药可以用白芥子 20 g、元胡 15 g、细辛 12 g、甘遂 10 g,研细末后,用鲜姜 60 g 捣汁调糊,分别摊在 6 块直径约 5 cm 的油纸或塑料薄膜上(药饼直径约 3 cm,如果有麝香更好,可取 0.3 g 置药饼中央),贴在双侧肺俞、心俞、膈俞,或贴在双侧肺俞、百劳、膏肓等穴位上,以胶布固定。一般贴 4～6 小时,如感灼痛,可提前取下;局部微痒或有温热舒适感,可多贴几小时。每伏贴一次,每年三次。连续三年,可增强机体非特异性免疫力,降低机体的过敏状态。通过如此治疗,有的可以缓解,有的可以根除。对于无脾肾阳虚症状表现,但属功能低下者,于夏季选服苁蓉丸、八味丸、参芪精、固本丸等药剂,也能获得较好的保健效果。

第四节 秋季养生

秋季,从立秋至立冬前,包括立秋、处暑、白露、秋分、寒露、霜降六个节气。气候由热转寒,是阳气渐收,阴气渐长,由阳盛转变为阴盛的关键时期,是万物成熟收获的季节,人体阴阳的代谢也开始阳消阴长过渡。因此,秋季养生,凡精神情志、饮食起居、运动锻炼,皆以养收为原则。

一、精神调养

秋内应于肺。肺在志为忧,悲忧易伤肺。肺气虚,则机体对不良刺激耐受性下降,易生悲忧情绪。

秋高气爽,秋天是宜人的季节,但气候渐转干燥,日照减少,气温渐降;草枯叶落,花木凋零,常在一些人心中引起凄凉,垂慕之感,产生忧郁、烦躁等情绪变化。因此,《素问·四气调神大论》指出"使志安宁,以缓秋刑,收敛神气,使秋气平;无外其志,使肺气清,此秋气之应,养收之道也",说明秋季养生首先要培养乐观情绪。保持神志安宁,以避肃杀之气;收敛神气,以适应秋天容平之气,我国古代民间有重阳节(阴历九月九日)登高赏景的习俗,也是养收之一法,登高远眺,可使人心旷神怡,一切忧郁、惆怅等不良情绪顿然消散,是调解精神的良剂。

二、起居调养

秋季,自然界的阳气由疏泄趋向收敛,起居作息要相应调整《素问·四气调神大论》说:"秋三月,早卧早起,与鸡俱兴"。早卧以顺应阳气之收,早起,使肺气得以舒展,且防收之太过。初秋,暑热未尽,凉风时至,天气变化无常,即使在同一地区也会有"一天有四季,十里不同天"的情况。因而,应须多备几件秋装,做到酌情增减。不宜一下子着衣太多,否则易消弱机体对气候转冷的适应能力,容易受凉感冒。深秋时节,风大转凉,应及时增加衣服,体弱的老人和儿童,尤应注意。

三、饮食调养

《素问·藏气法时论》说:"肺主秋……肺欲收,急食酸以收之,用酸补之,辛泻之"。酸味**收敛补肺**,辛味发散泻肺,秋天宜收不宜散。所以,要尽可能少食葱、姜等辛味之品,适当多食一点酸味果蔬。秋时肺金当令,肺金太旺则克肝木,故《金匮要略》又有"秋不食肺"之说。

秋燥易伤津液,故饮食应以滋阴润肺为佳。《饮膳正要》说:"秋气燥,宜食麻以润其燥,禁寒饮",《瞿仙神隐书》主张入秋宜食生地粥,以滋阴润燥。总之,秋季时节,可适当食用如芝麻、糯米、粳米、蜂蜜、枇杷、菠萝、乳品等柔润食物,以益胃生津,有益于健康。

四、运动调养

秋季,天高气爽,是开展各种运动锻炼的好时期。可根据个人具体情况选择不同的锻炼项目,亦可采用《道藏·玉轴经》所载秋季养生功法,即秋季吐纳健身法,对延年益寿有一定好处。**具体做法**:每日清晨洗漱后,于室内闭目静坐,先叩齿36次,再用舌在口中搅动,待口里液满,漱炼几遍,分3次咽下,并意送至丹田,稍停片刻,缓缓做腹式深呼吸。吸气时,舌舔上腭,用鼻吸气,用意将气送至丹田。再将气慢慢从口呼出,呼气时要稍搵(音致,擦的意思)口,默念呬(音审),但不要出声。如此反复30次。秋季坚持练此功,有保肺强身之功效。

五、防病保健

秋季是肠炎、痢疾、疟疾、"乙脑"等病的多发季节。预防工作显得尤其重要。要搞好环**境卫生,消灭蚊蝇**。注意饮食卫生,不喝生水,不吃腐败变质和被污染的食物。群体大剂量投放中药,如板蓝根、马齿苋等煎剂,对肠炎、痢疾的流行可起到一定的防治作用;为防治"乙脑"则应按时接种乙脑疫苗。

秋季总的气候特点是干燥,故常称之为"秋燥"。燥邪伤人,容易耗人津液,常见口干、唇干、鼻干、咽干、舌上少津、大便干结、皮肤干,甚至皴裂。预防秋燥除适当多服一些维生素外,还应服用**宣肺化痰、滋阴益气**的中药,如人参、沙参、西洋参、百合、杏仁、川贝等,对缓解秋燥多有良效。

第五节 冬季养生

冬三月,从立冬至立春前,包括立冬、小雪、大雪、冬至、小寒、大寒六个节气,是一年中气候最寒冷的季节。严寒凝野,朔风凛冽,阳气潜藏,阴气盛极,草木凋零,蛰虫伏藏,用冬眠状态养精蓄锐,为来春生机勃发作好准备,人体的阴阳消长代谢也处于相对缓慢的水平,成形胜于化气。因此,冬季养生之道,应着眼于一个"藏"字。

一、精神调养

为了保证冬令阳气伏藏的正常生理不受干扰,首先要求精神安静。为此,《素问·四气调神大论》有"冬三月,此为闭藏……使志若伏若匿。若有私意,若已有得"之说。意思是欲求精神安静,必须控制情志活动。做到如同对待他人隐私那样秘而不宣,如同获得了珍宝那样感到满足。如是,则"无扰乎阳",养精蓄锐,有利于来春的阳气萌生。

二、起居调养

冬季起居作息,中医养生学的主张,如:《素问·四气调神大论》所说:"冬三月,此为闭藏。水冰地坼,无扰乎阳;早卧晚起,必待日光。……去寒就温,无泄皮肤,使气亟夺,此冬气之应,养藏之道也"。《千金要方·道林养性》也说:"冬时天地气闭,血气伏藏,人不可作劳汗出，发泄阳气，有损于人也"。在寒冷的冬季里，不应当扰动阳气，破坏阴成形大于阳化气的生理比值。因此，要早睡晚起，日出而作，以保证充足的睡眠时间，以利阳气潜藏，阴精积蓄。至于防寒保暖，也必须根据"无扰乎阳"的养藏原则，做到恰如其分。衣着过少过薄，室温过低，则既耗阳气，又易感冒。反之，衣着过多过厚，室温过高，则腠理开泄，阳气不得潜藏，寒邪亦易于入侵。《素问·金匮真言论》说："夫精者身之本也，故藏于精者，春不病温"。说明冬季节制房事，养藏保精，对于预防春季温病，具有重要意义。

三、饮食调养

冬季饮食对正常人来说，应当遵循"秋冬养阴"，"无扰乎阳"的原则，既不宜生冷，也不宜燥热，最宜食用滋阴潜阳，热量较高的膳食为宜。为避免维生素缺乏，应摄取新鲜蔬菜。从五味与五脏关系言之，则如《素问·藏气法时论》说："肾主冬……肾欲坚，急食苦以坚之，用苦补之，咸泻之"。这是因为冬季阳气衰微，腠理闭塞，很少出汗。减少食盐摄入量，可以减轻肾脏的负担，增加苦味可以坚肾养心。

具体地说，在冬季为了保阴潜阳，宜食谷类、羊肉、鳖、龟、木耳等食品，宜食热饮食，以保护阳气。由于冬季重于养"藏"，故在此时进补是最好的时机。

四、运动调养

"冬天动一动，少闹一场病；冬天懒一懒，多喝药一碗"。这句民谚，是以说明冬季锻炼的重要性。

冬日虽寒，仍要持之以恒进行自身锻炼，但要避免在大风、大寒、大雪、雾露中锻炼。还须指出，在冬天早晨，由于冷高压的影响，往往会发生逆温现象，即上层气温高，而地表气温低，大气停止上下对流活动，工厂、家庭炉灶等排出的废气，不能向大气层扩散，使得户外空气相当污浊，能见度大大降低。有逆温现象的早晨，在室外进行锻炼不如室内为佳。

五、防病保健

冬季是进补强身的最佳时机。进补的方法有两类：一是食补，一是药补，两者相较，"药补不如食补"。不论食补还是药补，均需根据体质、年龄、性别等具体情况分别对待，有针对性，方能取效。具体补法详见"药物养生"和"体质养生"等有关章节。

冬季是麻疹、白喉、流感、腮腺炎等疾病的好发季节，除了注意精神、饮食运动锻炼外，还可用中药预防，如大青叶、板蓝根对流感、麻疹、腮腺炎有预防作用；黄芩可以预防猩红热；兰花草、鱼腥草可预防百日咳；生牛膝能预防白喉。这些方法简便有效，可以酌情采用。

冬寒也常诱发痼疾，如支气管哮喘、慢性支气管炎等。心肌梗塞等心血管病、脑血管病，以及痹证等，也多因触冒寒凉而诱发加重。因此防寒护阳，是至关重要的。同时，也要注意颜面、四肢的保健，防止冻伤。

第六节　交节前后的自我调养

经验告诉人们，一些急病重症，往往在节气日前后发病，在节气日前后死亡。因此，重视交节前后的自我调护，不但对年老体弱者具有重要意义，对年富力强者也不例外，除了分别根据节气所在不同季节的养生方法进行调摄外，尤须注意下列各点：

1. 节气日前后两三天。要注意保存体力，不要熬夜，要保证有充足的睡眠时间。不要过分劳累，尤其不可劳汗当风。

2. 节气日前后,要注意情绪的稳定和乐观。尽量避免情绪冲动。
3. 注意饮食适度,不吃过寒、过热及不易消化的食物,保持大便通畅。
4. 要注意及时增减衣服,谨防外邪侵袭机体。
5. 在四立、二至、二分八个大的节气日前后,尤其要十分慎重,年老体弱的人,可适当服些保健药物(如六味地黄丸、补中益气丸等),一些救急药物,应随身携带,以防万一。

第二十章 区 域 养 生

区域，指一定的地理范围。区域养生，系根据不同区域的地理特点，选择相应的保健措施，以防治疾病，益寿延年。本章主要探讨区域与人体健康的关系，以求充分利用不同区域内对人体健康有利的因素，努力克服不良地理条件对人体的侵害，使人类与自然的关系更加和谐统一。

第一节　区域划分及其与健康的关系

一、区域的划分

（一）传统的分类方法

在我国古籍及医典中，通常以地理方位和地形特点相结合，分为东、西、南、北、中五方。其中，西、北方地势较高峻陡峭，东、南和中方相对平缓低洼，这种方法同我国辽阔疆土的形态趋势基本吻合。

（二）现代的分类方法

由于标准的多样化，区域的划分又有不同类型。如从社会发展的角度，可分为行政区域、经济区域、文化区域等；从生产方式和生活条件而论，可分为城市和乡村两类。就自然地理条件来讲，可笼统分为陆地和水域两大类型。在陆地中，根据其形态特征，可分为山地、高原、丘陵、平原和盆地五种类型；再从气候的影响范围来看，可分为海洋性气候、山地气候、大陆性和平原气候以及森林气候等；还可根据地球上气温的变化规律，分为亚热带、热带、南北温带和南北寒带等；就我国的地理条件而言，按照温度的不同，从南到北，又有赤道带、热带、亚热带、暖温带、中温带和高寒带等六个温度带和高寒的青藏高原区。

我国幅员辽阔，地形复杂，气候类型多样，很难用某种分类方法一以概之。如森林气候就不是一个独立的区域类型，它可存在于山地、高原、丘陵、平原和盆地等各类地形环境中。本章限于篇幅及为叙述方便，将区域分为山地和高原环境、平原和盆地环境及滨海地区三部分，就其与人体健康的关系和有关养生保健措施，分别作一介绍。

二、不同区域与人体健康的关系

（一）历史的回顾

在几千年的历史时期中，我们的祖先积累了十分丰富的医学地理思想。人们通过大量观察和比较，不仅认识到疾病的发生与外界环境的变化密切相关；还了解到，在不同的地理条件下，人们的体质类型、生活习惯和居住方式各异，引起的疾病种类和临床表现有别，手段包括处方用药也要与之相应，才能取得最佳效果。《内经》就从人与天地相应、生气通天的观点出发，在《五常政大论》和《异法方宜论》等篇章中，专门阐明了这个问题。

隋代巢元方等编著的《诸病源候论》，总结了隋以前我国人民关于病因症候的认识，提出疾病与外界有害物质有关。唐代孙思邈在《千金要方》中谈到特殊的地理环境会引起某种地方病:"凡遇山水坞中出泉者,不可久居,常食作瘿病",即指地方性甲状腺肿而言。孙氏还指出:"凡用药皆随土地所宜,江南岭表,其地暑湿,其人肌肤薄脆,腠理开疏,用药轻省;关中河北,土地刚燥,其人皮肤坚硬,腠理闭塞,用药重复"。金元刘完素和张元素,也强调疾病与气候和环境有关,治病要因时、因地制宜。陈言的《三因极一方论》、沈括的《梦溪笔谈》、宋徽宗的《济世经》、王安道的《医经溯洄集》以及清代吴又可的《温疫论》等,都提出气候变化和地形的区域差异,与疾病的发生和治疗之间的关系。

不仅自然地理条件的差别,对人们的健康状况产生相应影响,不同区域居民的不良生活习俗,也会导致某些传染病的流行。如清末梅伯言在其《白下锁言》中记述江苏南京一带,"沿河居民,日倾粪土污水,荡涤无从,郁积日增,病症日作"。为了防止水污染引起传染病,历史上曾提出不少保护水源的建议。吴自牧的《梦粱录》指出:南宋杭州西湖因豪绅权贵沿湖营造宅宇,污染湖水,造成疾疫流行。所以,乾道、咸淳年间曾两次禁止官民抛弃粪土入湖。

以上事实表明,在研究地理环境要素和疾病的关系方面,在认识改善环境质量和保护人体健康方面,我们的祖先曾有过令人瞩目的见解与实践。这些有关的医学地理思想纵然是简朴而很不完善的,但对进一步认识我国地理环境和人体健康之间的关系,提供了一定线索。

(二) 现代的认识

在继承前人经验的基础上,随着科学技术的进步,以及对环境和健康问题认识的深化,近几十年来,作为医学与地理学交叉综合而形成的一门新兴学科——医学地理学得到长足的发展。

解放以来,我国的医学地理学事业,在认识不同区域与人体健康的关系方面,主要进行了以下几方面的研究工作。

1. 对流行病学和病因学的调查研究　从流行病学和病因学方面,探讨一些地方病、流行病和疑难病,取得显著成效。如对克山病、大骨节病、地方性甲状腺肿、地方性氟中毒及其它自然疫源性疾病致病环境的调查研究,以及通过化学地理环境预防疾病,都获得一定的发展。

2. 对癌症高发区的地理调查　近几年来,开展了癌症高发区地理环境现场联合调查,分析了环境因素,检查了可疑致癌物质,积极寻找地区癌症高发的主导环境因素。例如几年来经过调查大量人口和较大面积的病因研究,发现某些地区食管癌发病率高与地理环境有密切关系,是由于在当地环境中存在着某种致癌物质的结果,或与某些微量元素有关。

3. 治理污染　随着现代化的发展,社会各阶层关注到多种污染源对水体、大气、土壤的污染,并最终危及人的健康问题。一九八九年我国通过了《环境保护法》,先后设立了环保的管理、科研机构,积极加强环保措施。从医学地理学角度,也把开展库区、灌区、河道、城市的污染调查、治理和监测,筛选和引种对危害最重的大气污染物具有一定抗性的植物,作为新的研究课题。

4. 利用自然环境以养生　古人利用有利于人的自然环境,如在高山、海岛、风景区建筑庙宇或行宫,虽原是僧侣或皇族为追求长生、享乐,但也反映出前人已认识到良好的自然环境有益于人体健康。用今天的观点来看,实际是一种疗养地建设的萌芽。新中国成立后,随着国民经济的恢复和发展,疗养事业日益受到重视。充分利用自然界赋予我们的宝贵地理资源以造福人民,也是养生保健的重要内容之一。目前,在全国范围内已形成几十个风景优美、环境宜人、风格迥异的疗养地区,如海滨疗养地、山地疗养地、矿泉疗养地、风景疗养地等,新疆吐鲁番还建有沙漠疗养机构。

第二节 山 区

山区,泛指山地、丘陵和较崎岖的高原地区。我国是一个多山的国家,山区面积占全国土地总面积的 2/3,其中山地和丘陵约占 43%。《素问·五常政大论》指出:"高者其气寿,下者其气夭"。认为居处地势高,气候凉爽者多长寿。这与山区长寿老人多的事实相吻合。近年来,随着宇宙空间计划的实施和某些地方病在山区的流行,推动了高海拔地理环境对人体健康影响作用的多学科研究,使人们对山区环境有了较为全面的了解和认识。

一、环境特点和生活习惯

(一) 环境特点

随着海拔高度的增加,山区形成了一些不同于平原的地理特点。

1. **气压和氧分压下降** 随着海拔的升高,气压逐渐下降,氧分压也变低。一般海平面每升高 100 m,大气压下降 5.9 mmHg(1.3kPa),氧分压下降 1.2 mmHg(0.27kPa)。如海平面的大气压为 760mmHg(170.4kPa),空气中氧分压为 159 mmHg(35.7kPa),当海拔高度在 3500 m 时,大气压为 493 mmHg(110.5kPa),氧分压为 103 mmHg(23.1kPa),是海平面值的 65%。这使空气越来越稀薄,含氧量变低。

2. **气温较低,昼夜温差大** 气温的高低与海拔高度成反比。海拔高度每上升 100 m,气温约下降 0.5℃~0.6℃,所以山上的气温一般都比山麓低,夏季更是如此,而且山上、山下两地相对高度差越多,气温差异越大。以江西庐山为例,山上的牯岭比九江约高出 1100 m 左右,春季气温在山上可比山下约低 4℃~5℃,山上桃花盛开期,比山下平均晚 1 个月。唐代诗人白居易有诗云:"人间四月芳菲尽,山寺桃花始盛开。常恨春归无觅处,不知转入此中来。"另外,海拔越高,山上的植被和云量越少,无论白天得到的热量或是夜晚辐射冷却丧失的热量,都大大有别于平地,因此,山区的昼夜温差也比平原地区大。

3. **太阳辐射强烈** 随着海拔的升高,空气的渐趋稀薄,大气层对太阳光的吸收减弱;同时因云量减少,空气中的尘埃也少。所以,太阳辐射比平原地区强烈,尤其紫外线辐射,通常可占到达地面短波辐射量的 30% 左右。

4. **某些地球化学元素的匮乏** 在山地和高原环境里的地球化学元素,受重力作用影响,迁移较快,加上高海拔地区较强烈的风化作用,往往成为某些地球化学元素缺乏的区域。

(二) 居民的生活习惯举例

1. **住宅特点** 我国山区分布广泛,自然环境条件不同,居民建筑也颇多风格。如黄土高原地处内陆,为较强烈的大陆性气候区,冷热变化很大,为适应当地地质及气候条件,建造了具有冬暖夏凉特点的窑洞式住宅。洞内温度适宜,噪音小,环境静谧且防辐射,为了便于采光,房屋南向,门窗面积均较大,但由于没有后窗,通风较差,室内容易潮湿。另如青藏和内蒙古高原等地,是我国的主要牧区。为适应游牧的需要,逐步形成了蒙族的蒙古包、哈萨克族的毡房和藏族的牦牛帐蓬。这些圆形或锥形的活动房屋,"墙壁"和屋顶都用厚实的羊毛毡制成,可御风寒;包顶做成正圆天孔,如窗一样可以开闭,白天拉起,让阳光射入包内,增加室内温度,同时排出包内的烟尘炭气,夜间将天布盖上,烧奶茶、做饭的热量留在屋内,使包内十分暖和。但这种住宅天晴时采光通风尚可,当寒季及雨雾季节,由于四周用毛毡盖严,一包居住多人,加之用牛粪取暖做饭,故包内较阴暗,空气污浊。

2．着装服饰特点　这除了受气候、生产和生活环境影响外,还与衣着原料来源有关。山区居民的服装一般由棉、毛、毡、皮革制成,不少山区居民终年戴皮帽或围头巾;服装样式较宽大但多系腰带,既便于活动又防冷风钻入。

3．体质及性格特点　生活在高原、山地的人一般身材高大,筋骨强悍,皮肤较粗糙,长期居住在青藏高原者,适应了当地的缺氧环境,两颧多呈紫红色。其性格亦较粗犷豪爽,热情大方。这与他们生活环境的开阔、生产方式以农牧为主,天寒地冻的气候条件,又使他们常关在室内,多数时间在一个不太大的空间内与有限的人相处等因素有关。所以,山地人一般较淳朴而有韧性。

4．饮食特点　为适应高原山地的寒冷气候,牛、羊肉和各种乳制品成为当地居民的主要食谱,尤以甘温大补的羊肉食用最为普遍,如羊肉泡馍、手扒羊肉、烤羊肉串、炖全乳羊等,都具浓郁的地方特色。《调疾饮食辨》谓:"北地苦寒,非食此(指羊肉)不能御冻",《随息居饮食谱》谓:"暖中补气……御风寒……秋冬尤美",凡冬日吃羊肉者当有此体会。但山区尤其高原地区,新鲜蔬菜和海产品较少。

二、对健康的有利因素

山地,由山岭和山谷组成,一般指陆地表面海拔在 500m 以上,相对高度较大,顶部高耸、坡陡、沟谷幽深的地区。

山地环境对人体健康较为有利的高度范围是中、低山区,即海拔高度在 500～2000 m 左右的区域。它对人体健康的促进作用,主要表现在山地气候的疗养效应和山地环境中的某些长寿因素两方面。

(一) 山地气候的疗养效应

我国著名的山地气候疗养地有庐山、黄山、莫干山、鸡公山、峨嵋山等,除峨嵋山海拔高度在 3000 m 以上外,其余都在 500～2000 m 之间。这些地区峰峦和山涧起伏,绿树成荫,山花烂漫,草木散发出的芳香性挥发性物质有一定杀菌作用。清泉汇成壮观的瀑布,飞溅的水滴周围阴离子富集,空气格外清新,呼吸这样的空气,可镇定情绪,预防哮喘发作,还能改善肺的换气功能。山上气温、气压较低,风速较大,太阳辐射尤其紫外线含量充沛,有助于钙、磷代谢和机体免疫力的提高。壮阔的自然景观,宁静透明的天际或变幻无穷的云海,都令人心旷神怡。人们可充分利用山地的自然条件作短期疗养、避暑、爬山、游览和散步,通过这些活动,使心血管系统功能得到锻炼。为了利用山地气候给机体带来的好处,以在山上住一个星期左右为宜,过了这段时间,机体就会出现适应现象,如红细胞和血红蛋白的增加一时也会停止。因此从疗养的角度讲,在山上住得太久似亦无必要。

(二) 山地环境中的某些长寿因素

世代居住在浅山区的居民中,除接受上述山地气候的有益作用外,大致还有以下一些因素。首先是传染病少。山上气温低、积水少,蚊虫、病菌的繁殖受到抑制,不利于以蚊虫为媒介的传染病如疟疾、斑疹伤寒发生,加上山上人口密度低,居住分散,流动不大,也不利于传染病的流行;其次,山地环境与外界交流较少,长期过着自给自足的田园生活,居民日出而作,日入而息,志闲少欲,恬淡虚无,没有复杂的人际关系骚扰,心境平和,另外,山地人经常爬山、散步、劳动,以低脂的自然食物为主,摄入的维生素和纤维素较多,受现代环境污染的危害较少等都有利于延年益寿。

三、危害健康的因素及预防

山区环境中除存在一些对人体健康有利的自然条件外，也包含部分危害健康的不利因素。主要表现为某些地方病和高山反应。此外，如强烈的紫外线照射易引起皮肤癌和电光性眼炎，高寒环境易引起冻伤、延缓人体生长发育、幼儿死亡率高等。

(一) 地球化学元素的缺乏导致某些地方病

如前所述，山区往往成为某些地球化学元素如钾、碘、硒、钠等缺乏的地区，易导致损失型的地球化学病。其中，以人们熟知的地方性甲状腺肿、克山病、大骨节病表现得最为典型。限于篇幅，本节仅介绍地方性甲状腺肿的发病及预防。

1. 地方性甲状腺肿的发病机制和区域分布　地方性甲状腺肿是山区常见的地方病之一。其病理机制主要在于环境缺碘导致人体缺碘，引起甲状腺素长期分泌增多，促使甲状腺持续增生，形成甲状腺肿大。

导致地方性甲状腺肿流行的因素是多方面的，除因土壤、空气、食物、水源等缺碘外，还存在某些致甲状腺肿物质，促进了该病的流行。如土壤、食物中锰的含量过高，有利于地方性甲状腺肿流行，锂也是强有力的致甲状腺肿物质。当然多数致甲状腺肿物质在本病病因中只起辅助作用，不会单独致病。值得注意的是碘对甲状腺肿的双重作用，即缺碘是地方性甲状腺肿的基本病因，然而长期摄入过多的碘也可造成该病。如我国渤海湾的渔民，由于饮用高碘的深井水，同样造成地方性甲状腺肿的流行，可见该病的影响因素是复杂的。因此，现在认为碘的摄入量以 50~1000 mg/日较适当。

地方性甲状腺肿的区域分布，从地形趋势看，3000 m 以上的山地、高原居民中发病率较低，中山区为重病区，低山、丘陵为轻病区，河谷川道为非病区。从地貌看，内陆多于沿海。从经济发展状况看，乡村多于城市，农区多于牧区。该病严重的地区，几乎都分布在偏僻边远、经济欠发达、生活水平低下的地方。我国地方性甲状腺肿分布相当广泛，除东南沿海个别省市外，几乎都有此病，尤以西北、华北、西南等地的山岳、丘陵地带为重。

2. 地方性甲状腺肿的预防措施　缺碘是导致本病的基本原因，以各种方式补充适量的碘和防止环境中碘的流失，即为本病主要的预防措施。如在流行地区以碘化食盐(即每 kg 食盐中加入 5~10 mg 碘化钾)，作集体预防，服用至青春发育期过后，肌注碘化油，食用各种海产品如海带、紫菜、海藻、鱼、虾等。对沙土、灰化土等瘠薄少碘的土地，应多施农家肥和腐植酸肥料；在泥炭沼泽地带，则兴修水利疏通渠道，降低地下水位，提高土壤氧化性能，使被有机物禁锢、植物不能利用的碘释放出来，是既可防治疾病又能增产的措施。

祖国医学认为，本病的病因除水土因素还与情绪有关。如《诸病源候论》讲："诸山水黑土中出泉流者，不可久居，常食令人作瘿病，动气增患"。因此，平素要保持精神舒畅，乐观开朗，勿郁怒生气，也是本病的防治措施之一。

(二) 缺氧与高山反应

由于空气中的含氧量随海拔高度减少，从低处登上高山的人就会感到氧气不足而大口喘气。此时体内产生的能量不能满足生理需要，人体就出现一系列不适应的表现：头晕、头痛、心慌、气短、呼吸困难、恶心、呕吐、腹胀、腹痛、食欲不振、失眠或嗜睡、鼻衄、手足麻木或抽搐，严重者还可出现高原肺水肿和高山昏迷。上述这些由于高原氧分压下降导致低氧血症的表现，统称为高山反应或高山适应不全症(高山病)。

1. 高山反应的原因和发病率　根本原因是人体对高原低氧环境适应不全。其发病率因人因地因时而异。一般久居高原的居民是可以适应高海拔环境的,但经验表明,通常回低地短期居留后重返高原者,其高山反应比初次到高山的人要严重。多次重返高山者,其反应一次比一次更严重。初次登高者情况又不同。通常当乘车登高至3000 m高处时,少数人就可能出现高山反应；当上升至4000 m处,则有60%以上的人会出现高山反应,且反应较重,其中约有百分之一的人可能出现高山肺水肿或高山昏迷。高山反应在冬季比夏季多发且严重,这与冬季的低温严寒,人体在寒冷环境中耗氧量增加,以及上呼吸道易受感染(感染时体温每升高1℃,耗氧量增加13%左右)等有关。天气骤变时,如夏天的雷雨和暴风天气,会使高山反应的病例急增。此外,高山上房屋门窗紧闭,室内外换气不足,若住房小而住人多,室内空气的含氧量因呼吸消耗可减少10%～20%或更多(一昼夜间),实际上相当于在该地的海拔高度上又上升了1000～2000 m,必然加重缺氧症状,可诱发肺水肿或昏迷。

2. 高山反应的预防措施　主要注意以下几个方面。首先,加强卫生宣传,解除思想顾虑,克服麻痹思想,进入高原前严格体检,患有急性感染性疾病者应痊愈后再进入高原。其次,平素要加强身体锻炼,提高对环境的适应力,儿童进入高原地区,最好在三岁以上为妥。再有,避免和消除发病诱因。寒冷、过劳、呼吸道感染是发病诱因,初进高原要注意防寒保暖,避免劳累和感冒。另外,初进高原不宜过快,采取循序渐进,逐步升高的办法,使机体各系统功能有个调整的过程,从而获得较好的适应性。最后,可服药预防,原则是提高机体对缺氧的耐力和减轻症状。

中医认为,人入高原则清气不足,宗气虚弱,难以司呼吸贯心脉；寒盛易伤人阳气,气血凝滞筋脉收引,干燥多风则易伤阴津。当上述因素超过人体调节范围时,就会产生高原病。因此,防治高原病应以益气、温通活血、养阴生津为基本大法,适当佐以化痰、开窍、泻肺利水等治标之法。青海省高原医学研究所制定的"复方人参高原片(或水煎剂)"(红参须、麦冬、五味子、丹参、川芎、生甘草)系由生脉散加味而成,具有益气养阴、活血安神之功。药理实验和临床观察均表明,该复方有良好的抗缺氧耐疲劳耐寒冷作用,对防治急、慢性高原病效果显著。

第三节　平原和盆地

平原,指陆地上海拔在200 m以下,地面宽广、平坦或有轻微波伏起伏的地区。以起伏和缓的特点区别于丘陵,又以较小的高度有异于高原。我国的三大平原为东北、华北和长江中下游平原。盆地为四周高(山地或高原)、中间低(平原或丘陵)的盆状地形。我国著名的四大盆地为四川、塔里木、准噶尔和柴达木盆地。

由于平原和盆地在地质构造和对人体健康的影响方面有某些相近似处,故本节放在一起介绍。

一、环境特点与生活习惯

(一) 环境特点

1. 地势低平　平原的地势低平,盆地底部一般也具有这个特点,尤其在一些大型盆地的地貌结构上表现得更为突出。由于地势低下,或周围有山岭阻挡,从而造成气流运动缓慢,有时相对静止状态,风速小,湿度大,常出现沉雾和逆温层。

2. 某些地球化学元素富集　由于平原与山地或丘陵相接处的地形缓倾,盆周山麓也往往形成缓倾的山前平原,因而平原和盆底决定着许多相同的地理环境构型,影响着地球化学元素的分布,都容易形成地球化学元素的富集区,成为某些地方病如地方性氟中毒发病的条件。

3. 水域发达　平原和盆底因地势坦荡,地下水位较高,许多地区矿泉蕴藏丰富;地上水网纵横,江河湖泊、水塘、稻田和沼泽地较多,不少地方杂草丛生,容易成为某些传染源宿主动物孳生场所。

4. 人口密度大,经济文化较发达　我国人口分布不平衡,山区人口稀少,而平原和某些大型盆地如四川盆地人口稠密。航运、工业、农业和经济、文化事业都较发达,不少历史名城集中在平原地区。

（二）居民生活习惯举例

1. 住宅特点　以华北平原上的四合院和江南水乡的房屋特点为例。

华北平原的地理位置比东北地区偏南,但冬季气温仍偏低,最冷月平均气温可低至零下6℃左右。极端最低气温可降至零下20℃～30℃,日最低气温在0℃以下的寒冷日数有100多天。加之华北春季多风沙,因而住房建筑中保温、避风沙是着重考虑的因素,通常采取座北朝南,避风向阳的房屋布局,北京的四合院即是范例。它是一种四周以房屋墙垣环绕,形成南北称长、左右对称、中庭开阔的矩形封闭院落。院子是采光、通风和家庭活动的中心;院外北风怒吼,风沙滚滚,院内却有风平浪静之感。此外,为躲避寒风,大门朝北朝西的房屋一般常装一个暖阁(门斗),使门口的朝向变成东或南,挡住寒冷的西北风不致直接吹入屋内。而且,北京的四合院作为一种正统严肃、平静封闭又温文尔雅的建筑形象,也反映了人文环境和民族心理特点。它遵循住宅方面的等级规定,按礼法传统,中轴线上安排主人卧室,东西厢房为晚辈居住,对称分布在轴线两旁。

我国江南水乡地势平坦,河渠众多,民居前后依水,门、台阶、过道均设在水旁,住宅自然地被结合在水、路、桥中。由此形成江南地区轻巧、温情的文化,给当地民居以黑瓦叠翠、玲珑剔透的建筑形象,其住宅特点为通风、避雨、防潮、隔热。首先,房屋的朝向并不象北方地区为正南,而是南向偏东,偏角在15°左右。这种朝向可避免过多的太阳辐射进入室内。又能受惠于夏季的主导风向——东南风,实现自然通风。房屋高敞开朗,外砌较薄的空斗墙,南北墙多对开窗户,甚至还有落地长窗,穿堂风徐徐而入,排除屋内的湿热空气。为隔热遮阳,房屋进深大,屋外多采用宽大外檐;为避雨防潮,墙基都有防潮层,墙基、柱基常砌置石块,室内地坪高出地面0.3～0.45m以上,房顶一般为斜坡瓦顶,坡度较大,这样可及时流泄降落在房上的雨水。但不少地区如湖北,有所谓"亮堂屋,黑卧室"的习俗,使卧室的通风采光较差。

2. 着装服饰　平原和盆地的着装特点因气候带的不同又有差别。江南水乡的服装用料多为麻布、丝绸等轻薄透气的织物,色泽较浅,厚度宜薄,尽量少遮住身体,剪裁较为合体,外出多携带雨伞、草帽以遮阳避雨,冬天只需准备薄薄的棉衣即可。而东北平原则要求衣服的保暖性极高,常备衣着除单衣、夹衣外,尤需御寒保暖性好的棉、毛或毛皮衣服,为保护头面手脚免受冻伤,棉(毛)的帽、鞋、手套、围巾和口罩等也属必备用品。

3. 体质和性格特点　江南一带居民体型较瘦小,皮肤较细腻,湿气(包括内湿、外湿)较重,如吴又可《温疫论》中提到:"南方卑湿之地,更遇久雨淋漓,时有感湿者,……",南方人多地窄,故性格精细,善筹划,较聪慧;东北一带人的体型较高大,性格较豪爽、直率。当然,这仅就广义而言,自然条件只是影响性格形成的一个因素,不能一概而论。

4. 饮食特点 平原和盆地区域广泛,膳食结构较复杂多样,其中有两个习俗较有特色,即食辣和腌熏制品。

平原或盆地环境较潮湿的区域如四川、湖南一带的居民,对辣椒有特殊的嗜好,几乎一年四季、一日三餐都离不开辣味,而东北人的爱吃大蒜、芥末,不亚于湘、川人的吃辣椒。人们从长期的生活实践中得知:冬天吃辣,可增进食欲助消化,从而增加体内产热,有益于防寒保暖,还能防治当地常见的风湿证或腰腿痛;夏季吃辣,能加速机体排汗、散热,有利于防暑降温,同时可帮助克服在湿热气候下出现的"苦夏"现象。可见,食辣是当地人为适应寒冷潮湿环境而养成的饮食习惯。但各种辣味刺激性强,对有痔疮、肺结核咯血和胃溃疡者慎食。

四川的泡菜、金华的火腿、腊肉以及东北的酸菜都是颇有地方风味的食物。这也是人们为调剂口味,延长蔬菜、肉食供应期的一种手段。但现代研究证明,这些腌制、熏烤的食品里,含亚硝胺等物质,长期过量食用,有较强的致癌作用。

二、对健康有利的因素

(一) 丰富的矿泉资源

我国著名的矿泉疗养地大都分布在内陆平原或丘陵地带,如陕西临潼华清池、北京小汤山、辽宁汤岗子、兴城和黑龙江五大莲池、安徽半汤、南京汤山、四川攀枝花、新疆沙湾金钩河、江西庐山星子温泉等地,矿泉中含多种化学微粒、气体及放射性物质;如碘、溴、钙、镁及二氧化碳、硫化氢、氡气等。矿泉的温度、压力、浮力和化学成分,对人体都有一定生理作用,并能防治某些疾病。

(二) 优美宜人的湖滨风景和气候疗养

我国的湖滨气候疗养地主要分布在长江中下游平原,如江苏太湖、武汉东湖、江西鄱阳湖和湖南洞庭湖。另外,还有一些江滨气候疗养地如钱塘江、松花江,以及风景疗养地如苏州、杭州,都历来为中外人士所向往。这些疗养地的特点为空气清新、气候湿润宜人;景色秀丽、绿树成荫、繁花似锦,碧波荡漾,湖光山影相映生辉,名胜古迹点缀其中,令人赏心悦目。

优美的环境作为良性刺激,能使人心情舒畅,精神振奋。因此,在风景胜地和湖(江)滨环境休养生息,对许多神经系统、心血管系统和慢性消化系统疾患,都有较好的防治作用。

当然,平原和盆地区域对人体健康的促进作用是多方面的。新鲜的瓜果蔬菜,丰富的水产食品,各种粮棉油料作物,为人体的衣食提供了丰富的来源。开放的经济、发达的交通,悠久的文化传统,从不同角度满足人们的精神生活需求。使平原和部分盆地成为我国经济、政治、文化和人口的发展重地。

三、危害健康的因素及预防

(一) 地方性氟中毒

1. 氟对人体的影响 氟是一种黄绿色的气体,是非金属元素中较活泼的元素。氟在地球上分布广泛,岩石、土壤、水体、动物、植物体内都含有一定量的氟,它也是人体生命活动的必需微量元素之一。氟进入人体的途径除饮水和食物外,还可通过饮茶、吸烟和用柴草熏烤食物等方式。

氟对人体的影响,主要体现在骨骼和牙齿的生长发育上。据统计,人体对氟的需求量,两岁以下每日 2 mg,两岁到十二岁每天 3 mg,成人每天 2～4 mg。当氟的摄入量过低,龋齿的发病率相对增高;但体内氟过量时,就会引起以牙齿和骨骼为主的全身性慢性中毒。七岁以上的儿童可出现氟斑牙,表现为牙表面无光泽,粗糙如粉笔样,然后逐渐变得微黄、黄褐或黑褐色,严重者牙釉质受损脱落,牙齿表面呈点状、片状或花斑样缺损,最后牙齿变得酥脆以至过早脱落。过量的氟沉积在骨骼里会形成氟骨症,主要临床表现为骨关节持续性疼痛、四肢麻木、抽搐、胸腰部有紧束感,肢体和脊柱弯曲、变形,严重者会导致残疾、瘫痪,同时伴有全身中毒症状,如头痛、耳鸣、心悸、恶心、呕吐、腹痛、泻泄、记忆力下降、反应迟钝等。

氟中毒的病理机制是过量的氟化物沉积在骨组织中,造成骨细胞营养不良,导致骨质营养不良性退行性病变。过量的氟与骨中的钙结合,形成氟化钙,而过量的氟化钙会抑制骨的磷酸化酶,使骨中钙的代谢紊乱,钙的吸收过程变慢,并从骨骼中游离出来,造成骨质疏松而引起氟骨症。

2. 氟中毒的区域分布特点 地势低洼闭塞、滨盐湖、山谷、盐沼地,背靠高大山系,是氟中毒病区分布的显著地貌特点。地势越低,氟的含量越高,氟中毒患病率越高,基本上已成为一个普遍的医学地理规律。我国是亚洲地方性氟中毒的重要流行病区之一,已知全国有21个省(市)区有本病发生,以北方平原如松嫩平原、西辽河平原、华北平原以及河西走廊、柴达木盆地和罗布泊洼地等处为重病区带。

3. 地方性氟中毒的预防措施

(1) 调查水质,改善水源:地方性氟中毒的主要原因是饮水中含氟高。所以调查城乡中水的含氟量,改善水质,是预防地方性氟中毒的基本措施。如在很多浅水中含氟高,而深层水中含氟低的地区,可用深井水代替浅井水;在井水中含氟高的地区,可改用地面水作饮水源;在当地缺乏低氟水时,亦可在适当地区引低氟水饮用。

(2) 降低水的含氟量:对含氟高的饮水不能改变水源时,可采取除氟措施。如用明矾加减法(用碱、明矾各17 g加入15 L水中,可使水氟由7 mg/升降至1.2~1.5 mg/L);把水煮沸半小时可使水氟减少1/5~5/6;一些工业企业中可采取电渗析法除氟。

(3) 减少食品中含氟量:在高氟地区,应选种含氟低的农作物,或试种不作食用的经济作物;并应禁用含氟高的磷肥(如磷矿粉)和含氟农药(如氟酰胺),尽量减少人体对氟的摄入量。如不用含氟牙膏,不饮浓茶(每公斤绿茶中含氟高达336 mg),少吃鱼松等熏烤食物,研究证明,鱼松中氟化物含量高的惊人,其吸收率也很高,如一天食用10~20 g鱼松,会从鱼松中吸收氟化物8~16 mg,加上从饮水和其他食物中摄入的氟化物,就相当可观了)。人体摄入氟的安全值为3~4.5 mg,如超过此值,氟化物在体内蓄积,可导致食物性中毒。

(4) 多吃富含维生素A.C的食物:因为在水含氟量近似的情况下,个体营养不良,特别是维生素A.C缺乏时,易促进氟骨症的发生。所以平素应多吃一些维生素A.C含量丰富的食物,如猪肝、鸡蛋、瘦肉、胡萝卜和新鲜绿叶蔬菜、水果等。

(5) 严格执行《环境保护法》,限制工矿企业中含氟"三废"向环境中排放;对废气、废水采取综合回收措施,是防止氟对环境污染的一项重要措施。

(二) 肝癌及某些传染病

1. 平原低地与肝癌 肝癌是恶性度很高的肿瘤,地域分布上与平原低地有明显的相关性。我国肝癌的发病主要集中在华北、华南地区,如长江中下游平原、淮河下游平原、东南沿海平原、珠江三角洲一带发病率均较高,其次是松嫩平原、三江平原、宁夏平原以及华北平原北部。这些地区通常地势低洼、水源闭塞、排泄不畅,污染物质或有害物质容易积聚,有些地方的居民饮用宅沟死水;特别长江三角洲平原因气候潮湿,霉雨季节长,食物易发霉,当地居民有在床底下贮藏粮食和吃熏烤腌制食品的习惯,摄入的黄曲霉素较多,诱发肝癌的发生。

从国内大量肝癌流行病学的调查表明,低洼环境对肝癌的发病确有一定影响。

2. **低洼环境与某些传染病** 有些传染病或寄生虫病,以低洼环境为主要流行病区。如疟疾是由疟原虫引起,经按蚊传播的一种常见寄生虫病。临床上以周期性发冷发热,脾肿大和不同程度的贫血为特征。地域分布的总规律是:低洼地区的发病率高于山区;盆地底部高于周围山区。低洼地带水田、湖泊、沼泽多,气温相对偏高,利于蚊虫孳生、繁殖,成为疟疾流行的重要因素。

血吸虫病是热带、亚热带环境中由血吸虫所致的,经皮肤传染的地方性寄生虫病。临床上急性期有发热、肝肿大和血中嗜酸性粒细胞显著增加;慢性期有脾大、腹泻、脓血便和肝硬化等表现。因血吸虫的中间宿主钉螺多分布在湖汊、池塘、水田、水沟地带,所以血吸虫病的流行也有严格的地区性。在我国,华中、华南和西南各省区,以长江中下游平原地势低洼平坦的洞庭湖、鄱阳湖及太湖等湖盆周围地区较为严重。

肝癌以及疟疾、血吸虫病的预防措施,包括开展环境卫生运动,消灭蚊虫、钉螺,搞好粪便和水源管理;注意饮食卫生,做好粮食的保管和防霉去毒工作,尽量避免与疫水接触,做好普查工作等等。

第四节 海 滨

深邃、浩瀚的海洋,是生命的发源地,它蕴藏着无穷的宝藏和数不清的海洋生物,与人类的生存与健康有着极其密切的关系。

我国有辽阔的海疆,漫长的海岸线,众多的港湾和星罗棋布的岛屿,形成蔚为壮观的自然景象;为人们提供了一个不同于内陆高山和平原地区的生活环境。

一、环境特点和生活习惯

(一)海滨的环境特点

1. **温和的海滨气候** 海滨气候又称海洋气候。地球上气候形成的原动力来自太阳的辐射能,海洋由于它固有的特性,形成与陆地上显著不同的气候。

首先,海水中阳光穿透的深度比在陆地土壤中大得多,这使太阳不仅能使海水表面加热变暖,同时也使海水较深层加热变暖;其次,水是流体,随着水流,就把热量从一个地方带到另一个地方。因此,水面受阳光照射得到的热量,能在水中很快传播开来;再有,跟土壤相比,水的热容量特别大,约是土壤的7000倍。由于上述三个原因,在接受同样多太阳能的情况下,海水升温比陆地土壤慢;反之,夜晚和冬季海水的冷却速度也比陆地土壤慢得多。也就是说,通过海洋这个巨大水体的调节,海滨地区的气候变化比内陆缓和得多。不仅昼夜和各季度之间温差比内陆小,而且冬季气温相对较高,夏季相对较低,霜日不多。典型的海滨气候,年平均温度差小于15℃。夏日里内陆已是烈日炎炎,海滨却凉风习习;秋去冬来,内陆早已寒风凛冽,海滨仍暖意未尽。

2. **清新的海陆风环流** 生活在海边的人会感到,风向在一昼夜里呈现有规律的变化。白天日出后,有凉风从海上吹向陆地,送来清新的空气,尤其炎夏暑日,清凉的海风拂面而来,使人顿觉爽快,倦意全消;夜晚来临时,风向也随着转成从陆地吹向水面,送走污浊的空气。这种海陆风是由于海陆之间的热力差异造成的,因而在白天和夏季更为明显。

在海滨空气中,碘、氯化钠、氯化镁和溴氧含量通常较高。其中碘含量是大陆空气含碘量的40倍,不仅能补充人体生理需要,还有杀菌作用。

3. 日照充足,海滩松软　我国海滨地区日照充足,即使在雨季,日照百分率也在50%左右。另外,我国绵延曲折的海岸线为沙质结构,形成许多天然的日光和海水浴场。加上明媚的太阳,广阔的地平线,湛蓝的天空,翱翔的海鸟,不绝于耳的周期性的波涛声,都会对人的心理和生理上产生良好的影响。

（二）海滨居民生活习惯举例

1. 住宅特点　沿海地区雨量丰沛,台风较多,因此防风避雨,是海滨民宅建筑首要考虑的问题。海滨城市街道的走向一般应设法避开当地风速的主风向;房屋座向除考虑座北朝南外,前后排房屋的布局多错落交叉,使风速在迂回曲折中减弱,也使视角开阔,大多数民宅能"推窗见海",令人心情豁朗;沿海房屋的规模与内地相比,较为低矮、小巧、坚固,也是其特点。福建、广东沿海的民居极少茅草结构,多用蝶瓦、小青瓦封顶以加强牢固程度,屋顶上常建有封风墙或马头墙减弱风速。

我国海岸线漫长,民宅建筑除考虑避雨防风外,各地根据气候差异,南北海滨建筑又有所不同。北方海滨如大连、青岛一带的民宅,还要考虑房屋的御寒功能,房屋结构比较密闭,窗户较大,以利冬季采光,且采取双层窗户,加强保温效果。南方海滨地区则更多考虑遮阳避雨,苏皖闽浙沿海地区常见一种"骑楼"（又称行人廊）建筑,这种行人廊除遮阳避雨,也是适应当地人多地少,使住宅向空间发展的一种形式。从民俗文化角度看,它为人们提供了一个较好的社交场所,可谈天说地,饮茶听戏,下棋打牌,行人廊也成为南方沿海地区的重要街井。

2. 着装服饰　沿海地区四季着装不一,但总的趋向是对衣服保暖性要求较低。从华南沿海、台湾省、海南岛等地情况看,以海南岛对服装的保暖性要求最低。沿海居民的夏季服装一般多用浅色或白色,质薄而织造疏松的衣料,样式较宽松,裤管肥大。外出多头戴斗笠赤足而行。

3. 体质性格特点　沿海居民由于户外生活时间长,接受紫外线辐射较多,故肤色一般较黧黑,体魄较结实,精悍,性格豪爽里透着精明。

4. 饮食特点　我国是吃"鱼生"和其它半熟或生肉食的典型国家之一,地理分布十分广泛,尤以东南沿海一带吃"鱼生"的习惯普遍。如港、澳、南海、广州及台湾等地最喜欢将新鲜塘鱼切片,加上姜、葱、芝麻油等佐料搅拌食之。由于寄生在鱼体内的肝吸虫藏在鱼的血肉中,不煮熟而食,寄生虫或卵就会在人体肝脏中生长繁殖,造成肝吸虫病,引起肝内结石,囊肿或肝硬化,甚至导致肝癌。另外,浙江沿海居民因生食或半生食小海产,也常见到溶血弧菌所致的食物中毒。

二、对人体健康有利的因素

（一）渔产丰富,营养全面

海滨区域渔产丰富,食物种类繁多。加上交通便利,使当地居民既食海产品,又食陆产品,营养较全面均衡。因此,在我国许多地区广泛流行的地方性甲状腺肿、克山病、龋齿等疾病很少在海滨地区发生。特别应指出的是,海洋是一切生物的故乡,海水中有毒元素的含量很低,海洋性食物最有利于满足人体对各种必需元素的需要。从近来的环境调查表明,沿海地区的居民,由于大量吃海产品,男性居民很少得肺癌;冠心病和糖尿病的发病率也很低。另外,沿海地区气候温暖湿润,盛产各种水果,如烟台的苹果,秦皇岛的水蜜桃,海南岛的椰子,都为当地居民提供了美味可口的佳品,同时保证了机体对多种营养素的需求。

(二) 气候宜人,有益身心

由于海滨气候温润清新,冬暖夏凉,阳光充沛,加上水天一色的壮阔景观,令人心旷神怡。宽广松软的沙滩,为人们进行日光浴和海水浴提供了天然场所和适宜的气候条件。人们充分利用海滨环境的这些有利因素,开辟了不少海滨疗养地,我国著名的海滨疗养地有大连、兴城、北戴河、青岛、烟台、鼓浪屿等。每逢夏季,许多生活在喧嚣都市里的人们纷纷踊向海滨,在海水中尽情嬉戏后,再躺在细软、洁净的沙滩上沐浴日光。海滨气候所具备的特有的综合作用,可协调机体各组织器官的功能,对许多慢性疾患如神经衰弱、支气管炎、哮喘、风湿病、结核病、心血管系统疾患及各种皮肤病都有一定防治作用。

三、危害健康的因素及预防

(一) 台风、海啸

台风是发生在全球不同海区的热带气旋,也是对我国沿海地区影响较大的一种特殊天气现象。台风一年四季都会发生,但主要在夏秋两季。台风的威力十分强大,因台风中心气压极低,而其周围气压却很高。这样,中心部分的热空气猛烈上升,上升过程中,水汽大量凝结;同时,四周的冷空气急速向中心挤来,激为旋涡,所以台风侵袭时,常伴随狂风、暴雨和巨浪,严重危胁工农业生产,海上航运、渔业捕捞和人民生命财产安全。

由于火山爆发、海底地震引起的海浪叫海啸,它能冲破海堤、毁灭村庄、田地,造成人民生命财产的巨大伤亡。

遭遇到台风、海啸的侵袭,几乎是难逃浩劫。因此,海滨居民和到海滨疗养渡假者,要注意收听当地气象预报广播;台风袭来时,不要下海游泳或在沙滩上停留;渔船应尽量驶离这一海域,以确保航行安全。

(二) 海洋污染

根据各地报刊报道,我国渤海、黄海的油污染已超过标准的50%。渤海的小黄鱼、带鱼、鲷鱼等遭到毁灭性破坏,对虾已成珍品;黄海的大小黄鱼,以及一度盛名远扬的河蟹和银枪鱼已几乎绝迹。中国最大的舟山渔场,由于长期过量滥捕,无可遏止的污染加剧,早已陷入严重的危机中。时至今日,这种危机有增无已。渔场海域内,成千上万张鱼网和各地的捕捞船仍日夜撒网和不停地打转排污;上海、杭州、宁波等市每年30亿吨污水又倒入这一海域,这一污染到2000年可有翻番趋势。渔场水体中油、铜、锌、汞、铅等含量早已远超标准,污染指数平均值越来越高。受污染的鱼虾等经食物链的形式进入人体,又可间接影响食用者的健康。如有机汞污染引起的水俣病,镉污染引起的骨痛病,砷中毒、铬中毒、酚中毒等,都给人体健康带来严重危害。而对海洋污染的治理,是一项错综复杂的浩大工程,需要所有相关部门通力协作。